南湖法学名家文库

中国民法典与罗马法

徐国栋　著

法律出版社
LAW PRESS · CHINA

目　录

下篇　罗马法

自　序

本书收录我18篇论文，分为中国民法典和罗马法两个部分，以下分部分逐一介绍它们的基本内容。

中国民法典部分的第一篇是《民法典分则诸编起草的诸问题与展望》，阐述了未来的民法典分则诸编按照“人前物后”原则排序的必要性以及加强人身法诸编制度浓度和篇幅的必要性。第二篇是《中国民法典分则诸编的排序问题——民法典贯彻“人前物后”逻辑的“最后一里路”》，论证《民法总则》的民法对象条款已经“人前物后”，民事权利章已经“人前物后”，接下来就差在各分编的排序上“人前物后”了，可惜《民法典》未实现我的这一愿望，离功德圆满差“一里路”止步了。第三篇是《中国〈民法典〉与大国学术影响角力》，论证美国法对民法典影响最大，意大利法次之，德国法又次之。第四篇是《“权利能力平等、不得放弃、不得剥夺”三错论批判——兼论〈民法典〉第14条的司法解释方向》，这三大错论从清末以来就统治我国香港以外的大中华地区。本文追溯了它们各自的历史根源，认为它们本来的含义都不如人们的想象，在不能废除权利能力平等戒条的前提下，建议通过司法解释给它加上“立法司法剥夺的除外”的但书。第五篇是《〈民法总则〉规定的坏人和好人》，它从敌人刑法理论出发，推出敌人民法理论以及稍微缓和的坏人民法理论，从法律具有制裁性的角度进一步论证了平等原则之不成立，批判了孟德斯鸠的民法泛爱主义，是一篇推进民法人性论研究的力作，其未来的影响当不下于敌人刑法理论的影响。第六篇是《外国人在内国民法中的地位比较研究——对〈民法总则〉第14条的涉外性及其与次级立法冲突的探讨》，其中分析了《民法总则》第14条与《民法通则》第10条的不同:《民法总则》把一个不涉外的条文变成了涉外条文,无条件地授予外国人和无国籍人中国公民享有的权利能力,并且与我国现行有效的次级实在法规定冲突。第七篇是《中国〈民法典〉规定的非法人组织制度与六国民法中类似制度的关系梳理》,论证我国《民法典》把“非法人组织”规定成了“第二企业法人”,与六个参照国家把自己的“非法人组织”理解成精神结社不同。第八篇是《中国〈民法典〉应保留〈婚姻法〉禁止一些疾病患者结婚的规定》,为《婚姻法》的有关规定辩护,可惜没有成功,但新冠肺炎疫情可能证明我的主张有理。第九篇是《中国〈民法典〉应承认诚信缔结的无效婚姻效力并确立宣告婚姻无效请求权的时效》,主张身份长期占有可以时效取得,尤其在占有人为诚信的情况下,并主张无效婚姻宣告请求权要受时效限制。第十篇是《财宝概念研究两题》,揭示了我国现有民法立法把财宝说成埋藏物承受的牺牲以及不承认严格财宝的无主物性质造成司法混乱的现象,并提出了相应的改进之道。第十一篇是《罗马法中的无主物制度与中国〈民法典〉中无主物概念的丢失与寻回》,证明尽管《民法典》一字未提无主物,但在我国次级立法中有不少关于无主物的规定,并且实际生活中有许多无主物现象需要调整,因此建议参照罗马法关于无主物的完备规定制定相应的司法解释填补法律漏洞。第十二篇是《〈民法总则〉第187条规定的民刑责任竞合的罗马法起源与比较法背景》,该文揭示了《民法总则》“民尊刑卑”立场与我国诉讼法的“刑尊民卑”立场的矛盾以及解决之道。

罗马法部分的第一篇是《罗马商法及其与“民法”的合一——以优士丁尼〈法学阶梯〉为考察对象》,该文证明商法中世纪产生说不确,各民族自古都有商法。民商合一是18世纪部门法运动后的观念,在世俗法诸法不分的古罗马,民商天然合一。第二篇是《罗马法中客服设施经营人的承保责任及其在现代法中的继受和发展》,研究了古罗马的船舶经营人、旅店主、骡马店主对于旅客带入他们经营场所的财物承担的安保客观责任,涉及罗马法对消费者的保护以及严格责任的起源及其基础。第三篇是《罗马法中的信用委任及其在现代法中的继受——兼论罗马法中的信用证问题》,该文研究了在我国被普遍望文生义误解的“信用委任”在古罗马的真实含义以及在我国引入这一制度的必要,顺便证明了古罗马就有信用证这一许多人认为的现代之物。第四篇是《古罗马的海事风险及其法律规制》,研究了罗马从一个陆权国家发展为海事国家的历程,以及由此而来的对海事风险的诸种法律应对,尤其聚焦于罗马海商法中的海事保险合同，运用了一些有争议的论据。第五篇是《罗马民事诉讼法对滥诉和滥用程序的预防和制裁——兼论拉丁法族主要国家（地区）的这些方面》，证明古罗马“败诉即推定滥诉”严格打击滥诉的立场以及我国有关立法对待滥诉问题的文不对题。第六篇是《从〈神圣约法〉到〈大宪章〉——以“肚子寓言”的流播为线索》，以两个文件制定时都以“肚子寓言”为依据作为出发点，证明了英国这一具有重大世界影响的宪法文件受到了罗马宪法的影响。

该部分以罗马商法研究论文为主体，既涉及陆商，也涉及海商。罗马商法是一个在我开拓完罗马公法领域后近年来开拓的领域，以后还会有这一领域的论文生成。

本书两个部分的关系何在？在于师生关系。中国民法典是学生，罗马法是老师，研究罗马法是为了助益中国民法典的制定。罗马法是大陆法系之源，其师者地位无人质疑。中国民法典是学生不错，但不仅是罗马法的学生，也是德国法、美国法的学生，而且包含日本法、苏联法的印记。由于博采众长，中国《民法典》已被意大利学者认为自成一种模式。

是为序。

2018 年 8 月 30 日改定于胡里山炮台之侧

2020 年 6 月 5 日改写于胡里山炮台之侧

我与“中南”*

一、结缘“中南”

我结缘“中南”的故事说来话长。当年,我在中国政法大学攻读硕士学位的时候,听闻“中南”成立的消息,那时候我还不认为这个学校和我有什么联系。1987 年快要毕业时,我正准备报考中国社会科学院(以下简称社科院)的博士,当时听说王卫国、顾培东也准备考博士,深感竞争压力很大。因为一些特殊原因,我并没有被社科院正式录取,但社科院的老师认为我很值得栽培,就决定让我寻找委培单位(当时的博士分为两类:一类是正式;另一类是委培)。社科院法学所当时提出的要求也很苛刻,让我在 72 小时之内寻找到委培单位,否则就不能入学。时间比较紧迫,所以我最开始就选择在北京找学校作为委培单位。当时我的第一选择是中国人民公安大学,学校方面答复我说人招满了。我的朋友贺卫方就建议我去找江平老师,当时江平老师是中国政法大学的校长,但是江老师也说学校人数已满。在北京寻找委培的学校未果后,我就不得不选择在北京之外寻找。当时第一站,我就去了武汉,去了当时的“中南”。本来我第二站准备去长沙的大学,第三选择是烟台大学。结果没想到,我到“中南”说明了来意后,当时的院长章若龙教授立即答应,由“中南”为我承担 12000 元的培养费。得到这个承诺之后,我随即前往北京就读博士。“中南”此后又为我的爱人在学校安排了工作。从那时候开始,我就算是在“中南”工作的人了。

---

* 中南政法学院简称“中南”。

当时我在社科院读书，在“中南”只是挂名，但是学院不仅为我解决了学费的问题，还给予我补助，支持我读书。后来因为一些事情，我延期一年毕业，在这期间我就住在“中南”完成了我的博士论文。并且因为一些事情，能否留在学院教书也不是很明确，当时学院给予了我很大的帮助。在讨论对我的安排上，当时的系主任吴汉东教授支持我在学院教书，他说我已经是“中南”的人了，为什么不能在“中南”教书？正是在学院的支持下，我博士毕业之后就来到了“中南”任教。

二、“中南”印象

我对“中南”的印象似乎基本都在学生和老师身上，现在提到“中南”都经常会说道：不离开“中南”，不知道“中南”是名牌大学。在我的眼中，“中南”在法学界一直是一个人才辈出的地方，现在很多知名的法学家都出身“中南”。同时，“中南”的法学发展规模宏大。在一个综合类型的高校中，法学只是一个系，老师和学生的数量都较少，涉足的领域也有限。一般来说，学院只会集中人力物力研究一个领域，形成一个优势的学科。但是在“中南”，不仅师生数量众多，更重要的是研究领域的全面，各个法学领域都有全国性的知名学者在进行研究。当时的刑法有张明楷教授，民法有吴汉东教授和我，行政法有方世荣教授，这个师资力量放到现在来看也非常之强。

当时“中南”充裕的师生资源，为我在“中南”建立民商法典研究所奠定了很好的基础。有一次赵中孚教授来访问“中南”，参观了我们的民法典研究所，就说很羡慕我们“中南”可以养“闲人”建立一个这样的专业研究所，我们“中南”人可以在多方面进行发展研究。

“中南”的学生非常好学，也很聪明。“中南”人一直以来对讲座等学术活动很热衷，这是很聪明的做法。学生积极听讲座、参加学术活动我是很赞同的。一场讲座的开展需要学者们投入很大的精力和心血去准备，并将一本书或至少一篇文章的内容浓缩到两个小时的讲座中。讲座十分精彩丰富，与上课所能接受到的知识完全不同。往往讲座中提到的一个观点，可能会让学生受益一辈子。这么多年，我先后在国内诸多学校开过讲座，在一些学校的讲座现场，气氛非常冷淡。相比之下，内地学校的讲座比沿海学校的讲座氛围更好，而“中南”的讲座氛围则是大家公认很好的。“中南”的学生很聪明，懂得利用学习的合法捷径。

“中南”的校友都非常有才华，很有成就，为中国法学事业的发展做出了非常大的贡献。如今,"中南"也曾一年民商法学科发文量全国第一,而这正是"中南"今日发展越来越好的表现。

三、任教经历

因为我是"中南"这么多年来少有的从北京等地过来任教的老师,所以当时的学生都非常想听我带来的新知识,当时的课程也很受欢迎。但是任教初期,由于教学经验和知识还有一定的欠缺,所以我在备课的时候很认真。我认为要给学生讲课,就必须要提前认真备课,要将最后上课的讲稿给教研室主任检查。

我上的第一门课是"合同法",当时的合同法与现在不同。那个时候我们国家只有《经济合同法》,并没有《合同法》这部法律,但是这个课程又是学院要求开设的,所以需要老师精心准备授课内容。由于我以前学习时对合同法这种实在法的研究不太深入,因此我最开始上这门课时对合同法的内容不太熟悉,而且教学的经验不足,更加大了我上课的难度。为了给学生上好这门课,同时也弥补自己在实在法上的不足,我当时订了12种核心刊物用于备课。这个习惯持续了很多年,一直到我去厦门大学之后才没有再订阅。虽然我个人的兴趣不在合同法,但是我备课和上课的态度很认真,因为我个人坚信,"要给别人一碗水,我自己应当有一桶水"。所以在上课前,我会准备很多资料,包括我所订阅的这些刊物上的文章,同时我也会找找合同法的文章阅读,以准备教案。这个工作非常繁杂,往往上课前一晚,我还在准备教案。我的屋子里有很多资料,可谓是"满床皆书"。这些资料我都要求自己必须在上课之前看完,而且还要反映到我的教案之中。

我这种认真、负责、勤勉的态度,使当时的很多学生在上了我这门合同法之后都受益匪浅,并对他们产生了深远的影响。比如薛军,他有时会提到我以前上课时所讲的内容。有一次他就提到了"行为性的合同"和"组织性的合同",这个区分是我提出来的,其他的学者用的很少。所以有很多学生对我上的这门合同法记忆深刻,认为我的这门课是他们上过的最好的课,而我是他们遇见过的最好的老师。这就表明我在教学上的努力得到了诸多学生和老师的认同,这一认同也给了我很大的鼓励。现在我到全国各地去开会,经常会遇到我在"中南"教过的学生,他们见到我也都会提到我这门课程,说当时上课的笔记都保存得很好,至今还会翻阅,而其他课的笔记都丢了。

当时我在"中南"开设这样一门课程也是有原因的。我在中国政法大学读书时学过美国合同法,当时是得克萨斯州的奥斯丁法学院的法学老师授课。我当时是中国政法大学的民法研究生专业组长，专门负责与他联络。虽然我当时英语水平有限，但是我在上这门课的时候也很认真，仔细阅读当时课上所用的材料。所以在我教书之后可以给学生们开设合同法这一门课程，并且吸收了美国式的教育方法并在其后的教学中运用。

第二门课程是“外国民商法”，这个课我就只上了一个学期。这个课虽然叫外国民商法，但是外国民商法的范围很广，按理说除了中国之外应当就是外国，但是我们的教材主要讲的还是西方大国的民商法，对于其他国家没有太多介绍。我觉得这门课既然叫外国民商法，就应当介绍得更多。我想讲的内容与课本的内容有一定的差距，所以这门课我没有再开。

第三门课程就是“罗马法”。罗马法是“中南”很重要的一张名片，我当时很重视罗马法这门课程，当时罗马法这门课听众的规模很宏大。我记得当时是在北105教室开课，也就是现在的知识产权学院里面。那个教室在当时来说很大，有160多位学生选这门课。现在我再过去开讲座，就觉得那个教室没有当时感觉的那么大了。从“中南”开始，我的罗马法课程就使用优士丁尼的《法学阶梯》作为教材，一直到我到厦门大学之后，仍然还是使用这一本教材。当时课堂的规模在现在来看都不小。现在厦门大学法学院每一年也就招收150多个学生，而这之中选择学习罗马法的人数只有30多个，这与当时“中南”开课的规模完全不能比。这也是我强调的综合类院校与专业类院校的区别。听课的学生多，代表对这门课认同的人就多，但是人多带来的也不全是好处。首先上课的难度就高；其次，每一次考试之后的阅卷对我来说都是一件难事，所以我一般都会找学生帮忙阅卷。

第四门课是“民法哲学”。这门课也是我从“中南”开始开设的，现在我上课用的讲稿大部分都是我在“中南”已经形成的，包括人性论、认识论、价值论。那时都是手写的讲稿，后来才用电脑打出来以形成我现在的讲稿。

第五门课是“读书课”。这是专门为研究生开的课程。这个课并不是采用我们传统的讲课方式，而是吸取了美国式教学的优点。这门课上，我要求学生阅读经典，一周一书，阅读之后写读书报告。在课堂上，老师组织学生进行讨论，每个学生汇报自己的读书笔记，并与其他人交流，以此加深自己对这本书的理解，同时老师也会进行点评。正因为老师要点评，所以我自己也必须阅读所要求的书籍。我们讨论的第一本书是黑格尔的《法哲学原理》，此后又陆续阅读了洛克的《政府论》、孟德斯鸠的《论法的精神》等经典著作。

这门读书课是受童之伟的影响开设的。他在武汉大学开过这门课，我借鉴他的经验在“中南”开这门课，效果非常好。当时上这门课的学生有朱广新、易军、薛军等，他们现在已经非常有名了。我想我这门课也算是为他们的学术道路做了铺垫。我曾经说，评书的人永远也达不到写书人的水平，但是“鲲鹏展翅，可至万里”，苍蝇之类的昆虫展翅，只能飞数米，但是其附在鲲鹏的尾巴上，也可至千里。我们评书，也能学习写书人的知识，在前人的基础上学习知识，实现更大的突破。当时这门课开课18周，总共读了18本书，这18本书就够我们享受一辈子了。人类写的书千千万万，能够保留下来的不过一架书而已，写书人大部分是重复别人的思想，而我们课上阅读的这些经典，大都是商务印书馆的书，都是经过了岁月考验的。

虽然在“中南”任教的时间不是太长，但我的这几门课是精心准备的，我想也因此为“中南”的学生做出了一些贡献。而且在“中南”，我个人也受益良多。我过去对法学比较疏离，更多关注的是文史哲方面，但认识到这些弱项以后，我以勤奋的态度弥补自己的不足，加强对实在法的学习，此后就不再像以前一样——法外的内容知道的比法内还多了。

四、“中南”轶事

我到“中南”的时候，学院里的老师多是湖北人，且大都是学校自己培养的老师。加之当时老师中博士很少，只有我和郑永流教授两个，我是从北京读博回来任教的，在当时的“中南”算是一个学院派。“中南”的学生很好学，所以会有学生来请教我问题，也会有一些学生到我家里吃饭，我现在碰到以前的学生，他们有的还会提到以前在“中南”学习时在我家吃过饭。

尽管我是博士，但分配的住房与低学历的老师无别。后来我用文言文给当时的院长罗玉珍教授写了一份《请求在教授楼为徐国栋分房子》的申请，没想到罗院长立刻就批准了我的申请。

除学生之外，当然也有来挑战的老师，我记得当时科研处的一位老师说，他要是有我这样的学历和北京经历，他会做到让出版社找他出书。当时这句话给我很大的刺激，因为当时我从事学术研究的年限尚短，积累不够深厚，写作很费力，所以听到这位老师的话之后，我就不断积累锻炼，现在我写书已经非常快了，在学界也是以写作快著称，而且我现在也做到了出版社找我出书、约稿。感谢这位科研处老师的激励。

我在“中南”还有段非常宝贵的经历——读书记账。因为我平常有很多的日常工作,没有时间看书,所以假期时我要将这些书补看回来。我当时住在靠近学校大门的教授楼,一到学生放假就比较吵,所以后来我就在靠近农村的研究生宿舍专门借了一间房子读书,每读一本书就记在本子上。我自己算过,我一年最多阅读了二十几本书。

五、与“中南”的学术研究

“中南”与意大利的学术联系是由我开始的。最开始在“中南”任教的时候,虽然学生对我认同度很高,但是学院对我的支持不足,以至于我的经费不足以支撑我的学术研究。所以当时我一度萌生要调走的想法,而且我当时有北京农业大学可以去。正当我考虑这条出路的时候,事情出现了转机。

桑德罗·斯奇巴尼教授在这个时候来华访问,在“中南”举行座谈会。学院组织了青年老师来参加座谈会,我也是其中之一。在会上,我向斯奇巴尼教授提了几个问题,其中一个就是罗马法与商品经济的关系。这个问题给斯奇巴尼教授留下了深刻的印象。当时斯奇巴尼教授来“中南”前已经先去了其他的几所政法院校,见了一些老师,比较一下,他认为我这个人很有潜力,所以他建议我去意大利学习。“中南”对此事也很支持。此后,在学院的支持下,我开始学习意大利语,并去了意大利。再次回到学校后,我的境遇就发生了改变。学校给了我很好的待遇,当时的院领导将国务院特殊津贴的指标也给了我,这一特殊津贴给我带来了极大的好处,以至于我从“中南”到厦门大学之后都还在享受这个好处。就因为这个特殊津贴,我成为厦门大学三级保健对象,每年都可以去疗养。我当时是去疗养的人里面最年轻的,而且疗养的人数总共也就十几个。这些都是“中南”给予我的支持带来的。

我从意大利回来之后就开始教授罗马法。当时“中南”的老师一个人会开很多课,但是罗马法他们都不开,所以这门课长期以来都是我一个人开。我去意大利之后,又重新翻译了优士丁尼的《法学阶梯》,并且将其作为教材。除此之外,我在意大利学习了意大利的法学学习方法——强调尊重原始文献和史料。这不同于我们国内法学研究的“二手资料法”,我们强调的是“解释”。而意大利法学认为,即使要演绎,也应当尊重史料,依据史料,而不能凭空演绎。例如,依据乌尔比安的《告示评注》第几卷、第几段。我将这种尊重、依据史料的方法带回到了“中南”。

回国之后,“中南”让我当科研处副处长,有了这样一个职务,我便可以组织一些学术活动了。我就利用这个机会,多次邀请我的老朋友、意大利著名的法学家、现在比萨大学的教授阿尔多·贝特鲁奇前来“中南”讲学。这有一个时代的背景，就是当时北京等地的学校不太重视意大利的法学，于是我们就抓住机会积极邀请意大利的教授来学校开办讲座，建立起与意大利的联系。

为了提升“中南”的学生素质，学院当时举办了多个活动。当时我多次邀请梁慧星老师来“中南”讲学，让“中南”的学生多接触法学名家。一方面是让他们在学术上能够学习到老师们的思想，另一方面就是开拓学生们的眼界，鼓励学生们与这些法学大家们交流，以提高自己的自信。1995年，“中南”当时开展了两个由福特基金会资助的项目，即“地方法官培训项目”和“全国行政法官培训项目”。这两个项目不仅邀请了国内优秀的基层法官前来交流经验，还邀请了全国知名的学者前来讲课。贺卫方、苏力等学者陆续来到武汉，还有许多外国学者也应邀前来“中南”讲学。一时之间，“中南”名声大噪，很多学生在那段时间受益匪浅。

除了开展学术交流活动之外，学院还尽力送学生出国学习。我在意大利期间，就通过斯奇巴尼教授将徐涤宇送到拉美学习。当时大家对意大利法学不是很重视，更多的是去美国或者欧洲等地方学习法律。于是我们“中南”就开拓了去意大利这一条留学的线路。我们学习法学的都知道罗马法对现代民法的重要性，思想史和历史上的很多观念都是意大利人最先提出，之后才被其他国家接受的。此后，学院还将薛军也送去意大利学习。这两位能力都很强，在学术上的成果颇丰，为我们留意派增色。虽然留法和留德的人数很多，规模很大，但是他们在学术上更多的是翻译现有著作，超越法国、德国学术观念的很少；但是我们留意的学者则不仅仅是翻译著作，我们对法学方法论和立法论影响也很大，意大利的某些学术观点正好可以克服德国法学的一些弊端。

我在“中南”还进行了《绿色民法典草案》的编纂。该项目是司法部的项目，当时就叫《中南政法学院民法典草案》。此后我在厦门大学吸收了其他学者的观点才将其改为《绿色民法典草案》。这个立法草案对我们国家的立法起到了一定的作用，《绿色民法典草案》提出民法的调整对象是“先人后物”，改变了我国民法多年来“先物后人”的观点，这是方向性的变革，这个观点是在“中南”形成的。当时“中南”形成了一个学派，很多年轻学者如徐涤宇、薛军等都参与其中。此外，《绿色民法典草案》还提出了绿色原则，这一原则也被学界接受，并在法律中得到一定程度上地反映，如《民法总则》第9条。

我在“中南”还主持翻译了外国民法典，并整理成“外国民法典译丛”。当时

“中南”的领导大力支持，任命我为民商法典研究所所长，给予我充足的经费进行收集、打印外国民法典的工作。这项工作成效显著，很快“中南”就是全国收藏外国民法典最多的学校。我们整个的工作任务是收藏、翻译、编纂民法典。从我在“中南”开始，我们就陆续出版了12部民法典，包括薛军翻译的《埃塞俄比亚民法典》、徐涤宇翻译的《阿根廷民法典》《智利民法典》。整个工作中最复杂的一部分就是校对，要结合译文和原文对照，所以在校对《巴西新民法典》的时候，我找来学生朗读译文，我则校对葡萄牙语原文。

这几部外国民法典一出来，在学界引起了巨大的轰动，改变了我国民法学界的视野。我国民法学界当时研究的都是“老五典”，即《德国民法典》《法国民法典》《瑞士民法典》《日本民法典》《苏俄民法典》。我们翻译之后就增加了拉丁美洲的三部“模范民法典”，拓宽了学者们研究的视野。一位教授就曾经评价道，我为学术界做了一件善事，我主持出版的12部外国民商法典，使大家做研究的资料更加丰富了。这些民法典当前仍有很多学者在使用，得到了学界的普遍认可。

总的来说，我做的大型工作，只有《罗马法与现代民法》这个刊物，它是我在厦门大学之后才创办的，与“中南”没有关系，而其他的工作都基本是在“中南”开始进行的，所以即使我离开“中南”已经多年，但我与“中南”仍算是关系紧密。

上篇 | 中国民法典

民法典分则诸编起草的诸问题与展望*

2016年6月7日，中国法学会民法典编纂工作会议在中国人民大学召开，确定民法典分则的编纂分为物权法、合同法、侵权责任法、婚姻法、继承法5个工作组并确定了各组的牵头人。由此，民法总则外加如上5个分则编的未来中国民法典的结构得到宣告，引来几家欢喜几家愁。

哪几家欢喜？大家看到，人格权独立成编，知识产权、国际私法成为民法典的一编的计划被放弃了，所以，主张人格权不独立成编的人欢喜，主张知识产权、国际私法不加入民法典的学者欢喜。

哪几家愁？主张人格权独立成编，知识产权、国际私法加入民法典的学者愁，这其中至少有吴汉东教授。他长期主张知识产权制度是民法的一部分，也主张知识产权加入民法典。

商法学者是喜还是愁？似乎是愁。因为他们孜孜以求的商事法总则不见于上述安排，分则中不包括公司、票据、海商、保险等编的设计，商法搭民法典"便车"出台的计划看来没有实现。但有些敏锐的商法学者暗喜、窃喜，因为他们认为合同编属于商法。而且，在把《合同法》转化为合同编的过程中有商法研究会会长赵旭东教授作为牵头人之一，他和他们打算把尽可能多的商事合同加进去。确实，在《合同法》起草过程中大量借鉴了《国际商事合同通则》，大部分典型合同都以企业为一方主体，《合同法》不是商法又是什么呢？而且要考虑《民法总则》新采用的营利法人与非营利法

---

* 本文原载《中国改革》2017年第3期，原发表题目为《民法分则诸编起草的诸问题与展望》。收入本书时略有改动，后文不再逐一说明。

人的分类是商法倾向的，商法学者有理由为此雀跃。不过，他们把所有的商法内容清理出来另立山头的"内部"主张或远期目标此番没有实现，有一定的可愁性。

以上是国内的欢喜者和发愁者，国外也有同样的情绪者。喜的是美国人，他们高兴地看到，中国的民法越来越同美国的一样了：侵权法独立成编与合同法并立，债法的大帽子被甩掉了。多年的投入终于获得了回报。"投入"者何？提供各种奖学金安排中国民法学者到美国学习是也！试看中国当下的许多民法大腕，不少到美国留学不止一次。美国人的一点遗憾是物权法没有改成财产法，这是中国未来民法典的两块大陆法系印记之一，另一块是总则。

愁的是意大利人等大陆法系国家人。2016 年 11 月某日晚，我在罗马的桑德罗·斯奇巴尼教授家访问，我告诉他中国未来的民法典不会有债法总则，他当场表示悲伤。尽管意大利人倾尽全力培养中国的罗马法民法学者，但规模上还是不及美国人的工作成果。试看当今民法大佬，有大陆法系国家留学经历的是少数。

当然，感到悲伤的还有一些长期教债法总则的老师，现在面临下岗转岗。

上述分则各编的设置反映了中国民事立法的美国化，大陆法系的两块印记与美国影响结合起来，表明中国越来越成为一块混合法域。由于两种因子的规模一大一小，中国的民事立法有脱离大陆法系的趋势，这也许是一个好的趋势，因为大陆法系沉迷于宏大建构的架设，"架"错了就"拆"，"拆"了再"架"，浪费了多少智力和时间！在大陆法系的"折腾"中，美国法"闷声发了理论大财"。

这样的美国化趋势意味着我国与自己传统的民法理论伴侣的疏离，这些伴侣是德国法族的国家和地区，如日本、中国台湾地区和德国本身。在日本和中国台湾地区还在叨叨"民法调整财产关系和身份关系"的陈词滥调的时候，中国已在高声吟诵"民法调整人身关系和财产关系"的新乐章了。这不是简单的两种关系的调位问题，而是对"民法是干什么的"之问题的看法的根本改变问题。一种是"财产法中心"的民法观，另一种是"人本财末"的民法观。后者对前者的取代，是罗马—意大利对中国民法学和民事立法的馈赠，人格权独立成编说由其滋养。尽管这个独立遭到夭折，但它喊出的"民法不仅是财产法、市场法"的一嗓子已经为中国人改变清末从德国继受的错误民法对象观做出了贡献。

"喜"完了，"愁"完了，接下来该考虑 5 个分编的排序果真如上所列还是另有调整的问题。如果是前者，5 个分编不过是美国化了的潘得克吞体系。总则之后，物权编打头，债编继之（不过分解成了合同和侵权责任）、亲属编（不过缩减成了婚姻法）又继之，继承编殿后。这样的排序反映的还是“民法调整财产关系和身份关系”的民法观。现在《民法总则》第2条“人前物后”了（民法调整平等主体的自然人、法人和非法人组织之间的人身关系和财产关系），民法典各分编的排序要进行相应的调整，不然就会发生“掉头不转身”的体系违反，那是会引起大型扭伤的呀！

怎么转？这样转：总则之后是亲属编，然后是继承编。至此，“人”的民法内容规定完。当然，继承编属于“人”，还是属于“物”，还是“人”与“物”都有一点，是个考验人的脑容量的问题。几乎是“零差评”的《荷兰民法典》就栽在它身上，把它作为“物”适用财产法总则。《民法总则》第29条规定了遗嘱监护，揭示了遗嘱的财产处分以外的人事安排功能，这就挑战了把继承编看作单纯的财产法的传统错误观点。说此等错误“传统”，是相对而言的，罗马法从未愚蠢到把继承法定性为财产法，遗嘱还要包括遗体处分条款呢！葬礼安排条款呢！现今越来越流行的生前预嘱关乎遗嘱人处在生死关头时的医疗处置安排，它迟早会被写进我国未来民法典的继承编，此等安排关乎遗嘱人的尊严和生死观，与财产何干？所以，还是把继承编看作“人”与“物”都有一点好，把它放在“人”尾“物”头。《意大利民法典》就是这样理解继承并安排其位置的：在人与家庭编之后是继承编，然后是财产法诸编。也许受《意大利民法典》的影响，于海涌教授的民法典草案立法建议稿把婚姻家庭编安排为第三编，在总则编与人格权编之后。但遗憾的是于教授没有学到底，因为他把继承编安排为第六编，在侵权编之后了。

进入“物”的板块后，先排物权编，然后是合同编，再然后是侵权责任编。最后可能要加一个未列入计划的尾编，规定一些杂七杂八的事宜，尤其是旧法与新法的衔接事宜。很可惜，本文开头提到的中国法学会的民法典分编设置方案不包括这样的安排！

还是美国式的拆掉债法总则好呀！试想，如果不拆，合同与侵权责任都在债编，就该编与物权编的孰先孰后，巴伐利亚式和撒克逊式各自的粉丝还要打一架，弄得我国的民法论坛缺乏祥和之气。拆掉债法总则后，这个问题就不存在了。存在的是无因管理和不当得利等其他债的发生根据引起的债的“存放”问题。目前，《民法总则》第118、121、122条已经“存放”了无因管理和不当得利，但规定简单，详细的规定可能将来要放到合同编，作为“准合同”规定它们。如此,中国未来民法典的分则部分就进一步地美国化了。

我这样讨论民法典各分则编的排座次问题,当然会引起潘得克吞体系的爱好者的反对,这个不在话下。我的理路是拉丁民法理论,与德国民法理论对对碰好了,各讲各的道理,看谁的信众多。我预计会发生的讨厌的反对是民法诸元排序无意义论,怎么排都无所谓,反正诸元都保护了财产和身份。十几年前,我提出"人前物后"的民法对象理论时,他们就是这样出来搅场的！这样的搅场者不讲道理,所以讨厌。不过,他们现在纷纷追随立法者皈依了我的"人前物后"理论,火气应该没有十几年前大,不过,要让他们看懂为何要把"人前物后"贯彻到分则诸编的排序,需要一个过程。慢慢等吧！

如果实现了我建议的民法分则各分编排序,我国的民法就真的越来越脱离其传统的理论伴侣了。人家原地踏步,我们进步了,所以发生脱离。

排完座次之后,接下来的问题是各分则编的体量平衡。《民法总则》有 206 条,这是一个总则的正常体量。将作为亲属编之基础的《婚姻法》只有 51 条,过于瘦小;将作为继承编之基础的《继承法》更加袖珍,只有 37 条。相反,将作为物权编之基础的《物权法》有 247 条,俨然庞然大物;将作为合同编之基础的《合同法》428 条,体量最大;将作为侵权责任编之基础的《侵权责任法》有 92 条,这个体量在财产法中属"瘦子",在人身法中绝对属"胖子"。显然可见,我国既有民事单行法有严重的重财轻人倾向,表现为财产法的规范多,人身法的规范少。财产法基本实现法网恢恢、疏而不漏,人身法则还是规则寥落,形不成法网。所以,制定民法典分则部分的一个重要任务是"补课",即把过去落下的人身法的功课补起来,在这一板块也形成法网。工作的效果将是各分则编的条文数目不要差距太大,应实现基本平衡。

什么叫基本平衡？我举《意大利民法典》的例子来说明。该法典采用六编制。第一编是人与家庭,455 条(第 1—455 条);第二编是继承,354 条(第 456—809 条);第三编是所有权,363 条(第 810—1172 条);第四编是债,887 条(第 1173—2059 条);第五编是劳动,583 条(第 2060—2642 条);第六编是权利的保护,327 条(第 2643—2969 条)。条文最多的是债编,这样的债编包括了我国未来民法典的合同编和侵权责任编,还外加关于无因管理和不当得利的规定,所以,条文多不奇怪。劳动编是个大杂烩,包括了整个的公司法、企业合同法、一些知识产权法、一些竞争法等,也不过 583 条。撇开债编和劳动编两个特例不谈,《意大利民法典》诸编的平均篇幅是 350 条以上、455 条以下,没有畸多畸少的情况，这样就达到了诸编条文数目的基本平衡。

不难看出，在我国未来民法典分则诸编中实现上述平衡，关键在于给人身法两编“增肥”。实际上，这一工作已经开始。王利明团队的《婚姻家庭编学者建议稿》有141条（第389—529条），梁慧星团队的《亲属编学者建议稿》有194条（第1641—1834条）；于海涌的《婚姻家庭编学者建议稿》有164条（第431—594条），它们相对于过去“瘦巴巴”的《婚姻法》的身量都“胖”了很多，但条文规模都未超过刚刚颁布的《民法总则》。一个务实的编的条文不及一个务虚的编的条文多，是奇怪的。另外，杨立新、杨震的《〈继承法〉修正草案建议稿》有97条；何丽新、谢美山、熊良敏、刘新宇的《民法典草案继承法编修改建议稿》有111条，两者对现行《继承法》的“增肥”贡献不小，但都未达到《民法总则》的条文规模，与继承法在罗马法中的“第一胖子”的历史地位不相称。

我认为，未来民法典分则诸编的条文规模设计应以《民法总则》为标杆，控制在200条以上，500条以下。合同编的体量可以突破这个限制。据知，在把现行《合同法》改造为合同编的过程中要增加许多典型合同，该编条文规模的增长是必然的。由此，婚姻家庭编和继承编的条文规模要在现有工作成果的基础上倍增。当然不是为了增加而增加，如此，把1条改成2条甚至3条写就行了。而是为了增加过去没有的制度，以保持我国未来民法典的前瞻性，并有一定的条文储备。

于是问题成了应增加哪些制度？我认为，婚姻家庭编首先应增加遗嘱监护制度。《民法总则》对此规定了1条（第29条），细化的规定只能留给婚姻家庭编了。那么，规定这一制度需要多少条？《智利民法典》在专门的单元用了12条（第354—365条），规定了哪些人可以指定遗嘱监护人、哪些人可以拥有遗嘱监护人、复数遗嘱监护人之间的关系、以替补方式或附样态地指定遗嘱监护人等问题，这里没有计算在非专门单元的其他规定。所以，12条的数目是为说清楚这个制度基本的体量。反观王利明团队的民法典草案，于海涌的民法典草案，没有关于遗嘱监护的规定，所以，他们的婚姻家庭编草案失去了一个增加条文的机会。梁慧星团队的民法典草案对遗嘱监护规定了一条，补缺有功，但细度不够。

其次，婚姻家庭编应增加保佐制度。按照功能的界分，监护的对象是完全无行为能力人，保佐的对象是限制行为能力人。监护人的责任重，保佐人的责任稍轻。两者可统称为保护制度。科学进步的标志是分类的精细化，不同情况做不同处置。把监护与保佐混为一谈是不科学的。但令人遗憾的是，本文考察到的各个民法典草案都未规定保佐制度。

就继承编而言，首先应增加生前预嘱制度。其含义已见上述，此处不赘。增加它是为了反映实践，国外这方面的案例多如牛毛，国内承认它的呼吁也在增长中。表面看，它的客体是人对涉及自己的医疗处置的决定权，实际上，它是人对自己生命的决定权。所以，生前预嘱的纳入，将打破遗嘱仅仅是处分财产的工具的观念，因为生前预嘱是遗嘱人对于自己的生命权的处分，它在多数情况下都要得到尊重，除非处分者腹中已有胎儿。当然，遗嘱监护在我国得到立法确定也有助于打破继承法属于财产法的错误观念。在本文中，我按多数学者的习惯把这种监护安排在婚姻家庭编中，实际上，把它安排在继承编也未尝不可。

其次应增加遗产破产制度。在继承的过程中，如果遗产资不抵债，就发生这种破产，其效果是折损或消灭遗产债权人的债权，豁免遗产继承人的代人还债的责任，实现有限责任继承。当然，这一增加有些难度，因为我国尚未立法承认自然人的普通破产，一下子承认其遗产破产有些跳跃。

令人遗憾的是，本文考察的各种民法典继承编草案都未规定如上两个制度，所以显得单薄。增加这两个制度后，继承编的篇幅有可能接近与其他编的篇幅平衡。

维持各编条文数目的基本平衡是立法美学的要求。人格权独立成编论最终被否决，还有篇幅过分短小，与其他编不成比例的原因。所以，我国学者心中还是有立法美学的观念的。去掉债法的大帽子后，更有可能贯彻此等美学，因为债从来是各国民法典的“大肚子”，解构债后，篇幅平衡更有可能实现了。

解法典的观念是维持各编篇幅基本平衡的另一保障。此等观念并不设想民法典包罗全部民法制度，大量民法制度可以在民法典外存在。所以，对于现在比较“瘦”的分则编，我们可以通过增加制度或更详尽地规定现有制度为其“增肥”；对于现在已很“肥大”的分则编，如合同编，可以满足于现有的规模，让一些合同在民法典外存在。商法学者想把许多特别法规定的合同搬入合同编中。规则还是那些，不过是挪个地方，这有必要吗？

2017 年 4 月 14 日完稿于胡里山炮台之侧

中国民法典分则诸编的排序问题*

——民法典贯彻“人前物后”逻辑的“最后一里路”

一、“人”“物”两要素与民法典

众所周知，民法包括人法和物法两大块。广义的人法包括主体法（自然人法、法人法、非法人组织法）和亲属法；狭义的人法只包括主体法。我国创立人格权独立成编的体制后，又形成了新人法，即人格权法。物法包括物权法、债法。在盖尤斯创立的法学阶梯体系中，物法还包括继承法。[1]但继承毕竟是基于身份关系发生的财产关系，在一些国家，如意大利，被当作中介法，即兼含人法因素和物法因素的民法分支。

世界民法典分为两种类型，人物兼包的和人物两别的。人物兼包的民法典既规定人身法，也规定财产法；人物两别的民法典只规定狭义的人法，另外规定物法，把亲属法排除在外。[2]伊斯兰国家的民法典多属于人物两别的类型，它们的民法典只包括主体法

---

* 本文原载《法学杂志》2019 年第 2 期。

[1] 盖尤斯把债和遗产当作无体物列为广义物法的内容，这种物法与现代人的以有体物为客体的物权法不同。他这样说：“而无体物是不可触摸的物。存在于权利中的东西如此，如遗产、用益权、以任何方式缔结的债。”参见［古罗马］盖尤斯：《法学阶梯》，黄风译，中国政法大学出版社 1996 年版，第 82 页。译文有改动。

[2] 所以，说“两别”，也只是相对而言。

和财产法两大块，亲属法由专门的《个人身份法典》调整。[3] 苏联—俄罗斯也采用人物两别体制，在民法典外另外制定《婚姻、家庭、监护法典》调整家庭关系。[4] 尽管我国民法深受苏联影响，表现为婚姻法相对独立于民法，至今被视为两个学科，各自拥有自己的研究会。[5] 但从第四次民法典起草工作开始，我国立法机关转而把婚姻家庭问题当作民法典的一编处理。所以，在立法上，我国目前属于人物兼包的类型。

人物兼包的民法典又分为两类：其一，“人前物后”的；其二，“物前人后”的。

大部分民法典都采用“人前物后”的结构。在这个框架内，又有两种子类型。第一种子类型把继承法看作人身法与财产法之间的中介法，把它安排在人法和物法之间；第二种子类型把继承看作是物权的死因变动，把它安排在物法中。先举 4 例说明第一种子类型。

例一　1907 年《瑞士民法典》。该民法典除了序题外包括 4 编。第一编：人法；第二编：亲属法；第三编：继承法；第四编：物权法。[6] 该法典的前两编是人法，第四编是物法。第三编继承法作为中介法居于两者之间。

例二　1942 年《意大利民法典》。它分为 6 编。第一编：人与家庭；第二编：继承；第三编：所有权；第四编：债；第五编：劳动；第六编：权利的保护。[7] 第一编编名中的“人”指主体，“家庭”的含义不言自明。所以，第一编把主体法和亲属法一网打尽。第二编把继承法看作人身法与财产法之间的中介，规定在人身法之尾，财产法之头，形成规定完了人身法才规定财产法、人物基本两别的格局。

例三　1984 年《秘鲁民法典》。该法典除了序题外分为 10 编。第一编：人法；第二编：法律行为；第三编：家庭法；第四编：继承法；第五编：物法；第六编：债；第七编：债的发生根据；第八编：取得时效和消灭时效；第九编：公共登记；第十编：国际私法。[8] 在这 10 编中，前 3 编除了法律行为编外都属于人法。第五

---

〔3〕 如《奥斯曼帝国民法典》就是如此，它只规定财产法，另外制定《家庭权利法典》。它开创了把人身关系法和财产关系法分别制定法典、把民法典理解为单纯的财产关系法典的模式，这种模式流行于几乎所有伊斯兰国家。参见徐国栋：《一个正在脱亚入欧的国家的奋斗——土耳其民法典编纂史》，载《比较法研究》2006 年第 2 期。

〔4〕 其理由是人身法的逻辑与财产法的逻辑不一样，前者是“爱”；后者是“利益”。

〔5〕 在民法典诸分则编的立法研讨中，基本上由民法研究会负责人格权、物权、合同、侵权责任四编，由婚姻法研究会负责婚姻家庭和继承两编。

〔6〕《瑞士民法典》实际上有第五编：债编，但该编以单行法的形式规定在民法典之外。

〔7〕 参见《意大利民法典》，费安玲等译，中国政法大学出版社 2004 年版，第 1 页及以次。

〔8〕 参见《秘鲁共和国新民法典》，徐涤宇译，北京大学出版社 2017 年版，第 1 页及以次。

编到第八编为物法。继承法作为中介规定在人法和物法之间。第九编和第十编是兼涉人法和物法的共同规则。[9]

例四　1994年的《魁北克民法典》。该法典分为如下10编:第一编:人;第二编:家庭;第三编:继承;第四编:财产;第五编:债;第六编:优先权和抵押权;第七编:证据;第八编:时效;第九编:权利的公示;第十编:国际私法。[10] 显然,该法典的前两编是人法,从第四编到第六编是物法。继承编作为中介法居于两个板块之间。第七编至第十编是兼涉两者的共同规则。

第二种子类型的例子有如下6个:

例一　1992年《荷兰民法典》。该民法典分为8编。第一编:自然人法和家庭法;第二编:法人;第三编:财产法总则;第四编:继承法;第五编:物和物权;第六编:债法总则;第七编:特殊合同;第八编:运输法。[11] 该民法典的前两编是人法,但第四编继承法被置于财产法总则的统帅之下,立法者显然把继承法看作单纯的财产法。如此安排忽略了继承法的人身关系前提性和有些制度的人身安排性。

例二　2011年新《罗马尼亚民法典》。该民法典分为7编。第一编:人;第二编:家庭;第三编:财产;第四编:继承和赠与;第五编:债;第六编:消灭时效、权利失效与期间的计算;第七编:国际私法规则。[12] 该民法典存在与《荷兰民法

---

〔9〕《秘鲁民法典》规定有人身法上的登记。公共登记的范围包括宣告某人为无行为能力和限制行为能力的决定;宣告失踪、不在、推定死亡的解除并承认某人的生存宣告;课加失权、民事禁治产或丧失亲权的判决;确定监护或保佐负担的文件,附带不动产清单的编号和担保说明,及其去除、终止、中止和放弃;恢复禁治产人行使民事权利的决定;宣告婚姻无效、离婚、别居及和解的决定;财产分别协议及其变更,非协议的财产分别,相应担保的范围及其中止;支付不能宣告,以及根据有关法律可登记的其他行为和协议。第九编的第一题是"一般规定";第二题是"不动产登记簿";第三题是"法人登记簿",第四题是"人身登记簿";第五题是"委托与代理权登记簿";第六题是"遗嘱登记簿";第七题是"法定继承登记簿";第八题是"动产登记簿"。这一体例把登记制度从一个过去只涉及财产法的问题扩及为既涉及财产法,又涉及人身法的问题,是登记制度的一次革命。人身登记的范围包括宣告某人为无行为能力和限制行为能力的决定;宣告失踪、不在、推定死亡的解除并承认某人的生存宣告;课加失权、民事禁治产或丧失亲权的判决;确定监护或保佐负担的文件,附带不动产清单的编号和担保说明,及其去除、终止、中止和放弃;恢复禁治产人行使民事权利的决定;宣告婚姻无效、离婚、别居及和解的决定;财产分别协议及其变更,非协议的财产分别,相应担保的范围及其中止;支付不能宣告,以及根据有关法律可登记的其他行为和协议。

〔10〕参见《魁北克民法典》,孙建江等译,中国人民大学出版社2005年版,第1页及以次。

〔11〕Vgl. Burgerlijk Wetboek, Wetteksten 2005 – 2006, S. 11ss.

〔12〕Vedea Codul civil(Legea nr. 287/2009), Editura C. H. Beck, Bucaresti, 2009, p. 43ss.

典》同样的问题。

例三　2012年新《捷克民法典》。该民法典分为5编。第一编:总则;第二编:家庭法;第三编:绝对财产权(继承法作为其第三题);第四编:相对财产权(债);第五编:共同、过渡和最终条款。[13] 该民法典甚至不把继承单独列编,而是把它包夹在物权法中,作为物权的死因移转加以规定,非常独特。

例四　2013年新《匈牙利民法典》。该民法典分为8编。第一编:引论;第二编:作为主体的人;第三编:法人;第四编:家庭法;第五编:物权;第六编:债法;第七编:继承法;第八编:尾论。[14] 该民法典与《荷兰民法典》把继承编紧挨着物权法规定不同,把它紧挨着债法规定,似乎意在强调继承法中不仅有物权死因移转的成分,而且有请求权死因移转的成分,如受遗赠人对于继承人或遗产管理人的请求权,但无论如何,该民法典把继承理解成单纯的财产法制度的意图是清楚的。

例五　2014年《阿根廷国民民商法典》。该民法典分为6编。第一编:总则;第二编:家庭关系;第三编:对人权法(徐国栋按:债法);第四编:物权法;第五编:权利的死因移转(徐国栋按:继承法);第六编:关于对人权与物权的共同规定。[15] 该民法典的独特处是把债法前置于物权法,它也把继承法紧挨着物权法规定,而且赤裸裸地把继承说成是"权利的死因移转"。实际上,继承法不仅移转权利,而且还安排监护人呢! 甚至安排遗嘱人自己的后事呢!

例六　2018年的《波多黎各民法典草案》。该草案分为7编。第一编:法律关系(人、财产、法律事实和法律行为);第二编:家庭;第三编:物权;第四编:债;第五编:合同与其他债的发生根据;第六编:继承权法;第七编:国际私法。[16] 这部民法典草案把狭义人法即主体法包夹在总则中,然后规定家庭法。可惜把继承权法与家庭法分开规定。把继承法像新《匈牙利民法典》一样,紧挨着债法规定。

"物前人后"的民法典的典型例子是《德国民法典》。第一编:总则;第二编:物权;第三编:债;第四编:亲属;第五编:继承。这种模式就是所谓的潘得克吞体

---

〔13〕 NÁVRH OBČANSKÉHO ZÁKONÍKU, https://www.cak.cz/assets/files/550/OZ – konsolidovan__verze.pdf, Oct. 30, 2018.

〔14〕 See Act V of 2013 on the Civil Code, https://tdziegler.files.wordpress.com/2014/06/civil_code.pdf, June 10, 2015.

〔15〕 Véase Código Civil y Comercial, En Boletin Oficial de la Republica Argentina, Año CXXII, Numero 32.985.2014, p. 1ss.

〔16〕 Véase Borrador del nuevo codigo civil de Puerto Rico, https://noticiasmicrojuris.files.wordpress.com/2018/08/borrador_codcivil_2018.pdf, Oct. 30, 2018.

系。遵循《德国民法典》模式的有日本、韩国的民法典及中国台湾地区的“民法”。在这一体系中，总则中包含了主体法，处在法典的开头，说这种体例“物前人后”，并不十分严格。说这种体系“人后”，指它把亲属法和继承法排在财产法之后。

二、至《民法总则》颁布我国处理民法两大块关系的轨迹

清末我国采用潘得克吞体系。现在我国台湾地区适用的“民法”也采用这一体系。如前所述，这是一个“物前人后”的体系。这是考虑我国民法典分则诸编的排序问题的起点。

1949 年后的中国曾四次起草民法典。第一次起草发生在 1954 年，得出的草案是总则、所有权、债权、继承四编制。[17] 受苏联的影响，家庭法被安排在民法典之外制定，于 1950 年 5 月 1 日颁布了《婚姻法》。第二次起草发生在 1964 年，得出的草案只有总则、财产的所有、财产的流转三编，[18] 这是一部接近纯粹的财产法典，无所谓“人前物后”问题。说“接近纯粹”，乃因为它的总则部分毕竟包含一个主体法。第三次起草发生在 1979 年及以后，1982 年得出的草案（第四稿）分为 8 编。第一编：民法的任务和基本原则；第二编：民事主体；第三编：财产所有权；第四编：合同；第五编：智力成果权；第六编：财产继承权；第七编：民事责任；第八编：其他规定。[19] 这一体系新增智力成果权一编，但还是不包括婚姻家庭法。

第四次起草发生在 1998 年及以后数年。到 2002 年，得到的民法典草案共分为九编：第一编：总则；第二编：物权法；第三编：合同法；第四编：人格权法；第五编：婚姻法；第六编：收养法；第七编：继承法；第八编：侵权责任法；第九编：涉外民事关系的法律适用法。[20] 这是一个力图摆脱苏联影响的草案，表现为包纳婚姻法；增加人格权法、收养法、国际私法，把苏式的智力成果编排除。通过这样的“摆脱”，民法中的人身法因素大大增加，已到了不得不重新考虑民法的两大块关系的地步。

---

〔17〕 参见江平：《新中国第一次民法典的起草》，载《法制日报》2012 年 5 月 30 日，第 9 版。

〔18〕 参见孙莹：《新中国民法典第一次、第二次起草研究》，西南政法大学 2008 年硕士学位论文，第 21 页。

〔19〕 参见梁慧星：《中国民法典编纂的几个问题》，载《山西大学学报》（哲学社会科学版）2003 年第 5 期。

〔20〕 参见梁慧星：《中国民法典编纂的几个问题》，载《山西大学学报》（哲学社会科学版）2003 年第 5 期。

正是在这样的背景下，2002年许，我国爆发了关于民法对象是应该“人前物后”还是“物前人后”的大讨论。我主张“人前物后”论，把这种观点定性为“人文主义”的民法观，把“物前人后”的观点定性为“物文主义”的民法观。认为前者是哲学上的人文主义的民法体现，后者是哲学上的旧唯物主义在民法中的体现。在当代世界，人文主义已取代旧唯物主义，与此相应，在民法上，“人文主义”的民法观要取代“物文主义”的民法观。〔21〕 我还指出，对于民法两大块的关系，可以借用两个英语助动词的关系来说明。人身关系相当于 to be，解决主体的存在问题，财产关系相当于 to have，解决主体对外在资源的拥有问题。没有对存在问题的解决，不可能解决拥有问题。〔22〕 我的上述观点起初得不到大家的理解。对我观点的学术性的批驳是民法中的物法也是为人服务的，不能遭到贬低。“人法与物法的划分，并没有严格的科学依据，严格说来都是人法”。〔23〕【此人非彼人，胡搅蛮缠！中国式学术讨论：非逻辑，标题党】非学术性的批驳是：我提出“人前物后”理论是为了“弄噱头”，“人文主义”与“物文主义”之争是“口水之争”。〔24〕 但经过10年许，在我的观察范围内，所有的民法教材在论述民法对象问题时都采纳了我的观点。而且，除了我主编的《绿色民法典草案》外，中国人民大学的民法典草案、北京航空航天大学的民法典草案、中国社会科学院法学研究所的民法总则草案，都在对象条款上采纳了我的观点。〔25〕

---

〔21〕 参见朱晓喆：《“法律思想网”民法调整对象论战纪实》，载徐国栋主编：《罗马法与现代民法》（第4卷），中国人民大学出版社2004年版，第185页及以次。

〔22〕 参见徐国栋：《将“人前物后”进行到底》，载《人民法治》2016年第3期。

〔23〕 参见梁慧星：《关于制定中国民法典的思考》，载 http://china.findlaw.cn/chanquan/zsvqrw/qita/27452.html#p1，2018年10月30日最后访问。

〔24〕 参见易继明：《中国民法典制定的三条路线》，载易继明主编：《私法》，华中科技大学出版社2011年版，第13页。

〔25〕 中国人民大学的民法典草案第2条辞曰：“中华人民共和国民法调整平等主体的自然人、法人和其他组织之间的人身关系和财产关系。”参见王利明：《中国民法典草案建议稿及说明》，中国法制出版社2004年版，第5页。北京航空航天大学的民法典草案第2条第1款辞曰：“民法调整地位平等的自然人、法人与其他民事主体之间的人身关系和财产关系。”载 http://www.fxcxw.org/index.php/home/xuejie/artindex/id/9597.html，2018年10月31日最后访问。中国社会科学院法学研究所的民法总则草案的对象条款辞曰：“本法调整自然人、法人和非法人团体之间的人身关系和财产关系。”载 http://lawinnovation.com/html/xjdt/13752.shtml，2015年6月16日最后访问。有意思的是，这一草案的底本就同一问题这样规定：“本法调整自然人、法人和非法人团体之间的财产关系和人身关系。”参见梁慧星主编：《中国民法典草案建议稿》，法律出版社2003年版，第1页。也就是说，梁慧星教授领导的团队在12年后，自觉地把“物前人后”改成了“人前物后”。其从善如流之姿态，可堪钦佩。

这种观点也被2015年8月28日的《民法总则》“室内稿”采纳。在2015年9月14—16日全国人大常委会法制工作委员会（以下简称全国人大法工委）民法室召集来自全国的19个民法教授举行的“民法总则立法座谈会”上，只有1位教授反对“人前物后”，但其意见未被采纳。所以，2017年3月15日颁布的《民法总则》正式文本第2条维持了“人前物后”的正确民法对象表达。[26] 这是令人欣慰的。

但是，在《民法总则》的起草过程中，发生了列举各种民事权利的第五章的涉人民事权利和涉物民事权利两者的排序问题。

众所周知，1986年的《民法通则》第五章采用“物前人后”的民事权利列举方式。第一节规定财产所有权和与财产所有权相关的财产权；第二节规定债权；第三节规定知识产权；第四节规定人身权。四节中，用三节规定财产权，只用一节规定人身权，而且人身权的规定忝列末位，反映了《民法通则》制定者持有的“财产法中心”的民法观。这种体例在2015年8月28日的《民法总则》“室内稿”中得到维持。该稿未专设“民事权利”章，只附录了2002年民法典草案总则部分的“民事权利”章备用。该章的第1条规定物权；第2条规定债权；第3条规定无因管理；第4条规定不当得利；第5条规定知识产权；第6条规定各种具体人格权；第7条规定身份权。这也是一个“物前人后”的权利排序。接下来，2016年2月，全国人大法工委发布了《民法总则草案（征求意见稿）》，把民事权利的列举正式成章（第五章）。该章共6个条文（第86—91条）。第86条规定物权；第87条规定债权；第88条规定知识产权；第89条规定各种人格权；第90条规定身份权；第91条规定继承权、股权和其他民事权利。不难看出，这也是一个“物前人后”的安排，但补充了继承权，并把它安排在身份权之后，以表明身份关系是继承关系的前提。

然而，该征求意见稿的第2条采用“人前物后”的民法对象规定，其辞曰：“中华人民共和国民法调整平等主体的自然人、法人、其他组织之间的人身关系和财产关系。”这个“人前物后”的对象定义与“物前人后”的民事权利列举矛盾，构成体系违反。就此，我于2016年2月写了《将“人前物后”进行到底》一文（发表于2016年《人民法治》2016年第3期），对这种做法进行批评，主张对象条款的改变不仅是一个宣言，而是代表了立法者对民法认识的改变，也就是从“财产

---

[26] 其辞曰：“民法调整平等主体的自然人、法人和非法人组织之间的人身关系和财产关系。”

法中心”的民法观转变为“人财并重，以人为先”的民法观，基此，需要对民法进行完全的体系重构。这对于属于德国法族的中国民法学和立法来说，应该是一场革命。具体来说，就是要在民事权利的列举上改为“人前物后”。所幸的是，这一意见得到了立法机关的认可。2016 年 7 月 5 日刊登在全国人大网上的《民法总则（草案）》第五章改为在一定程度上以“人前物后”的方式列举各种民事权利。该章凡 13 条（第 99—111 条）。第 99 条规定一般人格权；第 100 条规定各种具体人格权；第 101 条规定身份权；第 102 条规定收入、储蓄、房屋、生活用品、生产工具、投资及其他财产享有权；第 103 条规定物权；第 104 条规定不动产和动产的分类；第 105 条规定债权；第 106 条规定无因管理；第 107 条规定不当得利；第 108 条规定知识产权；第 109 条规定继承权；第 110 条规定股权和其他民事权利；第 111 条规定未成年人、老人、残疾人、妇女、消费者的受保护权。〔27〕说“一定程度上‘人前物后’”，乃是因为第 109 条涉及的继承权、第 110 条涉及的弱者特权应在财产权之前得到规定，最好规定在身份权之后，现有的安排造成了人身权和财产权“插花”规定的格局。

2017 年 3 月 15 日颁布的《民法总则》第五章克服了上述草案第五章的不足，实现了比较纯粹的“人前物后”。第 109 条规定一般人格权；第 110 条规定各种具体人格权；第 111 条规定个人信息权；第 112 条规定身份权；第 113 条规定各种财产权平等；第 114 条规定物权；第 115 条规定不动产和动产的分类；第 116 条规定物权法定主义；第 117 条规定征收、征用；第 118 条规定债权；第 119 条规定合同神圣；第 120 条规定侵权责任；第 121 条规定无因管理；第 122 条规定不当得利；第 123 条规定知识产权；第 124 条规定继承权；第 125 条规定股权和其他投资性权利；第 127 条规定数据、网络虚拟财产权……不难看出，第 113 条之前规定的是人身权，之后的条文，除了第 124 条规定的继承权外，都是纯粹的财产权。基于《民法总则》对于继承权的财产权处理，我说它的“人前物后”安排是“比较”纯粹的。实际上，《民法总则》把继承权作这样的处理也构成体系违反，因为它的第 29 条规定了遗嘱监护，昭示了作为继承法重要内容的遗嘱不仅具有财产处分的功能，而且有人事安排的功能。由此可以说，把继承法看作单纯的财产法的观点，已经不合中国立法现实。如果考虑到生前预嘱迟早要进入继承法，这种“不合”的尺度更大。

---

〔27〕　参见《中华人民共和国民法总则（草案）》，载 http://www.npc.gov.cn/npc/lfzt/rlyw/2016-07/05/content_1993427.htm，2018 年 10 月 27 日最后访问。

至此，我们高兴地看到，我国民法典编纂一直在沿着“人前物后”的正确道路前进。

三、民法典分则诸编排序的人文主义体系贯彻问题

2016年6月7日，中国法学会民法典编纂工作会议在中国人民大学召开，确定民法典分则的编纂分为物权法、合同法、侵权责任法、婚姻法、继承法5个工作组并确定了各组的牵头人。由此，民法总则外加如上5个分则编的未来中国民法典的结构得到宣告。5个分则编的排序如上，这是一个“物前人后”的安排，前两编属于物法，后两编属于人法。至于侵权责任法，可以把它理解为人法和物法的共同的保障法，但民法典分则编纂的组织者似乎把它理解成了财产法的一个分支。这样的安排显得退步。如前所述，2002年的民法典草案的9编就采用总则、物权法、合同法、人格权法、婚姻法、收养法、继承法、侵权责任法、涉外民事关系的法律适用法的排序，大体上是“物前人后”的路子，但该草案把侵权责任法放在物法和人法之后，显然，主事者是把它理解为物法和人法的共同的保障法。

接下来，2017年3月8日，全国人大常委会副委员长李建国在第十二届全国人大第五次会议上所作的《关于〈中华人民共和国民法总则（草案）〉的说明》的报告中指出，目前考虑要制定的分则编为物权编、合同编、侵权责任编、婚姻家庭编、继承编。[28] 这是一个“物前人后”的安排。总则之后，物权编打头，债编继之（不过分解成了合同和侵权责任）、亲属编（不过缩减成了婚姻法）又继之，继承编殿后。体现的是美国化了的潘得克吞体系，没有包括人格权编。5个分则编的排序反映的还是“民法调整财产关系和身份关系”的民法观。

王利明教授在《民法总则》颁布后继续主张人格权独立成编，得到了立法机关的响应，全国人大法工委民法室于2017年11月推出了人格权编“室内稿”。到2018年3月15日，全国人大法工委发布了人格权编征求意见稿，要求各法学院提意见。梁慧星教授强烈反对人格权独立成编，于2018年4月9日在四川大学名为“民法总则立法和理论的若干问题”的讲座上表达之。[29] 但最终立法机关采纳的是王利明教授的意见，2018年8月17日提交给委员长会议审议的民法

---

〔28〕 参见李建国：《关于〈中华人民共和国民法总则（草案）〉的说明》，载 http://www.npc.gov.cn/npc/xinwen/2017-03/09/content_2013899.htm，2018年10月29日最后访问。

〔29〕 该讲座的记录稿发表于网络（http://www.cssn.cn/fx/201511/t20151103_2555736_1.shtml），经缩减去火后发表于《甘肃政法学院学报》2018年第3期。题目改为《民法典编纂中的重大争论——兼评全国人大常委会法工委两个民法典人格权编草案》。

典各分则编草案包括人格权编。由此产生了这个新编在民法典诸分则编的位置问题。2018 年 8 月 27 日，全国人大法工委主任沈春耀在第十三届人大常委会第五次会议上关于《民法典各分编（草案）议案的说明》报告中就此指出，考虑到增加了人格权编，还需要把这一编放在适当的位置，经研究，将分编顺序修改为现在的物权编、合同编、人格权编、婚姻家庭编、继承编、侵权责任编。〔30〕 这一修改仍然采取"物前人后"的路子，不过在"人"的部分中增加了"新人法"并将其前置而已，更加值得注意的是，新的体系把侵权责任编与物法剥离，把它放在人法的后面，当作对物法和人法的共同保障。这是对侵权责任法功能的正确理解，继承了 2002 年民法典草案的传统。

非独此也，上述 6 编条文连续排号，共 1034 条。这意味着它们是一个整体。如果无人提出有力的反对意见，各分则编的排序，就这么定了。

但上述诸分编排序法在 2018 年 8 月 27 日的第十三届人大常委会第五次会议上就遭到了卓有识见的全国人大常委会委员的批评。陈斯喜委员指出，把人格权放在物权、债权之后作为第三编不合适。一是因为没有体现以人为本，而是以物为本。"物对人，只有人存在才有意义，所谓对物的权利，首先有人，才有对物的权利，应当先规定人格权，再规定物权、债权等"。二是因为现在这个顺序与《民法总则》第五章对于民事权利的排序不一致。欧阳昌琼委员也认为民法典分编结构安排的顺序还可以考虑做一些调整，"遵循'先人后物'的顺序"。刘修文委员建议将人格权编放在各分编之首，主要考虑有两个方面：一方面，人格权是民事主体最基本、最重要的权利。另一方面，保持现行民事权利体系的连续性和稳定性。〔31〕 首先，三大常委各抒己见，都意识到了民法典分则诸编的顺序不能乱排，排序具有价值宣示意义，完全抛弃了 2002 年论战时流行的排序无意义论。其次，意识到了民法典分则诸编的排序应与《民法总则》第五章对于各种民事权利的排序一致。最后，都意识到了"人前物后"的排序才是正确的选择。美中不足有二：第一，没有意识到民法对象条款与民法典分则诸编排序的关联；第二，只看到了人格权编对于贯彻"人文主义"的民法观的意义，没有看到婚姻

〔30〕 参见杨维汉、王琦：《民法典编纂迈出"第二步"！各分编草案初次提请最高立法机关审议》，载 http://www.npc.gov.cn/npc/cwhhy/13jcwh/2018－08/28/content_2059410.htm，2018 年 10 月 31 日最后访问。

〔31〕 参见朱宁宁：《多位常委会委员建议，应将人格权编放在民法典分编之首》，载 http://www.legaldaily.com.cn/rdlf/content/2018－09/04/content_7637020.htm? node＝33048，2018 年 10 月 29 日最后访问。

家庭编和继承编的同样意义。

在这个问题上，梁慧星教授比较高明。他意识到了民法对象条款与民法典分则诸编排序的关联，以及《民法总则》中民事权利章的排序与民法典分则编排序的关联，他在其《民法典编纂体例若干问题》一文中指出，考虑到《民法总则》第2条已经将“人身关系”置于“财产关系”之前，以及第五章民事权利已经将人格权、身份关系上的权利置于物权、债权、知识产权等财产权之前，民法典分则诸编应采取如下的排序：婚姻家庭法、继承法、物权法、合同法、侵权法、涉外民事法律适用法。这一方案的特点是人法（身份法）在财产法之前。[32] 在没有人格权编的前提下，这一体系完成了“人文主义”民法观的体现，尽管梁老师本人曾强烈反对这种民法观。[33]

四、采用“人前物后”民法典体系的国家和地区的民法对象条款基础

如前所述，梁慧星教授敏感地意识到了民法对象条款与民法典体系的关联，可惜没有对此展开论证。这里略作论证。

在本文第一节，我已介绍10部采用“人前物后”体例的民法典，本节拟介绍这些民法典所属国家和地区的民法对象理论。能力所限，找不到其此等论述的国家只能忽略。

1. 瑞士。其民法对象定义是瑞士民法调整私人之间、法人之间的法律关系，尤其包括人法、家庭法、继承法和财产法。[34] 这个定义的举例部分采用“人前物后”的顺序。

2. 意大利。该国的民法对象定义甚多，这里选用比良齐·杰里（L. Bigliazzi Geri）等人在《民法：主体规范与法律关系》一书中发表的民法对象定义：“所有可以在民法的名号下包括的东西，简言之，包括以下方面：首先是更直接地关系到主体的存在的规则；其次，上述主体参与享用和利用经济资源的一般规则。”[35] 该定义把民法调整的人身关系当作关于 to be 的规则前置于被当作关于 to have 的规则的财产关系。

---

〔32〕 参见梁慧星：《民法典编纂体例若干问题》，载 http://www. iolaw. org. cn/showArticle. aspx? id =5168，2018年10月29日最后访问。

〔33〕 参见梁慧星：《当前关于民法典编纂的三条思路》，载《律师世界》2003年第4期。

〔34〕 Vgl. Kategorie: Zivilrecht, https://www. lexwiki. ch/zivilrecht/, Oct. 30, 2018.

〔35〕 Cfr. L. Bigliazzi Geri et. al. , Diritto Civile, 1, Norme soggetti e rapporto giuridico, UTET, Torino, 1987, p. 13.

3. 秘鲁。按照该国的定义，民法是调整人与人之间关系的原则的集合。[36] 从该定义不能看出“人前物后”或相反，但它没有物文主义的倾向，而且《秘鲁民法典》作为该定义的示例，明显采用“人前物后”的立场。

4. 魁北克。其民法典预备性规定云：《魁北克民法典》根据人权和自由权宪章以及法的一般原则，调整人、人之间的关系和财产。[37] 这是一个典型的“人前物后”民法对象定义。

5. 荷兰。荷兰文的维基百科“民法”词条的民法对象定义是：民法是调整人与人之间关系的规则（人身法和家庭法、财产法等）。[38] 这个定义在列举民法的内容时采取“人前物后”的安排。

6. 捷克。新《捷克民法典》第 1 条规定：(1) 民事法律关系的调整应有助于实现民事权利和自由，尤其是保护人格和所有权的不可侵犯。(2) 民法典调整个人间和法人间的财产关系，这些人与国家间的财产关系，以及由于保护人产生的关系，这些关系由特别法调整的除外。[39] 在该定义条款中，第 1 款采取“人”头“物”身的安排。

7. 阿根廷。该国的领导学者列莫·波尔达（Guillermo A. Borda，1914—2002年）这样定义民法对象：民法调整作为人的人，不考虑其业务或特殊职业，调整他们与其同类的关系，以及与以单纯的法人资格活动的国家的关系，这些关系以满足人类的一般性质的需要为目的。[40] 该定义说明了民法首先调整人格赋予关系，其次调整满足民事主体一般性质的需要的关系，采取“人前物后”的格局。

遗憾的是，我未找到波多黎各的民法对象定义，故略过不论。

但以下两个采取“人前物后”立法体系的国家却采用“物前人后”的民法对象定义。

1. 罗马尼亚。该国的新民法典第 1 条规定：民法调整作为民事主体的人之间的财产关系和人身非财产关系。[41] 这是苏联式的“物前人后”民法对象定义。

---

〔36〕 Véase “María Cecilia Piñan Indacochea, Dercho civil – Persona (Peru’)”, https://www.monografias.com/trabajos64/derecho – civil – personas – peru – i/derecho – civil – personas – peru – i.shtml, Oct. 30, 2018.

〔37〕 See Civil Code of Quebec, Baudouin · Renaud, 2002 – 2003, p. 21.

〔38〕 Vgl. Burgerlijk recht, https://nl.wikipedia.org/wiki/Burgerlijk_recht, Oct. 30, 2018.

〔39〕 See ACT of the Czech Republic No. 40/1964 Sb. Civil Code, http://mujweb.cz/www/vaske/obcan1.htm, March, 5, 2008.

〔40〕 Véase Santos Cifuentes, Elementos de Derecho civil, Astrea, Buenos Aires, 1999, p. 3.

〔41〕 Vedea Codul civil (Legea nr. 287/2009), Editura C. H. Beck, Bucaresti, 2009, p. 55.

2. 匈牙利。该国的新民法典第1:1条规定:本法根据独立原则和平等原则调整人之间的财产关系和人身关系。[42]这个定义的苏联味较淡,但仍属于"物前人后"安排。

如果说,"人前物后"的立法体系选择是"行动",相应的民法对象表达是"宣言",罗马尼亚和匈牙利表现出"行动"与"宣言"的不一致,这可能是两国的立法者尚未想透民法典体系与民法对象言说的正关联造成的。所幸的是,大部分立法者已想透了这种关联及其是未摆脱苏联的影响造成的。请注意,苏联式的民法典不包括婚姻家庭法,民法典就是单纯的财产法典,但如上两国都已把婚姻家庭法纳入民法典,导致人身关系在民法典中的分量大幅增加,但它们却不调整自己的民法对象定义,这反映了立法者的颟顸。

我国的情况与上述两国类似却相反。说"类似",乃因为我国也有"行动"与"宣言"的不一致问题,但我国的情况是"宣言"已"人前物后",但"行动"还是"物前人后"。别人是"宣言"落后,"行动"进步,我国是"宣言"进步,"行动"落后,所以说"相反"。

五、结论

由上可见,民法分则诸编的排序应以民法对象定义为基础。从历史的角度看,这个排序就是论述民法诸主题的顺序,温德沙伊德正是在"论述的顺序"的标题下提出其"物前人后"的民法对象理论的。[43] 在本文考察的10部外国民法典中,有6部的各编排序顺序与其所属国的民法对象定义形成正关联,1部只找到两个比较项的一项,因此被忽略,2部的各编排序与民法对象定义矛盾,由此可以说,民法对象定义通常决定各分则编的排列顺序。令人遗憾的是,这一定律在我国贯彻得不好。21世纪以来,我国已摆脱温德沙伊德式的民法对象理论,采用了法学阶梯式的民法对象理论,但在民法诸分则编的排序上,还维持变形的潘得克吞体系,这构成体系违反,必须尽快解决。更有甚者,我国《民法总则》第五章在民事权利的列举上,也实现了法学阶梯化。在把民法人文主义化的征程上,我国只差"最后一里路"了,那就是把分则诸编的排序法学阶梯化,形成这样

---

〔42〕 See Act V of 2013 on the Civil Code, https://tdziegler.files.wordpress.com/2014/06/civil_code.pdf, June 10, 2015.

〔43〕 Cfr. Bernardo Windscheid, Diritto delle pandette (Vol. Ⅰ), trad. it. di Carlo Fadda e Paolo Emilio Bensa, UTET, Torino, 1925, p. 41.

的顺序:人格权编、婚姻家庭编、继承编、物权编、合同编、侵权责任编。如此,总则是兼涵摄人身关系法和财产关系法的共同规定。之后的两编是人身关系法。继承编是人身法与财产法的中介,可以放在民法的两大块之间。物权编和合同编属于财产关系法。侵权责任编则属于人身法和财产法的共同的保障法。而不是现在暂定的顺序:物权编、合同编、人格权编、婚姻家庭编、继承编、侵权责任编。

如果不按如上顺序排列民法分则诸编,会造成"掉头"(民法对象"人前物后")"扭腰"(民事权利列举"人前物后")而不"挪腿"(各分则编排序"物前人后")的奇怪身姿,会导致摔倒。这不是一种值得期待的结果。尤其是好不容易才得到采用的人格权编,如果被放在物权编、合同编之后,会给人人格利益轻于财产利益的感觉,实际上,在民法保护的诸利益的排序中,人格利益是从来优先于财产利益的。而且,从需求层次的角度看,人格保护的需求也比物质需要获得满足的需求层次高。所以,把人格权编排在总则之后,处于其他各分则编之前,是我国未来民法典的不二选择。当然,现有的民法分则诸编排序把侵权责任编排在最后,是一个很好的选择,可以维持。

所幸的是,如果说我在2002年在"法律思想网"上进行的民法调整对象论战中强调排序的价值意义没有人理解,现在理解的人则日益增多。试举一例,四川大学法学院副研究员徐铁英在其一篇新作中说:"《民法总则》第2条将《民法通则》第2条中的财产关系在前人身关系在后的顺序调整了过来,这一举措昭示了民法典内容排序的价值宣示功能。而且,'人前物后'的立场在《民法总则》第五章中也得到了贯彻,人身性权利(第109—112条)被放置在财产性权利(第113—125条)之前。理所当然地,'人前物后'的立场应进一步落实于民法典各分编的排序中。"〔44〕此论已看出"人前物后"理念对于民法典分则诸编排序的影响,而且认识到《意大利民法典》类似安排的价值宣示意义,值得采信。

尽管民法典诸分则编的人文化排序是一个古老的问题,但当代中国学者却给它带来了新因素,那就是人格权编的地位问题,这是历代处理过诸分则编排序问题的学者未曾遇到过的问题。增加这一编于人身法中,丰富了人身法的内容和类型,增加了分则诸编排序问题的被讨论项,是中国民法学的贡献。

2018年10月31日完稿于胡里山炮台之侧

---

〔44〕 徐铁英:《论我国民法典体例结构的完善——基于1942年〈意大利民法典〉经验的考察》,载《四川大学学报》(哲学社会科学版)2018年第4期。

中国《民法典》与大国学术影响角力

中国《民法典》是大国民法典，影响了它就是影响了 14 亿人的民法生活以及这个国家的学术传统。这是一个非常值得追求的目标。

当然，1949 年前中国也制定了一部民法典，它直接源自日本，间接源自德国（有中国抄日本，日本抄德国之说）。1949 年以后，我国也谋求制定民法典并有过若干草案，在中苏关系破裂前，它们的影响源专属于苏联。

改革开放后制定民法典，其影响源非专属化，完全开放，故一些国家旗帜鲜明地争夺影响源的角色。排名第一的是意大利，该国与中国政法大学合作，在 30 多年内组织了 6 届“罗马法与中国民法法典化”国际会议，全部中国民法精英都被邀参加，我自己未漏一次。组织者的意图写在会议的名称上。意大利前司法部部长 Oliviero Diliberto 教授在意大利报纸上说“我为中国写民法典”，后来感到这样说不合中国难以接受外国专家参与起草民法典的现实，改为说：“我是间接参与起草中国民法典，通过培养学生这么做。这些学生是未来的中国民法典起草者。”第二是德国，我至少参加过一次在北京凯宾斯基饭店举行的中德学者中国民法典联合研讨会。至少受邀一次合办中德中国民法典侵权责任编研讨会，德方提出的办会理由是“影响中国民法典”。第三是法国，中国人民大学留法出身的学者与法国学者举办过不止一次中国民法典国际研讨会。其他想要影响中国民法典的欧美国家肯定还有，但不为我知其行迹。

另外，美国不旗帜鲜明地、不抱具体目的地深刻影响中国《民法典》,具体步骤是有计划地邀请我国的一流民法学者留学美国,首先通过哥伦比亚大学操盘的“美中法学教育交流委员会”(CCLEEC)项目这么做。江平教授借此到哥伦比亚大学访学一年。其次,通过福布赖特项目、福特基金会等项目这么做。中国民法典的重要参与者王利明、张新宝、崔建远和我等都利用过这些项目,有些不止一次。美国人的深耕,加上我国英语独专的外语教学传统,造成了我国主流民法学者只懂英语、只有非法典法国家留学经历、有利于美国法律文化传播的局面。而真正意义上的民法典恰恰属于欧洲大陆,属于西班牙语、意大利语、法语、德语世界！在这样的对比下,影响力的高下就立见了。

我国《民法典》已然颁布,现在可评估各国施加影响的效果了。我的观察结果是,美国的影响最大,意大利次之,德国再次之,法国暂未发现有影响。以下分述。

就美国而言,看不出该国有追求影响中国《民法典》的意图,甚至美国主流学者认为大陆式的民法典是愚昧的发明,但美国凭借其多年的投入,对中国《民法典》影响最大,表现为拆毁大陆式民法典的债编,把它分解为“合同”与“侵权责任”两编,以准合同解决无因管理和不当得利的安排问题。这样的解决,与美国法完全一致。采用这样的解决,始于王利明教授倡导侵权法独立成编并得到立法机关认同,制定独立的《侵权责任法》,接下来,取消债法总则,把此等总则的大部分内容交给合同编总则,把无因管理和不当得利从债法总则的一部分转变为准合同,就是顺理成章的事了。

当然,这样的改变也有非美国的原因。其一,盖尤斯把自愿性的合同与法律强制措施性质的侵权行为等法定之债统合在债的名头下本身就悖谬,遭到英美法的背弃(顺便补充,英美法受罗马法影响很大,我看过伍廷芳在英国考律师的试卷上的考题,全是浅显的罗马法!),遭到德国于20世纪30年代制定的《人民法典(草案)》的背弃,差一票就遭到最近的《日本民法典》债法修正案的背弃,除了悖谬的背弃理由外,所谓的债法总则与合同法总则大量重复是另外的理由。其二,在工业革命前,侵权法尚未展开,《法国民法典》的这部分内容只有十几条。工业革命后,侵权法大大膨胀,再把它作为合同的附庸不行了。

总之,在大陆法系民法典中,债法是最大最重要的板块,在美国法和其他原因的影响下,我国民法典的这一部分发生了美国式的变革,所以,我把美国确定为影响中国《民法典》最大者。

意大利旗帜鲜明地追求影响中国《民法典》,采取的是培养学者的途径,利用的材料是罗马法。从1989年至今,邀请了80多位中国学者留学,我是其中之一。我们的任务是翻译罗马法原始文献和重要的意大利法律(包括《意大利民法典》)为中文。这些译本的出现,开拓了中国民法学界的视野,看到了曾长期影响我国的德国法、日本法、中国台湾地区相关规定的一些缺陷。其中最大的缺陷是对民法的市场经济法看法,它无视民法中的人格法的存在,以“凡是我不想见到的就是不存在”的态度处理家庭法、继承法,漏洞百出,而这些漏洞在意大利从属的拉丁法族国家根本不存在,它们对这些问题做完全相反的处理,像罗马法一样,采取民法调整人身关系和财产关系的立场。我作为长期受德国法影响的法律人,于 1994 年年初访意大利时,为拉丁法族的别样形象所震撼,回国后,大力推广“人前物后”的民法观,先是被视为异类,后是得到追随,最后体现为 1997 年的《民法总则》第 1 条对 1986 年《民法通则》第 1 条的取代。

“人前物后”取代“物前人后”的意义何在? 在于根本改变了对民法的看法:从市场经济法到市民社会组织法,完成这样的转型,才能为人格权独立成编腾出地盘。而且要求对民法的体系进行重构。首先要做的,是把《民法通则》对民事权利的列举从先财产权后人身权改为相反,经过我等的倡议,这一点在《民法总则》做到了。其次,要把民法典的各编按照“人前物后”的原则排序,在总则编之后规定人格权编,然后是婚姻家庭编、继承编,接下来是物权、合同、侵权责任编。遗憾的是,尽管我等倡议,这一点未在《民法典》中做到,它现在采用的是总则、物权、合同、人格权、婚姻家庭、继承的“物前人后”的排序,与其第 1 条(对象条款)和第一编第五章(列举各种民事权利的章)矛盾。尽管有这点未竟之业,意大利学派对中国《民法典》的影响可谓大矣!

德国的影响,在于驱逐了《民法通则》规定的民事行为,在《民法总则》中,继而在《民法典》中还原了法律行为制度以法效行为的本来面目。《民法通则》的制定者望文生义,认为法律行为就应是合法行为,对于不合法的或效力待定的法律行为,另设民事行为的属概念笼罩之(笼罩对象也包括合法的法律行为),这样就背离了德国学者创立法律行为制度的本意,而且适用起来不成功。所以,我这一辈的民法学者就多数反对“民事行为”,随着年轻一代的民法学者留学德国者占据主流,尤其在名牌大学中,加之他们翻译出版的德国民法教材相对又多又好又全面,这样的反对得到了强化,《民法总则》难得地改正错误,《民法典》继之,终于达成了德国影响的落实的目的。但物权行为是与法律行为并列的德国民法代表性制度,却未得到《民法典》的采纳,让多年努力推广这一制度的留德者抱憾。

一分耕耘,一分收获,美、意、德三国的努力都在中国《民法典》的相关制度或条文中得到了落实。这三个影响来源国分属三个体系。美国属于英美法系，德国属于大陆法系中的日耳曼法族，意大利属于大陆法系中的拉丁法族，三个来源在中国《民法典》中合流，表明这部民法典是混合性的。首先是跨大陆法系和英美法系混合，导致中国《民法典》既不属于潘得克吞体系，也不属于法学阶梯体系，而是含有美国的威斯特关键词代码体系（人、财产、合同、侵权……）的因子。如此发生了杂交，杂交总是产生优势的，值得赞许。其次是大陆法系内部的混合，中国《民法典》既有拉丁法族的“人前物后”，也有日耳曼法族的法律行为，这样的“杂交”改变了中国民法自清末以来一直依靠德国法营养的局面，造成了中国民法学术营养来源的二元化或多元化，也是积极的。

问题在于1949年前，长期为中国民法学界依赖的日本民法学以及中国台湾地区的民法学未完成上述“杂交”，这样就造成了对民法的理解不一致。简言之，前者由《民法典》的规定所决定，持“人文主义”的民法观，后者持“物文主义”的民法观。

中国《民法典》既出，它是一部大国的民法典，必定会对四邻八舍的民法观产生影响，由于其先进性，这样影响的理由不是强力而是其合理性。日本的民法观也好，受其影响的中国台湾地区的民法观也好，都形成于100多年前的物质主义时代和数学理性主义时代，陈旧、落后。中国《民法典》使用的是其陌生的表达，目前他们处在读解的时期，我相信，一旦完成这一过程，他们将接受中国《民法典》的先进规定的影响。君不知当年《民法通则》，深刻地影响了《越南民法典》的一些规定呢！

到这里就说完了影响中国《民法典》的赢家，输家呢？上文已说到了两个：法国和日本。后者从一个中国民法的最大影响国演变为中国《民法典》的潜在期待受影响国。第三个是俄罗斯（含苏联），它曾如此强烈地影响我国的民事立法和学说，但在制定中国《民法典》期间，有学者喊出了“清除苏联影响是制定中国《民法典》的前提”的反映众人心声的口号，确实，除了一个“重大误解 = 错误”的立法错误，中国《民法典》中已无什么苏联遗迹了。苏联解体后，俄罗斯远远早于中国制定了民法典，其中包括许多很不错的规定，如其十字架式的民法对象规定、关于权利能力可以放弃的规定、关于公众可采集物的漂亮规定，但由于国家影响力的衰落，这些条文尽管很好，也与中国《民法典》无关了。还好，在学术研究中，学者还是注意到了它们。

2020年5月31日完稿于胡里山炮台之侧

“权利能力平等、不得放弃、不得剥夺”三错论批判*

——兼论《民法典》第14条的司法解释方向

一、“自然人权利能力一律平等”命题及其支持性命题

“自然人权利能力一律平等”的命题为我国《民法典》第14条所采用。为了维持这一命题的坚实性,还需“自然人权利能力不得放弃”“国家不得剥夺自然人的权利能力”两个命题支持。因为如果允许私人放弃或国家剥夺自然人的权利能力,放弃者或被剥夺者的权利能力就与其他自然人不平等了。细究起来,还需第三个支持性命题:“国家不得奖励自然人权利能力”,但因为奖励权利能力〔1〕尚未充分出现于我国的立法实践中,〔2〕故暂放过不论。

---

* 原载《财经法学》2020年第4期。感谢瑞士伯尔尼大学教授(同时是意大利米兰大学教授)Iole Fargnoli、澳门大学吴奇琦博士、厦门大学陈帮锋博士为写作本文提供帮助。也感谢正在米兰大学访学的陕西师范大学向东博士帮我下载在国内无法下载的关于《瑞士民法典》第27条的珍贵德文资料。

〔1〕 在罗马法中,对于对罗马国家有贡献的外邦人,往往奖励市民身份,在这一身份上,附着了所有罗马市民的权利能力。参见徐国栋:《罗马私法要论》,科学出版社2007年版,第62~63页。

〔2〕 厦门市每年对于优秀的农民工也奖励本市户口,完成“农转非”者即具有城市人的权利能力。关于农村人与城市人的能力差别,参见徐国栋:《评析三个民法总则草案中的平等规定——从平等撤退的端倪以及可能的发展》,载《暨南学报》(哲学社会科学版)2015年第7期。

我国通说认为，法人的权利能力是特殊的，[3]也就是法人彼此不同，由此不存在法人权利能力平等的可能。但也有学者持相反学说，如马俊驹和余延满就主张法人的权利能力也一律平等，认为法律和章程限制的并非法人的权利能力，而是行为能力。[4] 李永军也认为法人的权利能力一律平等，因为我国立法和学理已抛弃"法人超越经营范围的活动无效"的理论。[5] 马俊驹、余延满、李永军三位学者的观点具有支持《民法典》第4条的客观效用。按照该条，民事主体在民事活动中的法律地位一律平等。"民事主体"既包括自然人，也包括法人。本文采用通说，按照此说，无必要设立"法人的权利能力不得放弃并不得剥夺"的支持性命题。事实上，从来无人提出过这些命题。从实践来看，营利法人可通过解散放弃自己的权利能力，也可通过变更自己的经营范围放弃自己这方面的权利能力，同时取得那方面的权利能力。关于法人权利能力的剥夺，《德国民法典》第43条有明确规定："其权利能力以授予为基础的社团追求章程所规定目的以外的目的，它可以被剥夺权利能力。"[6]此条反证法人权利能力平等论的主张者想当然耳。

二、"自然人权利能力一律平等"之命题的确立及其发展

（一）乌尔比安等学者力图实现生物人与法律人的同一性

"自然人权利能力一律平等"的命题最远可追溯到乌尔比安（170—228年）。他在其《萨宾评注》第43卷中说："在市民法的范围内，奴隶什么都不是，但根据自然法并非如此，因为在自然法的范围内，所有的生物人都平等。"（D. 50，17，32）[7]此语看起来抓住了权利能力问题的本质：实现Homo与Persona的同一性，以求达成所有的生物人的平等。尽管乌尔比安承认市民法中Homo与Persona的背离，但不认为这是理所当然的，因为在理想的自然法中并非如此。乌尔比安第一次提出自然法、万民法与市民法的三分法，[8]而他认为的自然法基本

---

〔3〕 参见史尚宽：《民法总论》，中国政法大学出版社2000年版，第152～156页。

〔4〕 参见马俊驹、余延满：《民法原论》（第2版），法律出版社2004年版，第124页。

〔5〕 参见李永军：《论权利能力的本质》，载《比较法研究》2015年第3期。

〔6〕 《德国民法典》（第4版），陈卫佐译，法律出版社2015年版，第17页。

〔7〕 See Mommsen and Alan Watson, The Digest of Justinian, Vol. Ⅵ, Philadelphia, University of Pennsylvonia Press, 1985, p. 959.

〔8〕 See James Crawford Ledlie, Ulpian, *Journal of the Society of Comparative Legislation*, New Series, Vol. 5, No. 1, 1903, p. 22.

上是万民法的同义词，只是在是否承认奴隶制上两者不同。[9] 不妨认为乌尔比安另立自然法概念就是为了反对奴隶制，因为奴隶制违反人道。所以他被称为人权的先锋。[10] 作为一个斯多亚哲学家，乌尔比安信仰的哲学认为，人都是神的儿女，应该平等。[11]

但是，按照罗马法创立的标准，一个生物人要想成为法律人，必须通过自由身份、国民身份、家族身份、名誉身份、宗教身份的门槛，[12] 上述乌尔比安的法言只谋求拆除横亘在生物人与法律人之间的自由身份门槛，并未谋求拆除其他的门槛。事实上，乌尔比安在其《告示评注》第 12 卷中主张丧失市民身份者丧失在合同之诉中的诉讼能力（D. 4,5,2）。[13] 这是对国民的身份门槛的肯认。假设权利能力平等是一座房子，需要五根柱子支撑，乌尔比安确实画出了屋子的蓝图，却只用一根柱子支撑。他的这种独木撑大厦的做法造成了后世的自然人权利能力一律平等原则的一切问题。

非独此也，乌尔比安只是在请求返还之诉（Condictio）的狭窄语境里谈论奴隶作为生物人不享有法律人资格的问题，而非在人法的语境中做如此谈论。事实上，根据德国学者奥托·勒内尔（Otto Lenel，1849—1935 年）的还原，乌尔比安上述法言所由出的《萨宾评注》第 43 卷的主题就是请求返还之诉。紧接着上引 D. 50,17,32 的是 D. 15,1,41，[14] 其辞曰："奴隶既不能当以某物为标的合同的债务人，也不能当这种合同的债权人。但当我们在宽泛的意义上使用这个词的时候，我们指的是一个事实，而非指市民法上的债……"[15] 这里说的是奴隶并非市民法上的债的主体，他们涉足的债的关系，严格说来都是自然之债。如此语境，让乌尔比安有关法言的人权色彩大为减损。

在过了 1200 多年后，德国学者乌尔特尤斯（Hermann Vultejus，1565—1634

---

〔9〕 I. 1,2,2. 参见徐国栋：《优士丁尼〈法学阶梯〉评注》，北京大学出版社 2011 年版，第 43 页。

〔10〕 See Tony Honoré, *Ulpian: Pioneer of Human Rights*, Oxford, Oxford University Press, 2002.

〔11〕 参见佘卫东、费雪莱：《论斯多葛学派平等思想》，载《湖北大学学报》（哲学社会科学版）2013 年第 3 期。

〔12〕 参见徐国栋：《罗马私法要论》，科学出版社 2007 年版，第 20 ~ 41 页。通常的罗马法著作只讲前三种身份，如此枉顾了罗马法大量运用后两种身份规训社会成员的现实。

〔13〕 参见《学说汇纂·恢复原状与责任的承担》（第 4 卷），窦海阳译，中国政法大学出版社 2012 年版，第 133 页。

〔14〕 Cfr. Otto Lenel, Palingenesia Iuris Civilis vol. Alterum, Ex Officina Bernhardi Tauchnitz, Lipisiae, 1889, p. 1173.

〔15〕 Cfr. Iustiniani Augusti Digesta seu Pandectae, Testo e traduzione (a cura di Sandro Schipani) Ⅲ, Milano, 2007, p. 195.

年）把 Persona 与 Homo 的对立提升到人法部分来谈。他于 1613 年在其《优士丁尼编订的市民法阶梯评注》（*In institutiones juris civilis a Justiniano compositas commentarius*）一书中说："奴隶是 Homo，但不是 Persona。Homo 是自然法的术语，Persona 是市民法的术语。"〔16〕此语昭示了在是否把奴隶看作主体问题上自然法与市民法的对立，暗含着在市民法上这两种人应该合一的愿望。

又过了一个半世纪有余，康德（1724—1804 年）在其《实践理性批判》（1788 年）中说："在全部被造物之中，人所愿欲的和他能够支配的一切东西都只能被用作手段；唯有人，以及与他一起，每一个理性的创造物，才是目的本身。"〔17〕此语未直接谈到一些生物人不能成为法律人问题，以及相应的自然法与市民法的合理性比较问题，但间接涉及这一问题，因为奴隶制就是把一些生物人当作一些法律人的工具的制度，所以值得批判。康德的推进在于为生物人与法律人的等同化提供了理由：他们具有理性。

（二）《奥地利普通民法典》

1811 年的《奥地利普通民法典》第 16 条把上述前人的思想成果以法律条文的方式体现，其辞曰："每个（生物学意义上的）人均生来就因理性而获得天赋的权利，并据此被视为（法律上的）人。禁止奴隶制以及与此为依据的权力行使。"〔18〕该条前句提出了主命题，后句限定了主命题的适用范围，也就是只打算解决作为生物人（Mensch = Homo）的奴隶与法律人（Person = Persona）的同一性问题，尽管表述宏大（"每个人类人"），但承认权利能力的放弃和剥夺。

申言之，首先，《奥地利普通民法典》第 33 条并非无条件地把外国人当作本国的法律主体，而是以外交互惠为条件。〔19〕 其次，第 573 条承认宗教身份导致的不平等。其辞曰："宗教誓言被认为是无遗嘱能力的原因之一，宗教的神职人员一般无权立遗嘱……"〔20〕这里说的是出家人通过发贫穷愿放弃自己的遗嘱能力。最后，第 574 条承认基于名誉身份的权利能力不平等，其辞曰："受死刑判决

---

〔16〕 Guido Alpa, Status e Capacità: la costruzione giuridica delle differenze individuali, Roma – Bari, 1993, p. 63.

〔17〕 ［德］康德：《实践理性批判》，韩水法译，商务印书馆 2000 年版，第 95 页。

〔18〕 《奥地利普通民法典》，周友军、杨垠红译，清华大学出版社 2013 年版，第 3 页。

〔19〕 其辞曰：外国人一般与公民享有同等的权利和承担同等的义务，但以法律无明确要求具有本国公民资格为限。在有疑问之时，为享有与奥地利公民同等的权利，外国人应证明其国家就所争议的权利已给予奥地利公民同等待遇。参见《奥地利普通民法典》，周友军、杨垠红译，清华大学出版社 2013 年版，第 5 页。

〔20〕 该条于 2015 年被废除。

的犯人,自其收到判决书之日起,被置于死牢中,在整个受刑期间,不能为有效的遗嘱处分。”[21]此条剥夺了死刑犯的遗嘱能力。

观察《奥地利普通民法典》第33条、第573条和第574条可见,这一民法典第16条并未开创自然人的权利能力一律平等的命题,只是其文义允许如此理解而已。

第16条主张的有限平等以自然法为基础,因为它不把权利的赋予看作法律的工作成果,而是看作天赋的(与生俱来的)。阿道尔夫·劳斯(Adolf Laus)说该条出自蔡勒(F. Zeiller,1753—1828年),他是康德的学生。康德认为人是目的,不能被当作手段。[22] 所以,本条首先是康德思想的反映。这点可从弗朗茨·哈维尔(Franz Xaver)对该条的评注中得到印证。他首先说,人是可感的理性存在,因此,他设定自身为目的,并把环绕他的非理性存在当作手段实现其目的。这一规则对于所有的人都是一样的。所以,每个人都要把他人当作目的。[23] 相反,奴隶制和农奴制把人当作手段,遭到本条以及1852年《奥地利刑法典》第95条[24]的禁止。奥地利曾有农奴制,于1781年11月1日废除。[25]《奥地利普通民法典》第16条是对这一事实的确认。

(三)起草者的思想

《奥地利普通民法典》的重要起草者蔡勒的《自然的私法》(*Das natürliche Privatrecht*)的书名表明他受到了乌尔比安的影响:要把私法自然法化。他避免把自己的书名叫作《自然的民法》,因为这样会陷入矛盾。民法只能是特定政治体的立法机关为自己的国民制定的规则,是此等国民的属人法。而自然法是跨国家的,甚至是跨族类的。自然法考虑的不是特定法域的人格,而是人类共同体的人格。所以,《奥地利普通民法典》第16条中的“人”是Mensch,也就是人类人,如同康德在前引句子中考虑的也是Mensch。这种人的人格是与生俱来的,不是法律赋予的。这样的人格只能存在于哲学家的想象中,因为不存在一个跨

---

[21] Codice civile Austriaco, Milano, Dalla Cesarea Regia Stamperia, 1815, p. 141. 1867年被废除。

[22] Vgl. Adolf Laufs, Rechtsentwicklungen in Deutschland, Walter de Gruyter, 2011, S. 200.

[23] Vgl. Franz Xaver, Erläuterung der in dem österreichirchen bürgerlichen Gesetzbuche in Ansebung des Personen – Rechtes, Grätz, 1831, S. 134.

[24] 大意为:奴隶在进入奥地利领土或登上奥地利船舶后自动获得解放。阻止奴隶获得自由的人判刑1—5年。奥地利船长或其他奥地利臣民持续使用奴隶的,根据情节,最高可判刑20年。Vgl. Strafgesetz 1852(Österreich), S. 21.

[25] See “the Entry of Serdom”, https://en.wikipedia.org/wiki/Serfdom, May 14, 2019.

国的权威赋予这样的人格。蔡勒把自己的上述学说用于制定《奥地利普通民法典》,此等民法典体现的就应该是自然的民法了。这个自相矛盾的说法如同说无限的有限。

奴隶制非国际合作不能根除。国际刑法界普遍认为,现代国际刑法创始于1815年的维也纳会议。[26] 1814—1815年的维也纳会议本是安排拿破仑倒台后的欧洲的政治秩序的,当时已在国内完成废奴的英国认识到,奴隶制非依赖国际合作不能根本废除,于是利用这个国际舞台推动设立一个委员会研究废奴,最终达成了《关于全面废除奴隶贸易的宣言》。[27]《奥地利普通民法典》第16条制定于这一宣言之前,所以,可以把它看作是对该宣言的预报,也表征奥地利比英国更早解决了废奴问题,因此成为奥地利的骄傲。

无论如何,《奥地利普通民法典》不把奴隶制看作一个本国的问题,而是看作一个传来的问题,其考虑的是外国奴隶进入奥地利后自动获得解放问题。这样的安排与立法者的人类人着眼点是一致的。

相反,尽管法国在制定其民法典时尚未废奴,[28]《法国民法典》的制定者在处理Homo与Perosna的关系时不采取自由身份的着眼点,而采取国民身份的着眼点,[29]其第8条规定:"所有的法国人享有民事权利(Tout Français jouira des droits civils)"。[30] 从此条可见,法国立法者清楚地意识到自己只能为法国人立法,不能为人类人立法,所以作出这样的规定。朱明哲指出了法国立法者的心路历程:他们不认为民法典——作为人的创造物——有能力解决属于自然法的问题。[31] 照此推理,法国人享有的民事权利不是与生俱来的,而是立法者赋予的。如果立法者对被赋予者不满意,可以以民事死亡的手段剥夺其权利能力。于是,《法国民法典》果然就用12个条文(第22—33条)的篇幅规定了民事死亡制度。所谓民事死亡,就是基于敌人不复为公民的立场勾销叛国者的公民资格,由此剥

---

〔26〕参见黄太云:《国际刑法学界关于惩治国际犯罪战略的研究》,载《法学家》1994年第1期。

〔27〕Vgl. Werner Sabitzer, Der Wiener Kongress von 1814/15 schaffte Sklaverei ab, http://www.m-media.or.at/medien/print/innenministerium-der-wiener-kongress-von-181415-schaffte-die-sklaverei-ab/2015/03/30/index.html, April 30, 2019.

〔28〕法国于1848年才在维克托·舍尔歇(Victor Schoelcher, 1804—1893年)的倡议下废奴。

〔29〕事实上,这部法典的全称是《法国人的民法典》(Code civil des Français)。

〔30〕参见《拿破仑法典》,李浩培、吴传颐、孙鸣岗译,商务印书馆1983年版,第2页。

〔31〕参见朱明哲:《"民法典时刻"的自然法——从〈法国民法典〉编纂看自然法话语的使用与变迁》,载《苏州大学学报》(法学版)2016年第2期。

夺附着于这一资格的所有民事权利能力。[32] 简言之,被判处民事死亡者不复为法国人,所以,《法国民法典》(尤其是其第 8 条)不再对他们生效。民事死亡者要被剥夺 7 项能力,即所有权能力、消极的继承能力、积极的继承能力、监护能力、作证能力、诉讼能力、婚姻能力。[33]

(四)《奥地利普通民法典》第 16 条的诸后继者

1.《撒克逊民法典》

1863 年的《撒克逊民法典》(Sächsisches Zivilgesetzbuch)第 30 条规定,每个生物人皆有权利能力(Jeder Mensch ist rechtfähig)。第 31 条规定,奴隶制、农奴制以及与此相关的权力行使,不许之(Sklaverei,Leibeigenschaft und die Ausübung einer darauf sich beziehenden Gewalt sind unstatthaft)。[34] 这两条来自《奥地利普通民法典》第 16 条,但《撒克逊民法典》第 30 条把"享有权利"改成了"享有权利能力",使用了蒂堡(Anton Friedrich Justus Thibaut,1772—1840 年)在其于 1803 年出版的《潘得克吞法之体系》中首次提出的权利能力(Rechtfähigkeit)的术语,[35] 由此把本文研究的命题的表述形式向我们现在熟悉的方式靠拢。实际上,德文中的 fähig 就是"能"的意思,Recht 还是权利的意思,从这个角度来看,享有权利能力与享有权利的意思差别不大。相比于第 30 条的改造式采用,第 31 条是照抄《奥地利普通民法典》第 16 条的第二句。为何如此规定?可从该民法典的起草人之一辛滕尼斯(Carl Friedrich Ferdinand Sintenis,1804—1868 年)的《实用普通民法》(*Das praktische gemeine Civilrecht*,1844 年版)中找到答案。"人(Person)与法律主体同义,因此,人格意味着权利能力。自由的概念和意志的概念是能力概念的基础,而只有人(Mensch)具有自由和意志","人格不是权利,而是权利的前提和基础。人格以人活着出生为条件被赋予人,罗马法中的奴隶和市民的概念变得没有意义"。[36] 这些言论解释了《撒克逊民法典》的上述两个条文的反奴隶制立场,但更进一步,欲拆除横亘 Homo 与 Persona 之间的国民身份的门槛,因为立法者考虑的不是本国国民,而是人类人(Mensch),所以,

〔32〕 参见徐国栋:《论民事死亡——兼论社会死亡和社会瘫痪》,载《东方法学》2015 年第 5 期。

〔33〕 参见《拿破仑法典》,李浩培、吴传颐、孙鸣岗译,商务印书馆 1983 年版,第 4 页。

〔34〕 Vgl. Eckart Klein, Christoph Menke, Der Mensch als Person und Rechtsperson: Grundlage der Freiheit, BWV Verlag, 2011, S. 62.

〔35〕 参见郑晓剑:《权利能力相对论之质疑》,载《法学家》2019 年第 6 期。

〔36〕 Vgl. Carl Friedrich Ferdinand Sintenis, Das Practische Gemeine Zivilrecht, Erster Band, Leizpig, 1844, S. 91ff.

罗马法上的市民概念在他看来也变得无用了。这是一个震撼人心的表达，因为自罗马法以来，民法一直是身份法，主要适用于具有本国国籍者（“市民”），并由此得名“市民法”，取消了民法的市民身份基础，民法也得改名了，改成“自然法”。

《撒克逊民法典》第 31 条也是反奴隶制的规定，它产生在《关于全面废除奴隶贸易的宣言》之后，可以看作对这一宣言的回应。

2.《苏黎世私法法典》

1885 年的《苏黎世私法法典》第 8 条规定，每个人通常能享有所有的私权。无人不享有权利（Jeder Mensch ist in der Regel alles Privatrechtes fähig. Kein Mensch ist rechtlos）。[37] 这一条文只正面肯定每个人享有权利能力，但不从反面禁止奴隶制，显得它与《奥地利普通民法典》第 16 条没有关联。但《苏黎世私法法典》的作者布伦奇利（Johann Caspar Bluntschli，1808—1881 年）曾长期在德国学习并深受潘得克吞法学影响。[38] 所以，《苏黎世私法法典》吸收了《撒克逊民法典》第 30 条的规定，由于奴隶制已被废除，把《撒克逊民法典》第 31 条的规定当作不言自明之理加以省略，由此开启了抽象化理解第 8 条之规定的门径。他的这一处理在后来的瑞士立法中留传下来。

三、权利能力不得放弃命题的确立和发展

1.《瑞士民法典》

1907 年的《瑞士民法典》第 11 条规定：（1）人（Jedermann）都有权利能力；（2）在法律范围内，人（Menshch）都有平等的权利能力及义务能力。[39] 该条显然来自《苏黎世私法法典》第 8 条。《瑞士民法典》的起草者欧根·胡贝尔（Eugen Huber，1849—1923 年）是苏黎世人，他在起草《瑞士民法典》时大量参考了《苏黎世私法法典》，但有改进：其一，在第 2 款中，明确以“平等”作为权利能力和义务能力的定语，这样就揭示了从《奥地利普通民法典》到《苏黎世私法法典》有关条文包蕴的平等内涵，但把这样的平等受制于法的规定（“在法律的范围内”），这样就建立了平等原则的实证主义立场，把权利能力平等看作法律赋予

〔37〕 Vgl. Johann Caspar Bluntschli, Privatrechtliches Gesetzbuch für den Kanton Zürich. 3. Das zürcherische Obligationenrecht, Schultheβ, 1855, S. 6.

〔38〕 参见殷安军：《瑞士法上民商合一模式的形成——兼评“单一法典”的理念》，载《中外法学》2014 年第 6 期。

〔39〕 参见《瑞士民法典》，殷生根、王燕译，中国政法大学出版社 1999 年版，第 7 页。

而非天赋的结果,由此推论,既然立法者可以赋予权利能力,亦可剥夺之;其二,增加了义务能力作为平等的内容。

除了以上改进外,《瑞士民法典》相较于其先驱性条文做了一个最大的改进,那就是规定第 27 条第 1 款作为对第 11 条的支持,其辞曰:任何人不得全部或部分地放弃权利能力及行为能力。[40] 该款把权利能力的放弃分为全部放弃和部分放弃两种类型,尽皆禁止。另增加行为能力为放弃的对象,也分为全部放弃和部分放弃,尽皆禁止。[41]

为何《瑞士民法典》要为第 11 条设立一个别出心裁的支持性条款? 西比尔·霍费(Sybille Hofer)认为是受到了施塔姆勒(Rudolf Stammmler,1856—1938 年)的影响。《瑞士民法典》的作者欧根·胡贝尔曾经与施塔姆勒在哈勒大学法律系共事,所以,胡贝尔收藏有施塔姆勒的全部著作,影响胡贝尔写下第 27 条第 1 款的是施塔姆勒的《正义法的理论》(*Die Lehre von dem Richtigen Recht*),此书中确立了正义法的四个原则,其中的第一个原则就是"一个人意志的内容不得被迫经受另一个人任意欲望的控制";第二个原则是"每一种法律要求的提出必须使义务人可以成为他自己的邻居"。这两个原则被称为尊重原则。[42] 第一个原则反对人与人之间的奴役,第二个原则来自《圣经·路加福音》10:30 - 3,体现了耶稣提出的"爱你的旁边人"的戒条。它在第一个原则的基础上更进一步,不仅反对奴隶制,而且要求仁者爱人。胡贝尔基于第一个原则起草了《瑞士民法典》第 27 条第 1 款。他认为,权利能力是人格的一般属性,不应通过自愿的放弃遭到牺牲。[43] 放弃的方式有:订立终身雇佣合同、承受过高的违约金、订立无限竞争条款等。总之,不能使债务人受债权人的过分凌迫。[44] 所以,不妨把第 27 条第 1 款理解为对合同自由的保障,该款已完全与奴隶制脱离关系。《奥地利普通民法典》第 16 条和《撒克逊民法典》第 30 条反对奴隶制,到了在时间上相隔

---

〔40〕 参见《瑞士民法典》,殷生根、王燕译,中国政法大学出版社 1999 年版,第 9 页。译文有改动。

〔41〕 行为能力放弃的例子可见《立陶宛民法典》第 3.29 条的规定。其辞曰:"婚姻不得限制配偶双方积极的或消极的能力,尽管如此,配偶双方行使某些权利的能力可被婚姻合同或此等合同的委任条款限制。"See Civil Code of The Republic of Lithuania, p. 89. 在该民法典中,积极能力指行为能力,消极能力指权利能力。

〔42〕 参见[德]施塔姆勒:《正义法的理论》,夏彦才译,商务印书馆 2016 年版,第 178 ~ 179 页。

〔43〕 Vgl. Sybille Hofer, Art. 27 ZGB – die späte Entdeckung einer vermeintlichen Lücke, Im Recht, 2/2008, S. 60.

〔44〕 Vgl. Sybille Hofer, Art. 27 ZGB – die späte Entdeckung einer vermeintlichen Lücke, Im Recht, 2/2008, S. 61.

不远的《瑞士民法典》的时代,奴隶制已寿终正寝,故其第 27 条第 1 款只反对对人的意思自治的过度限制。

另外,第 27 条第 1 款也反映了潘得克吞学派的人格不得为其承载者处分的理论,这点可从第 27 条的旧条名“人格的保护”,Ⅰ.“一般规定”,(1)“不可转让性”看出来。[45] 所以,该条是对人格的不可转让性的宣示。潘得克吞学者萨维尼(Friedrich Carl von Savigny,1779—1861 年)和普赫塔(Georg Friedrich Puchta,1798—1864 年)认为,人格作为自身存在于民事主体之中(Recht an der eigenen Person)的权利,与主体不可分离。他们否认自然人对自身身体和自由意识有支配权,因此,人格只是一种法律资格,无法成为一种独立的主观权利。[46]

2.《土耳其民法典》

众所周知,1926 年《土耳其民法典》乃移植《瑞士民法典》而成。故现行《土耳其民法典》第 8 条与《瑞士民法典》第 11 条对应,其辞曰:(1)每个人都有权利能力;(2)因而,所有的人在法律范围内享有平等的权利能力及义务能力。此外,现行《土耳其民法典》的第 23 条第 1 款与《瑞士民法典》第 27 条第 1 款相对应。其辞曰:任何人,即使在最小程度上,也不得放弃其权利和自由行动的能力。[47] 该条首先把权利规定为不得放弃的对象,其次才把能力规定为不得放弃的对象,而且限缩为自由行动的能力。看来,土耳其的立法者考虑到放弃能力的情形很少,放弃权利的情形很多,所以把重心转向高发事件。而且少量的能力放弃的对象都是自由行动权,故专门限制这方面的放弃。

3.大清、民国的民法以及中国台湾地区“民法”

1911 年的《大清民律草案》第 4 条规定:人于法令限制内,得享受权利,承担义务。第 49 条规定:权利能力及行为能力不得抛弃。[48] 第 4 条对应《瑞士民法典》第 11 条;第 49 条对应《瑞士民法典》第 27 条第 1 款,如此,主命题和支持性命题都加以继受,堪称完整。但 1925 年的《中华民国民律草案》删除了《大清民

---

〔45〕 Ⅰ的(2)出现在第 28 条:求诸法官。Ⅱ出现在第 28 条,该条的条名是“姓名人格权”。Voir Le Code Civil Suisse,1921,Geneve,p. 14s. Also see The Swiss Civil Code,Boston,The Boston Book Company,1915,p. 5.

〔46〕 参见张礼洪:《人格权的民法保护及其理论的历史发展》,载《中国政法大学学报》2018 年第 4 期。

〔47〕 See Turkish Civil Code,Text updated Law No. 4963,dated 6/8/2003 published in official Gazette No. 25192 dated 7/8/2003,p. 4.

〔48〕 参见《大清民律草案·民国民律草案》,杨立新点校,吉林人民出版社 2002 年版,第 3 页、第 7 页。

律草案》第4条,仅在其第16条规定:凡人不得抛弃其权利能力及行为能力。[49] 中国台湾地区现行"民法"继续采取这种"半拉子"继受路线,其第16条规定:权利能力及行为能力,不得抛弃。[50] 三个采自《瑞士民法典》第27条第1款的条文被中国法律起草者做了苟简主义的处理,把瑞士立法者区分全部放弃和部分放弃的苦心一笔抹杀了。

富有意味的是,在大中华地区的范围内,被《中华民国民律草案》和台湾地区"民法"遗漏继受的《瑞士民法典》第11条被1986年的《民法通则》第10条继受了,其辞曰:公民的权利能力一律平等。后来被2017年的《民法总则》第14条继受了,其辞曰:自然人的权利能力一律平等。但这两部大陆的立法文件没有继受支持性规定,此等规定仅存在于本文后部分要介绍的我国民法学说中。

4.《葡萄牙民法典》和中国《澳门民法典》

1966年的新《葡萄牙民法典》第67条规定,除法律另有规定外,自然人得成为任何法律关系之主体;此为自然人之权利能力。此条规定主命题,但排除平等(设有"除法律另有规定外"的但书),从而排除权利能力不得剥夺的命题。第69条规定:任何人不得全部或部分放弃其权利能力。[51] 此条规定权利能力不得放弃的支持性命题。

中国《澳门民法典》第64条、第66条作出了同样的规定。[52] 配合第64条的排除平等,《澳门刑法典》规定了停止行使亲权、监护权、保佐权、暂时禁止业务或职业、中止驾照的效力等剥夺权利能力的方式。[53]

新《葡萄牙民法典》之所以确立第69条,是为了贯彻这一民法典奉行的"所有的生物人都能成为法律人原则"(Princípio da Personificação jurídica do Homem)。该原则的依据是《葡萄牙宪法》第13条规定的平等原则[54]以及《世界人权宣言》第6条的规定。而且,赋予法律人格是对人的尊严的保障,因为前者是后者的投射。[55] 这种说明把宪法上的平等原则搬用于民法,值得斟酌,因

---

〔49〕 参见《大清民律草案·民国民律草案》,杨立新点校,吉林人民出版社2002年版,第204页。

〔50〕 参见陶百川编:《最新六法全书》,台北,三民书局1981年版,第89页。

〔51〕 Ver Codigo Civil Português (Actualizado até à Lei 59/99, de 30/06), pp. 20 - 21.

〔52〕 参见赵秉志总编:《澳门民法典》,中国人民大学出版社1999年版,第28~29页。

〔53〕 参见詹红星:《中国内地和澳门资格刑比较研究》,载《"一国两制"研究》2006年第7期。

〔54〕 其第1款辞曰:所有公民都有同等的社会尊严;法律面前人人平等。参见姜士林、陈玮主编:《世界宪法大全》(上卷),中国广播电视出版社1989年版,第943页。

〔55〕 Ver MMO Escola, Os Princípios Fundamentais do Direito Civil, https://escola.mmo.co.mz/os-principios-fundamentais-do-direito-civil/, Jan. 2, 2020.

为宪法上的平等原则是限制立法权的,[56]民法上的平等是限制当事人一方对他方的优势。一个是纵向的,另一个是横向的,两者不宜相提并论。另外,从《世界人权宣言》第6条的起草历史来看,该条允许按照程序剥夺犯罪人的权利能力(参见下文)。所以,“所有的生物人都能成为法律人原则”要加上但书才好。

四、权利能力不得剥夺命题的确立和发展

(一)《苏俄民法典》

很有意思的是,权利能力不得剥夺命题的确立始于苏俄。1923年《苏俄民法典》第6条规定:不按照法律和法律规定程序,不能剥夺和限制任何人的民事权利。[57] 说此条支持“自然人权利能力一律平等”命题并不严格,因为它讲的是剥夺权利而非能力。而且,《苏俄民法典》第4条体现的主命题也不严格,大意是:全体公民权利能力平等,但法院限制其权利者除外。[58]

1964年《苏俄民法典》第9条第1款规定:享有权利和承担义务的能力平等地授予所有的苏俄公民和其他加盟共和国的公民。此为主命题规定。第12条规定:无人可被限制其享有权利和承担义务的能力或实施法律行为的能力,在法律规定的情形并按法律规定的方式实施的除外。[59] 此为支持性规定。与1923年《苏俄民法典》不同,这部民法典以权利能力而非权利的剥夺为考虑对象。

(二)《俄罗斯联邦民法典》

1995年的《俄罗斯联邦民法典》第17条第1款规定:所有公民均被承认平等地具有享有民事权利和承担民事义务的能力(民事权利能力)。[60] 此为主命题规定,确立了公民的权利能力的平等性。第22条为此种平等性提供保障,所以其条名就是“不允许剥夺和限制公民的权利能力和行为能力”。第1款规定:除非在法律规定的情况下和依照法律规定的程序,任何人的行为能力和权利能

---

〔56〕 参见[法]莱昂·狄骥:《宪法学教程》,王文利等译,辽海出版社、春风文艺出版社1999年版,第177页。也参见[日]阿部照再、[日]池天政章、[日]初宿正典、[日]户松秀典编著:《宪法——基本人权编》(下册),周宗宪译,中国政法大学出版社2006年版,第108页。

〔57〕 参见《苏俄民法典》,郑华译,法律出版社1956年版,第4页。

〔58〕 参见《苏俄民法典》,郑华译,法律出版社1956年版,第3页。

〔59〕 See *Civil Code of the Russian Soviet Federated Socialist Republic*:*An English Translation*, trans. by Whitmore Gray and Raymond Stults, Ann Arbor, The University of Michigan Law School, 1965, p. 4.

〔60〕 参见《俄罗斯联邦民法典》,黄道秀译,北京大学出版社2007年版,第41页。

力均不得受到限制。[61] 第 3 款规定：公民全部或部分放弃权利能力或行为能力，以及旨在限制权利能力和行为能力的其他法律行为，自始无效，但法律允许这种法律行为的除外。[62] 第 1 款和第 3 款同为第 17 条第 1 款的支持性规定，前者限制国家剥夺公民的权利能力；后者限制公民放弃自己的权利能力和行为能力，同时规定主命题和两个支持性命题，唯有《俄罗斯联邦民法典》以及部分苏联密切联系国的民法典。[63] 至此，自然人权利能力一律平等的命题及其两个支持性命题全部形成，完成了三个命题的“浮”。但两个支持性命题都允许例外，一旦例外发生，主命题体现的平等就不存在了。

值得注意的是，《俄罗斯联邦民法典》第 22 条与 1945 年的《世界人权宣言》第 6 条和 1976 年的联合国《公民及政治权利国际公约》第 16 条的规定相合，后两个条文的文字一致：“人人在任何所在有被承认为法律人格之权利”（Everyone shall have the right to recognition everywhere as a person before the law）。该条的确立基于生物人与法律人的区分，主张前者自动成为后者，也就是要去掉罗马人为两者转化设立的多数门槛。但在起草中，曾经有一款允许剥夺犯罪人的法律人资格，后来因为怕引起争议被去掉。[64] 但在各国的实践中，都允许按照法律规定的情形和依据法律规定的程序让一些生物人丧失法律人资格。

如何解释《俄罗斯联邦民法典》第 22 条与两个人权公约相关规定的一致？暂时未找到前者受后者影响的证据，只能认为俄罗斯的规定影响了两个公约的相应规定，因为从 1923 年起俄罗斯就有类似的规定了。

---

〔61〕 参见《俄罗斯联邦民法典》，黄道秀译，北京大学出版社 2007 年版，第 42 页。

〔62〕 参见《俄罗斯联邦民法典》，黄道秀译，北京大学出版社 2007 年版，第 42 页。

〔63〕 例如，《白俄罗斯民法典》第 16 条第 1 款为正面规定；第 20 条第 3 款规定支持性命题一；第 21 条第 2 款规定支持性命题二。又如，《越南民法典》第 16 条第 2 款为正面规定；第 18 条同时规定支持性命题一和二。再如，《吉尔吉斯斯坦民法典》第 52 条第 1 款为正面规定；第 57 条第 1 款规定支持性命题一；第 57 条第 3 款规定支持性命题二。另外，《哈萨克斯坦民法典》第 13 条第 1 款为正面规定；第 18 条第 1 款规定支持性命题一；第 18 条第 3 款规定支持性命题二。《塔吉克斯坦民法典》第 18 条第 1 款为正面规定；第 23 条第 1 款规定支持性命题一；第 23 条第 3 款规定支持性命题二。《乌兹别克斯坦民法典》第 17 条为正面规定，第 23 条第 1 款规定支持性命题一；第 23 条第 3 款规定支持性命题二。

〔64〕 See Margaret Edith Brett, *The Right to Recognition as a Person before the Law and the Capacity to Act under International Human Rights Law*, Master's thesis, Irish Centre for Human Rights National University of Ireland, 2012, p. 11.

五、权利能力不得放弃命题与现实生活的矛盾(仅讨论出家)及其超越

权利能力不得放弃命题与现实生活的矛盾太多,如当兵就要放弃与外国人和港、澳、台居民结婚的权利能力;[65] 当公务员就要放弃经商的权利能力。[66] 为了节省篇幅,本文仅讨论出家导致的权利能力放弃。至少汉传佛教的僧侣和天主教有出家制度。先谈汉传佛教僧侣出家导致的权利能力放弃。

众所周知,皈依佛门者要接受“不淫诫”和“不蓄金银财宝诫”,这意味着受戒者放弃了结婚的权利能力和大额所有权能力。

另外,权利能力不得放弃与天主教的“三愿”冲突。成为天主教神职人员,首先要发独身愿,其次要发贫穷愿。前者意味着放弃结婚的权利能力,后者意味着放弃大额所有权能力。[67]

然而,十诫也好,“三愿”也好,都属于教法规范,作为世俗法的民法把它们当作法源吗?答案是曾经被当作法源。例如,1976 年之前的《奥地利普通民法典》第 573 条规定,宗教誓言被认为是无遗嘱能力的原因之一,宗教的神职人员一般无权立遗嘱,但在如下情形,宗教的神职人员也被允许通过遗嘱处分其财产:如果教会为了其成员能够立遗嘱,已经获得了特别的优待;如果神职人员已经从其誓言中解脱;如果神职人员因其教会、僧院和修道院的解职已经退休;或者如果神职人员因其被雇佣的方式,而依据政治性法律不再被看作教会、僧院和修道院的成员,而能够获得完整的所有权。[68] 此条明确规定发贫穷愿导致遗嘱能力丧失,尽管规定了许多例外。但此条已被 1976 年颁布的一个法律限制适用。[69]

又如,1855 年的《智利民法典》第 95 条曾规定,在为天主教会承认的修道性

---

[65] 中国人民解放军原总政治部发布的《军队贯彻实施〈中华人民共和国婚姻法〉若干问题的规定》第 3 条第 2 款规定:“现役军人一律不准与外国公民结婚,原则上也不得与香港、澳门特别行政区和台湾地区的居民结婚。”

[66] 2018 年的我国《公务员法》第 59 条规定,公务员必须遵守纪律,不得从事或参与营利性活动,在企业或其他营利性组织中兼任职务。

[67] 《天主教法典》第 668 条规定:依修会性质完全放弃其财产的发愿会士,即丧失获得并持有财产之能力,为此,其所做反贫穷愿的行为皆无效。在放弃后,所有进项皆应依本会规定让给本修会。

[68] 参见《奥地利普通民法典》,周友军、杨垠红译,清华大学出版社 2013 年版,第 95 ~ 96 页。

[69] 参见《奥地利普通民法典》,周友军、杨垠红译,清华大学出版社 2013 年版,第 96 页注释 1。

机构中根据法律庄严发愿的人，由于民事死亡，也终结其财产权方面的人格。[70] 该条规定了出家的神职人员因为发愿导致的财产法方面权利能力的放弃。此条出自安德雷斯·贝略（Andrés Bello，1781—1865 年）之手，他起草的民法典为智利、厄瓜多尔和哥伦比亚三国采用。[71] 厄瓜多尔在其民法典第 92 条中采用了此条，[72] 但《哥伦比亚民法典》未采用此条。[73] 然而，《智利民法典》第 95 条于 1943 年 10 月 21 日被智利是年的第 7612 号法律废除；《厄瓜多尔民法典》第 92 条的废除更早，发生在 1936 年。

原因在于，在政教分离的运动中，教法不再被民法当作法源。这一运动首先在法国大革命中呈现。1790 年 2 月 16 日国民公会《关于废除宗教阶层的法令》（Decret de l'Assemblée national qui supprime les ordres religieux et religieuses）第 1 条规定：法律不承认男女两性修道士所发的庄严修道誓愿。[74] 1791 年宪法的序言规定，法律不再承认宗教誓言，也不承认任何其他违反自然法和本宪法的承诺。[75] 然而，僧侣是否能像俗人一样为自己取得财产？仍然是个问题。例如，《法国民法典》第 902 条规定，任何人均得通过或依据生前赠与或遗嘱，处分与受领财产，但法律宣告无能力的人除外。[76] 僧侣是否为本条规定的无能力的人？法国法学家霍葛洪（A. G. Rogron）解释此条时认为，发贫穷愿并不意味着发愿者没有任何财产方面的能力，只是没有特有产的能力，僧侣仍然能为修道院取得财产。[77] 换言之，每个神职人员在法律面前都对其财产和收入享有完全的所有权以及根据民法典享有的管理权，但根据良心的规则，如果他们已发了贫穷

---

〔70〕 Véase Codigo civil de la Republica de Chile, Santiago de Chile, 1856, p. 25.

〔71〕 参见［意］桑德罗·斯奇巴尼：《在智利、厄瓜多尔、哥伦比亚生效的安德雷斯·贝略民法典》，徐国栋译，载《法商研究》1999 年第 5 期。

〔72〕 Véase Alvaro Reyes Ormaza, Consecuencias de la declaracion de la muerte presunta en la ley civil Ecuatoriana, Tesis de la previo a la obtencion del titolo de doctor en ciencias juridicas, Cuenca, Ecuador, 2009, p. 17.

〔73〕 Véase Luis F. Borja, Studios sobre el Codigo Civil Chileno, Tomo Segundo, Paris, 1901, p. 361.

〔74〕 Voir la Entrée de Decret de l'Assemblée national qui supprime les ordres religieux et religieuses: le mardi 16 février 1790, https://fr.wikipedia.org/wiki/Fichier: Assembl%C3%A9e_nationale,_d%C3%A9cret_du_13_f%C3%A9vrier_1790,_articles_1_et_2.jpg, June 5, 2019.

〔75〕 Voir Lois, et actes du gouvernement, Tome IV, Août 1789 [à 18 Prairial an II]: Août à Juin 1792, Paris, 1806, p. 191.

〔76〕 参见《法国民法典》（上册），罗结珍译，法律出版社 2005 年版，第 696 页。

〔77〕 Cfr. A. G. Rogron, Codice civile spiegato dai suoi motivi e degli esempi, Tomo Terzo, Napoli, 1832, p. 208.

愿,除非得到了其上级的批准,他们不得处分其财产,也不得以任何名义取得财产。市民法不要求他们遵守誓愿,但他们不能破毁根据宗教誓愿承担的义务。[78] 这样,就实际效果而言,僧侣还是没有取得财产的实际能力。财产在他们手上过一下而已。

意大利的情况与法国差不多,民法不承认根据教会法发出的誓愿导致的无能力,如此,神职人员可以缔结有效的婚姻、认领私生子、自由地无偿或有偿取得财产,甚至可以继承他人的遗产,但为了不违反教会法,他们可在得到自己上级批准的情况下找公证人放弃遗产或捐赠自己接受的遗产给其共同继承人,或出卖此等遗产,将收到的价金移转给自己的所属的机构。[79] 这还是说神职人员可以取得财产,但不得为自己持有财产,跟以前他们的权利能力状况相比没有实质的区别。

由上可见,宗教誓言曾经有放弃权利能力的民法效果,但自政教分离运动后,宗教誓言形式上不导致放弃有关权利能力,实际上仍然如此。这样的现实至少是推动各国的立法者对有关的支持性命题进行改革的原因之一。

所以,1994 年《魁北克民法典》第 8 条规定,任何人均不得放弃行使民事权利,此等放弃符合公共秩序的除外。[80] 前引《俄罗斯联邦民法典》第 22 条第 3 款规定,公民全部或部分放弃权利能力或行为能力,以及旨在限制权利能力和行为能力的其他法律行为,自始无效,但法律允许这种法律行为的除外。[81] 这两条承认符合公共秩序的和法律允许的放弃权利能力有效,要把因为出家做出的权利能力放弃解释为在它们的涵盖范围内,应毫不费力。

六、我国关于权利能力平等三个命题的立法和学说

(一)立法

以上讲了那么多古代法和外国法关于权利能力平等的三大规定的曲折经

---

〔78〕 Voir P. H. Corbière, Le droit privé, administratif et public dans ses rapports avec la conscience et le culte catholique, Tome Premier, Librairie catholique de Périsse frères, 1841, p. 191.

〔79〕 Cfr. Enrico Tartagli, Compendio di Diritto ecclesiastico, Maggioli Editore, 2011, p. 122; Cfr. I notai del Collegio di Bologna, Proprietà e voto di povertà: religiosi tra canoni ecclesiastici e diritto civile, https://www.ilrestodelcarlino.it/bologna/cronaca/religiosi－proprieta－diritto－canonico－civile－1.206826, Jun. 4, 2019.

〔80〕 参见《魁北克民法典》,孙建江等译,中国人民大学出版社 2005 年版,第 2 页。

〔81〕 参见《俄罗斯联邦民法典》,黄道秀译,北京大学出版社 2007 年版,第 42 页。

历，目的是助人理解我国法律和学说上也有的“三大”规定的缺陷。先看我国这方面的立法。

《民法通则》第10条规定，“公民的民事权利能力一律平等”，此条尚在国境线以内赋予主体平等的民事权利能力，跟《法国民法典》第8条路径一致。但34年后的《民法典》第14条规定，“自然人的民事权利能力一律平等”，此条表明，立法者走出国境线赋予全球人口权利能力，不要求互惠，跟《瑞士民法典》第11条一致，共同走自然法路线。

《民法通则》第10条和《民法典》第14条都是对主命题的确定，我国立法中无关于支持性命题的规定。

（二）学说

首先看对主命题的论证。李永军认为，权利能力平等是一个基本原则，既是宪法上的平等原则在私法上的具体化，也是民法赖以生存的市民社会的本质特征。人的权利能力的平等是近代私法的重要进步之一，是资产阶级革命的胜利成果之一。〔82〕此论把宪法上的以立法权限制为意蕴的平等原则与私法上的所谓平等原则混为一谈，缺陷明显。〔83〕

其次看对支持性命题的论证。尽管立法上无规定，“自然人权利能力不得放弃或剥夺”的命题还是出现在我国不同时期的民法教科书中。王家福、谢怀栻等编写的一部民法著作对此这么说：“民法关于权利能力的规定是强制性规范，不是任意性规定，因此任何人不得加以变更，任何人不得剥夺或限制公民的民事权利能力，公民自己也不得以任何方式抛弃或限制自己的民事权利能力。”〔84〕此论把民法关于权利能力的规定当作强行法，并非任意法，故公民不得放弃自己的权利能力。论者还考虑到了国家（“任何人”应包括国家）剥夺自然人权利能力的可能，认为不可如此。此说直接与我国《婚姻法》第7条第2项〔85〕剥夺患有法定疾病者结婚能力的规定冲突。

费安玲主编的民法教材认为：权利能力具有“三性”。其一，先验性，也即权利能力不是实在法赋予的，而是天赋的，因此，国家也不得剥夺公民的权利能力；其二，完全平等；其三，不得让与或抛弃，否则意味着主体放弃自己的法律主体地

〔82〕　参见李永军：《论权利能力的本质》，载《比较法研究》2015年第3期。

〔83〕　参见徐国栋：《平等原则——宪法原则还是民法原则?》，载《法学》2009年第3期。

〔84〕　王家福等：《民法基本知识》，人民日报出版社1987年版，第49页。

〔85〕　其辞曰：患有医学上认为不应当结婚的疾病者不得结婚。

位,使自己不再成为法律上的人。[86] 此论以"完全平等"的文句简述了"自然人权利能力一律平等"的主命题,同时完整地提到了它的两个支持性命题:国家不得剥夺自然人的权利能力,私人亦不得放弃之。算是对主命题与其支持性命题关系的完整展示。该教材这一部分的作者朱庆育在写作如上文字时以脚注说明自己的观点采自德国学者沃尔夫(Ernest Wolf,1914—2008 年)和拉伦茨(Karl Larenz,1903—1993 年)合著的 20 世纪 60 年代出版的《德国民法总论》。然而,拉伦茨在 20 世纪 30 年代也说过:只有隶属于民族共同体者才可有权利能力,至于不属于民族共同体的人,是异族人,他们可享有多少权利能力,要根据纳粹当局的种族政策确定。[87] 按照此语,尽管雅利安人和犹太人都是德国人,但后者与前者在权利能力上并不平等。由此发生了拉伦茨在 20 世纪 30 年代讲的话和 60 年代讲的话何者为真的问题,我认为前者为真,后者为稻粱谋之言。[88] 看来,拉伦茨连主命题都不相信,两个支持性命题就更不要提了。

七、结论和余论

乌尔比安在奴隶的合同能力的狭窄语境中概括出了部分生物人不能成为法律人的问题,指出了自然法中的相反情况。乌尔特尤斯把乌尔比安提出的问题从债法搬到人法,维持了解决问题的自然法路线。康德另辟蹊径,在"任何人都是目的"的言说中排除了把也是人的奴隶当作手段的正当性,提供了理性作为两种人应该等同的理由。《奥地利普通民法典》第 16 条基于上述思想做出了自然法性质的反奴隶制的规定,成为自然人权利能力一律平等主命题的"基床",但该民法典并不排斥权利能力的放弃或剥夺,以及对外国人权利能力的限制。就对剥夺的承认而言,这是对名誉的身份阻隔两种人的同一性的承认;就对外国人的权利能力限制而言,这是对国民的身份阻隔两种人的同一性的承认。

具有讽刺意味的是,当代奥地利人竟然把其民法典第 16 条当作人格权规定理解,就它是体现了一般人格权还是具体人格权纠缠不休。[89] 此乃因为这个第

---

〔86〕 参见费安玲等:《民法总论》(第 2 版),高等教育出版社 2018 年版,第 56 页。

〔87〕 参见黄瑞明:《纳粹时期的拉伦兹:德国法学界的一页黑暗史》,载《台湾大学法学论丛》2003 年第 5 期。

〔88〕 参见徐国栋:《德国〈人民法典〉体系及其背后民法思想的去潘得克吞化》,载《河南财经政法大学学报》2020 年第 1 期。

〔89〕 参见[奥]伽布里菈·库奇奥、[奥]海尔穆特·库奇奥:《奥地利民法概论》,张玉东译,北京大学出版社 2019 年版,第 4 页。

16 条体现的自然法意识形态和解放奴隶意图在当代已完全过时，该条已失去了存在意义，为了不浪费“光荣的”[90]该条，当代解释者赋予了它立法者不曾赋予它的意义。实际上，按起草者的意图，人格是原权（Urrecht），[91]人格权是派生权，两者应不在一个层次。

《瑞士民法典》第 11 条在奴隶制已废除的条件下规定了自然人权利能力一律平等原则，而且在施塔姆勒正义法的尊重原则的影响下作出了自然人权利能力不得放弃的支持性规定，赢得了一些民法典或草案的“追随”，但此等规定与允许放弃权利能力的教法冲突。更有甚者，其适用判例表明当今瑞士法院理解的该款的保护对象并非权利能力之完整，而是当事人的自决权。瑞士法院就第 27 条第 1 款发生的判例有：（1）期限为永远的啤酒供应合同之终止；（2）保证人担保主债务人未来的一切债务的表示无效；（3）同居伴侣之间采取避孕措施的约定无效。[92]三个判例表现的都是一方当事人作出过大的承诺，影响了他人的行动自由以及应对情势变更的能力，法院判决此等承诺无效。

《俄罗斯联邦民法典》增加了权利能力不得剥夺的规定，这样的规定得到了诸如《世界人权宣言》《公民及政治权利国际公约》的类似规定的支持，但《俄罗斯联邦民法典》也好，有关的人权公约也好，都承认对权利能力的依法剥夺。所以，权利能力不得剥夺命题的支持是有限支持。

尽管《魁北克民法典》维持了权利能力不得放弃的规定，但给它加上了“公共秩序允许的放弃除外”的但书。《俄罗斯联邦民法典》及其追随者也是如此。

顺便指出，从其适用判例来看，《魁北克民法典》上述规定对权利能力原则上不得放弃的坚持是否得到了法院认同，是值得怀疑的。判例一：一份特许专营协议，它规定了如果营运商不遵守本协议规定的义务，并没有在 72 小时内补救，特许人可以通过寄送书面通知在 72 小时内终止合同。通知在到达营运商后生效，如果“营运商出于任何原因拒绝或停止终止本协议”，即构成违约。法院认为引号里的条款违反了《魁北克民法典》第 8 条。因为营运商无法终止合同，只有特许人可以终止合同。[93]判例二：一份信托协议，它规定了信托原本收益的受益人只能是 Mathio Pellerin的子女或孙子女（从他们出生或被收养之时可以如

---

[90] 因为在维也纳会议前就废除了奴隶制而光荣。在奥地利的废奴史宣传中，喜欢张扬这一点。

[91] Vgl. Georg Norbert Schnabel, Das natürliche Privatrecht, Wien, 1842, S. 38.

[92] 参见[瑞士]贝蒂娜·许莉蔓—高仆、[瑞士]耶尔格·施密特：《瑞士民法：基本原则与人法》，纪海龙译，中国政法大学出版社 2015 年版，第 278 页。

[93] 9045 – 6740 Québec Inc. c. 9049 – 6902 Québec Inc., 2004 CanLII 31403 (QC CA).

此）以及 Mathio Pellerin 控制的法人。该规定阻止了 Mathio Pellerin 的未出生的胎儿成为信托受益人的机会。而按照对《魁北克民法典》第 1 条的解释，胎儿如果活着出生，其权利能力回溯到他受孕之时。所以，上述信托条款违反了这一规定。〔94〕 判例三：一份约定放弃私生活权的合同被认定为无效。〔95〕从前两个判例来看，《魁北克民法典》第 8 条处理的不是权利能力的放弃问题，而是此等能力的剥夺问题。从最后一个判例来看，第 8 条处理的不是权利能力的放弃问题，而是权利的放弃问题。

所有上述，皆可作为“自然人权利能力一律平等”命题及其两个支持性命题“沉”的证据。

由此可见，跟随《奥地利普通民法典》第 16 条、《瑞士民法典》第 11 条错误路径的我国《民法典》第 14 条无条件地赋予一切自然人平等的权利能力是错误的，跟随《瑞士民法典》第 27 条第 1 款路径和《苏俄民法典》路径的我国学界关于权利能力不得放弃、不得剥夺的言说也是错误的。此等错误造成了我国民法理论中人法的萎缩。所谓的人法，就是把人分为三六九等之法，其基础是基于人的身份不同予以不同的对待。例如，对本国人和外国人做不同的对待，对诚实公民和“害群之马”做不同的对待。对前一种身份的忽视造成了中国《民法典》第 14 条与《外商投资法》第 4 条直接冲突。后者规定外商在中国的权利能力相比于中国公民要承受负面清单的限制，由此承认外国人与中国人在权利能力上的不平等。对后一种身份的忽视造成广大的平等原则支持者无视联合失信惩戒机制〔96〕等制度的制造权利能力不平等意义，使理论脱离实际。

面对如此乱局，怎么办？最好的处理是在《民法典》颁布后进行司法解释，给第 14 条“自然人权利能力一律平等”的规定加上像《魁北克民法典》《俄罗斯联邦民法典》那样的但书：但以未受立法、司法剥夺并未被民事主体放弃为限。至于权利能力不得放弃、不得剥夺的错误学说，则可彻底放弃，以求理论符合实践。

以上是就我国大陆的情况所言。我国台湾地区“民法”第 16 条、《澳门民法

〔94〕 Pellerin v. The Queen, 2015 TCC 130 (CanLII).

〔95〕 See Ian Kerr et al., *Lessons from the Identity Trail: Anonymity, Privacy and Identity in a Networked Society*, Oxford, Oxford University Press, 2009, p. 37.

〔96〕 是指在根据原有法律规定对失信者进行制裁的基础之上，在随后的经济和社会活动中再次对失信者进行约束或限制的制度安排。参见沈毅龙：《论失信的联合行政惩戒及其法律控制》，载《法学家》2019 年第 4 期。

典》第66条都设有权利能力不得放弃的规定，也建议有关法域予以废除。对于我国台湾地区来说，这样的废除有特别的理由，因为在台湾地区的实践中，第16条得到适用的机会似乎很少，我通过台湾学者的教科书看到的只有两例，而且都是被排除适用，而非得到适用。案例一："台湾省工厂工人退休规则"第6条规定，工人年满60岁者，应命令退休。被上诉人于年满60岁达退休年龄后，为求继续工作，于1976年7月9日与伊订立聘雇人员约定书，约定不得要求退休金。法院判定这一约定并非权利能力之抛弃，有效。[97] 在此案中，一方当事人放弃了退休金请求权。案例二：著作权人与出版商约定不行使著作人格权，台湾地区"内政部门"1994年对此案批复，不存在权利能力的抛弃，约定有效。[98] 在此案中，一方当事人放弃了著作人格权。这两个案例提到了第16条，但都排除其适用，证明第16条已成为具文，完全可以以人格权制度解决该条想解决的问题。

但必须充分估计以上建议得到接受的难度，因为我国大陆以及台湾地区和澳门特区都是深受德国法理论影响的法域，而德国法学界在这方面非常保守。尽管《德国民法典》并无"自然人权利能力一律平等"的正面规定和两个支持性规定，但它们存在于多数德国学者的潜意识中。德国学者马提亚斯·雷曼（Mathias Lehman）就说，人们要么有权利能力，要么没有权利能力，不会有介于两者之间的可能。[99] 这是典型的对权利能力的有机论表述。所以，迪特尔·施瓦布（Dieter Schwab）说，除了死亡之外，人不会丧失权利能力，既不会作为一种惩罚的后果（"民事死亡"），也不会因为进入修道院或因为放弃而丧失。[100] 汉斯·布洛克斯（Hans Brox）和沃尔夫·迪特里希·瓦尔克（Wolf－Dietrich Walker）也说："……放弃财产权利（修道士的贫穷誓言）是无效的。"[101] 这三位德国作者都讲的是德国法不承认贫穷愿的民法效力。

但德国学者法布里秋斯（Fritz Fabricius）于1963年在其《权利能力之相对

〔97〕 参见邱聪智：《民法总则》（上），台北，三民书局2005年版，第241页注释218。

〔98〕 参见邱聪智：《民法总则》（上），台北，三民书局2005年版，第241页注释219。

〔99〕 参见郑晓剑：《权利能力相对论之质疑》，载《法学家》2019年第6期。

〔100〕 参见［德］迪特尔·施瓦布：《民法导论》，郑冲译，法律出版社2006年版，第88页。

〔101〕 ［德］汉斯·布洛克斯、［德］沃尔夫·迪特里希·瓦尔克：《德国民法总论》，张艳译，中国人民大学出版社2014年版，第291页。但在德国，宗教誓言被视为教会与其新成员之间订立的一个教会法合同，产生教会法上的效力，发誓者反对自己的宗教机构在世俗法院提起的主张自己结婚的合法性的诉讼，从无胜诉，他们败诉不久，就会面临教廷强迫他们遵守工作守则的诉讼。Cfr. Stefano Testa Bappenheim, Il danno da uccisione di religioso, negli diritto francese, tedesco ed italiano, Pellegrini Editore, 2007, p. 210s.

性》(Relativität der Rechtfähigkeit)一书中肯认了在有权利能力和无权利能力之间存在部分权利能力的中间状态,据说因此声名鹊起,[102] 但在以上本文研究过其民法典相关规定的国家和地区,他讲的不过是常识,因为这些国家和地区承认权利能力的放弃或剥夺,一旦发生这两种行为,放弃者或被剥夺者就只有部分权利能力了。法布里秋斯进一步认为,权利能力应是具体的,而不是抽象的,其内容和范围取决于主体的个人品质和具体的法律规定,因此,主体的权利能力并非普遍的、绝对不容被限制的能力,每个自然人和每个法人的权利能力并不平等。[103] 此语中,“个人品质”指身份,如僧侣的身份,“法律规定”指剥夺的依据,所以,法布里秋斯已经把权利能力不平等的原因说遍了。他进一步寻找权利能力不平等的原则性依据,说如果人类没有绝对的、机械的平等,那么一般的平等原则也不适于论证所有的人和其他的主体均具有平等的权利能力,由此对抽象的平等原则进行了批判。[104] 如同本文所做的。

但法布里秋斯的如上观点在其本国和我国都遭到质疑。德国学者恩斯特·沃尔夫(Ernest Wolf)说:用种类不同的限制权利能力取代每个人都享有的一元化权利能力,与人的人格属性相抵触,也有违法律面前人人平等的要求。[105] 我国学者郑晓剑亦做类似质疑。尽管如此,坚硬的现实终将踏破虚幻的理论,并催生正确的理论。

坚硬的现实何在?到处都是,这里仅举两个。其一,我国曾经有过的对超生婴儿的权利能力剥夺。2010 年,通过全国第六次人口普查,发现我国有 1300 万人无户口。[106] 无户口不仅意味着个人的公民身份无法得到有效证明,而且在所有需要身份证明的场合也都将寸步难行。不仅无法乘坐飞机、高铁等现代交通工具,也无法登记结婚,无法行使宪法和法律规定的选举权、社会保障权等权利,上学、就业、就医等也会遭遇极大的困难。[107] 因此,对于中国公民而言,权利能力并非起自出生之完成,而是起自户口之取得。“黑户”即意味着当事人得不到

---

[102] 参见郑晓剑:《权利能力相对论之质疑》,载《法学家》2019 年第 6 期。

[103] 参见郑晓剑:《权利能力相对论之质疑》,载《法学家》2019 年第 6 期。

[104] 参见郑晓剑:《权利能力相对论之质疑》,载《法学家》2019 年第 6 期。

[105] 参见郑晓剑:《权利能力相对论之质疑》,载《法学家》2019 年第 6 期。

[106] 参见房婷婷:《中国约 1300 万人没有户口,超生仍要交社会抚养费》,载 http://www.mzyfz.com/cms/sifagongzheng/xinwenzhongxin/gongzuodongtai/html/1077/2016-01-15/content-1172354.html,2019 年 12 月 22 日最后访问。

[107] 参见黄金荣:《解决“黑户”问题的人权视野和法治维度》,载《学习与探索》2017 年第 10 期。

作为公民应享有的法律人格。上述情况引起了《儿童权利公约》的条约机构——儿童权利委员会的注意,早在1996年,针对中国提交的首份履约报告作出的结论性意见,它就对中国政府未能确保所有的儿童都获得户口登记的问题表示严重关切,并指出“登记制度存在的缺陷和不足导致儿童在其权利的促进和保护方面得不到基本保障”,[108]为了应对这种质疑,国务院办公厅发布了《关于解决无户口人员登记户口问题的意见》(2015年)解决“黑户”的户口取得问题。在此例中,权利能力的剥夺表现为“不给予”,呈消极剥夺的形态。其二,我国广泛使用的失信联合惩戒机制。它对于失信者已经取得的权利能力加以剥夺以示惩戒。典型的例子是最高人民法院于2010年颁布的《关于限制被执行人高消费的若干规定》(2015年修订),它剥夺拒不执行法院判决者订立8个方面的高消费合同的权利能力,达成促进执行法院判决的目的。上述两个例子,前者是对权利能力的全面剥夺,后者是对权利能力的部分剥夺,其运行基础就是“部分权利能力理论”或权利能力的原子论。一元化的权利能力理论经不起这样的现实检验。

---

〔108〕 参见黄金荣:《解决“黑户”问题的人权视野和法治维度》,载《学习与探索》2017年第10期。

《民法总则》规定的坏人和好人*

一、敌人刑法、敌人民法与坏人民法

本文欲阐明坏人民法理论受敌人刑法理论启发，所以，欲说明何谓坏人民法，必先说明何谓敌人刑法乃至敌人民法。

(一)罗马法中的敌人刑法

在刑法上，罗马法采用敌人不复为公民(Nemici non più cittadini)理论，也就是剥夺犯罪分子的公民特权，对他们适用非公民刑法。这些特权有向人民的申诉权和免拷打权。理论基础是 Salus populi suprema lex esto(人民的健康即最高法律)，[1]意思是人民中出现了害群之马、要去掉他们才能保证人民的健康。这种需求压倒一切。这样，罗马刑法就有公民刑法和敌人刑法之分。所谓敌人，是根本挑战现秩序者。具有如下三者之一即构成：其一，改变取得财产的方式；其二，改变权力关系；其三，根本地改变意识形态。[2]

敌人刑法理论曾适用于卡提林那党人案。[3]卡提林那可能因为主张取消债务满足了“改变取得财产的方式”的敌人要件，当时的执政官西塞罗采纳了马尔库斯·伽图(Marcus Porcius Cato)的

---

* 本文原载《四川大学学报》(哲学社会科学版)2017 年第 4 期。

〔1〕 参见[古罗马]西塞罗：《论法律》，王焕生译，上海人民出版社 2006 年版，第 183 页。

〔2〕 Cfr. Luigi Labruna, Nemici non più cittadini e altri testi di storia costituzionale Romana, Jovene, Napoli, 1995, p. 6s.

〔3〕 关于此案的详情，参见徐国栋：《罗马共和宪政的回光返照——西塞罗案件评析》，载《中外法学》2005 年第 1 期。

建议,剥夺现场拿获的叛国者的申诉权,[4]按非常程序处死了5个在罗马的卡提林那同党。但这一处理遭到争议,西塞罗为此付出了流亡希腊的代价。这一故事埋下了后世关于敌人刑法理论引起争议的种子。

(二)罗马法中的敌人民法

体现为人格大减等和人格中减等制度,前者同时剥夺罪人的自由权和公民权,后者只剥夺其公民权。两者适用于犯重罪者:盗掘坟墓、劫掠牲畜、扰乱审判的正常进行以及大会的正常进行;滥用谕令权中的固有权力,尤其是生杀权、非法开征新的税种;对皇帝大不敬;侵犯国家长官;谋反、暴动、用武力侵夺不动产;在发生火灾时搬走建筑材料之外的物,[5]等等。[6]

简言之,敌人民法就是剥夺犯罪人的公民资格,导致依托于此等资格的民事权利能力丧失。这样,罗马民法就有公民民法和敌人民法之分。被适用敌人民法者发生民事死亡,[7]也就是不再作为一个罗马公民而存在。

民事死亡在人身法上的效力表现为宗亲权消灭(I.1,15,3)[8]、监护关系消灭(I.1,22,4)[9]、父子关系消灭(I.1,12,3)[10]。因为这些权利和关系都以罗马公民身份为基础。

在财产法上的效力表现为用益权消灭(I.2,4,2;I.2,4,3)[11]、遗嘱失效

[4] 参见[古罗马]撒路斯提乌斯:《喀提林阴谋·朱古达战争》,王以铸、崔妙因译,商务印书馆1995年版,第146页。

[5] 参见《学说汇纂第48卷(罗马刑事法)》,薛军译,中国政法大学出版社2005年版,第125页。

[6] 参见徐国栋:《优士丁尼〈法学阶梯〉评注》,北京大学出版社2011年版,第118页及以次。

[7] 关于民事死亡制度的详情,参见徐国栋:《论民事死亡——兼论社会死亡和社会瘫痪》,载《东方法学》2015年第2期。

[8] 参见[古罗马]优士丁尼:《法学阶梯》(第2版),徐国栋译,中国政法大学出版社2005年版,第71页。

[9] 参见[古罗马]优士丁尼:《法学阶梯》(第2版),徐国栋译,中国政法大学出版社2005年版,第85页。

[10] 参见[古罗马]优士丁尼:《法学阶梯》(第2版),徐国栋译,中国政法大学出版社2005年版,第59页。

[11] 参见[古罗马]优士丁尼:《法学阶梯》(第2版),徐国栋译,中国政法大学出版社2005年版,第143页。

[I. 2,17,4[12];I. 2,17,6(5)[13]]、法定继承权消灭(I. 3,4,2)[14]、合伙解散(I. 3,25,7)[15]。因为这些权利和关系也以罗马公民身份为基础。

罗马法中的敌人刑法和敌人民法一体两面,互相补充,共同达成清除害群之马、清洁社会的目的。

然而,孟德斯鸠却说,在民法慈母般的眼里,每一个个人都是整个国家。[16]这句错得离谱的话在中国广泛流传。它错在没有看到民法的惩罚功能。民法除了有"慈母"的一面,还有"严父"的一面。

(三)欧美的敌人刑法理论

1985 年,德国学者京特·雅虢布斯(Günther Jakobs)重拾了罗马人的敌人刑法(Feindstrafrecht)理论,把刑法分为公民刑法和敌人刑法,后者应用于恐怖分子。敌人刑法表现为:(1)处罚前置,即不待行为发生即可定罪;(2)对前置化的刑罚不给减刑优待;(3)适用战争法,即停止人身保护令之适用;(4)限缩程序保障,如不让被告在羁押期间见律师或寻求其他救济。[17]

无独有偶,美国也有敌人刑法理论。列文(Michael Levin)写道:设想一个恐怖分子在曼哈顿安置了一枚核炸弹,它将于 7 月 4 日正午爆炸,除非得到金钱或释放同伙。然后,设想他在灾难降临的那天上午 10 时被捕,但他宁死不屈,不愿

---

〔12〕 参见[古罗马]优士丁尼:《法学阶梯》(第 2 版),徐国栋译,中国政法大学出版社 2005 年版,第 213 页。

〔13〕 参见[古罗马]优士丁尼:《法学阶梯》(第 2 版),徐国栋译,中国政法大学出版社 2005 年版,第 215 页。

〔14〕 参见[古罗马]优士丁尼:《法学阶梯》(第 2 版),徐国栋译,中国政法大学出版社 2005 年版,第 305 页。

〔15〕 参见[古罗马]优士丁尼:《法学阶梯》(第 2 版),徐国栋译,中国政法大学出版社 2005 年版,第 395 页。

〔16〕 参见[法]孟德斯鸠:《论法的精神》(下),张雁深译,商务印书馆 1963 年版,第 190 页。此语本用在限制国家征收权的狭窄语境中,采用修辞学表达,并不为错,但我国学者脱离这一语境宣传此语,忽视其修辞性,造成对民法功能的误读。

〔17〕 参见蔡育岱、谭伟恩:《敌人刑法与安全化理论:国际实践与理论冲突》,载《中正大学法学集刊》2009 年第 28 期。我国学者的敌人刑法理论研究论文有刘仁文:《敌人刑法:一个初步的清理》,载《法律科学》2007 年第 6 期;何庆仁:《对话敌人刑法》,载《河北法学》2008 年第 7 期;蔡桂生:《敌人刑法的思与辨》,载《中外法学》2010 年第 4 期;王莹:《法治国的洁癖:对话 Jakobs 敌人刑法理论》,载《中外法学》2011 年第 1 期;陈珊珊:《"敌人刑法"思潮影响下的刑事诉讼法修改——新〈刑事诉讼法〉修法理念的解读与深思》,载《东方法学》2012 年第 4 期;金日秀、郑军男:《风险刑法、敌人刑法与爱的刑法》,载《吉林大学社会科学学报》2015 年第 1 期;罗钢:《敌人刑法抵制恐怖犯罪的本土化运用》,载《中国人民公安大学学报》(社会科学版)2015 年第 1 期。总之,敌人刑法理论已在我国落地生根,转化为立法实践。

透露炸弹安放的位置。我们该怎么办？如果我们按部就班——等候他的律师、进行进一步的审讯，数百万人将会死去。如果解救这些生命的唯一方法在于在这个恐怖分子身上施加极其残暴的折磨，有什么理由拒绝这么做？列文认为没有理由。严刑逼供恐怖分子违宪吗？很可能，但数百万人的性命当然要远远胜过合宪性问题。为尊重某个藐视自己罪责的人而让数百万无辜者白白送死，这是道德懦弱的表现。[18]

现代的敌人刑法理论与其罗马先祖的相关理论稍有区别。罗马法用此理论整肃社会，现代人用此理论的语境比较狭窄，仅用来对付恐怖分子而已。

(四)欧美的敌人民法理论

1804年的《法国民法典》第25条及以下数条以民事死亡制度继承了罗马人的敌人民法实践。按该条的规定，受刑人：(1)丧失对全部财产的所有权，但此等财产并非被没收，而是由其继承人按照法定继承的方式继承；(2)丧失继承他人的能力；(3)丧失以生前赠与或遗嘱的方式处分其财产的全部或部分的能力，也不能以赠与或遗赠的名义受领财产，但出于扶养原因的除外；(4)丧失监护方面的能力；(5)丧失作证能力；(6)丧失诉讼能力，不能为诉讼中的原告或被告；(7)丧失缔结婚姻的能力；(8)已有的婚姻消灭。[19] 由于民事死亡伤害了受判者的妻子和孩子，如受判者的婚姻关系解除，承受这一处罚的还有完全无辜的受判者的妻子，甚至孩子，他们的身份因为失去了其父母的合法婚姻关系的基础成了私生子；而且，立即开启对受判者的继承，让他的家人从一个犯罪中得利，实在不义；最后，国家通过剥夺受判者的财产，僭夺了其继承人的权利。[20] 这一制度于1850年在法国被废除，以公民资格减等(Degradation civique)替代之。此语是对拉丁文的人格减等(Capitis deminutio)一语的法文翻译，但剥夺受刑人的权利能力不那么广泛。简言之，民事死亡制度是通过剥夺公民资格，导致依托此等资格的各种权利能力丧失；公民资格减等则不剥夺公民资格，直接剥夺受刑人某种需要被剥夺的具体民事权利能力。

欧美的敌人刑法与敌人民法口径不一：前者用来对付恐怖分子，比较年轻；后者用来清除害群之马，比较古老。但两者在承认法律规则的二元性上一致。

---

〔18〕 参见[美]雅克·莱兹拉：《恐怖伦理学》，王钦译，载《杭州师范大学学报》2013年第1期。

〔19〕 参见《拿破仑法典》，李浩培、吴传颐、孙鸣岗译，商务印书馆1983年版，第4页。

〔20〕 Voir Catherine Coste, La mort civile et la mort encéphalique: une fiction juridique? , p. 7, http://nereja. free. fr/files/Mort_Encephalique_Mort_Civile0906. pdf, Jan. 4, 2015.

一种规则是适用于好人的，另一种规则是适用于坏人的。

二、《民法总则》颁布之前的我国坏人民法实践

我国长期受孟德斯鸠错话的毒害，只承认民法的仁慈性，不承认其惩罚性，更谈不上承认有两种民法，故新颁布的《民法总则》有三大平等规定。其一，第2条：民法调整平等主体的自然人、法人和非法人组织之间的人身关系和财产关系。其二，第4条：民事主体在民事活动中的法律地位一律平等。其三，第14条：自然人的民事权利能力一律平等。它们错在敌我不分，好坏不辨，一律平等。它们假定民法规则适用对象的一元性：全部是好公民；不承认此等规则适用对象的二元性：有时是好公民，有时是坏人，对这两种人要赋予不同的法律地位，经过这样的处理后，他们就不平等了。

但最高人民法院没有受孟德斯鸠的谬论毒害，往往从实际出发作出正确规定。例如，2010年发布的《关于限制被执行人高消费的若干规定》限制不执行法院判决的人高消费，"老赖"不得实施下列行为：(1)乘坐飞机、列车、轮船的二等以上舱位；(2)在星级以上宾馆、酒店、夜总会、高尔夫球场进行消费；(3)购买不动产或新建、扩建、高档装修房屋；(4)租赁高档写字楼、宾馆、公寓等场所办公；(5)购买非经营必需车辆；(6)旅游、度假；(7)子女就读高收费私立学校；(8)支付高额保费购买保险理财产品；(9)其他非生活和工作必需的高消费行为。上述每种行为都以相应的权利能力为基础，剥夺"老赖"的这些能力后，他们就不能实施相应的行为了。经过这样的剥夺，被剥夺者的权利能力与未受剥夺者的权利能力不平等。

最高人民法院的上述规定是一定意义上的"敌人"民法。敌人是以客观行为挑战整体社会规范的公民。[21] 敌人首先是公民，所以才会有要剥夺他们原本享有的公民特权问题，民事权利能力是这样的特权之一。民事权利能力是公民资格的一部分，当然可以剥夺。如果挑战者是外国人，则不存在剥夺他们的公民特权问题，存在的是克减他们享有的人权保护问题。敌人有程度之分，挑战整体社会规范的，谓之死敌；只挑战部分规范的，谓之普通敌人或坏人。不同程度的敌人承受的公民特权剥夺的程度不同。死敌如恐怖分子，要剥夺得多，普通敌人剥夺得少。挑战法院判决执行秩序的"老赖"只挑战部分社会规范，属于普通敌

---

〔21〕 参见蔡育岱、谭伟恩：《敌人刑法与安全化理论：国际实践与理论冲突》，载《中正大学法学集刊》2009年第28期。

人或坏人，所以最高人民法院只剥夺他们进行高消费的能力。

公安部也未受孟德斯鸠谬论的毒害。1982 年发布的《监狱、劳改队管教工作细则》第 42 条第 1 款规定，犯人入监后，应当向他们公开宣布：犯人在服刑期间，没有人身自由。凡被剥夺政治权利的，没有政治权利；没有剥夺政治权利的，暂时停止行使政治权利。同法第 85 条第 2 项规定，犯人在关押或保外就医、监外执行期间，不准结婚。第 86 条规定，犯人在劳改期间所写的稿件和著作，原则上不得公开发表、出版。对于确有出版价值的科学技术和医疗卫生等方面的著作，经省、市、自治区或中央有关部门审查批准后，可以出版。出版时须用笔名或化名，出版后的稿费，一半发给本人，一半作为劳改机关教育经费的收入。这几个规定剥夺了服刑人的政治权利、结婚权和部分的著作权。

三、《民法总则》规定的坏监护人及其处置

《民法总则》的制定者在具体规定中从常识出发，也逃脱了孟德斯鸠谬论的毒害，其第 36 条即是如此。该条辞曰，监护人有下列情形之一的，人民法院根据有关个人或者组织的申请，撤销其监护人资格，安排必要的临时监护措施，并按照最有利于被监护人的原则依法指定监护人：(1)实施严重损害被监护人身心健康行为的；(2)怠于履行监护职责，或者无法履行监护职责并且拒绝将监护职责部分或者全部委托给他人，导致被监护人处于危困状态的；(3)实施严重侵害被监护人合法权益的其他行为的。

该条确立了我国的剥夺监护能力制度，规定在三种情形下法院可经有关人员或组织的申请撤销已经就任的监护人的监护资格：其一，监护人严重损害被监护人身心健康，这是监护人积极加害被监护人，最典型的表现为残忍殴打；其二，监护人消极加害被监护人，表现为对其基本的生存需求甚至发展需求不管不顾，如自己沉溺于赌博、吸毒，不给孩子吃穿；其三，是如上两种情形以外的情形，属于兜底条款，但从逻辑上和比较法上分析，这种情形的最典型表现应该是监护人侵吞被监护人的财产。在我国不区分亲权与监护以及《民法总则》中的监护包括老年人监护的语境下，这样的侵吞更容易发生在被监护人是老年人的情形下。

《民法总则》第 36 条为 1986 年的《民法通则》所无，尽管为 2013 年的《未成

年人保护法》所有,[22]但它从《未成年人保护法》的一个规则被提升到《民法总则》,是几个震惊全国的案例催生的结果。褫夺监护的第一种情形为“仙游虐童案”[23]催生;第二种情形为“南京饿死女童案”[24]催生;第三种情形具有开放性,没有明确的催生者。所以,第36条填补了《民法通则》留下的一个立法漏洞。

在该条的行文中,剥夺监护能力的通用制度被表述为“撤销监护人资格”,这一表述的确切含义是什么?在汉语中,“资格”指“从事某种活动所应具备的条件、身份等”,[25]而权利能力是主体享有权利和承担义务的资格。[26] 比较两个“资格”后可发现,撤销监护人资格就是剥夺监护能力。也就是说,被剥夺者不仅在引起剥夺的法律关系中不能担任监护人了,而且在其他法律关系中也不能担任同样的职责了,因为他们已被证明不具有这样的职责所要求的道德心和责任心。申言之,“仙游虐童案”中的母亲、“南京饿死女童案”中的母亲,如果是潜在被监护人的顺位内的亲属,她们也不能担任监护人,此时构成《民法总则》第32条规定的“没有依法具有监护资格的人”,[27]她们的顺位轮空,由另外的人承担职责。

至此不难看出《民法总则》第36条与罗马法和法国法中的民事死亡制度至少有部分的关联。如前所述,两个法律都把剥夺监护能力当作民事死亡的效果之一。

那么,《民法总则》第36条的规定能否被解释成剥夺监护权?答案是否定的。剥夺监护能力不同于剥夺监护权。剥夺监护权是面向过去的,只剥夺监护

---

〔22〕 其第53条辞曰:父母或者其他监护人不履行监护职责或者侵害被监护的未成年人的合法权益,经教育不改的,人民法院可以根据有关人员或者有关单位的申请,撤销其监护人的资格,依法另行指定监护人。被撤销监护资格的父母应当依法继续负担抚养费用。

〔23〕 是案中,男童小龙长期遭亲母毒打,伤痕累累。经政府部门干预,小龙母亲被判拘留15日,并被处以罚款,其监护权被撤销。此案被网易评为“2014年十大儿童权利事件”,被中国青年网评为“2014年度十大青少年法治案件”。2014年7月29日,最高人民法院将之列入八个指导性案件。参见《仙游虐童案系国内首次撤销父母监护权》,载 http://www.ptajw.com/Article/12369.html,2016年12月2日最后访问。

〔24〕 是案发生在2014年,其中,母亲乐某将两个分别为1岁和3岁的女童锁在家中,自己外出吸毒,一个半月不归,导致两小孩饿死。女童母亲被判无期徒刑,罪名是故意杀人。

〔25〕 参见中国社会科学院语言研究所词典编辑室编:《现代汉语词典》,商务印书馆1978年版,第1514页。

〔26〕 参见《法学词典》编辑委员会编:《法学词典》(增订版),上海辞书出版社1984年版,第268页。

〔27〕 其辞曰:没有依法具有监护资格的人的,监护人由民政部门担任,也可以由具备履行监护职责条件的被监护人住所地的居民委员会、村民委员会担任。

人招来剥夺的那个监护职位，剥夺监护能力是面向未来的，即不仅剥夺招来剥夺的那个监护职位，而且不许被剥夺人担任其他监护职位，因为他们已在这方面失去信誉，被证明没有相应的品质，让他们再担任其他监护职位，只会为他们祸害其他被监护人创造机会。

一旦确认了《民法总则》第36条剥夺的是监护能力，马上牵连到对《民法总则》第175条规定的完全性的评价。该条辞曰，有下列情形之一的，法定代理终止：(1)被代理人取得或者恢复完全民事行为能力；(2)代理人丧失民事行为能力；(3)代理人或者被代理人死亡；(4)法律规定的其他情形。

我们知道，监护人是被监护人的法定代理人，他被撤销监护资格后，他与被代理人之间的法定代理关系失去了基础，此时，法定代理关系终止。如果此时被监护人尚未成年或恢复理智，应由第36条规定的新"监护人"与被监护人之间再建立法定代理关系。但在第175条规定的法定代理终止事由中，只包括"代理人丧失民事行为能力"的事由，不包括"代理人丧失民事权利能力"的事由，这显然是第175条与第36条未协调好的结果。第175条属于"老套子"规定，第36条属于新规定。在立法上，往往一新之纳，牵动全身。但现在，"新"纳了，"全身"没有动起来，于是形成了"身"跟不上"新"的麻痹。当然，可以把"新"作为"法律规定的其他情形"搪塞过去，但或许会遭到这样的质疑：既然明列代理人丧失行为能力作为解消法定监护的理由，何不也明列丧失权利能力的理由？不然，丧失行为能力的理由也可塞到"法律规定的其他情形"的空框里去呢！

证明了监护能力可以剥夺，就挑战了《民法总则》第14条的规定：自然人的民事权利能力一律平等。此语之谬可由下例证明：你我共同监护一个孩子或成年人，我恪尽职守，现在还在这个职位。你冻饿殴打被监护人，被剥夺了监护能力，我们俩的民事权利能力就不平等了，换言之，我还能做的事情你不能做了，不平等了：我的大你的小。所以，第14条还要参照《苏俄民法典》《越南民法典》《朝鲜民法典》的先例加一个但书才严谨：以未受立法、司法剥夺者为限。[28]

回到本题上来，如果被剥夺了监护能力的监护人继续代理被监护人为交易，会是什么法律效果？当然是无效。由此，这种假想的案情与《民法总则》第143

---

〔28〕 1923年《苏俄民法典》第4条："……私法上之权利能力对于未依裁判限制权利之一切人民，均付与之。"《越南民法典》第16条："个人的民事权利能力不受限制，法律另有规定的情形除外。"1990年《朝鲜民法典》第19条第2款："公民的民事权利能力平等，法律设有限制的除外……"

条发生了“擦边”，该条辞曰，具备下列条件的民事法律行为有效：(1)行为人具有相应的民事行为能力；(2)意思表示真实；(3)不违反法律、行政法规的强制性规定，不违背公序良俗。

说“擦边”，乃因为第143条不涵盖我假想的案情但相切之。说“相切”，乃因为该条规定了行为人具有相应的行为能力作为法律行为有效的理由，反言之，无行为能力是法律行为无效的理由。权利能力与行为能力相切，既然后者的阙如导致法律行为无效，前者的阙如应有同样的效果。所以，如果不想把权利能力阙如扔到“法律、行政法规的强制性规定、公序良俗”的空框中去，就必须在第143条中明列“行为人具有相应的民事权利能力”作为法律行为有效的理由，这个理由应加在“行为人具有相应的民事行为能力”前面。

以上说的是代理人无权利能力导致法律行为无效的情形一，情形二是代理人已经实施部分代理行为或甚至已经完成，此时，他因为有第36条规定的情形之一被法院“撤销监护人资格”，他手中的法律行为的效力如何？当然还是无效，因为能力是他实施具体的法律行为的基础，能力失则法律行为死。这样，我们就有了法律行为因为行为人丧失权利能力无效的两种情形：其一是自始无效；其二是嗣后无效。

四、《民法总则》规定的其他坏人

除了坏监护人外，《民法总则》还规定了如下坏人：

其一，第53条第2款规定的隐瞒真实情况，致使他人被宣告死亡取得其财产的利害关系人。此等人明知自己的亲人还活着，却隐瞒这一情况，向法院申请宣告该人死亡以取得其财产并达到其他不法目的，如通过宣告原配死亡以达到与自己的情人结婚的目的，其行为极为恶劣。这一行为首先侵害了被宣告死亡人的人身权和财产权；其次欺骗、捉弄了法院。一旦欺骗“穿帮”，除应当返还重新出现的被宣告死亡人财产外，还应当赔偿其由此遭受的损失。恶意申请人如果通过宣告原配死亡缔结了第二个婚姻，她要按重婚罪承担刑事责任。[29] 当

---

〔29〕 第53条第2款的案例根据是“杨某昌诉王某重婚案”。原被告两人于1994年结婚。婚后杨某昌去日本研修，不断汇款给王某，共计800万日元。2002年，王某向丰台区人民法院申请宣告杨某昌死亡成功。2003年，王某与胡姓男人结婚。2003年，杨某昌起诉王艳重婚。2004年，石景区人民法院判决：王某犯重婚罪，判处拘役6个月，缓刑1年，判决王某与胡某的婚姻关系无效。

然,她欺骗法院的行为,还要按《刑法》第 307 条规定的虚假诉讼罪〔30〕承担刑事责任。

其二,第 44 条规定的失踪人财产的坏代管人。该条辞曰:“财产代管人不履行代管职责、侵害失踪人财产权益或者丧失代管能力的,失踪人的利害关系人可以向人民法院申请变更财产代管人。”该条与第 36 条非常类似,一者涉及人及其财产的保护,另一者涉及单纯的财产保护而已。所以,第 44 条剥夺的也是坏的财产代管人的代管能力(同时承认有些代管人已丧失代管能力的事实),换言之,被剥夺此等能力的人,往后也不得担任其他失踪人的财产代管人。

其三,第 122 条规定的不当得利人。该条辞曰:“因他人没有法律根据,取得不当利益,受损失的人有权请求其返还不当利益。”此等人,如接受了他人的非债清偿,却不想返还,在偿付人的追逼下迫于法律的压力偿还,其品质不可谓不坏。

其四,第 118 条第 2 款规定的侵权行为人。该条辞曰:“债权是因合同、侵权行为、无因管理、不当得利以及法律的其他规定,权利人请求特定义务人为或者不为一定行为的权利。”该款只在罗列债的发生根据时点到了侵权行为人,对此等人的详细规定在《侵权责任法》中。他们是故意或过失侵害他人绝对权的人,其中的故意侵权者尤其是坏人。

其五,侵害他人其他权利者。他们有第 185 条规定的侵害英雄烈士等的姓名、肖像、名誉、荣誉,损害社会公共利益的人;第 186 条规定的以自己违约行为损害对方人身权益、财产权益的人;第 83 条规定的滥用自己的出资人权利损害法人或者其他出资人利益的出资人。滥用法人独立地位和出资人有限责任损害法人的债权人利益的出资人。第 84 条规定的利用其关联关系损害法人利益的控股出资人、实际控制人、董事、监事、高级管理人员。按照《民法总则》的规定,他们都要就自己的违法行为承担民事责任或其他责任。

其六,侵害交易的程序正义者。他们有第 146 条、第 148 条、第 149 条、第 150 条规定的在缔结法律行为的过程中进行虚假意思表示、实施欺诈、胁迫的人,他们承受的不利法律后果是他们谋求的法律行为无效或可以撤销。还有第 159 条规定的恶意阻止或促成条件成就的人。

其七,不守职业操守者。他们首先有第 154 条规定的与相对人恶意串通,损

〔30〕 以捏造的事实提起民事诉讼,妨害司法秩序或者严重侵害他人合法权益的,处 3 年以下有期徒刑、拘役或者管制,并处或者单处罚金;情节严重的,处 3 年以上 7 年以下有期徒刑,并处罚金。

害他人合法权益的法律行为实施人。其次有第164条第2款规定的与相对人恶意串通，损害被代理人合法权益的代理人；第167条规定的知道或者应当知道代理事项违法仍然实施代理行为的代理人；第168条规定的进行同时代理的代理人。最后有第43条第3款规定的因故意或者重大过失造成失踪人财产损失的财产代管人。前者承担法律行为无效的后果，中者承担与相对人承担连带责任或代理行为无效的后果，后者承担赔偿损失的法律后果。

不难看出，上述坏人可以分为持续坏人和一时坏人。前者是在一定的期间内不断有坏行的人，如坏监护人、恶意宣告亲人死亡的人和坏财产代管人。坏行的持续性表明行为人品质有重大缺陷，《民法总则》遂剥夺他们实施涉错行为的能力或使其承担原物返还和赔偿损失的责任（他们还会在《民法总则》之外承担刑事责任）。后者是单独坏行的实施者，他们可能一时糊涂犯错，所以《民法总则》并不剥夺他们将来实施涉错行为的能力，只让他们承担返还不当取得财产、赔偿相对人的损失、行为可撤销或无效、承担连带责任等法律后果。可以说，剥夺相应的权利能力是民法可以对坏人实施的最严重的惩罚，再严重的惩罚要由刑法或行政法施加了。

要指出的是，《民法总则》除了规定坏自然人外，还规定了坏法人。例如，第69条第4项规定的被依法吊销营业执照、登记证书，被责令关闭或者被撤销的法人。被吊销营业执照、登记证书，被责令关闭或者被撤销是此等法人实施违法行为的法律后果，它们被剥夺法人资格，由此丧失了民事权利能力。

规定坏法人的做法始自《德国民法典》，其第43条规定：其权利能力以授予为基础的社团追求章程所规定的目的以外的目的的，它可以被剥夺权利能力。[31] 此条说的是剥夺超越章程规定的经营范围行事的社团法人的权利能力，也就是不再允许它作为法人存在。《德国民法典》基于平等禁忌不敢说自己可以剥夺自然人的权利能力，但敢于剥夺法人的权利能力，这就打破了权利能力是天赋的梦幻，此等能力是立法者授予的。既然可以授予，当然也可以剥夺。照此推理，如果以前好的自然人沦为敌人或坏人，立法者剥夺他们的权利能力，也没有什么问题。

第73条[32]规定的破产法人是好是坏？是个问题。在古代，破产视为债务人对债权人的诈欺行为，故破产人作为坏人受到严厉的制裁。到了近代，破产通

---

〔31〕 参见《德国民法典》（第4版），陈卫佐译，法律出版社2015年版，第17页。

〔32〕 法人被宣告破产的，依法进行破产清算并完成法人注销登记时，法人终止。

常被看作债务人遭逢不幸的后果，法律开始中性化地对待破产人，不制裁之，让他们通过破产程序从债务中解脱，重新开始。这时很难说破产人是坏人了，但诈欺破产者肯定还是坏人。

要特别指出的是，按照《民法总则》的规定，坏人在一定条件下可以转化为好人。其第 38 条规定："被监护人的父母或者子女被人民法院撤销监护人资格后，除对被监护人实施故意犯罪的外，确有悔改表现的，经其申请，人民法院可以在尊重被监护人真实意愿的前提下，视情况恢复其监护人资格，人民法院指定的监护人与被监护人的监护关系同时终止。"如此，悔改的坏监护人经过司法程序转化为好人。这种转化是否全面现实可行，值得怀疑，因为一些虐待行为出于难以治愈的心理疾病或毒瘾，没有可能真正"悔改"，如果以貌似的"悔改"骗过了法院，被监护人将来要继续遭殃了。

五、《民法总则》规定的好人

除规定坏人外，《民法总则》也规定了好人。第一大好人是第 183 条和第 184 条规定的见义勇为人，也被称为"好撒马利亚人"。前者辞曰："因保护他人民事权益使自己受到损害的，由侵权人承担民事责任，受益人可以给予适当补偿。没有侵权人、侵权人逃逸或者无力承担民事责任，受害人请求补偿的，受益人应当给予适当补偿。"后者辞曰："因自愿实施紧急救助行为造成受助人损害的，救助人不承担民事责任。"这两条规定的好人都帮助他人。之所以说他们是好人，是因为他们超越了"毋害他人"的法律的一般要求，达到了"爱你的邻人"的道德境界。他们要么因此自己受损失，要么因此给受助人造成了损失。但他们都因自己的帮人行为使他人得到救助。

与第一大好人的关联规定还有第 181 条规定的为他人实施正当防卫的人（因正当防卫造成损害的，不承担民事责任），以及第 182 条规定的为他人紧急避险人（因紧急避险造成损害的，由引起险情发生的人承担民事责任）。这四条的关系值得讨论，我认为它们属于殊途同归性的规定。因为为他人防卫、为他人避险就是见义勇为，从第 181 条和第 182 条可以解释出第 183 条和第 184 条的内容。但前两条是比较古老的大陆法规定，后两条是为人们新知的美国法规定，立法者引进之，似乎忽视了新规定与旧规定间的关联。

《民法总则》规定的第二大好人是第 121 条规定的无因管理人。该条辞曰："没有法定的或者约定的义务，为避免他人利益受损失而进行管理的人，有权请求受益人偿还由此支出的必要费用。”此条中的人也达到了“爱你的邻人”的境界，配得上“好人”的桂冠。这里的好人与第183条和第184条规定的见义勇为人也有关联，因为在大陆法系国家和地区（如法国），通常把见义勇为当作无因管理的一种形式处理。[33]

《民法总则》规定的第三大好人是第28条规定的自愿监护他人子女者：“无民事行为能力或者限制民事行为能力的成年人，由下列有监护能力的人按顺序担任监护人：……其他愿意担任监护人的个人或者组织，但是须经被监护人住所地的居民委员会、村民委员会或者民政部门同意。”这里的个人没有监护义务，却自愿监护他人子女，当然是好人。

《民法总则》还规定了其他好人。他们首先有第6条规定的公平人；其次有第7条规定的诚信人（诚信的英文为good faith，中间包含一个“好”字）；再次有第9条规定的生态友好人；最后有第61条第3款、第65条、第85条、第94条第2款、第145条第2款、第171条第2款和第3款规定的善意相对人。毫无疑问，“善”就是“好”的意思。善意人就是具有良好意图的人，所以，善意人就是一定方面的好人。哪个方面？无害人之心的方面！在规范的民法用语中，善意人就是无心做了害人之事的人。[34] “善意”就是“无心害人”。

在规定好的自然人之余，第86条[35]也规定了好法人。首先有公益法人。它们是第90条公益社团法人和第92条规定的公益财团法人。这些法人的设立专门为做公益，当然是善的。其次有第86条规定的遵守商业道德、维护交易安全、接受政府和社会的监督、承担社会责任的营利商人。

不难看出，《民法总则》对于坏的自然人和法人，都规定了轻重不同的不利法律处遇，对于好的自然人和法人，规定的奖励措施是免负责任和损失求偿权。在民法之外，对于见义勇为人有其他奖励，如通报嘉奖、奖金、记功、授予荣誉称号等。

---

〔33〕 See André Tunc, “The Volunteer and the Good Samaritan”, in James M. Ratcliffe, *The Good Samaritan and the Law*, New York, Doubleday & Company, Inc., 1966, p. 53s.

〔34〕 例如，德国学者威希特（Karl Georg von Wächter）认为，诚信指对侵害他人权利的不知。Véase Martha Lucia Neme Villarreal, Buena fe sujetiva y buena fe objetiva. Equivocos a los que conduce la falta de claridad en la distincion de tales conceptos, En Rivista de derecho privato extenado, 17, 2009, p. 46. 遗憾的是，“对侵害他人权利的不知”，在我国被简化成了“不知”。

〔35〕 营利法人从事经营活动，应当遵守商业道德，维护交易安全，接受政府和社会的监督，承担社会责任。

六、结论

本文从罗马法中挖掘出其潜藏的敌人刑法和敌人民法理念，把它与时下流行于欧美的敌人刑法理论和敌人民事立法贯通，引入我国的民法理论并挖掘我国既存的敌人民法或坏人民法实践，并反推出好人民法理论，进而发展出好法人和坏法人理论，将之与坏人民法理论打包，用来分析《民法总则》规定的主体的道德类型。事实上，我的工作乃发扬罗马法开创的善恶民法传统。诚信的拉丁文表达是“好信用”（bona fides），它的反义词是“坏信用”（mala fides）。Bonus 和 malus 在伦理学上的含义就是“善”“恶”。但罗马人只以善恶判断主体的行为，我则把善恶用来判断主体本身，所以对罗马法有所发展。

本文之所以把敌人刑法和敌人民法或坏人民法夹杂论述，乃因为两者互相关联。刑法是包括民法在内的所有部门法的保障法，恶行性质轻的，由民事责任处理；重的，由刑事责任处理。由此反推，既然刑法中有敌人假设，民法中当然亦有。不过，刑法中的往往为死敌，民法中的往往为坏人而已。所以，民法并非铁板一块，而是分为公民民法（或曰好人民法）、“敌人”民法（或曰坏人民法）和非常公民民法、外国人民法〔36〕等，它们的理路并不完全相同。既然如此，民法中就不存在什么平等原则，这是一个属于宪法的原则。〔37〕 敌人民法的概念要求公民民法的对应概念，《民法总则》把《民法通则》中所有的“公民”改成“自然人”后，造成了民法名称与主体名称的脱离。民法本来就是公民法的意思，“公民”一词有价值共同体成员的含义，隐含着与敌人的对立。把公民改称自然人的逻辑后果是不应称民法为民法了，而称为自然人法。相应地，“敌人”应改称“敌对自然人”，其反义词是“自家自然人”，如此增加许多麻烦。希望在 2020 年把《民法总则》整合进《民法典》的时候，恢复“公民”用语，适当采用“人格减等”的用语。此语曾被认为过时，但随着敌人民法或坏人民法实践的发现和理论化，人们会发现人格减等是描述敌人或坏人的民事主体地位劣后于好公民相应地位的最简洁术语。基于以上论证，建议将来在把《民法总则》整合进《民法典》时，去掉原有的三大平等规定。这样的规定不见于任何西方国家的民法典，来自苏联和

---

〔36〕 非常公民指僧人、公务员、军人等特殊群体，他们放弃了部分民事权利能力而与其他民事主体不平等。外国人通常都在内国受到能力限制，最典型的是劳动能力限制，也就是不得在内国自由打工。

〔37〕 参见徐国栋：《平等原则——宪法原则还是民法原则?》，载《法学》2009 年第 3 期。

俄罗斯的错误理论,是到了清除它们的时候了。[38]

另外,《民法总则》第36条通过“撤销监护人资格”的文句已确立了剥夺监护能力制度。这是一个了不起的进步:打破了权利能力的有机性,承认了其原子性,换言之,承认可剥夺某人的某项某些权利能力而保留其他,由此否定了权利能力是一个整体,不得局部剥夺的、长期流行于我国的错误假定。但在同一文本的范围内,起草者没有明列代理人丧失权利能力作为法定代理关系消灭的原因,建议将来增补之。

最后,我国应清除孟德斯鸠谬误,改为这样表述民法:民法的眼神,有时慈爱,有时凶狠,前者针对好人,后者针对坏人。

〔38〕 杨立新教授在这方面的论述值得注意。参见杨立新:《编纂民法典必须肃清前苏联民法的影响》,载《法制与社会发展》2016年第2期。

外国人在内国民法中的地位比较研究*

——对《民法总则》第14条的涉外性及其与次级立法冲突的探讨

《民法通则》第10条规定,公民的民事权利能力一律平等。31年后,《民法总则》第14条规定,自然人的民事权利能力一律平等。两者的差别何在?前者无涉外性而后者有,因为自然人概念的内涵大,包括外国人和无国籍人。借着第14条,《民法总则》把平等享有中国民事权利能力的主体增加了4.38倍(70亿全球人口数除以13亿中国人口数得出的数字),而且未附任何对等条件,可谓慷慨施与外国人以本国人的利权。非独此也,《民法总则》还取消了《民法通则》第8条第2款的涉外规定:“本法关于公民的规定,适用于在中华人民共和国领域内的外国人、无国籍人,法律另有规定的除外。”由于《民法总则》采用自然人概念,该款无必要存在了。

本文拟在比较法的框架下指出《民法总则》第14条的涉外性,基此揭示它不分本国公民和外国人、无国籍人,一体地赋予同样的民事权利能力的做法违反了我国实在法的规定,建议在未来对该条的司法解释中增加但书以纠正立法失误。

一、外国人的概念和类别

(一)自然的外国人

从《国籍法》的角度看,外国人就是不具有内国国籍的人,包括

---

* 本文原载《苏州大学学报》(法学版)2018年第2期。

外国自然人和外国法人。本文为集中笔墨，不探讨外国法人在内国民法中的地位。

外国人是一种身份。本文把外国人分为自然的和拟制的，自然的外国人是各种具有外国国籍的人；拟制的外国人是在内国生存，却不享有内国公民权利的人。自然的外国人有如下种类：

1. 友国人。是与特定内国有亲密关系的外国的公民，如葡萄牙人之于巴西人。巴西法对其他外国人的权利能力实行较全面的限制，对葡萄牙人只做较少的限制（参见后文）。

2. 敌国人。是友国人的对反，处在交战状态的两国的公民互为敌国人，在对方国家承受民事权利能力的限制，甚至在交战状态结束后，曾经的敌国仍然限制相对国国民的权利能力。

3. 外交人员。即在内国为特定外国执行外交事务的人。他们享有外交特权，其内容之一是不受内国的民事法院的管辖，自愿接受的除外。

4. 合法居住与非法入境者。前者是通过合法途径进入内国并取得其居留许可的外国人；后者是偷渡入境或虽合法入境，但证件有效期届满仍滞留内国的外国人。内国通常优待前者而劣待后者。例如，泰国《1999 年外籍人经商法》第 6 条规定："下列外籍人禁止在泰国营业经商：……（2）未按移民局入境法或其他法律规定入境的外籍人。"〔1〕另外，比利时法和意大利法所言外国人以合法居住者为限（参见后文）。

5. 难民。指逃离原国籍国，由此不享有原国籍国或居住国保护，并尚未取得其他国家国籍的某一国家、地区或民族的成员。〔2〕或曰是由于某种正当的畏惧而不能或不愿寻求其所属国家保护的人。〔3〕难民有紧迫入境的必要，由此取得内国的庇护或保护。

6. 轻度外国人和重度外国人。随着区域一体化运动的推行，在有些地区形成了跨国家的国籍，例如，欧盟成员国的公民，他们除了拥有本国国籍外，还是欧盟公民，这种身份带给他们一些跨国的民事权利能力。但特定欧盟成员国以外的成员国公民毕竟不是该特定国公民，其权利能力有所差别，可以把这些"以外

---

〔1〕 CLI. FL. 1194.

〔2〕 参见刘国富：《国际难民法》，世界知识出版社 2014 年版，第 34 页。

〔3〕 这是 1951 年 7 月 28 日《关于难民地位的公约》第 1 条给难民下的定义。参见［法］巴蒂福尔、［法］拉加德：《国际私法总论》，陈洪武等译，中国对外翻译出版公司 1989 年版，第 219 页。

的成员国公民”相对于特定成员国的公民叫作“轻度外国人”，把其他外国人叫作“重度外国人”。由此，意大利 1998 年 7 月 25 日颁布的《调整移民和关于外国人法律地位规范的单一文本》第 1 条把外国人定义为欧盟成员国以外的公民和无国籍人。[4]

7. 无国籍人。即既不具有内国国籍，也不具有任何外国国籍的人，通常被当作外国人处理。无国籍有自然的和人为的两种情形，前者如无国籍父母所生的孩子，后者如被剥夺国籍者。

(二)拟制的外国人

拟制的外国人是出生并居住在内国，但不被内国视为公民的自然人。他们有如下种类：

1. 土著人。这一概念主要存在于美洲、澳洲等白人殖民者强占地区。美洲的土著人主要是印第安人。澳洲的土著人很杂，主要有阿楠古(Anangu)人、巴马(Bama)人等。两个洲的土著人的共同点是先被当作动物看待，后来被承认为有一定的权利能力。1916 年的旧《巴西民法典》第 6 条第 4 款规定，下列人相对于某些行为或某些行使它们的方式无能力：……(4)野人。野人仍受制于特别法和条例规定的保护体制，此等体制将在野人们适应了国家的文明状况后终止。[5] 这一规定不承认土著人是完全的民事主体，采取典型的白人中心主义立场。时间过去 86 年，2002 年的新《巴西民法典》第 4 条仍规定：印第安人的能力将由特别立法调整。[6] 该条援引的“特别立法”指 1973 年的《印第安人规章》，其第 4 条把印第安人根据同化的程度分为三类：第一类，未被同化的或曰孤立的；第二类，正在同化过程中的；第三类，已经同化的。其只赋予第三类完全的民事权利能力。对于另外两类印第安人，适用监护体制(第 7 条)。他们彼此间实施的法律行为，如果在实施时没有有管辖权的监护机构在场协助，将视为无效(第 8 条)。要想免除这种监护，印第安人必须年满 21 岁、懂葡萄牙语、有务工能力、生活在主流社会中，并能合理理解主流社会的风俗习惯(第 9 条)。[7]

2. 被剥夺公权者。即被剥夺政治权利的人。凡被判死刑者皆被剥夺政治权

---

〔4〕 Cfr. Testo unico delle disposizioni concernenti la disciplina dell'immigrazione e norme sulla condizione dello straniero, http://www. camera. it/parlam/leggi/deleghe/98286dl. htm, Oct. 27, 2017.

〔5〕 See Civil code of Brazil, New York, 1920, p. 6.

〔6〕 参见《巴西新民法典》，齐云译，中国法制出版社 2009 年版，第 4 页。

〔7〕 Ver lei brasileira de número 6 001, http://www. planalto. gov. br/ccivil_03/Leis/L6001. htm, Jan. 28, 2018.

利。被判自由刑者也有被有期剥夺政治权利的。所谓剥夺政治权利，就是剥夺宪法规定的各种公民权。受此等处罚的人，其公民身份被空壳化，类似于外国人。

(三)中间地位的人

如果说公民和外国人是两极，则在他们间存在一些过渡性的身份，出于表达的方便，我把他们称为中间身份的人。有以下种类：

1. 海外公民。按照1981年的《英国国籍法》，英国的域外公民分为英国属土公民(British dependent territory citizen)和英国海外公民(British oversee citizen)两种：前者是英国的海外领土如直布罗陀、百慕大的公民，他们有居留英国权；后者是英国前殖民地的公民，不具有居留英国权。[8] 又以印度为例，该国本禁止双重国籍，后为了方便已归化外国的富裕的印度裔外国人入境、投资，于2005年修订《英国国籍法》，允许双重国籍，海外公民的术语用来指称印度裔外国人。[9] 该法允许这样的海外公民持多次入境或终身签证进入印度，不必进行外国人登记，赋予他们金融、经济、教育方面的一些权利，但不许他们拥有农地和种植性财产。[10] 由此可见，无论在英国还是在印度，海外公民就是特殊的外国人，不过被赋予一定便利。

2. 双重国籍人。即同时具有两个国家国籍的人。其产生于血统主义和属地主义的交集。例如，中国人在美国所产之子，按照中国的血统主义是中国人，按照美国的属地主义是美国人，在此等“子”满18岁时，其父母为他们选择国籍前，属于双重“国籍”。我国不承认双重国籍(有人建议采取印度式的处理)，归化外国即自动丧失中国国籍，但许多国家，如意大利，承认双重国籍。这就造成了对一个人来说，两个国家都是内国的现象。实际上，两个国籍总是一个为重，一个为轻，有如印度的例子，该国的所谓外国人印度国籍，差不多等于是免签待遇或曰终身签证。

3. 绿卡人。绿卡代表内国公民在特定外国的永久居留权，美国称绿卡，加拿大称枫叶卡，名称异而内容同。为了表述的方便，我把“绿卡”作为一切外国的永久居留权的统称。绿卡持有者介于内国公民与外国人之间，更倾向于后者，因为美国强制绿卡持有者大部分时间待在美国，并允许绿卡持有者从军，这就让他

---

〔8〕 参见李启欣：《战后两个英国〈国籍法〉的比较》，载《政法学刊》1988年第2期。

〔9〕 参见贾海涛：《印度的双重国籍计划：背景、内容、前景》，载《学术研究》2003年第9期。

〔10〕 See “The Entry of Overseas Citizenship of India”, https://en.wikipedia.org/wiki/Overseas_Citizenship_of_India, Oct. 29, 2018.

们有可能在美国军队中与自己的母国交战。就事理的性质而言,绿卡持有者更靠近外国人。

至此可见,外国人分为许多类别,对此等身份的法律处置不宜“一刀切”,而应不同情况不同对待。

二、外国人待遇问题的历史

(一)罗马法的做法

不排除其他古代法有处理外国人法律地位经验的可能,例如雅典,按照其伯里克利时代的公民身份管理法,除非双亲是雅典公民,某人即使在雅典终身居住也不能获得公民权,因此,在雅典长期居住并成为其文化骄傲的斯塔吉拉人亚里士多德终身未取得雅典的公民权。〔11〕 但留下了最系统地处理外国人法律地位制度的只有罗马人,所以,让我们从罗马法开始。

罗马人把外国人分为许多细类,赋予他们不同的法律地位。

首先是拉丁人。他们与罗马人同文同种,是罗马人的近邻民族,与罗马人结成同盟关系,尽管不具有公民权,却享有通婚权和交易权等民事上的权利能力,但不享有公法上的权利能力。〔12〕 故拉丁人被说成半公民,颇类似于现在的轻度外国人。

其次是野蛮人。他们是所有生活在帝国国境以外的各民族人民,如日耳曼人、凯尔特人等。在没有条约的情况下,在罗马之内,他们的权利不被承认。〔13〕其地位类似于前节讲到的敌国人。

再次是外邦人(Peregrinus)。他们是居住在罗马人的领土上却没有罗马市民权的人,即行省人。〔14〕 行省是罗马人征服的殖民地。所以,行省人就是殖民地人,他们的权利能力处于减损状态,如他们必须纳税,称为行省税或什一税,而罗马市民长期不用纳税。外邦人类似于中国古代法上的熟番。

最后是被剥夺市民权的前罗马市民。罗马法有人格减等制度。承受同时剥

〔11〕 参见[日]盐野七生:《罗马人的故事:关于罗马人的二十个问题》,郑维欣译,台北,三民书局2003年版,第79页。

〔12〕 参见徐国栋:《罗马私法要论——文本与分析》,科学出版社2007年版,第25页。

〔13〕 参见[秘鲁]埃尔维拉·门德斯·张:《罗马法中外邦人的概念》,肖崇明译,载《民商法论丛》(第13卷),法律出版社2000年版,第391页及以次。

〔14〕 参见[秘鲁]埃尔维拉·门德斯·张:《罗马法中外邦人的概念》,肖崇明译,载《民商法论丛》(第13卷),法律出版社2000年版,第395页。

夺自由权和市民权的刑罚的,发生人格大减等,成为刑奴。只承受剥夺市民权的刑罚(放逐)的,发生人格中减等,成为自由的无国籍人。[15] 他们可包括在广义的外国人的范畴内。这种人的民事权利能力也要受到相应的剥夺,如他们的通婚权和交易权消灭。

不难看出,罗马法中的外国人也分为一些梯级,但不论何种外国人,都是身份相对低下者。而且,在自然的外国人之外,罗马法还创造了拟制的外国人,指承受人格大、中减等者。[16]

罗马法对外国人的民事法律地位的处理理路非常简单:市民法是身份法,适用于罗马公民彼此之间,外国人不是市民法的主体,对他们之间以及他们与罗马公民之间的法律关系,适用万民法。所以,有公民身份即有民事权利能力(人格),没有公民身份则没有此等权利能力。

(二)中国古代法的做法

中国古代法关于外国人的法律地位问题以唐宋律较为丰富。当时采用这样的外国人概念:原居外国,后到中国居住,不具有中国血统的一切人。[17] 按照《唐律》,禁止向外国人借贷、抵押土地。[18] 外国人虽可以在中国居住,但必须居住在指定的地方,且不得与中国人混居。[19] 尽管如此,外国人在中国享有财产所有权、婚姻权和继承权。[20] 可以看出,出于招商的目的,唐宋时期的法律对外国人较友好,但也对其权利能力实行一定的限制,并未做到"自然人权利能力一律平等"。

中国古代法上的外国人并非铁板一块,而是有亲疏之分。亲者为属国人。属国即接受中国的册封,由中国赐予印玺,对中国称番纳贡之国。建立宗藩关系

---

〔15〕 Cfr. Aglaia McClintock, Servi della pena. Condanati a porte nella Roma imperial, Edizion scientifiche italiane, Napoli, 2010, p. 64.

〔16〕 本文把被剥夺公权者定为拟制的外国人,即受罗马人的这一做法的启发。

〔17〕 参见高树异:《唐宋时期外国人在中国的法律地位》,载《吉林大学社会科学学报》1978 年第 Z1 期。

〔18〕 参见高树异:《唐宋时期外国人在中国的法律地位》,载《吉林大学社会科学学报》1978 年第 Z1 期。

〔19〕 参见高树异:《唐宋时期外国人在中国的法律地位》,载《吉林大学社会科学学报》1978 年第 Z1 期。

〔20〕 参见高树异:《唐宋时期外国人在中国的法律地位》,载《吉林大学社会科学学报》1978 年第 Z1 期。

只为表征宗主国与藩属国的友好,并不意味着统治与被统治的关系。[21] 清代中国的属国有朝鲜、越南、琉球、苏禄、缅甸等。属国人相当于本文前述的友国人。中国对它们的国民承担一定的义务,如海难救助义务,[22]对属国本身也负保护义务,如唐朝、明朝和清朝,中国政府分别应朝鲜政府的请求出兵对抗日本对该国的侵略。

中国古代法(如清代法)上还有另外一种意义上的外国人:生番。所谓的"番",指原住民或土著人。中原统治者先是对他们实行间接统治,即只统治他们的头领——土司,通过土司统治他们本身。到了清朝雍正朝,实行"改土归流"改革,即以政府委任的流官取代土司统治他们。经过这样的处理,他们受到汉族主流文化同化的,谓之熟番,取得本国国民的地位。未受同化的,谓之生番,政府划定他们居住地域的界限,不许番人出,汉人入。[23] 生番实际上处在外国人的地位。他们与巴西法上的"野人"很类似。他们不享有中国国民的权利,也不承担相应的义务。后来,沈葆桢开山抚番,打破番汉隔绝,促进生番国民化,[24]逐渐地消除了这种国土中的化外人现象。

三、近现代民法典对自然的外国人[25]法律地位的处理

(一)处理的方法

1. 有机论、原子论和折中论。有机论指概括地规定外国人在内国民法中的法律地位的方法。1829 年、1992 年《荷兰民法典》和我国《民法总则》第 14 条采此论,概括地赋予外国人和无国籍人与本国公民同样的民法地位。

原子论即把权利能力分为若干子项,对外国人和无国籍人有所赋予、有所不赋予。1869 年《阿根廷民法典》、《菲律宾民法典》、《尼加拉瓜民法典》、1825 年《秘鲁民法典》、《墨西哥民法典》、《纽约民法典草案》采之。例如,1825 年《秘鲁民法典》第 33 条规定,在秘鲁的外国人享有所有关系到其人身和财产安全以及

---

〔21〕 参见百度百科"清朝藩属国"词条,载 https://baike.baidu.com/item/清朝藩属国/2406253?fr=aladdin,2018 年 4 月 17 日最后访问。

〔22〕 参见李智君:《无远弗届与生番地界——清代台湾外国漂流民的政府救助与外洋国土理念的转变》,载《海交史研究》2017 年第 2 期。

〔23〕 参见李智君:《无远弗届与生番地界——清代台湾外国漂流民的政府救助与外洋国土理念的转变》,载《海交史研究》2017 年第 2 期。

〔24〕 参见罗春寒:《沈葆桢与"开山抚番"论》,载《重庆三峡学院学报》2009 年第 5 期。

〔25〕 进入本部分后,本文只谈论自然意义上的外国人在内国民法中的地位,不谈拟制的外国人和中间状态的人的此等地位,以避免论述过于芜杂。

打理此等财产的权利。第 34 条规定:(1)外国人取得不动产以及经商的条件,取决于与有关国家订立的条约、法律和特别的规章;(2)外国人的继承,遵循本法典相应题的规定。[26] 原子论的理由在于:外国人的法律地位肯定与本国公民不同,权利能力只能有所赋予、有所不赋予,不能一概赋予,所以要区分对待。

折中论一方面对外国人的法律地位作出概括规定,另一方面在某些方面也作出具体规定。例如,1804 年版本的《法国民法典》,其第 11 条首先规定了外国人基于对等原则在法国享有民事权利;第 13 条规定,外国人经政府许可设立住所于法国者,在其继续居住期间,享有一切民事权利。[27] 至此为概括规定。然后其第 726 条规定了外国人基于对等原则的继承权,第 912 条规定了同样基于对等原则的外国人在法国的继受赠与和遗赠的权利能力。[28] 至此为具体规定。

2. 民法典视角与国际私法视角。多数国家在其民法典的人法部分规定外国人的法律地位,少数国家在其国际私法中这么做。例如,《俄罗斯联邦民法典》在其国际私法部分规定这一事项。[29] 《伊朗民法典》《越南民法典》亦如此。

3. 只规定自然人和兼规定自然人和法人。多数国家的民法典只规定外国自然人的法律地位,少数国家的民法典(如《墨西哥民法典》)同时规定外国自然人和法人的法律地位。[30]

4. 民法典规定和特别法规定。有的国家的民法典规定此等事项,有的则否。原因者何?以巴西为例,其 1916 年民法典规定了外国人的法律地位问题,2002 年的新民法典则不规定,原因在于从 1980 年起改采特别法规定了(参见后文)。

(二)有关的主义

对此问题的处理有敌视主义、贱外主义、排外主义、相互主义、平等主义、有限平等主义 6 种方式。[31]

1. 敌对主义。此种主义属于古代。其时也,各民族间生活的原初和自然的状态为战争。各民族间的联系或接触仅仅建立在它们之间缔结的盟约(Foede-

---

〔26〕 Véase Codigo civil de 1852, http://blog. pucp. edu. pe/blog/conciliacion/wp - content/uploads/sites/76/2015/06/Codigo_civil_de_1852. pdf, Oct. 28, 2017.

〔27〕 参见《拿破仑法典》,李浩培等译,商务印书馆 1979 年版,第 2 页。

〔28〕 参见[法]巴蒂福尔、[法]拉加德:《国际私法总论》,陈洪武等译,中国对外翻译出版公司 1989 年版,第 239 页。

〔29〕 规定在第六编(国际私法)第 67 章(确定法律地位时应适用的法)。

〔30〕 Véase Codigo civil para el distrito federal, http://www. aldf. gob. mx/archivo - c9dc6843e50163a0d2628615e069b140. pdf, Oct. 30, 2017.

〔31〕 参见王利民:《论人的私法地位——从一个制度的分析》,法律出版社 2007 年版,第 193 页。

ra)的基础上;仇外是对待外国人的主导性原则。因此,对外国人的司法保护只能在有盟约的情况下才是可能的。[32] 所以,盟约可以排除敌对。而此等盟约是未来的相互主义的出发点。

2. 贱外主义。即以本国公民身份为尊,贱视一切外国人的主张。例如,中国古代法长期以“天朝”自尊,外国人要么是“夷”,要么是“狄”,受到蔑视。[33] 贱外主义比敌对主义温和,因为后者以外国人为合法的劫掠对象,前者只是看不起外国人而已,并有感化他们提升其品位的意蕴。

3. 排外主义。此等主义以国家利己主义为基础,不许外国人有特别利益,且没收其所得财产入君主或国民之私囊。[34] 例如,在6世纪的法国,外国人绝对无继承能力,其遗产只能由法国国王继承,国王享有所谓的外侨继承权(Droit d'aubaine)。[35]

4. 相互主义。即以相互授予为条件让外国人在内国与该国公民平等的主张,法国、比利时、奥地利、意大利、墨西哥等国采之。这样的安排不利于难民,因为他们往往紧急入境,其原来国家可能与入境国无协议。

5. 平等主义。即无条件授予外国人与内国公民相同的民法地位的主张。由1829年《荷兰民法典》第2条第1款开创。其辞曰:所有在本国领土上的人,都是自由的并能享有民事权利。[36] 1992年新《荷兰民法典》第1条第1款继承了上述规定,所有在荷兰的人,都是自由的并能享有民事权利。[37] 平等主义照顾了那些没有订立条约的国家的国民,尤其是难民,堪称人道。

为这种精神感召,1855年《智利民法典》第57条也规定,对于本法典规定的民事权利的取得和享有而言,法律并不承认智利人与外国人之间存在区别。[38] 然而,该条规定的国民待遇只以该法典规定的民事权利的取得和享有为对象,该法典以外的民事权利的取得和亨有并非都给外国人国民待遇,因为智利在与某

---

〔32〕 参见[秘鲁]埃尔维拉·门德斯·张:《罗马法中外邦人的概念》,肖崇明译,载《民商法论丛》(第13卷),法律出版社2000年版,第408页。

〔33〕 参见王利民:《论人的私法地位——从一个制度的分析》,法律出版社2007年版,第196页。

〔34〕 参见[日]山田三良:《国际私法》,李倬译,中国政法大学出版社2003年版,第120页。

〔35〕 Voir Hans - Peter Benoehr, Le citoyen et l'etranger en droit romain et droit français, En AAVV, La Nozione di Romano tra cittadinanza e universalitò, Edizion scientifiche italiane, Napoli, 1984, p. 185.

〔36〕 Voir Code civil Neerlandais, Bruxelles, Paris, 1921, p. 1.

〔37〕 Voir Nouveau Code Civil Neerlandais, Livre 1, Kluwer - Deventer, 1972, p. 1.

〔38〕 参见《智利共和国民法典》,徐涤宇译,北京大学出版社2014年版,第7页。

些国家的贸易协定中采用负面清单制度。例如,智利参加《跨太平洋伙伴关系协定》(TPP)的负面清单包括渔业行业下的水产养殖子行业,因为按照该国于1989年12月23日颁布的《关于渔业和水产养殖业的一般法》,只有智利的自然人和根据智利法设立的法人,以及具有智利的永久居留权的外国人,才可获得经营水产养殖业的授权或准可。这个负面清单还包括涉及土著人的问题。[39]

但平等主义过于理想,故有两个国家采用过它,后又放弃之。第一个这样的国家是意大利。该国1865年的民法典第2条继承荷兰路线,其辞曰:外国人被允许享有被赋予公民的权利。[40] 该条被1942年民法典的制定者认为是"乌托邦",故废弃之,代之以按对等原则赋予外国人权利能力。[41] 第二个这样的国家是巴西。同样,其1916年的民法典第2条规定,在民事权利的取得与享有方面,法律不区分国民与外国人。[42] 但2002年的新《巴西民法典》删除此条。为何?因为已经以1980年8月19日颁布的第6.815号法律限制了外国人的权利能力(详见后文)。

6. 限制平等主义。即有条件地授予外国人与本国公民同样的民事权利能力的主张。"条件"即本国法或国际条约的限制。采用这一主张的是西班牙、俄罗斯、越南、伊朗等国。这里仅展示《越南民法典》第761条第2款为例。其辞曰:……(2)外国人在越南享有与越南公民同等的民事权利能力,但越南社会主义共和国法律另有规定的除外。[43]

四、各个国家和地区法律对自然的外国人民事权利能力的具体限制

(一)法国法

1938年6月17日的法令禁止不符合互惠条件的外国的公民在法国从事商业或工业活动。1940年10月8日的法律把这一限制扩大到手工业。法国不保护不具有互惠条件的外国人的发明专利、制造和商业商标、商号名。不允许外国

---

[39] See Services, Investment & Air Transport Department, Chilian Experience on Positive and Negative Lists, September, 2016, p. 10s.

[40] Cfr. Folansa Pepe (a cura di), Codice Civile (1865), Codice di Commercio (1882), Edizione Simone, Napoli, 1996, p. 17.

[41] Cfr. Francesco Busnelli, Profili del Diritto latinoamericano delle persone, In Sandro Schipani (a cura di), Dalmacio Velez Sarsfield e il diritto latinoamericano, CEDAM, Padova, 1991, p. 250.

[42] See Civil Code of Brazil, New York, 1920, p. 5.

[43] 参见《越南社会主义共和国民法典》(2005年版),吴远富译,厦门大学出版社2007年版,第191页。

人享有住房租约法律上的利益、对外国承租人不适用地租规章等。[44]

（二）意大利法

1998年7月25日颁布的《调整移民和关于外国人法律地位规范的单一文本》是目前意大利全面规定外国人法律地位的法律。它把上引《意大利民法典》序编第16条的规定调整为：正常居留于本国领土的外国人享有赋予意大利公民的民事权利，对意大利有效的国际公约和本单一文本有相反规定的除外……[45]这样，就把外国人分为了有合法居留者和非法移民，只赋予前者以意大利公民享有的民事权利，非法移民被排除在外。

由于采用对等原则，意大利对于外国人权利能力的限制是反射性的，换言之，某国限制意大利人在该国的某项民事权利能力的，意大利也限制该国人在意大利的同一项权利能力。例如，阿尔巴尼亚法不允许外国公民享有农地和林地的完全所有权，又如，保加利亚法不允许意大利人在该国通过活人间的行为取得不动产，相应地，意大利也要限制阿尔巴尼亚公民在意大利取得农地和林地，限制保加利亚公民通过活人间的行为在意大利取得不动产。[46]

（三）巴西法[47]

巴西于1980年8月19日颁布了第6.815号法律确定外国人在巴西的法律地位，其第106条禁止外国人：（1）担任国家船舶的所有人、经营人或司令人；（2）任何种类的新闻企业、电视公司和广播公司的所有人，以及此等企业的合伙人或股东；（3）前款所言企业的负责人、智力定向人或董事；（4）获得特许或批准去搜求、勘探、开发和利用矿床、矿藏、其他矿类资源以及潜在的水利资源；（5）成为巴西航空器的所有人或操作人，特别法另有规定的除外；（6）担任船长、公共基金的管理人、拍卖人和海关职员；（7）参加工会和行业协会的管理和代表，参加监督按规定运作的行业的执行的单位；（8）担任舵手、港口、河流、湖泊和运河的领水员；（9）拥有、维持和操作广播、电报传送以及类似的设施，作为爱好者也不得如此，有互惠条约的情形除外；（10）为武装力量以及辅助部队、

---

[44] 参见[法]巴蒂福尔、[法]拉加德：《国际私法总论》，陈洪武等译，中国对外翻译出版公司1989年版，第250页及以次。

[45] Cfr. Testo unico delle disposizioni concernenti la disciplina dell'immigrazione e norme sulla condizione dello straniero, http://www.camera.it/parlam/leggi/deleghe/98286dl.htm, Oct. 27, 2017.

[46] Cfr. Alberto Giulio Cianci, Soggetto straniero e attività negoziale, Giuffrè, Milano, 2007, p. 100s.

[47] 感谢巴西南里奥格兰德天主教大学的民法教授法比奥·西本内希勒·德·安德雷德教授提供本法网址。

集体监禁设施提供宗教服务。但对于葡萄牙人,只实行第(1)(2)(10)项限制。[48]

上述规定对外国人的限制不少,这是相对于1916年的老民法典发生的改变。巴西从完全不限制外国人权利能力到进行限制,完成了从理想主义到现实主义的转变。

(四)泰国法

泰国《1999年外籍人经商法》第8条规定了如下三类行业中禁止外国人进入的部分。

第一类是由于特殊原因不对外籍人士开放的行业:(1)报业、广播业和电视业;(2)水稻种植业、果菜种植以及园林业;(3)畜牧业;(4)林业、原始森林木材加工业;(5)泰国水域以及泰国经济水域内的水产捕捉业;(6)泰国草药的提炼;(7)泰国古董或国家历史物品的交易及拍卖;(8)佛像、和尚衣钵的制造或烧铸业;(9)土地交易。

第二类是对国家安全和稳定、对文化艺术、传统、民间手工艺品、自然资源以及环境有影响的行业。与国家安全和稳定相关的行业禁止外国人进入的有:(1)枪炮、军火弹药、火药和炸药;(2)枪炮、军火弹药、火药和炸药的零部件;(3)武器军备、船只、飞机或者军用交通工具;(4)各类武器装备或其零部件;(5)国内陆运、海运或者空运,包括国内航线空运业务。

对文化艺术、传统以及手工艺有影响的行业禁止外国人进入的有:(1)古董或艺术品(指泰国的艺术品、手工艺品)的交易;(2)木雕、木刻的生产;(3)养蚕业、泰国丝线的生产,泰国丝绸编织或泰国丝绸图案的印刷;(4)泰国乐器的生产;(5)金、银、乌银、铜、漆器的生产;(6)泰国文化艺术的陶器、瓦器的生产。

对自然资源或环境有影响的行业禁止外国人进入的有:(1)蔗糖制造业;(2)盐业,包括地下盐;(3)岩盐矿业;(4)采矿业,包括岩石爆破、研磨;(5)木材家具加工业和器具业。

第三类是泰国目前尚未对外籍人士开放的行业。它们有:(1)碾米以及用大米和其他农作物加工成面粉的行业;(2)渔业,尤其是水产养殖业;(3)森林种植业;(4)夹板、胶合板、硬纸板或纸板生产;(5)石灰生产;(6)会计服务行业;

---

〔48〕 Ver Lei No. 6. 815, de 19 de Agosto de 1980, http://www. planalto. gov. br/ccivil_03/leis/L6815. htm, Oct. 30, 2017.

(7)法律服务行业;(8)建筑学服务行业;(9)工程服务行业;(10)建筑业之大部;(11)中介或代理行业之大部;(12)拍卖业之大部;(13)法律尚未禁止的地方农产品或土特产的国内贸易;(14)最低资本额低于1亿泰铢的各类商品的零售业、每家商店的最低资本额低于2000万泰铢的零售业;(15)最低资本额不超过1亿泰铢的各类商品批发业;(16)广告业;(17)酒店业,不包括酒店管理服务业;(18)导游;(19)食物或饮料的销售业;(20)植物品种的繁殖与改良;(21)其他服务行业,不包括部级法规所规定的服务行业。[49]

由上可见,泰国限制外国人准入的行业不少,由此造成外国人在泰国的民事权利能力小于泰国人的。

(五)日本法

在日本,外国人不能取得如下权利:矿业权、租矿权、日本船舶的所有权、担任领水员、对国家和公共团体的损害赔偿请求权、因不正当竞争的损害赔偿请求权、银行经营权、专利权、实用新型权、商标权、成为专利代理人的权利、日本航空器的所有权、航空业经营权、质权和抵押权。[50]

(六)英国法

外国人不能拥有或部分拥有在英国港口注册的英国船只和悬挂英国旗帜航行的英国船只以及英国航空器的所有权,不能成为英国的有限责任公司的成员。非经英国就业大臣批准的特许,不得在英国工作。[51]

(七)中国台湾地区相关规定

在中国台湾地区,外国人不能取得如下权利:土地权、渔业权与矿业权、担任船长权、受工业奖励权、经营民营公用事业权、交易所经纪人或会员担任权、律师、会计师从业权、医生及类似职业从业权、农工矿技师执业权、中国分公司股东董事或监事担任权。[52] 总之,对外国人充满怵惕之心。

五、我国法对自然的外国人民事权利能力的限制

(一)具体规定

在外国人的法律地位问题上,与《民法总则》第14条采用的宇宙主义立场

---

〔49〕 CLI. FL. 1194.

〔50〕 参见[日]我妻荣:《新订民法总则》,于敏译,中国法制出版社2008年版,第52页及以次。

〔51〕 参见李启欣:《战后两个英国〈国籍法〉的比较》,载《政法学刊》1988年第2期。

〔52〕 参见史尚宽:《民法总论》,台北,正大印书馆1970年版,第78页及以次。

相反,我国实务部门的立法完全采取国家主义的立场。

2004年国务院和中央军事委员会联合发布的《国防专利条例》第8条规定,禁止向国外的单位和个人以及在国内的外国人和外国机构转让国防专利申请权和国防专利权。[53]

《国务院办公厅关于印发〈自由贸易试验区外商投资准入特别管理措施(负面清单)(2017年版)〉的通知》(以下简称《负面清单》)是一个全面限制外国人在中国的民事权利能力的立法文件,规定了外国人被禁止或受限参与的下列行业的清单:(1)农林牧渔业;(2)采矿业;(3)制造业;(4)电力、热力、燃气及水生产和供应业;(5)批发和零售业;(6)交通运输、仓储和邮政业;(7)信息传输、软件和信息技术服务业;(8)金融业;(9)租赁和商务服务业;(10)科学研究和专业技术服务;(11)水利、环境和公共设施管理业;(12)教育;(13)卫生和社会工作;(14)文化、体育和娱乐业。[54]

按2017年国家统计局发布的《国民经济行业分类》,行业分为20个,即农林牧渔业,采矿业,制造业,电力、热力、燃气及水生产和供应业,建筑业,批发和零售业,交通运输、仓储和邮政业,住宿和餐饮业,信息传输、软件和信息技术服务业,金融业,房地产业,租赁和商务服务业,科学研究和专业技术服务业,水利、环境和公共设施管理业,居民服务、修理和其他服务业,教育,卫生和社会工作,文化、体育和娱乐业,公共管理、社会保障和社会组织,国际组织,其下分为97个子行业。[55]

上述者只有建筑业,住宿和餐饮业,房地产业,公共管理、社会保障和社会组织,国际组织等6个行业无禁止或限制外国人进入的规定,禁止和限制的力度和广度相当大。考虑到国务院办公厅的上述文件只适用于自由贸易试验区,国际组织不被列入是事理之性质使然。

对外国人的能力限制有禁止、经批准后允许、必须由中方控股三种形式。为节约篇幅,本文只介绍禁止事项。

由上可见,20个行业有14个禁止外国人入内,我国"限外"的力度很大。这可能是2018年4月美国开始发动的贸易战的一个原因。经过中美双方的折冲,

---

[53] CLI. 7. 55510.

[54] CLI. 2. 296568.

[55] 参见国家统计局:《国民经济行业分类2017》,载 http://www. stats. gov. cn/tjsj/tjbz/hyflbz/201710/ t20171012_ 1541679. html,2017年10月31日最后访问。

2018 年 4 月 10 日上午，国家主席习近平在博鳌亚洲论坛 2018 年年会的开幕式上发表题为《开放共创繁荣　创新引领未来》的主旨演讲中称，要放宽外资金融机构设立限制，扩大外资金融机构在华业务范围，拓宽中外金融市场合作领域。另外告知制造业已基本开放，目前进行限制的主要是汽车、船舶、飞机等少数行业。下一步还要放开汽车行业的股比限制。[56] 由此可以预见，中国限外的力度要减小，但不会完全取消。

负面清单制度并非我国首创，该制度最初起源于 1834 年普鲁士建立的第一个超国家的德意志关税同盟，[57]理路是法不禁止即自由。[58] 目前有 70 多个国家实行准入前国民待遇加负面清单的投资制度。[59]

(二)限制理由

我分析，如上限制主要有如下理由：

1. 国家安全。包括农业生产的安全和战略物资的管控安全。为此设立如下"禁止"：(1)禁止投资中国稀有和特有的珍贵优良品种的研发、养殖、种植以及相关繁殖材料的生产(包括种植业、畜牧业、水产业的优良基因)。(2)禁止投资农作物、种畜禽、水产苗种转基因品种选育及其转基因种子(苗)生产。(3)禁止投资稀土勘查、开采及选矿；未经允许，禁止进入稀土矿区或取得矿山地质资料、矿石样品及生产工艺技术。(4)禁止投资钨、钼、锡、锑、萤石的勘查、开采。(5)禁止投资放射性矿产的勘查、开采、选矿。(6)禁止投资放射性矿产冶炼、加工。

2. 中国传统资源保护。从久远来看，我国因为丧失对丝绸、瓷器、茶叶三大传统资源的垄断导致近代的积贫积弱；从近期来看，我国因为景泰蓝制作技术泄密承受损失，所以，保护我国传统的资源是个重要问题。为此设立如下"禁止"：(1)禁止投资中药饮片的蒸、炒、炙、煅等炮制技术的应用及中成药保密处方产品的生产；(2)禁止投资象牙雕刻、虎骨加工、宣纸和墨锭生产等民族传统工艺；(3)禁止不可移动文物及国家禁止出境的文物转让、抵押、出租给外国人；(4)禁

---

〔56〕 参见朱一梵、李栋、赵爽：《习近平扩大开放四大举措系列解读之一：四角度理解大幅度放宽市场准入》，载 http://finance.people.com.cn/n1/2018/0411/c1004-29920192.html，2018 年 4 月 16 日最后访问。

〔57〕 参见樊正兰、张宝明：《负面清单的国际比较与实证研究》，载《上海经济研究》2014 年第 12 期。

〔58〕 参见李猛：《中国自贸区法律制度的构造及其完善》，载《上海对外经贸大学学报》2017 年第 2 期。

〔59〕 参见孙婵、肖湘：《负面清单制度的国际经验及其对上海自贸区的启示》，载《重庆社会科学》2014 年第 5 期。

止设立与经营非物质文化遗产调查机构。

3. 国家垄断。我国对于烟草、彩票一直实行国家专营。而义务教育作为国民性的养成场所和设施,当然归国家专管。为此设立如下"禁止":(1)禁止投资烟叶、卷烟、复烤烟叶及其他烟草制品的生产、批发、零售、进出口。(2)禁止发行、销售境外彩票。(3)不得举办实施义务教育机构;外国宗教组织、宗教机构、宗教院校和宗教教职人员不得在中国境内从事合作办学活动,中外合作办学机构不得进行宗教教育和开展宗教活动;不得在中国境内投资宗教教育机构。

4. 意识形态管控。为此设立如下"禁止":(1)禁止投资设立和经营各级广播电台(站)、电视台(站)、广播电视频率频道和时段栏目、广播电视传输覆盖网[广播电视发射台、转播台(包括差转台、收转台)、广播电视卫星、卫星上行站、卫星收转站、微波站、监测台(站)及有线广播电视传输覆盖网等],禁止从事广播电视视频点播业务和卫星电视广播地面接收设施安装服务。(2)禁止投资广播电视节目制作经营公司。(3)禁止投资电影及广播电视节目的引进业务,引进境外影视剧和以卫星传送方式引进其他境外电视节目由新闻出版广电总局指定的单位申报。(4)禁止投资设立通讯社、报刊社、出版社以及新闻机构。(5)禁止投资经营图书、报纸、期刊、音像制品和电子出版物的编辑、出版、制作业务;禁止经营报刊版面。但经中国政府批准,在确保合作中方的经营主导权和内容终审权并遵守中国政府批复的其他条件下,中外出版单位可进行新闻出版中外合作项目。(6)境外传媒(包括外国和港澳台地区报社、期刊社、图书出版社、音像出版社、电子出版物出版公司以及广播、电影、电视等大众传播机构)不得在中国境内设立代理机构或编辑部。(7)禁止投资电影制作公司、发行公司、院线公司,但经批准,允许中外企业合作摄制电影。禁止投资和经营文物拍卖的拍卖企业、文物购销企业。(8)禁止投资和运营国有文物博物馆。(9)禁止设立文艺表演团体。

5. 限制外国竞争。为此禁止外国人作为个体工商户、个人独资企业投资人、农民专业合作社成员从事经营活动。

(三)国务院办公厅的负面清单的空间效力

这一负面清单只适用于自由贸易试验区。什么是自由贸易试验区?是两个或两个以上的国家或行政上独立的经济体之间在 WTO 最惠国待遇基础上达成协议,相互分阶段取消商品贸易的障碍,相互进一步开放市场,成员经济体的厂商的商品可以自由地输入和输出,但是各成员对区外的贸易伙伴仍旧维持原有的贸易壁垒的一种区域贸易合作形式。[60]

或问，在自由贸易试验区外是否适用这一负面清单？我的答复为肯定。按照举轻明重的解释规则，在自由贸易试验区内对外国人的权利能力实行如此严格的限制，在自由贸易试验区外对外国人权利能力的限制应该更严格。而且，关于个体户的非外国人资格要求早就在自由贸易试验区外实行，见于2011年《个体工商户条例》。

六、简短的结论

外国人是一个大类，其中包括许多小类，每类在内国的法律地位不同。而且，除了自然的外国人外，还有拟制的外国人，他们是内国的前国民，被内国剥夺了国籍或公民资格下的公法和私法内容，从而被视为外国人。非独此也，在国民与外国人之间，还有中间身份的人。本文认为，他们的法律地位接近于外国人，以准外国人称之。

《民法总则》第14条慷慨赋予全体地球人在中国的平等民事权利能力的规定是个涉外规范，因为"自然人"与"公民"并不等值，前者除包括公民外，还包括外国人和无国籍人。因此，上述第14条可改写成"外国人、无国籍人与中国公民在民事权利能力的享有上平等"的行文，但这样的表达并不真实，因为无论古今中外，外国人通常是一种低下的身份，不可能与内国人平等，友国人、轻度外国人、外交人员例外。

除了荷兰等少有的例外，世界各个国家和地区的民法都或多或少限制外国人的权利能力，我国有限制外国人权利能力的事项的清单，从它可见：我国法律对外国人严密设防。对外国人的限制有威猛型和温和型，我国属于前者。这或许是导致欧美国家不承认我国的市场经济地位的原因以及中美贸易战的原因。贸易战的压力导致我国政府减少限制外国人权利能力的领域，但无论怎样减少，外国人恐怕都达不到他们可能在荷兰享有的地位。所以，以《负面清单》为代表的我国限制外国人权利能力的次级立法与《民法总则》第14条冲突。如何解决？我建议在未来的司法解释中给该条后者加上"以未被立法

---

〔60〕 参见郭婷：《中澳自贸区建立对中国乳品进口的影响研究》，内蒙古农业大学2013年博士学位论文，第12页。

和司法限制为限”的但书。[61] 这样,《负面清单》等次级立法就可作为一个“立法限制”存在了。

须注意的是,《负面清单》所指的外国人到底有哪些类型?它适用于绿卡人吗?我选择肯定的答案。它适用于非法居留于中国的外国人吗?我选择否定的答案。

《负面清单》对于助人理解本国公民与外国人、无国籍人的能力差别居功至伟,但它的立法位阶太低,缺乏普遍性(没有明确可适用于自由贸易试验区之外)。这些都有待改进,应把这方面的规定上升到《外资企业法》的层次。[62]

2017 年 10 月 31 日完稿于胡里山炮台之侧

2018 年 4 月 17 日修改于胡里山炮台之侧

---

〔61〕 有这样的但书的立法例不完全列举如下:1.《瑞士民法典》第 11 条第 2 款:在法律范围内,人人都有平等的权利能力及义务能力。2. 1990 年《朝鲜民法典》第 19 条第 2 款:公民的民事权利能力平等,法律设有限制的除外……3.《越南民法典》第 16 条:个人的民事权利能力不受限制,法律另有规定的情形除外。

〔62〕 参见王峰:《外资企业法修订:自贸区负面清单经验推向全国》,载《中国外资》2016 年第 12 期。

中国《民法典》规定的非法人组织制度与六国民法中类似制度的关系梳理

国人期盼已久的《民法典》终于在2020年5月28日获得通过。现正面临解释狂潮，其中规定的非法人组织制度也会经受解释。长期以来，我国民法学界都把该制度的滥觞误认为《德国民法典》规定的无权利能力社团和《意大利民法典》规定的未受承认的社团。而我国学界理解的非法人组织是第三市场主体，相反，《德国民法典》和《意大利民法典》规定的类似制度规范的是非市场主体，或曰精神结社。此文拟提醒《民法典》的解释者正确寻找我国非法人组织制度的起源，并提醒我国民法学和立法界注意我国民法保障经济结社有余，保障精神结社不足的缺陷。

一、《民法典》规定的非法人组织概览

《民法典》第102条第1款规定，非法人组织是不具有法人资格，但是能够依法以自己的名义从事民事活动的组织。该款确定的非法人组织的内涵有二：其一，不具有法人资格，也即不享有权利能力和行为能力；其二，能以组织自身而非组织成员的名义进行民事活动，这意味着这个组织有自己的人格，但第102条第1款又说非法人组织无法人资格，这似乎自相矛盾。

按《民法典》第102条第2款规定，非法人组织有个人独资企业、合伙企业、不具有法人资格的专业服务机构等类型。

1. 个人独资企业，指一人投资经营的企业，投资者对企业的债务承担无限责任。

2. 合伙企业，是依法设立、各合伙人根据合伙协议共同出资、

合伙经营、共享收益、共担风险，并对合伙企业债务承担无限连带责任的营利性组织。

3. 不具有法人资格的专业服务机构。专业服务机构是以其专门知识和技能为社会提供帮助的团体，有以下类型：(1)合伙制律师事务所，它们为社会提供法律服务；(2)合伙制会计师事务所，它们为社会提供会计服务；(3)合伙制的税务师事务所，这种事务所为社会提供代办税务登记、纳税和退税、减免税申报、建账记账、增值税一般纳税人资格认定申请、税务咨询、税收筹划、税收培训等服务。

另外，《民法典》第102条第2款在罗列完个人独资企业、合伙企业、不具有法人资格的专业服务机构后还有一个“等”字，表明自己所为者为不完全列举。学界认为这个“等”中可包括业主委员会[1]，即由物业管理区域内业主代表组成，代表业主的利益，向社会各方反映业主的意愿和要求，并监督物业管理公司运作的民间组织。

二、《民法典》规定的非法人组织的特征

1. 应当登记。这是《民法典》第103条的要求。该条第2款甚至要求一些非法人组织在登记前得到有关机关批准。在德国法上，组织体完成登记即具有权利能力，不登记即不具有权利能力。也就是说，登记与取得权利能力是一种因果关系。[2] 但我国法学主流观点一直不接受此种观点，认为法人之独立法律地位或权利能力来源于其独立财产，与是否登记无干。显然，我们对“登记”的法律意义理解得跟德国法学界不一样。

2. 存在于经济区域。个人独资企业、合伙企业都是经济活动组织。合伙制的律师事务所、会计师事务所、税务师事务所也是第三产业领域的经济组织，《民法典》第102条未考虑国民为满足精神需要结成的组织。

3. 以营利为目的。显然，个人独资企业、合伙企业、不具有法人资格的专业服务机构都以营利为目的。而外国法上的非法人组织，既有营利目的的，也有非营利目的的。

---

〔1〕 参见张新宝、汪榆森：《〈民法总则〉规定的“非法人组织”基本问题研讨》，载《比较法研究》2018年第3期。

〔2〕 参见邹爱华：《论德国和苏俄民法典权利能力含义的区别》，载《湖北大学学报》(哲学社会科学版)2008年第3期。

三、《民法典》规定的非法人组织制度与德国法上的类似制度比较

我国学者无不把非法人组织制度的起源追溯到《德国民法典》第 54 条规定的无权利能力社团（Nicht rechtsfähige Vereine）。[3] 那么，Verein 何意？该词意为“团体、协会、社团、联合会”[4]。团体或社团有精神性的，也有经济性的，无权利能力社团到底何指呢？要回答这个问题，要从《德国基本法》第 9 条第 1 款说起。

对于该款的德语原文 Alle Deutschen haben das Recht, Vereine und Gesellschaften zu bilden 有 3 种译法，它们代表了译者们对德国的“结社自由”中的“社”的不同理解。

其一，所有德国人都有结社的权利。[5] 此译无视动词 bilden 有 Verein 和 Gesellschaft 两个宾语，抹杀了协会（Verein）与公司（Gesellschaft）的区别。译者理解不了“社”有不同的类型。

其二，所有的德国人都有权建立协会和公司。[6] 此译正视了动词 bilden 有两个宾语，分别把它们译为协会和公司，由此告诉人们结社自由有两种类型。协会是非经济性的，是结社的首要形式；公司是经济性的，是结社的次要形式。

其三，所有的德国人都有权结成社团、合伙与企业。[7] 此译不仅尊重原文包含的结社自由的两种类型，而且把第二种类型展开，把它分为合伙和企业。但这就有些超过了原文的含义，因为尽管德文词 Gesellschaft 有合伙的意思，[8] 却无企业的意思，在德文中，企业是 Geschäft。[9]

由此可见，按照《德国基本法》，结社有精神结社（协会）和经济结社（公司或合伙）两种类型。

那么，《德国民法典》第 54 条中的 Verein 指哪种类型呢？该条第 1 款辞曰：无权利能力的社团，适用关于合伙的规定（Auf Vereine, die nicht rechtsfähig sind,

---

〔3〕 参见赵群：《非法人团体作为第三民事主体问题的研究》，载《中国法学》1999 年第 1 期。

〔4〕 《德汉词典》编写组：《德汉词典》，上海译文出版社 1983 年版，第 1318 页。

〔5〕 参见吴锦良：《合作主义与公共政策制定——以德国为例》，载《中共杭州市委党校学报》2005 年第 2 期。

〔6〕 参见［荷兰］埃弗尔特·阿尔科马：《结社自由与市民社会》，毕小青译，载《环球法律评论》2002 年第 2 期。

〔7〕 参见王名、李勇、黄浩明：《德国非营利组织》，清华大学出版社 2006 年版，第 59 页。

〔8〕 《德国民法典》第 705 条及以下数条。

〔9〕 参见《德汉词典》编写组：《德汉词典》，上海译文出版社 1983 年版，第 496 页。

finden die Vorschriften über die Gesellschaft Anwendung)。在该款中，如同在《德国基本法》第 9 条第 1 款中一样，也同时出现了 Verein 和 Gesellschaft，立法者要求，对于 Verein，适用就 Gesellschaft 制定的规则。等于说，就精神性的社团，适用就经济性的合伙制定的规则。经济性合伙的规定见诸《德国民法典》第 705—740 条。它们规定合伙合同、合伙人的出资、合伙事务的执行、合伙人的责任等内容。〔10〕

从制定的目的来看，《德国民法典》第 54 条主要针对各种雇主联合会、工会、政党等精神团体而设，对于它们，适用关于合伙的规定。这样的安排对上述组织体的成员不利。他们的组织体因此无团体人格，所以行为人必须亲自负责。例如，组织体虽有自己的银行账户，但取款时必须全体成员到场，极为不便。这样的苛求出自立法者的蓄意安排：促使受不了的非法人组织的成员尽快取得权利能力，完成各种登记手续。如果受不了这样的折腾，就赶紧解散。〔11〕 但这一规定产生了歪打正着的效果，上述组织体宁愿放弃权利能力也不愿受政府的监管，无权利能力的社团制度成了它们存在的合法依据。〔12〕

第 54 条的意外适用效果是制定《德国民法典》时，有效的 1871 年《德意志帝国宪法》不承认结社自由的结果。该宪法受制于当时的专制条件，规定的公民权利寡少，只在“帝国立法权”的名头下规定了迁徙自由权和居住自由权（第 4 条）。〔13〕《德国民法典》第 54 条有限地承认了结社自由，当时起到了宪法这方面的规定的作用。

到了 1919 年，情况发生了改变，是年制定的《魏玛宪法》第 124 条明确了公民的结社权。其辞曰：(1)德国人民，其目的若不违背刑法，有组织社团(Verein)及法团(Gesellschaft)之权。此项权利不得以预防方法限制之。(2)宗教上之社团及法团，得适用本条规定。(3)社团得依据民法规定，获得权利能力。此项权利能力之获得，不能因该社团为求达其政治上、社会上、宗教上目的而拒绝之。〔14〕 不难看出该条第 3 款对《德国民法典》第 54 条的矫正意义。它要求广泛地赋予社团权利能力，不许搞无权利能力社团。而且，该条也把结社的“社”分

---

〔10〕 参见《德国民法典》（第 2 版），陈卫佐译，法律出版社 2006 年版，第 292 页及以次。

〔11〕 参见［德］迪特尔·梅迪库斯：《德国民法总论》，邵建东译，法律出版社 2000 年版，第 853 页。

〔12〕 参见［德］迪特尔·梅迪库斯：《德国民法总论》，邵建东译，法律出版社 2000 年版，第 854 页。

〔13〕 参见法学教材编辑部《外国法制史》编写组：《外国法制史资料选编》（下册），北京大学出版社 1982 年版，第 660 页。

〔14〕 参见姜士林、陈玮主编：《世界宪法大全》（上卷），中国广播电视出版社 1989 年版，第 733 页。

为精神性的和经济性的,Verein 指精神性的社团。应该说,1949 年的《德国基本法》采用同样的处理,是受了《魏玛宪法》的影响。

《德国民法典》第 21 条还以非经济社团(Nicht Wirtschaftlicher Verein)的术语指称经登记取得权利能力的精神性的社团。其辞曰:非以经济上的营业经营为目的的社团,因登记于有管辖权的区法院的登记簿取得权利能力。[15] 这种社团的例子是唱歌者协会(Gesangverein)、运动协会(Sportverein)、慈善协会(Wohltätigkeitsverein)。[16] 前者是世俗歌曲演唱爱好者的组织,通常维持至少一个交响乐队;[17] 中者是各单项运动的爱好者组成的团体,如篮球协会、足球协会、拳击协会;[18] 后者是一个犹太人的互助组织。[19]

与非经济社团对立的是第 22 条规定的经济社团(Wirtschaftlicher Verein)。该条辞曰:在无特别的联邦法律规定的情况下,以经济上的营业经营为目的的社团因国家的授予取得权利能力。[20] 这种社团的例子有:丧葬基金(Sterbekasse)、医疗费清算中心(Ärztliche Verrechnungsstelle)、住宅建造合作社(Wohnungsbauverein)。[21] 前者是特定行业、特定地方的人组成的互保协会,汇聚的资金主要用来支付会员的葬礼费用;[22] 中者是全科医生、牙医和资深住院医生组成的协会,帮助医生办理与保险公司间的医疗账单结算,并为病人接受的自费医疗部分按照法定的费率提供发票;[23] 后者由需要住宅的成员组成,成员要缴纳一定的会金,然后以合作社的名义取得国家的各种优惠或资助,建成的住房归合作社所有,会员享有终身使用权,以此免受普通商品房的高价。[24]

不难看出,第 21 条和第 22 条规定的都是为其成员谋利益的组织。前者规

---

〔15〕 参见《德国民法典》(第 2 版),陈卫佐译,法律出版社 2006 年版,第 10 ~ 11 页。

〔16〕 Vgl. Anett Zimmer, "Grundformen Organisierter Interessen: Vereine", FernUniversität in Hagen, 2006, S. 15.

〔17〕 Vgl. Eintrag von Gesangverein, https://de.wikipedia.org/wiki/Gesangverein, Feb. 12, 2020.

〔18〕 Vgl. Eintrag von Sportverein, https://de.wikipedia.org/wiki/Sportverein, Feb. 12, 2020.

〔19〕 Vgl. Eintrag von Wohltätigkeitsverein, https://de.wikipedia.org/wiki/Wohltätigkeit sverein, Feb. 12, 2020.

〔20〕 参见《德国民法典》(第 2 版),陈卫佐译,法律出版社 2006 年版,第 12 页。

〔21〕 Vgl. Anett Zimmer, "Grundformen Organisierter Interessen: Vereine", FernUniversität in Hagen, 2006, S. 15.

〔22〕 Vgl. Eintrag von Sterbekasse, https://de.wikipedia.org/wiki/Sterbekasse, Feb. 12, 2020.

〔23〕 Vgl. Eintrag von Privatärztliche Verrechnungsstelle, https://de.wikipedia.org/wiki/Privatärztliche Verrechnungsstelle, Feb. 12, 2020.

〔24〕 参见冒天启、张荣刚:《市场经济运行与管理大全》,经济管理出版社 1994 年版,第 455 页。

定的组织不涉足经济活动，后者规定的组织虽然涉足经济活动，所以冠有“经济”之名，但无营利目的，仅有共益目的。

由上可见，无权利能力社团与非经济社团都是精神结社，功能重合，区别在于后者经登记取得法人资格，从而具有权利能力。经济社团的建立并非为满足精神追求，而是为了满足物质追求，此等物质追求即对于成员的疾病、死亡、居住等的保障。三者的共性是不营利。所以，把不营利作为 Verein 的基本特征，是无问题的。一旦营利，就用另外的术语来指称了。在德国法上，人合公司也是无权利能力社团。[25] 其例子有无限公司和合伙。这样的组织体用 Gesellschaft 一词指称。

由上可见，德国法上的无权利能力社团分为精神结社性的和经济结社性的，我国《民法典》规定的非法人组织都属于经济结社，《德国民法典》第 54 条规定的是精神性结社，所以，把《德国民法典》第 54 条规定的无权利能力社团说成我国的非法人组织的起源是错误的。

四、《民法典》规定的非法人组织制度与意大利法上的类似制度比较

我国的非法人组织制度的研究者也认为该制度以意大利法上的未受承认的社团为本源，[26] 确否？

《意大利民法典》第 36 条及以下数条规定的未受承认的社团（Associazioni non riconosciute）是旨在实现经济的或非经济的目的，尚未获得或已要求国家承认的主体和财产的组织性集合。[27] 这个定义把未受承认的社团看作主体（包括自然人和法人）和财产的组合。它们要么未获得国家承认，而且也无谋求此等承认的意图；要么已要求此等承认，但尚未得到。它们的目的有经济和非经济两类。要注意的是，经济目的并不等于营利目的，后者意指把赚得的钱分给会员，如果赚钱而不分，则经济目的就与营利目的分开了。基于曾有过的民商分立做法，[28] 意大利民法上的社团（严格说来是协会）必须都是非营利的，得到承认的

---

〔25〕 参见夏平：《法人分支机构的法律地位与责任承担——以民法总则第 74 条为考察重点》，载《西部法律评论》2019 年第 4 期。

〔26〕 参见陆琳：《非法人团体民事法律地位之比较法考察》，载《法制与社会》2013 年第 11 期。

〔27〕 Cfr. Anna Scotti et. al. Diritto civile：Istituzioni di Diritto private，V Edizione，Edizione Simone，1993，p. 89.

〔28〕 意大利于 1861 年统一后，除了制定 1865 年民法典外，还于同年制定了商法典。

社团和未受承认的社团，都是如此。[29] 此乃因为社团是满足人们的精神追求的法律工具。营利的社团归商法典调整。1942 年《意大利民法典》尽管实现了民商合一，社团必须不营利的传统仍保留下来。非营利目的有政治目的、精神目的。具有这样目的的社团有政党、工会、运动俱乐部等。[30] “尚未获得国家承认”指不被承认为法人，[31] 所以又称事实上的实体(Enti de fatto)。[32] 学说认为，非法人组织具有较弱人格(Personalità attenuata)，也就是具有无人格的主体性。它们是集体性的主体，具有有限的权利能力和不完全的财产自治。那么，法律人格与法律主体性的区别何在？前者只授予具有完全的财产自治者，后者仅意味着形成一个以义务和权利为内容的利益中心，此等义务和权利有别于其成员的义务和权利。[33]

未受承认社团须具备：(1)社团型的内部组织，如全体成员大会；(2)共同的财产；(3)非营利目的；(4)对外开放，即可吸收新成员。[34] 第一个要素由结社协议体现，这是一个主要规定未受承认社团成员的权利义务的章程。[35] 第二个要素由未受承认社团的成员缴纳的会费以及用此等会费购买的物品体现。在组织存续期间，此等财产不得分割、退还。此等财产用来承担组织的债务，不足以承担的，组织成员承担连带责任。[36] 此等连带责任是未受承认社团的不完全的财产自治的体现。第三个要素的达成应如此理解：不以共同活动实现营利并把此等营利在成员间分配。例如，兴农会(Associazioni tra agricoltori per incremento di attività agricole)允许个体农民利用社团的架构和共同服务并分担成本，但此

---

〔29〕 Cfr. Federico del Giudice, Nuovo Dizionario Giuridico, Napoli, Edizione Simone, 1998, p. 108.

〔30〕 Cfr. Anna Scotti et. al. Diritto civile: Istituzioni di Diritto private, V Edizione, Edizione Simone, 1993, p. 90.

〔31〕 Cfr. C. Massimo Bianca, Guido Patti, Salvatore Patti, Lessico di Diritto Civile, Giuffrè, Milano, 2001, p. 65.

〔32〕 Cfr. Anna Scotti et. al. Diritto civile: Istituzioni di Diritto private, V Edizione, Edizione Simone, 1993, p. 89.

〔33〕 Cfr. Anna Scotti et. al. Diritto civile: Istituzioni di Diritto private, V Edizione, Edizione Simone, 1993, p. 90.

〔34〕 Cfr. Anna Scotti et. al. Diritto civile: Istituzioni di Diritto private, V Edizione, Edizione Simone, 1993, p. 90.

〔35〕《意大利民法典》第 36 条，参见《意大利民法典》，费安玲等译，中国政法大学出版社 2004 年版，第 18 页。

〔36〕《意大利民法典》第 37 条，参见《意大利民法典》，费安玲等译，中国政法大学出版社 2004 年版，第 18 页。

等利益归属于为此等利用的农民本人。如此，兴农会尽管从事了经济活动，但并未从事营利活动。[37] 第四个要素由未受承认社团的章程体现。它具有开放性，凡是同意它的人都可加入。这个要素最为我国的非法人组织研究者忽视，所以有把"家"当作非法人组织的一个类型的言论，[38] 而"家"最缺乏第四个要素。

意大利之所以不采用无权利能力社团的德国式表述，原因可能是该国的未受承认的社团具有一定的权利能力：(1)民事诉讼能力；(2)取得不动产的能力，组织可被登记为不动产所有人；(3)受赠与能力；(4)死因继承能力。[39]

综上所述，我国学界把意大利的未受承认的社团说成我国的非法人组织的起源不符合事实。一是因为该国的有关社团不营利，二是因为该国的有关社团有全体成员大会。

五、《民法典》规定的非法人组织与其他四国的类似制度的比较

至此可知，德、意未用非法人组织的表述，原因何在？在于非法人组织是个消极概念，它未说明非法人组织是什么，只是说了它不是什么——不是法人。或曰它是个剩余概念，既不属于法人，也不属于个人的主体(组织)都可归入之。所以，它在我国曾被称为"其他组织"。[40] 由于非法人组织表述的外延过于宽泛，各国避用之。他们都抓住自己言说的那部分非法人组织的某个积极属性命名对象，由此使用积极概念。德国注重无权利能力，意大利注重未受承认。还有四个国家以自己的方式消解非法人组织概念的消极性。

(一)法国

《法国民法典》诞生时未规定法人制度。1901 年的《关于结社合同的法律》补充规定了社团法人。其第 1 条把结社合同定义为"两个或更多的人达成的以持续的方式为分割营利以外的目的共享自己的知识或活动的协议"。此条旗帜鲜明地把非营利目的当作社团的根本特征。此类社团有三。其一，经申报的社

---

〔37〕 Cfr. C. Massimo Bianca, Guido Patti, Salvatore Patti, Lessico di Diritto Civile, Giuffrè, Milano, 2001, p. 384.

〔38〕 第一篇研究非法人组织的博士论文的作者石碧波就这样做。参见石碧波：《非法人团体研究》，法律出版社 2009 年版，第 290 页及以次。

〔39〕 Cfr. C. Massimo Bianca, Guido Patti, Salvatore Patti, Lessico di Diritto Civile, Giuffrè, Milano, 2001, p. 65.

〔40〕 参见柳经纬：《"其他组织"及其主体地位问题——以民法总则的制定为视角》，载《法制与社会发展》2016 年第 4 期。

团(Les associations déclarées),所谓的申报,即在官方公报上公示,创立人得到申报的收据即完成了申报,社团取得权利能力。[41] 其二,基于公共利益承认的社团。由于其活动关涉公共利益,它们被授予较大的权利能力,但作为代价,要承受公共当局的严格控制。[42] 其三,未经申报的社团(Les associations non déclarées),又称事实上的社团。它们是由不愿完成申报手续的自然人或法人组成的团体,由于未申报,不享有权利能力。这个类型相当于我国的非法人组织。它承受不能以自己的名义承担权利义务,其实施的行为被认为是其成员的行为的不便,并因此不能开设自己的银行账户、缔结租赁合同、成为财产所有人、接受公共补贴、接受赠与,招揽赠与或遗赠,也不能要求批准,但享有设立、运作和解散不要求任何手续、其成员可以自由选择其运作规则或组织规则、不得被诉的便利。[43]

(二)俄罗斯

《俄罗斯联邦民法典》规定了非商业组织,即“不以营利为其活动基本目的,也不在其参加者中分配利润的法人”[44];包括消费合作社、社会团体和宗教团体、基金会、法人的联合组织。其中的社会团体和宗教团体被定性为公民“为满足精神需要和其他非物质需要按法定程序成立的自愿联合组织”(第171条第1款)。[45] 社会团体包括政党。[46] 法人的联合组织包括工会联合会。[47]

俄罗斯还制定了《非商业组织法》。[48] 其第2条规定:(1)非商业组织是不将利润提取作为其活动主要目标,不分配参与者获得的利润的组织;(2)非商业

---

〔41〕 Voir la voix de l' associations déclarées, https://www. associations. gouv. fr/1 – association – declaree. html, July 15, 2018.

〔42〕 Voir la voix de l' associations reconnue d' utilité publique, https://www. associations. gouv. fr/1 – association – reconnue – d – utilite – publique. html, July 15, 2018.

〔43〕 Voir la voix de l' associations non déclarées, https://associations. gouv. fr/1080 – association – non declaree. html, July 15, 2018.

〔44〕 参见[俄] E. A. 苏哈诺夫主编:《民法》(第1卷),黄道秀译,中国政法大学出版社2011年版,第226页。

〔45〕 参见《俄罗斯联邦民法典》,黄道秀译,北京大学出版社2007年版,第81页。

〔46〕 参见[俄] E. A. 苏哈诺夫主编,《民法》(第1卷),黄道秀译,中国政法大学出版社2011年版,第245页。

〔47〕 参见[俄] E. A. 苏哈诺夫主编,《民法》(第1卷),黄道秀译,中国政法大学出版社2011年版,第241页。

〔48〕 参见[俄] E. A. 苏哈诺夫主编,《民法》(第1卷),黄道秀译,中国政法大学出版社2011年版,第253页。

组织可以为实现社会、慈善、文化、教育、科技和管理的目的创建，以保护公民的健康、体育文化和体育的发展、满足公民的精神等非物质需求的权利，保护公民和组织的合法权益，解决争端和冲突，提供法律援助以及旨在提供公共产品的其他目的；(3)非商业组织的创建，可以是社会或宗教组织、非商业性的合作伙伴关系、机构、自主非商业组织、法人的联合组织、慈善基金会、联邦法律规定的其他形式。[49]

该条第1款揭示了非商业组织的非营利目的；第2款揭示了非营利目的的不同类型；第3款揭示了非商业组织的不同类型。

第3条规定，非商业组织是法人，需要登记。[50] 这样的安排与其他国家不要求同类组织都登记、不都赋予其法人资格不同，表明了俄罗斯对待非营利组织的管制主义立场。正因如此，该国不以“无权利能力”“未受承认”“不登记”之类的定语修饰“组织”，而采用“非商业”的修饰语。

(三)阿根廷

旧《阿根廷民法典》(1869年)规定的“无作为法人的法律存在的社团”相当于我国的非法人组织，其第46条规定：“无作为法人的法律存在的社团，应根据其设立的宗旨而视为单纯的民事或宗教社团。只要其职权机构的设立和委任能通过公证书或由公证员证明的有效私文书予以证实，此等社团就是权利主体。在相反情形下，社团的所有设立人及其管理人员对社团的行为承担连带责任。民事合伙规范补充适用于本条所指的社团。”[51]其第47条规定：“如果机构的依法核准是在其设立之后获得，则其作为法人的合法存在，其效力追溯至设立之时。”[52]

根据这两条，阿根廷的非法人组织无须“依法核准”即登记，以公证书证明其设立即可导致它获得权利主体资格，由此，设立人和管理人对非法人组织的行为不承担连带责任。只有在无公证文书证明非法人组织的设立的情况下，他们才要对非法人组织的行为承担连带责任。所以，阿根廷的非法人组织有设立人承担有限责任和无限责任两种情况：前种情况下的非法人组织是权利主体；后种情况下的非法人组织则否，但后者也可转化为前者，其途径是取得“依法核准”，

---

〔49〕 该法律的俄文本载 https://rg.ru/1996/01/24/nko-dok.html，2018年7月24日最后访问。

〔50〕 该法律的俄文本载 https://rg.ru/1996/01/24/nko-dok.html，2018年7月24日最后访问。

〔51〕 《最新阿根廷共和国民法典》，徐涤宇译注，法律出版社2007年版，第18页。译文有改动。

〔52〕 《最新阿根廷共和国民法典》，徐涤宇译注，法律出版社2007年版，第18页。

此等核准具有溯及力。

为何对于前种情况下的非法人组织不要求登记却赋予其权利主体资格？旧《阿根廷民法典》的作者萨尔斯菲尔德（Dalmacio Velez Sarsfield，1800—1875年）在为上述第46条做出的注释中说，本条留给了个人组成他们需要的社团的自由……他们无须像罗马法和西班牙法一样事先获得公共当局的许可……〔53〕此语告诉了我们非法人组织是满足人民的结社自由需要的法律工具。之所以不要求其成员取得办理登记，是为了让他们更有效率地达成其目的。〔54〕此等目的者何？第46条列举了“民事”和“宗教”两种。在对该条的注释中，萨尔斯菲尔德把“民事”目的具体化为“慈善性的或工业性的”。显然，宗教的、慈善的目的具有非营利性质，工业性的目的可能具有营利性。从量的比较来看，还是从事非营利活动的非法人组织多。学者解释的非法人组织的活动范围是：社交俱乐部、运动俱乐部、文学社、音乐社、圈子、社团、女工社团等。〔55〕一句话，都是非生产组织。

2014年的《阿根廷国民民商法典》继承了旧民法典规定的非法人组织制度，但放弃了“无作为法人的法律存在的社团”的啰唆用语，改采“单纯社团”的用语。第187条及以下数条在私法人的框架内对其做了规定。按照《阿根廷国民民商法典》第148条规定，私法人包括公司、民事社团、单纯社团、基金会、教会和其他宗教组织、合会、合作社、业主委员会、其他。〔56〕据此，单纯社团的地位是法人，与旧民法典把部分单纯社团不看作法人不同。那么，什么是《阿根廷国民民商法典》理解的法人？其第143条规定：（1）法人具有不同于其成员的人格；（2）成员不对法人的债务负责，但本题（关于法人的题）及特别法有明示规定的情形除外。〔57〕该条第2款放宽了法人的有限责任要件，从而也放宽了其拥有独立财产的要件，为把旧民法典规定的“无作为法人的法律存在的社团”改为“法人”开道。所以，该法典的第189条明确规定：单纯社团按照其设立文件表明的

〔53〕 Véase Codigo Civil de la Republica Argentina, Zavalia, Buenos Aires, 1990, p. 24.

〔54〕 Véase A. Guillermo Borda, Tratado de derecho civil – Parte generale, Tomo I, Abeledo – Perrote, 1999, p. 615.

〔55〕 Véase A. Guillermo Borda, Manual de derecho civil – Parte generale, Editorial Perrote, Buenos Aires, 1996, p. 347.

〔56〕 Véase Codigo civil y comercial de la nación, Ministerio de Justicia y Derechos Humanos, Buenos Aires, 2014, pp. 30 – 31.

〔57〕 Véase Codigo civil y comercial de la nación, Ministerio de Justicia y Derechos Humanos, Buenos Aires, 2014, p. 30.

日期开始作为法人存在。[58] 尽管这种社团在破产的情形下需要管理人对其债务承担连带责任(第 191 条),尽管这种社团并不需要登记,仅凭公文书或设立人签名的经公证的私文书就可设立(第 187 条)。

(四)秘鲁

秘鲁法上的“不登记之社团”(Asociación no inscrito)类似于我国的非法人组织,它是自然人或法人或两者兼有、出于非营利目的结成的、但未完成登记手续的团体。这个定义来自《秘鲁民法典》第 80 条:自然人或法人或两者兼有组成的组织,它通过共同的行为追求非营利目的,[59] 只不过加上了“但未完成登记的手续”的文句。所以,不登记之社团要适用社团的一般规定。按《秘鲁民法典》第 77 条的规定,私法人的存在,始于在相应的登记簿登记之日,法律有不同规定的除外。既然事实上的社团未经登记,它就不具有法人资格,但并非毫无主体资格。秘鲁的学说认为,事实上的社团是自然人和法人之间的一种中间状态,它具有法律上的主体性(Subjectividad jurídica),可作为积极或消极法律情势的归属中心。这种主体性独立于其成员的主体资格,体现为有自己的名称、住所、目的。它与已登记的社团的区别在于,后者具有完全的财产自治,它只有不完全的财产自治。[60] 不完全的财产自治意味着当社团的财产不足以清偿其债务时,成员要以自己的财产承担补充责任。

登记之社团也好,不登记之社团也好,都是对《秘鲁宪法》第 2 条第 13 款的规定的落实:作为一项基本权利,人人可以非经事先批准,但根据法律的规则结社并设立各种形式的非营利法律组织,此等组织不可以行政决定解散。[61]

六、《民法典》规定的非法人组织的真正源头

我认为,《民法典》规定的非法人组织的真正的源头,首先是长期在我国流行的商品经济的民法观。它从改革开放以来“统治”我国,它把民法看作单纯的调整市场关系的法律工具,忽略了它还具有满足国民的精神需要、结社需要的功

---

〔58〕 Véase Codigo civil y comercial de la nación, Ministerio de Justicia y Derechos Humanos, Buenos Aires, 2014, p. 38.

〔59〕 参见《秘鲁共和国新民法典》,徐涤宇译,北京大学出版社 2017 年版,第 20 页。

〔60〕 Véase Leccion N. 13, Asociación, Fundación y Comité non Inscritos, Universidad José Carlos Mariategui, p. 42.

〔61〕 Véase Javier de Belaunde L. de R. Beatriz Parodi Luna, Marco Legal del Sector Privado Sin Fines de Lucro en Peru', En Apuntes, 43, Segundo Semestre 1998, p. 20.

能,由此把非法人组织朝着市场交易的主体的方向塑造。《民法通则》把合伙规定在民事主体部分,它是2017年的《民法总则》规定非法人组织的出发点。《民法总则》不过是把合伙下降为属概念,在它上面加上非法人组织的种概念,并加上了个人独资企业、不具有法人资格的专业服务机构两个属概念而已,基本的精神是把非法人组织看作另一类市场主体。这一点,贾桂茹等著的《市场交易的第三主体:非法人团体研究》一书[62]的名称就揭示得很清楚。该书把非法人组织与非法人企业画等号,展开论述了合伙与企业法人的分支机构两种非法人企业的形式。尽管该书也提到《德国民法典》第54条是非法人组织的源头,但对该条调整精神结社的意旨一无所知。[63] 石碧波的《非法人团体研究》是这方面的第一本博士论著,该书几乎把非法人组织与非法人企业画等号,只不过加了"无权利能力财团""家"作为新类型。[64] 直到目前,我国研究非法人组织的论文基本还是沿着这一方向前进。2020年2月14日,我以"非法人"为检索词在知网进行篇名检索,得文章39篇。在2017年3月15日《民法总则》颁布前发表的有36篇,本文只考察它们,因为它们是决定《民法总则》的制定者对非法人组织制度理解的学术资源。结果是:它们大都主要把非法人组织当作市场主体,只有两篇论文除外。第一篇把精神结社当作非法人组织的类型,它们有老乡会、同学会、电影协会、合唱团、消费者协会、信教团体等。[65] 第二篇把工会当作非法人组织的一种类型。[66] 两文是我在知网上见到的为数不多的正确理解《德国民法典》第54条之含义的文献,都出自北京大学教师之手,具有应有的水平。尽管如此,对非法人组织的精神结社的理解与第三市场交易主体的理解的比例是36∶2或18∶1,前种理解处于弱势。李昊的论文《我国民法总则非法人团体的制度设计》详细介绍了我国主要民法教科书和民法典草案学者建议稿对非法人组织的看法:此等组织分为非法人企业、非法人经营体、非法人非营利团体三个子类型,以经济结社为绝对多数。[67] 在这样的学术背景下,《民法总则》把非法人

---

〔62〕 参见贾桂茹等:《市场交易的第三主体:非法人团体研究》,贵州人民出版社1995年版。

〔63〕 参见贾桂茹等:《市场交易的第三主体:非法人团体研究》,贵州人民出版社1995年版,第4页。

〔64〕 参见石碧波:《非法人团体研究》,法律出版社2009年版。

〔65〕 参见刘哲玮:《非法人团体民事主体资格刍论》,载《新疆社会科学》2005年第5期。

〔66〕 参见李文涛、高维佳、高波:《非法人社团的财产权——以工会的独立财产权为中心》,载《中国劳动关系学院学报》2012年第3期。

〔67〕 参见李昊:《我国民法总则非法人团体的制度设计》,载《暨南学报》(哲学社会科学版)2015年第12期。

组织主要理解为市场主体是必然的。

其次的源头是最高人民法院 1992 年《关于适用〈中华人民共和国民事诉讼法〉若干问题的意见》。其第 40 条规定如下实体属于 1991 年《民事诉讼法》第 49 条规定的“其他组织”[68]：(1)依法登记领取营业执照的私营独资企业、合伙组织；(2)依法登记领取营业执照的合伙型联营企业；(3)依法登记领取我国营业执照的中外合作经营企业、外资企业；(4)经民政部门核准登记领取社会团体登记证的社会团体；(5)法人依法设立并领取营业执照的分支机构；(6)中国人民银行、各专业银行设在各地的分支机构；(7)中国人民保险公司设在各地的分支机构；(8)经核准登记领取营业执照的乡镇、街道、村办企业；(9)符合本条规定条件的其他组织。上述除了(9)以外被罗列的 8 类其他组织可大别为营利的和非营利的两类。除了(4)，都是营利的。

最高人民法院在一个关于民事诉讼法的司法解释中把两种不同性质的“其他组织”一并规定，有其理由，因为民事诉讼法并不关心不同类型非法人组织的特性，仅关心它们能否作为个体起诉、应诉。法人制度本是为了满足诉讼便利的需要打造的。因为如果无独立于成员的人格，组织体的所有成员都要出庭当原告或被告，法庭容纳不下。所以，立法者要创立法人制度解决这个问题。对于不具有法人资格的组织体，让其全体成员出庭也不可能，所以，《民事诉讼法》第 49 条[69]允许其他组织由其主要负责人代表进行诉讼。从民法的角度看，非法人组织有精神结社和经济结社两种类型，但从民事诉讼法的角度看，它们在不能全体成员出庭上了无区别，所以对它们一并规定。由于最高人民法院也受到商品经济的民法观的影响，所以，它在列举其他组织的类型时，也是以经济结社为主，以精神结社为辅。

鉴于最高人民法院的权威地位，其司法解释产生了很大影响。首先是对民法典学者建议稿的影响。梁慧星主持的《中国民法典草案建议稿》按照其路径规定了“非法人团体”，其第 90 条把非法人团体分为营利的与不营利的两种类型，以营利的为先。[70] 该建议稿的 6 个条文大多转化为《民法总则》的相应条文。它对作为非法人组织类型的独资企业和合伙企业的列举显然来自这一司法

---

[68]　“其他组织”是我国立法上的“非法人组织”的前身。《民法总则》一审稿(2015 年 8 月 28 日室内稿)使用“其他组织”概念。2016 年 7 月 5 日公布的《民法总则》二审稿开始改为采用非法人组织概念，这种情况一直维持到《民法总则》颁布。

[69]　经过修改，现已变成 2017 年《民事诉讼法》第 48 条。

[70]　参见梁慧星主编：《中国民法典草案建议稿》，法律出版社 2003 年版，第 18 页。

解释。可惜未列举非营利性的类型。另外，杨立新主持的《中国民法总则（草案）建议稿》采用的非法人团体制度尽管未完全按最高人民法院的上述司法解释规定，但其第 115 条在“其他组织的界定”的条名下基本重复罗列了该司法解释罗列的其他组织的类型，不过加上了依法成立的业主委员会、村民委员会、居民委员会的类型而已。[71] 完全采用了最高人民法院有关民事诉讼法司法解释的立场。

综上所述，《民法典》按市场主体的含义规定非法人组织，既有商品经济民法观的思想原因，也有最高人民法院有关司法解释的制度原因。

七、六国民法中关于精神结社的制度的中国法对应物寻找

实际上，六国民法中关于精神结社的制度的中国法对应物包含在《民法典》第 87 条中：（1）为公益目的或者其他非营利目的成立，不向出资人、设立人或者会员分配所取得利润的法人，为非营利法人；（2）非营利法人包括事业单位、社会团体、基金会、社会服务机构等。第 2 款中的非营利的“社会团体”就是六国民法中关于精神结社的制度的中国法对应物。

什么是这样的非营利的“社会团体”？1998 年 9 月 25 日通过的《社会团体登记管理条例》第 2 条第 1 款规定：“本条例所称社会团体，是指中国公民自愿组成，为实现会员共同意愿，按照其章程开展活动的非营利性社会组织。”该款明确了社会团体的非营利性，与六国相应立法的规定完全对应。

但我国规定与六国关于精神社团立法的规定的区别在于《社会团体登记管理条例》第 3 条：（1）成立社会团体，应当经其业务主管单位审查同意，并依照本条例的规定进行登记；（2）社会团体应当具备法人条件。依此条，我国的非营利社团通常都要登记。既经登记，便为法人，所以，多数我国的非营利社团都成为《民法典》第 87 条规定的非营利法人。所以，我国的精神结社团体不是非法人组织。

但《社会团体登记管理条例》第 3 条第 3 款豁免以下团体的登记义务：（1）参加中国人民政治协商会议的人民团体；（2）由国务院机构编制管理机关核定，并经国务院批准免于登记的团体；（3）机关、团体、企业事业单位内部经本单位批准成立、在本单位内部活动的团体。符合第 1 项的人民团体有：中华全国总

---

〔71〕 参见杨立新：《中华人民共和国民法总则（草案）建议稿》，载《河南财经政法大学学报》2015 年第 2 期。

工会、中国共产主义共青团、中华妇女联合会、中国科学技术协会、中华全国归国华侨联合会、中华全国台胞联谊会、中华全国青年联合会、中华全国工商业联合会。符合第2项的团体有：中国文学艺术界联合会、中国作家协会、全国新闻工作者协会、中国人民对外友好协会、中国人民外交学会、中国国际贸易促进委员会、中国残疾人联合会、宋庆龄基金会、中国法学会、中国红十字会总会、中国职工思想政治工作研究会、欧美同学会、黄埔军校同学会、中华职业教育社。上述团体取得法人资格并非由于登记，而是由于国家特许。

但第3项规定的内部团体，如在大学里大量存在的学生社团不是法人，属于非营利的非法人组织。它们的设立也要遵循一定的程序。根据《厦门大学学生社团成立条例》，学生社团联合会负责社团成立的审批。社团的发起人必须有15名以上，他们须分属不同的院系和年级。发起人要提交：(1)成立申请书(包括成立背景、活动宗旨、发展目标)；(2)主要发起人简介；(3)不少于15人的社团发起人签名；(4)挂靠学院党委意见或校团委意见；(5)指导老师意见及资料；(6)年度工作计划书；(7)社团长远发展规划；(8)社团章程。经批准成立的社团必须到社团联合会办公室办理注册登记，经社团联合会公示后即正式成立。然后社团可以刻印章，其活动经费由厦门大学提供，所以，不以成员缴纳的会费为其经费来源。

与上述内部团体接近的有准内部团体，如各个大学都有校友办管理遍布全国的、以省或市为单位设立的地方校友会，但这些校友会组织的大部分活动不受母校控制，属于自治的社团。当然，也有一些地方校友会在当地民政局登记，如广东省西南政法大学校友会。

八、结论

非法人组织有精神结社和经济结社两种类型，两者从民事诉讼法的角度看了无区别，而从民法的角度看区别颇大。因为如果民法把精神结社纳入了自己的范围，意味着它不把自己的任务限于财产关系和家庭关系的调整，而是负有落实宪法规定的结社自由的使命。结社自由是对人的社会性的保障。社会性通过团体生活实现。人无时不生活在团体中。家是人最早的从属团体，此为首属群体，即通过直接的面对面交往结成的群体。它规模小、成员关系密切、互动经常、成员全体个性投入。[72] 但成员对从属哪个家基本无可选择。次属群体更好地体现了人的社会性,它规模较大、成员互动较少、为实现特定目标结成。[73] 更重要的是,人们可选择入社退社。可以说,结社自由为国民建构次属群体提供了制度保障。本文考察的德国、意大利以及其他四国民法是认为自己负有落实结社自由的使命的,并主要以非法人组织制度落实这一使命。我国《民法典》并不否认自己负有同样的使命,但把它放在非营利法人制度中处理,而且落墨很少,只有"社会团体"4 个字。至于非法人组织制度,则用来规定经济结社。这样的安排,提高了精神结社的门槛,因为非法人组织要符合法人的条件并经受为此目的的审查,这些条件有:有自己相对独立的财产、有自己的负责人,而且要登记,这些条件已与企业法人的条件很少区别,而唯一的区别是非法人组织的成员在组织的财产不足以偿债时要承担无限责任。由于意大利、俄罗斯等国承认无限公司的法人资格,按这一标准,非法人组织也是法人。从根本来看,我国《民法典》中的非法人制度与六国民法中类似制度的不同使命承担体现了对民法功能的两种理解。自第四次民法典起草以来,我国民法学界和立法日益摆脱商品经济的民法观,表现为亲属法回归民法典、人格权规定扩容以及独立成编等,但在民事主体制度方面,还习惯于从市场主体的角度考虑问题,造成了对非法人组织制度的第二企业法人处理,其合理性值得省思,至少其规定与关于营利法人的多数规定的重复是不合理的。

周江洪教授讲得好:民法中的人法,不单单解决确立市场交易主体的问题,更是要解决组织市民社会的问题。[74] 因为民法就是市民社会的法,市民社会是由"各种独立的、自主的社团组成的多元的社会"[75]。换言之,市民社会就是人为社会(人们从属于各种次属群体的社会),对立于自然社会(人们主要从属于首属群体的社会)。在认识到民法具有保障结社自由功能的国家,如德国,其市民社会化的程度高于我国。例如,2011 年的德国有 8000 万人口,全国却有 580,298 个注册非法人组织(7 人以下不必注册),每 137 人就有一个注册协会,没有注册的非法人组织也有 50 万个,民间组织人口比是 1∶75。相反,我国的人

---

〔72〕 参见徐经泽主编、杨善民副主编:《社会学概论》,山东大学出版社 1991 年版,第 198 页及以次。

〔73〕 参见徐经泽主编、杨善民副主编:《社会学概论》,山东大学出版社 1991 年版,第 201 页。

〔74〕 参见周江洪:《日本非营利法人制度改革及其对我国的启示》,载《浙江学刊》2008 年第 6 期。

〔75〕 参见黄辉:《以社会制约权力——罗伯特人·达尔的民主新视角》,载《东莞理工学院学报》2005 年第 6 期。

口比是1∶5400。两国的差距颇大。[76] 我国市民社会化的滞后，与我国民法理论和民事立法基本未认识到民法应具有满足人民的精神需要的法律制度板块不无关系。可以说，民法主要有三域：第一域是财产关系；第二域是家庭关系；第三域是结社关系。第一域满足人的物质需要；第二域满足人的感情和繁衍后代的需要；第三域满足人的再社会化需要。所谓再社会化，就是超越家庭的社会化，为此结成各种可大别为两类的团体：一类是经济团体，这类我国民法理论和民事立法充分考虑到了；另一类是精神团体，其最大特点是追求非经济目的且可以自由加入和退出。这类比较遭到我国民法理论和民事立法的忽视，相信随着时间的推移，这种忽视的情况会得到改善。

〔76〕 参见王名、李勇、黄浩明：《德国非营利组织》，清华大学出版社2006年版，第29页。

中国《民法典》应保留《婚姻法》禁止一些疾病患者结婚的规定*

一、问题的提出

2019年12月28日的《民法典(草案)》第1053条规定:(1)一方患有重大疾病的,应当在结婚登记前如实告知另一方;不如实告知的,另一方可以向人民法院请求撤销婚姻。(2)请求撤销婚姻的,应当自知道或者应当知道撤销事由之日起一年内提出。

该条取代了2001年《婚姻法》第7条第2项的规定:患有医学上认为不应当结婚的疾病者不得结婚。第10条规定,违反这一禁令结婚者导致婚姻无效。所谓医学上认为不应当结婚的疾病,按照《婚前保健工作规范(修订)》(以下简称《工作规范》),指:(1)严重遗传性疾病:由于遗传因素先天形成,患者全部或部分丧失自主生活能力,子代再现风险高,医学上认为不宜生育的疾病;(2)指定传染病:《传染病防治法》中规定的艾滋病、淋病、梅毒以及医学上认为影响结婚和生育的其他传染病;(3)有关精神病:精神分裂症、躁狂抑郁型精神病以及其他重型精神病;(4)其他与婚育有关的疾病,如重要脏器疾病和生殖系统疾病等(广东省加地中海贫血和蚕豆病)。

不难看出,《婚姻法》第7条第2项配合《工作规范》包含三大意图:其一,阻断遗传病意图。《工作规范》所指情形(1)(4)属此,

---

* 本文原载《暨南学报》(哲学社会学版)2020年第1期,原发表题目为《〈中华人民共和国民法典〉应保留〈婚姻法〉禁止一些疾病患者结婚的规定》。

立法者期望通过禁婚阻止严重遗传病蔓延。情形(4)本来是个兜底条款,用来收罗前三项不能包括的病种,但立法者在举例时举的是遗传病。地中海贫血是典型的遗传病。蚕豆病是遗传性 G6PD 缺乏基础上接触新鲜蚕豆导致的急性溶血症,是遗传因素加上蚕豆因素造成的疾病。所以从其实质内容来看,情形(4)与(1)还是属于一类。其二,公共卫生意图。《工作规范》所指情形(2)属此,立法者期望通过禁婚阻止性媒传染病传播。其三,坚持结婚当事人的意思表示能力意图,《工作规范》所指情形(3)属此,立法者认为重型精神病人无结婚的意思表示能力,所以禁止他们结婚。

但是,第 1053 条取代第 7 条第 2 项,弯子转得很急,因为 2017 年 9 月 26 日的婚姻家庭编(室内稿)第 8 条尚且规定,有下列情形之一的,禁止结婚:(1)直系血亲或者三代以内的旁系血亲;(2)患有医学上认为不应当结婚的疾病。第 11 条规定,有下列情形之一的,婚姻无效:……(3)婚前患有医学上认为不应当结婚的疾病,婚后尚未治愈的。可以看出,室内稿还坚持《婚姻法》第 7 条第 2 项的方向,不到一年,就来了个 180 度的大转弯,完全放弃了过去对医学上认为不应当结婚的疾病患者的禁婚规定,只要求他们在婚前把自己的病情告知自己的结婚相对人。如果不告知,则承担婚姻无效的可能后果。

转这么大的一个弯,论证得如何呢?截至 2019 年 2 月 12 日,我只在中国期刊网上找到三篇证成上述转弯的论文。第一篇是王贵松的《我国优生法制的合宪性调整》;第二篇是雷瑞鹏、冯君妍和邱仁宗的《对优生学和优生实践的批判性分析》;第三篇是周安平与陈婴虹合写的《关于结婚条件的理论与实证分析》。下面分别介绍三文的主要观点。

上述王贵松的论文站在反对优生学的角度否定《婚姻法》第 7 条第 2 项,认为优生学兴起于 20 世纪初,第二次世界大战后归于沉寂。优生分为积极的和消极的。前者主张采取措施改良人种,后者主张采取措施阻止不良子孙的出生。《婚姻法》第 7 条第 2 项是消极优生观念的体现。王贵松认为:优生法制有一个潜台词,那就是人有优劣之分,残疾人低人一等,残疾人是社会包袱,是需要照顾的对象,生育残疾人是一种不幸。如此,就不应该生育残疾人。如果能够避免生育,就尽量避免。要避免生育,就需要禁止结婚或者实施绝育。为了防止残疾儿的出现,法律采取了从禁止结婚、绝育、出生前诊断到堕胎等种种强制性的非自愿措施。一方面这些措施可能侵犯当事人的婚姻自由和生育权,侵犯胎儿的人性尊严,加剧胎儿的生命权与女性自我决定权之间的紧张冲突;另一方面也变相巩固了对残疾人的差别对待，威胁残疾人的生存，妨碍正确残疾观的树立。[1]

雷瑞鹏、冯君妍、邱仁宗的《对优生学和优生实践的批判性分析》的合作论文旨在指出优生学的错误。优生学错在哪里？其一，优生学是遗传决定论或基因决定论的一种表现，认为人的性状（包括智力）都是由遗传因素或基因决定的。实际上，在决定人们健康的因素中，医疗卫生因素占20%，个人生活方式或行为因素占20%，环境和社会因素占55%，遗传因素仅占5%。其二，不知隐性遗传和基因突变。被认为是健康的人或健康种族的成员，也许其家庭及其所有成员看起来都很健康，但不能保证他们的后代之中不会出现有残障的成员，因为这些成员都拥有可能会引起疾病的隐性致病基因；另外，即使把一个国家所有遗传性残障人都强制绝育了，也不能保证人口中不出现有残障的人，因为人的基因本身会发生突变，环境因子也会以某种方式作用于基因，引起它们发生致病的突变。总之，三位作者认为，人类基因组研究的证据已经将优生学的理论证伪。人类基因组计划的研究成果之一证明，所有人99.9%基因是相同的，仅有0.1%的差异，94%的变异发生在同一人群（如种族或民族）的个体之间，仅有6%的变异发生在不同人群的个体之间。[2]

我认为，三位作者主张对遗传病采取无为主义，这种态度过于消极，也不符合现实。

撇开王贵松、雷瑞鹏、冯君妍、邱仁宗上述观点是否正确不谈，可以得出的结论是，他们的论文只攻击了《婚姻法》第7条的优生意图，并未攻击该条的其他两个意图。所以，即使此两文被民法典各分编草案的起草者采用，也不至于导致废除整个的《婚姻法》第7条第2项。

上述周安平与陈婴虹的论文全面研究结婚的各项条件，只有第五节用于研究禁婚疾病问题。作者反对禁止传染病人和精神病人结婚。理由是传染病人的结婚相对人可能为帮助对方治疗或出于爱情坚持结婚，如果禁止，他们采取同居的形式也能达到目的，导致法律的禁止落空。对于遗传病人，如果当事人做到婚而不育，也不应禁止他们结婚。而且其援引《母婴保健法》第10条作为论据。[3]该条辞曰："经婚前医学检查，对诊断患医学上认为不宜生育的严重遗传性疾病的，医师应当向男女双方说明情况，提出医学意见；经男女双方同意，采取长效避

---

〔1〕　参见《法商研究》2011年第2期。

〔2〕　参见《医学与哲学》2019年第1期。

〔3〕　参见《当代法学》2002年第9期。

孕措施或者施行结扎手术后不生育的，可以结婚。但《中华人民共和国婚姻法》规定禁止结婚的除外。”

撇开周安平与陈婴虹的上述观点的正确与否不谈，可以得出的结论是，他们与王贵松、雷瑞鹏、冯君妍、邱仁宗不同，并不反对《婚姻法》第7条第2项的三大意图，只是指出公共卫生意图难以实现，但他们列举的障碍属于小概率事件：为帮助病人或出于爱情与病人灵肉结合，其概率小到可以忽略不计。他们另外指出，优生意图可以曲线达成：病人婚而不育。一句话，如果周安平与陈婴虹的上述观点被民法典婚姻家庭编草案的起草者采用，不至于导致废除整个的《婚姻法》第7条第2项。

另外，有两个国际国内立法可以动摇《婚姻法》第7条第2项。国际的是2002年的《艾滋病与人权国际准则》，其第102条规定，与艾滋病问题有关的人权原则有：缔结婚姻和建立家庭的权利。国内的是2006年的《艾滋病防治条例》第3条：任何单位和个人不得歧视艾滋病病毒感染者、艾滋病病人及其家属。艾滋病病毒感染者、艾滋病病人及其家属享有的婚姻、就业、就医、入学等合法权益受法律保护。这两个法律坚持艾滋病人享有结婚权。但它们只能动摇《婚姻法》第7条第2项中的公共卫生意图中的禁止艾滋病人结婚的子意图，换言之，其他两个意图不受动摇，甚至于禁止淋病、梅毒病人结婚的子意图都不受动摇。

然而，《婚姻法》第7条第2项还是被《民法典（草案）》婚姻家庭编第1053条废除了，这是一种论证不充分、欠缺道理的废除，让人想到这样的场面：敌军围城，要求交出收纳的自己军队的逃兵，守城者超标准地满足敌军的要求——开城投降。敌军大喜过望！

对《婚姻法》第7条第2项的理解，涉及个人婚姻自治与国家的治理目标等超大问题的关系。非常复杂，让我从这个问题三个方面的历史说起。

二、为阻断遗传病目的设立禁婚条件的历史和现状

为阻断遗传病目的的禁婚条件是基于“婚姻不应是传播遗传病的温床”的确信确立的“遗传病患者不得结婚”的规则，其成立取决于人类获得某些疾病是遗传的认识的条件。这个条件形成相当晚，1865年，奥地利学者孟德尔才发现了遗传定律，成为遗传学的奠基人，但他研究的是植物遗传。把孟德尔的遗传学运用于人类的第一人当属美国医生乔治·亨廷顿（George Huntington，1850—

1916 年),他于 1872 年发现以其名字命名的舞蹈病可以在家族成员间遗传。[4] 继之,加罗德(Archibald Garrod,1857—1936 年)在 1902 年确定黑尿病可以在家族成员间遗传。[5] 继而,鲍林(L. Pauling,1901—1994 年)和英格拉姆(V. M. Ingram,1924—2006 年)证明了镰刀型红细胞贫血病是一种遗传病。[6] 在他们之后,遗传病学成为一个医学的分支学科。

家庭法迅速受到这门新学科的影响。1895 年,康涅狄格州的一个法律规定,患癫痫病、智障者或心灵耗弱的男女结婚或作为夫妻同居的,如果女方在 45 岁以下,处 3 年以下监禁。[7] 这是一个以刑事手段事后打击遗传病患者结婚的规范,但当时还是把癫痫当作慢性病。下文援引的几个拉丁美洲法典中提到的慢性病可能就主要指癫痫病。明尼苏达州的一个法律采用事前防范的方式规定类似事项,其辞曰:当事人一方患癫痫病、智障者、心灵耗弱或精神病的,不得结婚。[8] 1918 年 3 月 16 日,弗吉尼亚州颁布法律禁止遗传性癫痫病患者和传染病患者结婚。[9] 1928 年《墨西哥联邦民法典》第 156 条第 1 款第 9 项规定,慢性病和不治之症患者,以其是传染性的或遗传性的为限,不得结婚。[10] 1947 年的《巴拿马卫生法典》第 159 条也要求欲缔结婚姻者须提交婚前检查报告,证明自己无危及配偶或后代的传染病或遗传病。[11] 1984 年《秘鲁民法典》第 241 条第 1 款第 2 项也规定,患有慢性的、传染性且有遗传性之疾病,或有会对卑血亲产

---

〔4〕 参见[英]弗雷德利克·F. 卡特赖特、[英]迈克尔·比迪思:《疾病改变历史》,陈仲丹、周晓政译,山东画报出版社 2004 年版,第 171 页。

〔5〕 参见[美]洛伊斯·玛格纳:《生命科学史》,李难等译,华中理工大学出版社 1985 年版,第 616 页。

〔6〕 参见[美]洛伊斯·玛格纳:《生命科学史》,李难等译,华中理工大学出版社 1985 年版,第 618 页。

〔7〕 See Ralph Kirsch,"How does Epilepsy Affects the Validality of Marriage?". *Wyoming Law Journal*,Vol. 10,2018,p. 244.

〔8〕 See Ralph Kirsch,"How does Epilepsy Affects the Validality of Marriage?" *Wyoming Law Journal*, Vol. 10,2018,p. 245.

〔9〕 Véase Agapito De Sobradillo,Nota Critica de una opera sobre el impedimento de enfermedad,Revista española de derecho canonico,Volume 2,1947,p. 273.

〔10〕 Véase Codigo Civil para el Distrito Federal, http://www. aldf. gob. mx/archivo – c9dc6843e50163a0d2628615e069b140. pdf,Apr. 5,2019.

〔11〕 Véase Ley 66 de 10 de noviembre de 1947 – Código Sanitario de la República de Panamá (G. O. 10467 de 6 de diciembre de 1947), http://apps. who. int/medicinedocs/es/m/abstract/Js19012es/,Feb. 13,2019.

生危险之缺陷者,不得结婚。[12] 这几个规定不仅处理遗传病,而且处理传染病。实际上,这两类病的性质很不同,遗传病的遗传主要损害的是家庭利益,传染病的传播主要损害的是公共卫生安全,所以不宜一并规定。尽管如此,本节只关注前者。《秘鲁民法典》以对卑血亲产生危险缺陷的条件把遗传病作为禁婚条件,更加严格。换言之,不导致后代有危险缺陷的遗传病患者被允许结婚。毕竟制定得晚了 56 年,这期间,遗传病学取得了长足发展,尤其基因科学突飞猛进,大量的遗传病被发现,不胜枚举,有的确实是常见的,却不导致后代有危险缺陷,如糖尿病和高血压,以及在我国罕见、在欧洲多见的乳糜泻(Coeliac Disease)。[13] 如果规定凡有遗传病者就不得结婚,那可以结婚的人就很少了。

然而,《秘鲁民法典》忽略了妨碍婚姻正常运作的遗传病情形。例如,癫痫病不仅通过遗传给卑血亲造成危险缺陷,而且影响婚姻的进行,因为在发病期间病人行为失控,可能给自己或他人造成严重损害。所以,美国许多州不允许向癫痫病人发放驾照。[14]

必须指出,为阻断遗传病的禁婚条件不同于出于优生目的的禁婚条件。优生学产生得比遗传病学早。1883 年,高尔顿(Francis Galton,1822—1911 年)开拓人类遗传研究,该学科研究群的优秀或恶劣素质的遗传。遗传病学只研究人类个体的某些疾病的遗传及其阻断。两个学科的差异在于,遗传病学不研究群的遗传,如精英阶层特性的遗传,只研究个体的遗传。另外,不研究优秀素质的遗传。所以,王贵松把《婚姻法》第 7 条第 2 项描述成“优生法制”的内容,值得商榷。我们知道,优生学遭到“纳粹”等政治体的滥用,面临极大的道德困境。而遗传病学没有任何道德困境。这就是为《婚姻法》第 7 条第 2 项正确定位的意义。

《婚姻法》第 7 条第 2 项的根源可以追溯到 1942 年制定的《晋冀鲁豫边区婚姻暂行条例》第 14 条,其辞曰:凡有神经病(如癫风等)、花柳病及遗传性之恶疾者不得结婚。该条兼涉婚意确保、公共卫生维护和遗传病阻断三大目的,着力于事前防范。而《中华民国民法典》第 976 条规定,婚姻当事人一方有下列情形之一者,他方得解除婚约:有重大不治之症者;存在花柳病或其他恶疾者;第 1052 条规定,夫妻一方,以他方有下列情形之一者为限,得向法院请求离婚:有不治之

[12] 参见《秘鲁共和国新民法典》,徐涤宇译,北京大学出版社 2017 年版,第 55 页。

[13] 患这种病的人不能吃面筋,一旦吃了就有持续性腹泻等症状。

[14] See Irwin Perr,“Epilepsy and the Law”,*Cleveland and Marshal Law Review*,Vol. 7,1958,p. 292.

恶疾者;有重大不治之精神病者。这两条着力于对具有构成婚姻障碍疾病者婚姻的事后取缔,而且未明列遗传病作为取缔原因,显得考虑不周,遭到潘光旦的批评。[15] 但《民法典(草案)》第1053条采用了后者。

那么,为阻断遗传病目的设立禁婚条件的《婚姻法》第7条第2项的做法是否要保留?我认为基本可以不保留。理由一,在现代避孕和人流技术成熟的情况下,性爱可以和生殖分离,遗传病基因携带者可以婚而不育。这点,《母婴保健法》第10条已充分表现。理由二,遗传病通过生殖遗传具有或然性,也就是说,并非所有的后代都遗传前代的疾病,只是有一定的遗传概率而已。在现代技术条件下,携带遗传病基因的夫妻可以通过选胎完成生育,也就是在实验室条件下用他们的配子完成受孕,然后对受孕体进行基因检测,淘汰有遗传病的,保留无此病的,然后植入妻子子宫,最后得到健康的子女。[16] 之所以说"基本",是因为如上说明未考虑遗传病危害婚姻进行的情形。但这种情形不属于为阻断遗传病设立禁婚条件,而属于另外的禁婚条件。

三、为公共卫生目的设立禁婚条件的历史和现状

为公共卫生目的设立的禁婚条件不同于为阻断遗传病设立的禁婚条件。前者适用于烈性传染病患者,目的首先是保障公共卫生安全,这是国家安全的一部分,[17] 其次才是保护患者可能的婚姻对象免受传染。后者主要出于法律父爱主义的立场保障遗传病患者家庭的利益,其次才保障公共利益,例如,一些遗传病患者无劳动能力,甚至全家失能,此时需要公共资源供养,造成财政负担。当然,烈性传染病的范畴随科学的进步而变化,如肺结核曾属于这个范畴,在没有青霉素的条件下,患此病基本等于死亡,但随着青霉素等抗生药在"二战"中的问世,肺结核不再是烈性传染病。

---

〔15〕 参见蒋功成:《优生学与中国近代婚恋中异化的伦理》,载《中国科技史杂志》2007年第1期。

〔16〕 参见徐国栋:《人工受孕体在当代意大利立法和判例中的地位》,载《华东政法大学学报》2015年第5期。

〔17〕 2002年,"非典"(SARS)首先在广东省顺德区爆发,不久迅速扩散到东南亚乃至全球。为了阻止疾病的扩散,国内许多部门停止上班,大学封校,招生复试改为电话方式进行,预定的一些外交活动取消,让人意识到传染病问题是国家安全问题。2003年春天,我在华盛顿参加"公共卫生与国家安全"国际会议,会议组织者提出,公共卫生安全是国家安全的一种新形态。本文把公共卫生与国家安全挂钩,即受华盛顿会议这一提法的影响。富有意味的是,2003年夏天,我结束对哥伦比亚大学的访学回国,但当时厦门大学的封校尚未解除,我在校门口遥望家门而不得入的场面至今犹记。

在人类的疾病史上，有黑死病、麻风和艾滋病三大烈性传染病。

尽管黑死病曾数次横扫欧洲，杀死大量人口，但我暂时未找到禁止这种病的患者结婚的立法例，这可能因为黑死病从感染到死亡只有2—7天〔18〕，谈不上禁止发病者结婚问题。麻风病是一种继黑死病后横扫全球的传染病，由于其会导致毁容，给人类留下了惨痛的记忆。它是持续性的疾病，所以有禁止患者结婚问题。

麻风病作为禁婚病种首先以反面的形式表现出来，即首先成为离婚的理由。为了说明这个问题，不得不提到公元643年11月26日伦巴第国王 Rotharis 就麻风病人的处遇颁布的告示：(1) 如果某人得了麻风病，经法官或人民确认无疑后，要把他驱逐出城市及其家屋，如此让他独居，不许他转让其财产或作出赠与，因为从他被驱离家屋之日起，他被视为已死亡。他的财产要被没收，人们要用拍卖所得的价款供养此等病人终身。(2) 如果妇女婚后得了麻风病，丈夫可以取得其财产而抛弃她，丈夫不会因此受到控告，因为他抛弃的妻子得了他无法忍受与其共同生活的疾病。〔19〕 这是第一个因为疾病而判处民事死亡〔20〕的立法文件，表达了立法者的社会防卫观念。告示的第一部分首先对经确认的麻风病人实行隔离，其次剥夺其可用于从事民事活动的财产，以免他在与人交易的过程中传播疾病，因为民事活动具有平时不显的公共卫生效果，但此等被剥夺的财产并非用于其他，而是用于麻风病人自身。告示的第二部分解除女性麻风病人的婚姻，并未解除男性麻风病人的婚姻，表现了立法者的男权主义。尽管如此，仍破除了婚姻不受情势变更影响的原则。在教堂缔结的婚姻中，双方都要发誓如下：我愿遵照教会的规定，接受你作为我合法的妻子（丈夫），从今以后，环境无论是好是坏，是富贵是贫贱，是健康是疾病，是成功是失败，我要支持你，爱护你，与你同甘共苦，携手共建美好家庭，一直到我离世的那天。我现在向天主宣誓，向你保证，我要始终对你忠实！誓言中，“环境无论是好是坏，是富贵是贫贱，是健康是疾病，是成功是失败”是排除情势变更原则之适用的文字，包括对疾病的排

---

〔18〕 See “the Entry of Black Death”, https://en.wikipedia.org/wiki/Black_Death#Signs_and_symptoms, Feb. 15, 2019.

〔19〕 Cfr. Enrico Buonocore, Alcune notizie sulla Disciplina della Chiesa per la Lepra nei primi tempi del cristianesimo, e nel medio - evo, Im Archiv für Geschichte der Medizin, Bd. 7, H. 1, Mai 1913, p. 53.

〔20〕 关于民事死亡的含义，参见徐国栋：《论民事死亡——兼论社会死亡和社会瘫痪》，载《东方法学》2015年第5期。

除,但被排除的是通常疾病,而特别重大的疾病,如麻风病则属于例外。[21]

既然结了婚的麻风病人的婚姻可以破除,莫不如防患于未然,不让麻风病人结婚。基于这种理路,1888 年的《阿根廷民事婚姻法》规定,父亲和监护人可以反对他们监管的未成年人与传染病患者结婚。[22] 1926 年,阿根廷更进一步,颁布《麻风病防治法》,其第 17 条禁止麻风病人结婚。1982 年《委内瑞拉民法典》第 75 条规定,可以把患麻风病当作反对结婚的理由。就我国而言,1980 年的《婚姻法》第 6 条规定:有下列情形之一的,禁止结婚:……(2)患麻风病未经治愈或患其他在医学上认为不应当结婚的疾病。这些是把麻风病点名作为禁婚病种的立法例。[23] 不点名的立法例有《墨西哥民法典》第 98 条第 4 项,《巴拿马民法典》第 92 条,《秘鲁民法典》第 241 条。如上节所述,它们在禁止遗传病患者结婚的同时,禁止传染病患者结婚。麻风病被包括在传染病的大范畴中。但人类对于麻风病的认识随医学的发展而深化。1897 年,第一届国际麻风病大会确认该病为遗传病。既然如此,对麻风病人实施绝育成为解决方法。1873 年 2 月 28 日,挪威医学家阿莫尔·汉森在显微镜下发现了麻风杆菌,确认麻风病是传染病。于是,隔离成为解决之道。进一步的研究发现麻风病传染性弱,只有 5%。而且,20 世纪 70 年代,联合化疗成熟,1981 年世界卫生组织向全球推荐。按这种疗法,只要治疗 6—12 个月,就能根治麻风病,由此,麻风病从不治之症变成了可治之症。法律随之而变,上引阿根廷的麻风病立法以及 1982 年《委内瑞拉民法典》第 75 条被废除。我国 1980 年《婚姻法》第 6 条也被 2001 年《婚姻法》第 7 条取代,后者排除了麻风病被点名的地位。尽管如此,联合国人权专家爱丽丝·克鲁兹(Alice Cruz)仍判定,麻风病人在 20 多个国家仍处在民事死亡的状态,其内容之一是不得结婚和生育。[24] 这 20 多个国家的名单不得其详,很可能那些把患传染病作为禁婚理由的国家都在其内。

比起麻风病来,艾滋病在人类医学史上的存在不过数十年,但是其传播速度

〔21〕 参见[英]弗雷德利克·F. 卡特赖特、[英]迈克尔·比迪思:《疾病改变历史》,陈仲丹、周晓政译,山东画报出版社 2004 年版,第 154 页。

〔22〕 Véase Agapito De Sobradillo, Nota Critica de una opera sobre el impedimento de enfermedad, En Revista española de derecho canonico, Volume 2, 1947, p. 273.

〔23〕 关于这种点名的不妥,参见成凡:《法学知识的现状偏差:以麻风病作为切入点》,载《法制与社会发展》2004 年第 6 期。

〔24〕 See "The UN Calls for an End to 'Civil Death' of Leprosy Patient", http://www.ipsnews.net/2019/03/qa-important-treat-anyone-suffering-leprosy-equal-individual/, Apr. 5, 2019.

十分惊人。发现第一例艾滋病(Acqire Immune Deficienc Syndrome,AIDS)[25]到现在,全世界有2950万人感染此病,死亡人数1200万。[26] 我国目前的感染者大约82万。为了应对这种野火春风的局面,世界各国通过法律予以阻击。在结婚方面,通行的做法是以传染病人在发病期间不得结婚的宏大表达为之,只有少数立法例点名艾滋病作为禁婚理由。1987年,犹他州颁布的禁止艾滋病人结婚以及宣告艾滋病人已经缔结的婚姻无效的法律属此,但这一法律未要求婚检作为结婚的必要条件。遂遭到两名女性原告代表本州的所有艾滋病患者发起的挑战,其中之一为:T. E. P在1989年结婚,婚后两个月检出患有艾滋病。她的婚姻要根据1987年的法律被宣告无效,她由此要丧失婚姻利益,包括作为生存配偶可以得到的支付,并且要影响到她已经实施的收养的效力。案件于1993年到了合众国地方法院,诉求是宣告禁止或无效处理艾滋病人婚姻的法律条款[Utah Code Ann. § 30-1-2(1)]无效。地方法院认为该法律条款违反了1973年的《补能法》(Rehabilitation Law)和1990年的《残疾美国人法》(American with Disabilities Act)。而这两个法律属于联邦法,它们优先于州法,所以,判定Utah Code Ann. § 30-1-2(1)不成立。[27]

《补能法》是对1973年的《职业补能法》(Vocational Rehabilitation Law)的替代。按照《职业补能法》,不得歧视残疾人就业,并采取纠偏行动(Affirmative Action)消除这样的歧视。该法范围内的残疾人是被体力或脑力的损害实质性限制其主要生命活动的人,外加有此等损害记录的人,最后还要包括被视为遭受过此等损害的人。艾滋病患者是否属于此法规定的残疾人,该法无明示规定。1987年,美国最高法院在佛罗里达诉Arline一案中裁决:患有传染病(如结核病)的雇员属于残疾人,因此受《职业补能法》管辖。雇主被要求为此等人继续工作作出妥当的安排。艾滋病患者也被认为是残疾人,受《职业补能法》管辖。但如果传染病患者对于其他人的健康和安全构成直接威胁,或雇主无法作出妥

---

〔25〕 中国最早发现的一例AIDS,始于1985年6月,自境外传入,一名美籍阿根廷男子来华旅游,因肺孢子菌肺炎第3次复发死于北京,血清学和尸检确诊为AIDS。这名患者为同性恋,曾于1984年和1985年两次罹患卡氏肺囊虫肺炎。

〔26〕 参见[英]弗雷德利克·F. 卡特赖特、[英]迈克尔·比迪思:《疾病改变历史》,陈仲丹、周晓政译,山东画报出版社2004年版,第238页。

〔27〕 See T. E. P. v Leavitt, 840, f. supp. 110. https://law. justia. com/cases/federal/district - courts/FSupp/840/110/1958111/, Feb. 17, 2019.

当安排,不要求雇主雇佣他们或保留他们的职位。[28] 1993 年完成的美国电影《费城故事》[29]中的患有艾滋病的主人公安迪律师之所以胜诉于他所服务的律师事务所,可能就是利用了《职业补能法》中有利于他的方面。后《职业补能法》被《补能法》取代,新法扩张了前法的适用范围并增加了执行的保障手段,但围绕着保障残疾人就业的主题不变。显然可见,新法和旧法都无关艾滋病人的结婚问题,以该法为依据否定犹他州的禁止艾滋病人结婚的法律,肯定出于对该法的目的性扩张解释。事实上,旧法规定,如果传染病患者对于其他人的健康和安全构成直接威胁,可不雇佣。照此类推,艾滋病人结婚对其相对人的健康构成威胁,也可不许其结婚。

《残疾美国人法》包括的残疾有耳聋、失明、智障、部分或完全的肢体缺失或需要使用轮椅的行动不便、自闭症、癌症、脑瘫、糖尿病、癫痫、艾滋病、多发性硬化症、肌肉萎缩症、重度抑郁症、躁郁症、创伤后应激障碍、强迫症和精神分裂症。[30] 艾滋病名列其中。按照该法,残疾人享有雇佣方面的不受歧视权、公共设施的利用权、公共服务的利用权、通讯设施的利用权。没有专门讲到艾滋病人的结婚权。所以,说犹他州的有关禁止艾滋病人结婚或宣告其婚姻无效的法律违反该法,也应该出于目的性扩张。而我国《工作规范》则是旗帜鲜明地禁止艾滋病人结婚,并不采用解释的途径。

在通过禁止传染病人在感染期间结婚的大前提下禁止艾滋病人结婚的国家中有阿根廷。该国的第 12.331 号法律(《性病预防法》,1936 年)中包含这样的大前提规定。但对其适用,充满争议。赞成该规定用来禁止艾滋病人结婚的人认为,该规定具有保护公共卫生的意图,也具有保护家庭及其后代的意图,因为艾滋病婚姻的后代感染这种致命疾病的概率是 50% ,这 50% 的后代的生命权受到了侵害。[31]

为公共卫生目的禁婚的另一原因是欲结婚者患有性病。淋病是最早为人类

---

〔28〕 See "The Entry of Vocational Rehabilitation Act of 1973", https://en.wikipedia.org/wiki/Vocational_Rehabilitation_Act_of_1973, Feb. 17, 2019.

〔29〕 安迪是一家律师事务所的金牌律师,由于患有艾滋病被该所找茬解雇。安迪找律师控告该所歧视艾滋病人就业,在弥留之际获得胜诉判决。

〔30〕 See "The Entry of Americans with Disabilities Act of 1990", https://en.wikipedia.org/wiki/Americans_with_Disabilities_Act_of_1990, Feb. 17, 2019.

〔31〕 Véase Daiana Zárate, El enfermo de SIDA y su derecho a contraer matrimonio civil, Universidad Argentina de la Empresa, 2014, p. 10.

所知的性病。最早记录淋病的文献甚至可追溯到《圣经》中的旧约。梅毒危害很大,但为人所知的时间很晚。梅毒第一次在欧洲爆发的书面记录记载于1494年或1495年的意大利那不勒斯。[32] 1498年,梅毒出现于印度。大约在1505年,梅毒由印度传入广东岭南一带。上述两大性病因为地理发现时代的到来得到全球传播,催促立法者采取应对措施。印第安纳州(在一个不详的时间),1899年密歇根州,1909年华盛顿州和犹他州纷纷颁布法律禁止性病患者结婚。[33] 1913年,威斯康星州通过一个法律,要求新郎在领取结婚证前经受性病检测,要求负责检测的医生必须有资质,且收费不得超过3美元。为逃避该法在他州结婚的夫妇在婚后一年内不得返回威斯康星州,但回来后马上填写了健康证书的除外。在他州结婚又不填写健康证书返回威斯康星州的,要被罚款并承受1个月到1年的监禁。[34] 这个法律为何只要求新郎检测性病?因为当时的医学证据显示:绝大多数女性结婚时无性经验,而有相当比例的男性在结婚前已有不法性关系。所以,丈夫把性病传给妻子的比例远远大于妻子把性病传给丈夫的比例。[35]

如前所述,在我国,《工作规范》把淋病和梅毒作为《传染性防治法》规定的指定传染病列入婚检项目,其患者按照2001年《婚姻法》第7条第2项不得结婚。对这一规定,目前未见学界有任何争议。

四、坚持结婚当事人的意思表示能力意图的禁婚规定的历史和现状

罗马法即禁止精神病人订婚、结婚。盖尤斯在其《行省告示评注》第11卷中说:“很明显的精神失常是订婚的障碍,但是如果是事后才出现的,就不能作为订婚无效的原因。”[36]这个法言展示了精神病人不得订婚的规则。保罗在其《告示评注》第35卷中(被收录于D.23,2,16,2中)展示了禁止精神病人结婚的规则并阐述了此等禁令的理由:因为婚姻以同意为要素,精神病人不能做出有效

---

〔32〕参见[英]弗雷德利克·F.卡特赖特、[英]迈克尔·比迪思:《疾病改变历史》,陈仲丹、周晓政译,山东画报出版社2004年版,第44页。

〔33〕See “National League for the Protection of Family”, State laws regulating marriage of unfit, *Journal of the American Institute of Criminal Law and Criminology*, Vol. 4, No. 3, 1913, p. 424.

〔34〕See William Kuby, *Conjugal Misconduct*, Cambridge, Cambridge University Press, 2018, p. 117.

〔35〕See William Kuby, *Conjugal Misconduct*, Cambridge, Cambridge University Press, 2018, p. 127.

〔36〕《学说汇纂(第23卷):婚姻与嫁资》,罗冠男译,中国政法大学出版社2013年版,第5页。

同意,但结婚以后患有精神病的,不妨碍已有婚姻的效力。[37] 订婚、结婚后患精神病并不导致婚姻解消,证明立法者并无通过禁婚阻断精神病遗传的意图。允许精神病人维持婚姻,具有不让他们无人照顾的考虑。

继承罗马法传统,《意大利民法典》第 85 条禁止精神病人结婚。《瑞士民法典》第 97 条第 2 款[38]、《西班牙民法典》第 56 条第 2 款[39]、《泰王国民商法典》第 1449 条[40]、《葡萄牙民法典》第 1601 条第 1 款第 2 项[41]、中国《澳门民法典》第 1479 条第 1 款第 2 项[42]、1869 年《阿根廷民法典》第 166 条第 1 款第 8 项[43]、《阿根廷国民民商法典》第 403 条第 1 款第 7 项[44]都作出类似规定,但《法国民法典》《德国民法典》均无禁止精神病人结婚的直接规定。按照法国 1986 年的一个判例,[45]禁止精神病人结婚的规定隐含在《法国民法典》第 180 条中,其辞曰:未经夫妻双方或其中一方自由同意而缔结的婚姻,只能由夫妻双方或其中并未自由同意的一方提出攻击。[46] 精神病人结婚被视为不具有"自由同意"。按照德国的学说,精神病人只要不严重到不能作出意思表示,就能结婚,但可以根据第 1314 条第 1 款被废止。[47] 该款辞曰:配偶一方在结婚时丧失知觉或暂

---

〔37〕 参见[意]桑德罗·斯奇巴尼选编:《婚姻·家庭和遗产继承》,费安玲译,中国政法大学出版社 2001 年版,第 31 页。

〔38〕 "精神病人,无论何种情形,无婚姻能力。"参见《瑞士民法典》,殷生根、王燕译,中国政法大学出版社 1999 年版,第 30 页。

〔39〕 "如一方具有身体残疾或精神异常的,则须医生出具文书证明其具有缔结婚姻的能力。"参见《西班牙民法典》,潘灯译,中国政法大学出版社 2013 年版,第 32 页。

〔40〕 "如果男方或女方是精神病人或被法院裁定为禁治产人,不得结婚。"参见《泰王国民商法典》,周喜梅译,中国法制出版社 2013 年版,第 247 页。

〔41〕 下列者为禁止性障碍,有该等障碍之人不得与他人结婚……明显精神错乱,即使在神志清醒期亦然……Ver Pires de Lima e Antunes Varela, Codigo Civil Anotado, Volume IV, Coimbra Editora, 1987, p. 79.

〔42〕 "下列者为禁止性障碍,有该等障碍之人不得与他人结婚……明显精神错乱,即使在神志清醒期亦然……"参见赵秉志总编:《澳门民法典》,中国人民大学出版社 1999 年版,第 373 页。

〔43〕 "下列事项为结婚的障碍……因任何原因永久或暂时失去理智。"参见《最新阿根廷共和国民法典》,徐涤宇译注,法律出版社 2007 年版,第 48 页。

〔44〕 下列事项为结婚的障碍……永久性或临时性精神健康阙如,以至于阻碍了认知婚姻行为。Véase Codigo de Comercio de la Republica Argentina, Edicion 2003, La Ley, Buenos Aires, 2003, p. 15.

〔45〕 Voir Henri – Daniel Cosnard, Nullitè du Marrage pour Maladie Mental, In Revue Judiciaire de Quest, 1987, p. 303.

〔46〕 参见《法国民法典》(上册),罗结珍译,法律出版社 2005 年版,第 176 页。

〔47〕 参见[德]迪特尔·施瓦布:《德国家庭法》,王葆时译,法律出版社 2010 年版,第 45 页。

时的精神错乱状态的,婚姻可以被废止。[48] 该款的意旨与《法国民法典》第 180 条一致。比较起来,意大利的规定内容更丰富,除了考虑到精神病人的意思能力欠缺外,还考虑到了精神病人的家庭生活能力,以及对精神病人的婚姻相对人的父爱主义保护。

我国的规定与意大利的规定一致。2001 年《婚姻法》禁止患有医学上认为不得结婚的疾病者结婚。《工作规范》把精神病(精神分裂症、躁狂抑郁型精神病以及其他重型精神病)作为医学上认为不得结婚的疾病。

至此可见,关于精神病人不得结婚的规定在《婚姻法》第 7 条第 2 项三大意图中显得另类:它是一个涉及疾病的意图,而非专门针对疾病的意图。实际上,它把结婚当作一个重要的法律行为,首先要求其行为人具有行为能力,其次才考虑精神病人不能或难以经营婚姻生活。如果说,阻断疾病的意图、公共卫生意图随着医学认识的变化和人权水平的提高可以或多或少地撇开,但法律行为能力绝对不能撇开,所以,完全废除《婚姻法》第 7 条第 2 项,让精神病人自由结婚,是完全错误的,是不负责任的。

五、结论与余论

综上所述,在制定《民法典》的过程中,《婚姻法》第 7 条第 2 项不能完全废除,尽管其阻断遗传病的意图已经动摇,但其保障公共卫生的意图遭到挫折[49]但未被完全动摇,而其坚持婚姻行为能力的意图被立法者错删(善意解释是借用总则中关于法律行为当事人行为能力的规定)。所以,该款应保留在未来的《民法典》中,但要把现有的第 1053 条改写成这样:(1)不能辨认自己行为的成年人在结婚时须具有行为能力;[50](2)传染病人在未被治愈前不得结婚。这样,就保留了原第 1053 条的合理内核,去掉了其错误规定的成分。

需要强调的是:个人间的结婚并非私事,而是关系到国家公共卫生安全和人口战略的国之大事,国家的干预必不可少。所以,切不可认为婚姻家庭法是完全

---

〔48〕 参见《德国民法典》(第 4 版),陈卫佐译,法律出版社 2015 年版,第 434 页。

〔49〕 由于导致此等挫折的立法文件的权威性,本文接受此等挫折,但认为此等挫折的合理性深可怀疑。

〔50〕 按照上下文,本款应表述为"精神病人在结婚时须具有行为能力"。然而,为了去歧视,《民法总则》取消了精神病人的术语,改用"不能辨认自己行为的成年人"的术语,这一表述略显啰嗦,但为必须接受的立法现实。所以,"精神病人在结婚时须具有行为能力"的规则,要改写成"不能辨认自己行为的成年人在结婚时须具有行为能力"的规则。

的私法，它是公私混合法。医学的进步、人权水平的提高导致人类立法中关于禁婚疾病的规定不断变化（放松），但法律行为的主体头脑清醒条件千古不变。这点必须为立法者充分认识。

或问，虽有禁止，但患有有关疾病的人不正式结婚，而是非婚同居，你奈他何？周安平与陈婴虹的论文就是以此为理由反对禁止传染病人结婚。我们知道，针对这样违法的第一种方略是积极制裁，如威斯康星州的课加的监禁1年。第二种是罗马式的消极制裁，即不赋予有关结合以婚姻的效力，如I. 1,10,12的规定，如果任何人违反朕之所述结合，根本不能谈丈夫、妻子、婚姻、婚姻关系、嫁资。因此，这种交合生下的子女，不处在父亲的权力下，而是这样的："就家父权而言，他们如同其母亲由不确定的人施孕的人。……因此，作为结果，在解除这样的交合的情况下，也不发生嫁资返还……"〔51〕在这个法言中，丈夫和妻子的身份的取得、嫁资之成立及返还请求权、子女的婚生性之获得，都是正当的婚姻的效力。没有这样的效力的男女结合仅仅是事实，不产生权利。这种无权状态对当事人构成一种遏制。建议主要采用第二种方略整治法定传染病人结婚的行为。所以，法律对这种行为并非无可奈何。第二种方略虽看起来"软"，但持之以恒，终可见成效。

最后要说的是，《民法典》规定禁止一些疾病患者结婚，需要有强制婚检制度与之配套才可实施。1995年6月1日实施的《母婴保健法》曾确立强制婚检制度。但在实施中，存在的乱收费、敷衍体检等弊端，引起民怨，导致2003年的《婚姻登记条例》取消了强制婚检制度，改为自愿婚检，造成婚检率"大跳水"，北京地区从100%下降到5%，引发出生缺陷儿大增。痛定思痛，黑龙江、吉林、云南等省份恢复了强制婚检，造成全国的不均衡。2019年的两会上，全国人大代表冯琪雅建议全国性地恢复强制婚检，以保障结婚对象的知情权。〔52〕此乃至善之论。因为不进行强制婚检，不能辨认自己行为的成年人在结婚时须具有行为能力的规定，以及传染病人在未被治愈前不得结婚的规定，是无法操作的。

2019年4月7日完稿于胡里山炮台之侧

---

〔51〕［古罗马］优士丁尼：《法学阶梯》（第2版），徐国栋译，中国政法大学出版社2005年版，第47页。

〔52〕参见缪因知：《强制婚检的正当性在于保障结婚对象的知情权》，载 http://m. people. cn/n4/2019/0310/c676－12430135. html，2019年4月7日最后访问。

中国《民法典》应承认诚信缔结的无效婚姻效力并确立宣告婚姻无效请求权的时效*

我在《我国主要民事单行法中的诚信规定考察报告》一文[1]中指出："遗憾的是，我国《婚姻法》无论在夫妻人身关系方面还是财产关系方面，都无与上述相应的诚信规定。就人身关系而言，尽管通过2001年的修改增设了无效婚姻制度（第10条），确定重婚者、有禁止结婚的亲属关系者、患有不应结婚的疾病者、未达法定婚龄者的婚姻无效，但没有规定对诚信卷入此等婚姻者的保护，受到学者的诟病[2]。"为了弥补这方面的缺憾，我又发表了《无效与可撤销婚姻中诚信当事人的保护》一文[3]，提出第三者有诚信与恶信之分，对于前者，按照国际惯例应受照顾和保护。最近，看到江苏省盱眙县人民法院作出的无视重婚者的诚信作出的两个错判，以及江苏省沭阳县人民法院和广西壮族自治区藤县人民法院更早的时候作出的类似错判，感到极为不公。我特作本文，引进其他国家和地区规定中早就有的诚信重婚的概念，希望我国民法典的亲属编采用，从根本上杜绝这方面的错判。

---

* 原载《上海政法学院学报》（法治论丛）2020年第1期，原发表题目为《我国民法典应承认诚信缔结的无效婚姻效力并确立宣告婚姻无效请求权的时效》。

〔1〕 参见《河北法学》2012年第4期。

〔2〕 参见李双元、王海浪：《无效婚姻制度设计的反思》，载《浙江社会科学》2001年第1期；参见陈洁：《对我国无效婚姻制度的立法思考》，载《广西大学学报》（哲学社会科学版）2007年S1期，第180页。

〔3〕 参见《中国法学》2013年第5期。

一、植某宏诉秦某山请求宣告婚姻无效案的基本情况

根据(2019)苏0830民初558号判决书,目标案件的基本情况如下:植某宏与鲍某红于1984年相识,1985年3月举行结婚仪式并共同生活,1986年4月生育一子,双方未办理结婚登记手续。在1994—2014年,因鲍某红离家出走,不尽抚养子女的义务等,植某宏多次向法院起诉离婚,后因种种原因撤回起诉,植某宏与鲍某红之间婚姻关系一直未解除。

1993年鲍某红离家出走后,与秦某山共同生活,并于1996年9月24日,即在同居生活开始三年后生育女儿秦某倩。2015年9月14日,为上大学的女儿办理助学贷款证明,秦某山与鲍某红领取了结婚证。

2018年7月21日,鲍某红因交通事故死亡。具体而言是从支线上主干道的电动车司机鲍某红未给在主干道上行驶的出租车司机夏某勇让路,后者未减速并未仔细观察,导致事故发生,双方责任相当。出租车司机应付死亡赔偿金60万元。

植某宏和秦某山都主张自己有权取得这笔赔偿金。2019年1月14日诉诸法院,植某宏请求宣告秦某山与鲍某红的婚姻无效,理由是他与鲍某红的婚姻从未解除。论据是1993年3月29日淮阴市中级人民法院作出的民事调解书,它确认植某宏与鲍某红自愿和好。此前,1991年12月17日,鲍某红向盱眙县人民法院提起民事起诉要求与植某宏离婚,后经调解和好。1992年6月25日,鲍某红再次向盱眙县人民法院提起民事诉讼,要求与植某宏离婚,1992年10月8日,盱眙县人民法院判决准予离婚。后植某宏不服盱眙县人民法院离婚判决向淮阴市中级人民法院提起上诉,产生上述调解书并成为植某宏证明他和鲍某红的夫妻关系存在的依据。

秦某山的理由是,他是在鲍某红与植某宏被盱眙县人民法院判决离婚后才领取的结婚证,不知道鲍某红与植某宏并未解除婚姻关系,因为他不知有后来的调解书,所以,他与鲍某红领取的结婚证及办理的户籍证明应合法有效。

法院支持植某宏的主张。主要理由是《婚姻法》第10条,有下列情形之一的,婚姻无效:(1)重婚的……法院的论证是:重婚行为违反一夫一妻制,有悖公序良俗,是法律明令禁止的违法行为,重婚事实一旦发生,当事人的婚姻关系因违反法律禁止性规定而绝对无效,从性质上不应存在阻却事由,产生从违法到合法转化的问题。因此,即使申请时重婚情形已经消失,在后的婚姻也应被宣告

无效。

中央电视台《今日说法》栏目于2019年9月16日以《两个丈夫的争夺》为题报道了本案,电视台以及说法专家方志平副教授没有批评法院的判决。搜狐网报道此案的新闻对植某宏略有微词:为了钱像个“跳梁小丑”一样到处找人打官司。[4] 可谓切中要害!我认为本案属于错判,具体论证如下。

二、认定盱眙县人民法院民初558号判决是错判的三大理由

(一)陶婚击破银婚

众所周知,1994年2月1日民政部《婚姻登记管理条例》公布实施以后,我国不再承认事实婚姻。

植某宏与鲍某红的婚姻发生在1985年,属于被承认的事实婚。他们从1985年开始同居,次年生有小孩,到1993年鲍某红离家出走,双方彼此占有夫妻身份达8年。

本案中,秦某山与鲍某红的结合也是事实婚。两人从1993年开始同居,到2018年7月21日鲍某红死于交通事故,双方彼此占有夫妻身份25年多。

什么是事实婚?通常的说法是“无配偶的男女,未曾履行结婚登记程序而以夫妻名义公开同居,群众也认为他们是夫妻的两性结合”[5]。这个定义揭明事实婚的公开性和群众认可性两个特征,但漏掉了时间性的特征。试问:一男一女以夫妻名义并被群众认可为夫妻共同生活了一个月就散伙,他们间构成事实婚吗?《十二表法》对此的回答是否定的,它规定要不间断地共同生活一年才能取得夫妻的身份。[6] 中国《澳门民法典》对此的答复也是否定的,其第1472条规定要同居两年才构成事实婚。[7] 两年正好是孕育一个小孩的时间,定这个时间为身份占有的期限,考虑到了家庭作为人口再生产单位的功能。加上时间的因素后,我们可以从时效的角度理解事实婚,从一个方面看,它是利用时间的流逝涤清没有办理正式结婚手续的行政瑕疵。不办结婚登记是藐视国家婚姻秩序的违法行为,不惩罚不行,惩罚的方式是让这样的结合在两年时间内没有效力:没有夫妻间的、亲子间的权利义务,一切都是事实而非权利。但惩罚一辈子也不

---

〔4〕 参见佚名:《两个丈夫争夺一个妻子,皆称自己是合法的丈夫,真相是……》,载http://www.sohu.com/a/341773293_777292,2019年10月14日最后访问。

〔5〕 徐开墅主编:《民商法词典》(增订版),上海人民出版社2004年版,第364页。

〔6〕 参见徐国栋:《十二表法研究》,商务印书馆2019年版,第194页。

〔7〕 参见赵秉志总编:《澳门民法典》,中国人民大学出版社1999年版,第371页。

行,赫鲁晓夫与尼娜·彼得罗夫娜·库卡尔晓克(Nina Petrovna Khrushcheva)的同居关系是个例子,这种关系从1922年开始,两人生有两女一儿,1929年生Rada,1935年生Sergei,1937年生Elena。到赫鲁晓夫下台时,两人已儿孙满堂,1965年政府准备分给他一套私宅,登记户口的时候,发现他与妮娜·彼得罗夫娜没有正式的结婚登记,于是补办。[8] 如果不承认两人间长达43年的事实婚的效力,会产生荒唐的效果。例如,赫鲁晓夫的孙子叫他爷爷就是非法的,赫鲁晓夫对于其子女的抚养义务,其子女继承他的遗产的权利,那就更不要想了。所以,从另一方面看,事实婚即配偶身份占有达到法定期间的时效取得。

或问,时效取得身份与时效取得物,两个制度的要件是否一样?答曰类似但不一样。前者的要件有三:(1)一男一女以夫妻方式共同生活;(2)同居达两年以上;(3)周围群众认为他们是夫妻。[9] 物的时效取得的要件各国规定不同。例如,《法国民法典》对于动产占有采取三要件说,即自主、和平、公然占有;诚信且无过失占有;经过法定期间。[10] 显然,物的时效取得与身份的时效取得类似,前者中的"一男一女以夫妻方式共同生活"相当于后者中的"自主、和平、公然占有",不过占有的是身份而已。前者中的"同居达两年以上"相当于后者中的"经过法定期间"。前者中的"周围群众认为他们是夫妻"包括在后者中的"公然占有"中,"公然占有"意味着周围的人认为占有人就是所有人,不然,"公然占有"维持不下去。不过,胡雪婷的身份占有要件设计未考虑到占有者的主观状态有诚信与恶信之别。

身份占有当然可分为诚信占有和恶信占有。诚信的对象可以是事实,也可以是法律。无论是诚信占有还是恶信占有,两者都可达成身份之取得,但时效期间的长短应要求不同,前者短而后者长。但只有罗马人在奴隶取得自由人身份方面设定了诚信与否与占有期间长短的关联。[11] 在身份的占有取得上,尚未看到有设定这种关联的现代立法例。

本案中的秦某山自称是诚信的,因为他看到了鲍某红的离婚判决书后才开始与其同居,构成初始诚信。1993年12月,植某宏自诉鲍某红与秦某山重婚;

---

[8] 参见维基百科词条"尼基塔·谢尔盖耶维奇·赫鲁晓夫",载https://zh.wikipedia.org/wiki/,2019年10月17日最后访问。

[9] 参见胡雪婷:《身份占有法律制度研究》,中国石油大学2016年硕士学位论文,第28页。

[10] 参见陈年冰:《取得时效的概念和构成要件》,载《当代法学》2004年第4期。

[11] 参见徐国栋:《论取得时效制度在人身关系法和公法上的适用》,载《中国法学》2005年第4期。

2013年6月24日，植某宏起诉要求与鲍某红离婚（后撤诉）；2014年3月4日，植某宏再次起诉要求与鲍某红离婚（奇怪的是法院判决不准离），植某宏的该次诉讼行为打破了秦某山的诚信，但按照只要求初始诚信的原则，它们不影响身份占有的持续进行。而且，即使某加山为恶信，25年的身份占有也可让他变成鲍某红的合法丈夫，因为按照罗马法，20年的身份占有就可以让一个奴隶变成自由人呢！[12]

植某宏与鲍某红的结合，秦某山与鲍某红的结合，都是事实婚，一个是8年夫妻，属于陶婚，另一个是25年夫妻，属于银婚，哪一个效力大？应该很清楚，但盱眙县人民法院竟然让陶婚击破了银婚，明显有悖常理。

（二）误定死亡赔偿金的受领人

我国学界对于死亡赔偿金的性质有继承丧失说与扶养丧失说之争，按照前者，导致死亡的责任人要赔偿的是死者家属可期待的、死者在保持劳动能力年限内的收入。按照后者，赔偿的对象是死者扶养的人可以预期从死者处获得的扶养费。我国基于立法传统采用继承丧失说，因为若采用扶养丧失说，如果死者没有需要扶养的人，会导致不需要赔偿的荒谬结论。尽管如此，我国司法实践仍把被扶养人生活费计入死亡赔偿金。[13] 基于继承丧失说，按照《继承法》第10条规定的法定继承人确定死亡赔偿金的归属，通常只有第一顺位的继承人，即配偶、子女、父母三种人可以取得，他们是死者扶养的人，允许他们取得死亡赔偿金，目的是减少养家人死亡带来的经济震荡。

然而，盱眙县人民法院判决秦某山与鲍某红的婚姻无效，客观上让植某宏取得了已与他形同陌路的鲍某红的死亡赔偿金60万元，违反了死亡赔偿金的宗旨，因为只有秦某山和秦某倩与鲍某红属于一个经济共同体，让他们得到鲍某红的死亡赔偿金，可弥补他们因为鲍某红去世受到减损的受扶养机会。植某宏与鲍某红不属于一个经济共同体已经25年，鲍某红去世，对植某宏的受扶养权没有什么影响。正如鲍某红的妹妹和秦某山所言，植某宏奔着死亡赔偿金而来，而法院满足了他的不当请求。[14] 正如马新彦教授所言："有了结婚证，双方恨得你

---

〔12〕 参见徐国栋：《论取得时效制度在人身关系法和公法上的适用》，载《中国法学》2005年第4期。

〔13〕 参见石红伟：《死亡赔偿金性质解析与立法完善》，载《广西师范学院学报》（哲学社会科学版）2019年第3期。

〔14〕 参见《两个丈夫的争夺》，载 http://tv. cctv. com/2019/09/16/VIDEboUY42NL9H752lExyGlE190916. shtml? spm = C31267. PkHCdznQvTLi. 0. 0，2019年10月23日最后访问。

死我活，仍不影响第一顺位的法定继承权，没有结婚证，即便双方爱得死去活来，仍与对方的遗产无缘。”[15]

（三）未正确处理两个公文书之间的效力冲突

植某宏的婚姻效力依据是1993年3月29日淮阴市中级人民法院做出的民事调解书，它确认植某宏与鲍某红自愿和好。秦某山的婚姻效力依据是2013年2月25日在盱眙县民政局补领的结婚证。两个公文书，哪个效力大？

关于公文书竞合时的效力比较规则，我国法律无规定，是为缺憾。我认为可遵循以下规则：（1）新近的优先于老旧的，此规则比照新法优于旧法规则提出；（2）专门的优先于旁涉的，此规则比照特别法优先于普通法规则提出。根据这两项规则，秦某山都胜过植某宏。因为他依据的公文书发布时间在后，而且，结婚证是证明婚姻合法性的专门文书，调解书的主旨在于解决纷争，并非为了证明婚姻的合法性。

无独有偶，广西省藤县发生了一个类似于植某宏诉秦某山请求宣告婚姻无效案的案子。被告是廖女士。她于2009年与郭某登记结婚，此前，两人从2000年起同居，于2003年生有一个女儿。2016年8月14日，郭某因白血病不治离世，留下一处房产以及两处车位。不久，原告陈某妹（曾用名陈某梅）出现起诉廖女士，请求法院认定廖女士与郭某的婚姻无效。陈某妹称，郭某的实际名字为郭某森，与自己在1982年左右登记结婚，且并未办理过离婚。所以，廖女士与郭某的婚姻属于重婚，应为无效。而此时，廖女士已经与郭某共同生活16余年，登记结婚已有7年，并生了一个女儿。不幸的是，法院支持了陈某妹的主张。这样，廖女士与郭某的7年婚姻关系被彻底否定，导致不能以配偶的身份继承郭某留下的房产和车位。[16] 在本案中，廖女士不知郭某是有夫之妇，构成基于对事实不知的诚信，并诚信占有配偶身份7年，但藤县法院完全不考虑这些情节，作出了不利于她的判决，至为不公，配合了陈某妹的取财意图的实现。她在郭某生存期间未请求宣告郭某与廖女士的婚姻无效，等郭某死亡并留有不菲财产后才露面，如同植某宏露面的时机。

---

〔15〕 马新彦：《民法典家事财产法制的教育功能——以社会主义核心价值观为价值理念的研究》，载《当代法学》2020年第1期。

〔16〕 参见《大连晚报》新闻：《离奇“争夫案”》，载 https://k. sina. com. cn/article_1498135555_594bbc 0302000qvl8. html，2019年11月12日最后访问。

三、以诚信途径解决植某宏诉秦某山一类案件的经验借鉴

在本案中,秦某山自称是在鲍某红与植某宏被盱眙县人民法院判决离婚后才领取的结婚证,并不知道鲍某红与植某宏并未解除婚姻关系,因为他不知有后来的调解书,构成诚信重婚。按照国际通例,若无相反证据,推定存在主观诚信。〔17〕 迄今无人推翻秦某山的这一自称。

承认诚信重婚的效力,其他国家和地区已有经验。首先有 1919 年弗吉尼亚州的 Commonwealth v. Lillie Philpot 一案。被告莉莉·菲尔伯特(Lillie Philpot)与约翰·菲尔伯特(John Philpot)于 1911 年 12 月 28 日结婚。1918 年 1 月 1 日,约翰离家到 Wrought Iron Range 公司上班。从他离家之日起到 1918 年 12 月 10 日,他的妻子没有得到他的任何消息。这一天,她在当地报纸上看到这样的消息:约翰·菲尔伯特,昨天死于磨粉机(Burn Mill),今天已下葬。当日晚,莉莉寄了一封挂号信向住在弗吉尼亚 Hollind 的约翰的兄弟通报死亡事实。其时,约翰正好在其兄弟处,他要求其兄弟不予回复。莉莉又写信给约翰工作的单位询问信息,1918 年 12 月 12 日得到答复,谓约翰已于 1918 年 11 月 6 日辞职前往弗吉尼亚的 Martinsville 访友,临走时说他犯病了。在 1918 年的圣诞假期,莉莉得到威廉·史密斯(William Smith)的热烈求婚,莉莉接受之。两人很快结婚。在蜜月开始后的一天傍晚,约翰出人意料地归家,打破了莉莉的蜜月。〔18〕

莉莉首先面临重婚罪指控。陪审团认为莉莉头脑清楚,合理地相信其丈夫约翰已死,裁定她获得无罪开释。按照弗吉尼亚州继受的英国法,夫妻一方下落不明、杳无音信满 7 年的事实下可用来有效对抗重婚罪指控。但按照弗吉尼亚州的规定,在离婚的情形下,必须经过 6 个月的禁婚期后才能缔结第二个婚姻,从得到约翰工作过的公司的答复之日起算,莉莉不到 6 个月就与史密斯结婚了。从民事上看,她的第二个婚姻有人认为有效,有人持相反看法。理由是按照弗吉尼亚州的离婚法,离婚后的女子要经过 6 个月的待婚期才可结婚。莉莉未遵守

〔17〕 例如,《瑞士民法典》第 3 条第 1 款规定:“当本法认为法律效果系属于当事人的善意时,应推定该善意存在。”参见《瑞士民法典》,殷生根、王燕译,中国政法大学出版社 1999 年版,第 3 页。

〔18〕 See Allen I. Harless,“Bigamous Marriage Contracted in Good Faith”,The Virginia Law Register, New Series,1921,p. 92s.

这一规定。[19] 前者为诚信重婚肯定说，在当时具有相当的先锋性，因为按照先前的法国判例，诚信重婚不能免除刑事责任，只能作为减少刑期的理由。[20] 完全谈不上承认诚信重婚的效力。后者无甚道理，因为莉莉并非离婚案件的当事人，不应对她适用离婚法的规则。另外，按 1918 年 1 月 1 日约翰离家出走算，莉莉的待婚期早就超过了 6 个月。待婚期的设立本旨是避免子女血统混杂，在本案中根本不存在这个问题。在我看来，本案真正的问题是莉莉占有第二个婚姻中的妻子身份不到 1 个月，太短！即使具有诚信的主观要素，能否通过这么短的时间占有取得身份？可以质疑。

其次，我国台湾地区"民法"于 2007 年修订后承认了诚信重婚的效力。在此之前，我国台湾地区"民法"第 985 条规定，有配偶者，不得重婚。该条严格执行一夫一妻制。但陈丰诚信重婚案刺激台湾司法主管部门于 1994 年 8 月 29 日发布释字第 362 号解释，依信赖保护原则创立善意重婚概念。它仅要求重婚之相对人即第三人为善意，重婚人不需为善意。[21] 而上述解释基于案例的当事人双方皆为诚信。该案的案情如下：陈某丰与蔡某凤于 1973 年 2 月结婚，陈某丰后提起离婚诉讼，高雄地方法院于 1988 年 5 月 4 日作出离婚判决。陈某丰于 1988 年 7 月与许某月结婚。嗣后蔡某凤以陈某丰知其住所但指其所在不明兴讼，提起再审并胜诉，再以陈某丰重婚为理由提起宣告婚姻无效之诉。中国台湾地区"最高法院"以 1992 年台上字第 1621 号判决确定陈某丰的第二个婚姻无效。许辰月以第 988 条侵害其结婚自由权请求台湾地区司法主管部门"大法官"解释，[22] 催生了释字第 362 号解释。这一解释承认了单方善意重婚的效力，等于把诚信原则贯彻于亲属法。但发布后遭到其动摇了一夫一妻制的质疑，所以，2002 年 12 月 13 日，台湾地区司法主管部门又发布释字第 552 号解释，补充

---

〔19〕 See Allen I. Harless, "Bigamous Marriage Contracted in Good Faith", The Virginia Law Register, New Series, 1921, p. 93s.

〔20〕 See Bigamy. "Honest Belief that Defendant is Divorced", The Virginia Law Register, Vol. 5. No. 1, 1899, p. 58s.

〔21〕 参见杨书琴：《论善意重婚及其效力——以民法第 988 条第 3 款及第 988 条之 1 为中心》，载 http://ja. lawbank. com. tw/pdf/论善意重婚及其效力——以民法第 988 条第 3 款及第 988 条之 1 为中心杨书琴，2019 年 10 月 14 日最后访问。

〔22〕 参见雷磊：《论依据一般法律原则的法律修正》，载《华东政法大学学报》2014 年第 6 期。

释字第362号解释，仍维持善意重婚有效之解释，但要求重婚的双方皆为善意。[23]

中国台湾地区于2007年5月23日修正其“民法亲属编”时，于第988条增加第3款，规定：“结婚，有下列情形之一者，无效：(1)不具备第982条第1项之方式者；[24] (2)违反第983条或第985条之规定者；[25] (3)但重婚之双方当事人因善意且无过失信赖一方前婚姻消灭之两愿离婚登记或离婚确定判决而结婚者，不在此限。”此款不似其他立法例以拟制的婚姻制度解决诚信重婚在被宣告无效后的善后问题，[26] 而是排除宣告诚信重婚无效的可能性，确认它为有效婚姻，具有合法婚姻的全部效力，因而具有相当的原创性，但立论稍有偏差。其一，把确认这类重婚的理由说成是保护信赖，申言之，是信赖两愿离婚登记或确定离婚判决的公信力者，不若其他立法例的保护理由是当事人具有诚信或无过失的主观状态。[27] 事实上，信赖两愿离婚登记或确定离婚判决的公信力是不知这两种公文书的瑕疵的反面表述，第988条第3款既说“善意”，又说“信赖”，未免叠床架屋，重复说事。其二，只保护双方诚信。一旦明确了第988条第3款的规范意旨是保护诚信，只保护双方诚信而不保护单方诚信就说不过去了。应该是凡有诚信处即有保护，这方面《法国民法典》做得很好，其第201条考虑双方诚信的无效婚姻，第202条考虑单方诚信的无效婚姻，[28] 都赋予诚信者应得的好处。其三，没有规定所要求的是初始诚信还是始终诚信。按照前者，只要在缔结第二个婚姻时不知道有障碍就可以了，以后发现了障碍，不影响诚信重婚之达成。按照后者，当事人何时发现婚姻的障碍，诚信何时破局。前者易而后者难，《意大利民法典》要求前者，[29]《美国统一结婚离婚法》要求后者。[30] 其四，没有规定有关的重婚要持续多久才构成善意重婚。保护诚信重婚的根本目的，是避免宣

---

[23] 参见杨书琴：《论善意重婚及其效力——以“民法”第988条第3款及第988条之1为中心》，载 http://ja.lawbank.com.tw/pdf/论善意重婚及其效力——以“民法”第988条第3款及第988条之1为中心杨书琴，2019年10月14日最后访问。

[24] 指结婚无公开仪式。

[25] 指近亲结婚与重婚。

[26] 参见徐国栋：《无效与可撤销婚姻中诚信当事人的保护》，载《中国法学》2013年第5期。

[27] 参见徐国栋：《无效与可撤销婚姻中诚信当事人的保护》，载《中国法学》2013年第5期。

[28] 参见《拿破仑法典(法国民法典)》，李浩培等译，商务印书馆1979年版，第27页。译文有改动。

[29] Cfr. Federico del Giudice, Nuovo Dizionario Giuridico, Edizione Simone, Napoli, 1998, p. 764.

[30] 参见徐国栋：《无效与可撤销婚姻中诚信当事人的保护》，载《中国法学》2013年第5期。

告这样的婚姻无效给当事人本人以及可能产生的子女造成震荡，如果刚刚缔结就发现重婚事实，撤销此等婚姻不会或只会造成很小震荡，此时，即使是诚信缔结，撤销它又有何妨？给诚信者补偿就是了。此等撤销可维持一夫一妻原则的严格性。所以，承认诚信重婚必须同与身份占有时效取得制度结合起来适用，才能达成规范意旨。其五，雨露不均。按照中国台湾地区“民法”，无效婚姻的原因除重婚外，还有未举行公开仪式（第 982 条第 1 款）、违反乱伦禁忌（第 983 条）和重婚（第 985 条）[31]，立法者为何只赋予重婚者诚信的好处，不赋予诚信未举行公开的结婚仪式者和诚信缔结乱伦婚姻者这样的好处？释字第 362 号解释未对此说明，给人以我国台湾地区司法主管部门对于重婚情有独钟的印象。[32]

他山之石可以攻玉，我们看到，秦某山所处情势正好符合释字第 362 号解释的条件，即信赖确定离婚判决与鲍某红开展事实婚，但不符合第 552 号解释的条件，即只有秦某山具有诚信的主观状态，鲍某红不具有。但我认为，在重婚问题领域，也应承认单方诚信的效力，才能把诚信原则贯彻到底。但令人遗憾的是，盱眙县人民法院方也好，秦某山和植某宏的律师也好，都未看到本案的关键点在于秦某山的诚信，[33]更谈不上以此为依据判决或进行辩护。

四、因重婚请求婚姻无效之诉的，不受时效限制？

在植某宏诉秦某山案中，植某宏在从 1993 年秦某山和鲍某红开始同居起算

---

〔31〕 如果算上可撤销婚姻，还有更多：不能人道者结婚（第 995 条）、无意识或精神错乱者结婚（第 996 条）、因欺诈或胁迫结婚（第 997 条），可以在法定期间内撤销。

〔32〕 1949 年后海峡两岸人民分隔，许多已婚夫妇一方在陆，一方在台，导致许多重婚，台湾当局不得不应对之，采取尊重事实的立场。例如，根据台湾地区与大陆人民关系条例第 64 条规定：夫妻一方因在台湾地区，一方在大陆，不能同居，而一方于 1985 年 6 月 4 日前重婚者，利害关系人不得声请撤销；其于 1985 年 6 月 5 日以后 1987 年 11 月 1 日以前重婚者，该后婚视为有效。前项情形，如夫妻双方均重婚者，于后婚者重婚之日起，原婚姻关系视为消灭。大陆方面，最高人民法院原副院长马原于 1988 年 8 月 9 日在最高人民法院的新闻发布会上说：“对于双方分离后未办离婚手续，一方或者双方分别在大陆和台湾再婚的，对这种由于特殊原因形成的婚姻关系，我们不以重婚对待，当事人不告诉，人民法院不主动干预。”要指出的是，上引第 64 条中所言“1985 年 6 月 4 日”，是我国台湾地区修订其“民法”第 985 条，增加第 2 款“一人不得同时与两人以上结婚”之日，此前对重婚无明文禁止，以包容纳妾旧习。所言“1987 年 11 月 1 日”，是两岸开放探亲往来之日。此日之后，“国家遭遇重大变故”的容忍重婚的理由消除。

〔33〕 双方的争点是：鲍某红与秦某山的登记结婚行为是否构成重婚？如果构成重婚，能否根据《婚姻法》第 10 条宣告婚姻无效？鲍某红死亡的事实是否导致重婚情形消失？没有人注意到秦某山的诚信问题。

的26年后提起宣告婚姻无效之诉并获得法院的接受,可谓奇葩！鉴于流行的观点认为:因重婚请求婚姻无效之诉的,不受时效限制,〔34〕进而言之,有人说《民法总则》规定的时效制度不适用于人身法。〔35〕所以,本文未把时效已过作为认定盱眙县人民法院民初558号判决为错判的理由,只把它当作应受质疑的事实。

质疑之一来自刑法处理与民法处理的比较。众所周知,重婚既是民法问题,也是刑法问题。按照我国《刑法》第258条的规定,有配偶而重婚的,或者明知他人有配偶而与之结婚的,处2年以下有期徒刑或者拘役。重婚罪是自诉罪,按照《刑法》第87条的规定,法定最高刑为不满5年有期徒刑的,追诉时效是5年。换言之,从1993年秦某山与鲍某红同居开始到1999年,植某宏即丧失刑事追究秦鲍二人重婚罪的权利。之所以要为自诉人的诉权设定时限,是督促他及时行使,否则,其潜在诉追对象的生活会过于不安定,而且会导致其子女的生活过于不安定。婚姻会产生后代,所以,有权不及时行使、突然行使造成的震荡要大于其他的权利不行使行为。既然刑事诉权都必须及时行使,相应的民事诉权的行使却没有时间限制,这是不可思议的,因为民事诉权的不及时行使同样造成潜在被告及其可能子女生活的不安定。例如,因为秦某山与鲍某红的婚姻被宣告无效,秦某倩的助学贷款都要取消,因为它的基础事实有问题。

质疑之二来自我国《婚姻法》及相关司法解释广泛设立除斥期间的事实。《婚姻法》第11条规定,因胁迫结婚的,受胁迫的一方可以向婚姻登记机关或人民法院请求撤销该婚姻。受胁迫的一方撤销婚姻的请求,应当自结婚登记之日起1年内提出。被非法限制人身自由的当事人请求撤销婚姻的,应当自恢复人身自由之日起1年内提出。第46条规定,因重婚,有配偶者与他人同居,实施家庭暴力,虐待、遗弃家庭成员导致离婚的,无过错方有权请求损害赔偿。作为对此条的配套,最高人民法院《关于适用〈中华人民共和国婚姻法〉若干问题的解释(一)》第30条规定:无过错方作为原告向人民法院提起损害赔偿请求的,必须在离婚诉讼的同时提出;无过错方作为被告的离婚诉讼案件,如果被告不同意离婚也不提起损害赔偿请求,可以在离婚后1年内就此单独提起诉讼;无过错方作为被告的离婚诉讼案件,一审时被告未提出损害赔偿请求,二审期间提出的,

---

〔34〕　参见李洪祥:《我国民法典亲属编立法构建研究》,吉林大学2013年博士学位论文,第99页。

〔35〕　张民安说:诉讼时效和除斥期间制度无法在家庭法和继承法中适用,也无法在物权法和担保法中适用,只适用于债法。参见张民安:《〈中华人民共和国民法总则(草案)〉的创新与不足》,载《法治研究》2016年第5期。

人民法院应当进行调解，调解不成时，告知当事人在离婚后1年内另行起诉。两个规范性文件都要求基于婚姻关系的诉讼请求必须与损害赔偿之诉同时或在1年内提出。这是因为此等诉讼请求具有外部性：导致私生子。所以除斥期间最多1年，这是孕育一个孩子的充分时间。

与我国大陆的“因重婚请求婚姻无效之诉的，不受时效限制”说法呼应的是我国台湾地区“民法”曾一度对重婚撤销权不设除斥期间，但这一做法遭到了邓某贞重婚案的挑战，案情如下：

邓某贞与陈某香于1940年在福建省龙岩市结为夫妻，生有两个孩子。1949年，邓某贞随国民党军去台，从此两人天各一方，音讯全无。1960年，邓某贞在我国台湾地区又与吴某琴结婚，育有三子两孙。陈某香得知邓某贞在台湾地区再婚后，于1986年8月委托律师向台湾地区台中地方法院诉请撤销邓某贞在台湾地区的婚姻。台中地方法院认定邓某贞构成重婚，撤销邓与吴在台婚姻。邓某贞不服，向台中高级分院提出上诉。二审依然维持一审判决。邓某贞又上诉到台湾地区“最高法院”。1988年12月，台湾地区“最高法院”作出终审判决，驳回邓某贞的上诉，维持原判。邓某贞以本案及类似情形案件适用不设除斥期间的重婚撤销权条文不符合保障婚姻权与家庭伦理关系的法律精神为由，请求台湾地区司法主管部门进行解释。该部门于1989年6月作出释字第242号解释，谓：“于遭遇重大变故，在夫妻隔离，相聚无期之情况下发生之重婚事件，与一般重婚事件不同，对于此种有长期实际共同生活事实之后婚姻关系，如仍适用重婚撤销权规则，与后婚当事人自由及权利之保护相抵触。”由此认定了退台人士的重婚具有法律效力。然而，刘铁铮“大法官”谓：“为保护身份行为安定性，应对重婚撤销权设合理除斥期间，以免破坏长期存在的现存秩序，何况对于重婚罪的刑事追诉还有10年的时效限制呢！”[36]可以说，邓某贞重婚案的意义之一是提出了重婚撤销权的时间限制问题，该案得到了考虑这一问题的处理。当然，台湾地区司法主管部门未考虑以身份占有时效取得制度解决本案。事实上，邓元贞与吴某琴彼此占有夫妻身份26余年，完全可以认为他们已取得此等身份。而且吴某琴属于诚信，她不知邓某贞已结婚而与之结婚。[37]

回到除斥期间的解决上来。除斥期间是不变期间，没有中止、中断问题，督

---

〔36〕　彭燕：《关于台湾“司法院”释字第242号意见书的分析和思考》，载https://wenku.baidu.com/view/70cef9f0f61fb7360b4c650a.html，2019年10月17日最后访问。

〔37〕　杨主福：《从三个案例看正确处理去台人员重婚问题》，载《法学》1989年第8期。

促权利人及时行使权利的意旨更强。所以,既然我国《婚姻法》以及相关的司法解释就人身性请求权的行使广泛规定了除斥期间,没有理由相信植某宏的宣告婚姻无效请求权可以无限期地随时行使,碾碎他人的家庭生活。在既有的规范条件下,不妨用除斥期间限制他的宣告无效请求权的行使,也就是必须在 1 年内行使。换言之,到了 1994 年,他就不再能行使这样的诉权。

五、对法的不知是否构成婚姻法中的诚信?

植某宏诉秦某山案涉及的是基于对事实的不知的诚信问题,我国台湾地区"民法"第 988 条第 3 款处理的也是这种类型的诚信重婚,但在司法实践中,也发生了基于对法的不知的诚信重婚案例。它就是 2014 年 3 月 24 日江苏省沭阳县人民法院判决的汪某英诉沈某翠婚姻无效案。案情如下。

宋某汉与汪某英于 20 世纪 50 年代结婚,后因感情不和,经亲友调解于 1967 年私下"解除婚姻关系"。1974 年,宋某汉又与沈某翠结婚,同居 30 余年后,双方于 2004 年 12 月 6 日到沭阳县民政部门补办了结婚证。2014 年年初宋某汉去世,1 月 10 日,汪某英向法院起诉,请求判决宋某汉与沈某翠的婚姻无效。汪某英诉称,她与宋某汉于 1967 年经亲友协调的私下"离婚"不能作数。

沈某翠则辩称,自己与宋某汉一起生活了 40 余年,生育了 3 个子女,宋某汉年老生病都由她来照顾,且已到民政部门补领了结婚证,自己与宋某汉的婚姻应为有效。

法院审理认为,汪某英与宋某汉于 20 世纪 50 年代结婚,双方形成了婚姻关系,虽经他人调解分居,但未经法律规定的民政部门或人民法院解除婚姻关系,其婚姻关系一直存在。在此种情形下,宋某汉与沈某翠虽以夫妻名义共同生活,且后来又补办了结婚登记手续,仍构成重婚,遂判决其婚姻无效。[38]

我认为此判错误,理由有三。其一,在重婚持续时间长、产生的子女多的情形,应承认对法的不知也构成诚信。在本案中,宋某汉与汪某英错误地认为离婚可以不经过婚姻登记机关或法院判决,而通过亲友调解私下办理。这种错误是基于对法的不知产生的。对法的不知通常不能作为抗辩理由,[39]但在"不法"婚

---

〔38〕 参见杜强强:《善意重婚、共同生活与重婚无效规则的再塑》,载《法律适用》2016 年第 3 期;也参见李金宝:《明媒正娶四十年,不料竟是"第三者"》,载《民主与法制》2014 年第 11 期。

〔39〕 例如,《智利民法典》第 8 条规定:"法律一经生效,任何人不得主张不知法律。"参见《智利共和国民法典》,徐涤宇译,北京大学出版社 2014 年版,第 2 页。

姻持续时间长、产生的子女多的情形可以。对此有如下古罗马判例为证。它是著名的弗拉维娅乱伦案。马尔库斯・奥勒留及其兄弟对此案的判词被保留下来："我们为这些事情震动：一是你长时间在不知法律的情况下与你的舅舅过婚姻生活，二是你缔结这样的婚姻竟然得到了你祖母的同意，三是你的子女众多，考虑到这些情况，兹决定：你从这个持续了40年的婚姻所出的子女是婚生子女。"[40]可见，敕答的接受人弗拉维娅与其舅舅结婚，他们的婚姻持续了40年，构成红宝石婚。而且他们生养了众多子女。尽管在马尔库斯・奥勒留的时代，弗拉维娅与其舅舅的婚姻构成市民法上的乱伦，要受死刑或放逐小岛的处罚。但为了不制造外部性，兄弟皇帝承认了这种婚姻对于子女的效力。

其二，汪某英的宣告婚姻无效权应受时效限制，如杜强强所言：唯若利害关系人可以在重婚关系持续的任何时间内请求宣告后婚无效，而不论重婚者是否为善意，也不论后婚当事人共同生活的长久，则不符合宪法保护婚姻生活稳定的意旨。[41]

其三，40年的身份占有可导致配偶身份的取得。按照阿纳斯塔修斯皇帝的敕答，一个明知自己的真实身份冒充自由人行事的奴隶如此40年的，也可取得自由人身份。[42] 按照我国《刑法》，最长的追诉时效为20年，换言之，一个犯了重罪的人，只要犯罪后公安机关未发现并追究，而且在这20年内没有实施其他任何犯罪行为，他就由于长期占有了"好人"身份成为"好人"。而一个占有配偶身份40年的人当然可取得配偶身份，不然法律过于不尊重事实，过于背离人情。

无独有偶，盱眙县人民法院也作出了一个涉及对法的不知重婚案判决（该案被2019年11月7日的《今日说法》以《重婚的继母》为标题报道）。被告张某珍是贵州人，1972年嫁给同村的杨某华，育有4个子女，但屡受家暴，一次差点被打死，在村干部的劝说下逃出（有村委会的证明为据），来到盱眙县当保姆。2010年与退休教师陈某春结婚。2018年，陈某春去世，欲继承陈某春的房屋及其他遗产，遭到陈某春子女的排斥，甚至被赶出家门。后来，陈某春的子女发现张某珍的丈夫健在，没有与张某珍离婚，子女之一陈某于2019年1月将张某珍

---

〔40〕 Iustiniani Augusti Digesta seu Pandectae, Testo e Traduzione, IV, 20—27, A cura di Sandro Schipani, Milano, Giuffrè, 2011, p. 175.

〔41〕 参见杜强强：《善意重婚、共同生活与重婚无效规则的再塑》，载《法律适用》2016年第3期。

〔42〕 C. 7, 39, 4.

告上法庭，请求宣告张某珍与其父的婚姻无效。2019年4月23日，盱眙县人民法院判决张某珍与陈某春的婚姻无效。[43]

本案与汪某英诉沈某翠婚姻无效案相似：其一，张某珍为诚信重婚，基于对法的不知，她相信村干部的劝她出逃具有终止她的初婚的效力，所以放心大胆与陈某春结婚；其二，张某珍占有配偶身份8年多，尽管不如汪某英诉沈某翠婚姻无效案中的40余年身份占有长，也未达到本文为基于对法的不知的身份占有必须持续20年才能取得的要求，张某珍至少应可获得拟制的婚姻的好处。但盱眙县人民法院完全无视张某珍诚信的主观状态和长期的身份占有的事实，作出了不利于她的判决，此判应为错判。

六、结论

婚姻家庭法是主观诚信进入较晚的一个领域。事实上，本文援引的马尔库斯兄弟皇帝对弗拉维娅乱伦案的处理是我找到的第一个做这样引入的案例，但它只把诚信的好处赋予长期持续的无效婚姻产生的子女，并不赋予无效婚姻当事人。马尔库斯皇帝敕答经后人发展，形成拟制的婚姻制度，该制度更进一步，同时把诚信的好处赋予无效婚姻的当事人及其子女。拟制的婚姻制度一经创立，在海峡两岸暨香港、澳门范围内，先后为我国香港特区和澳门特区的法律继受，[44]也被我呼吁内地继受。[45] 然而，拟制的婚姻制度是要破毁无效婚姻的，基于当事人的诚信保留婚姻的部分效力，尤其是财产法方面的效力。但是，如果诚信缔结的无效婚姻持续的时间很长，产生的子女众多，破毁这样的婚姻仍显不公，所以，我国台湾地区“民法”第988条第3款干脆承认诚信缔结的重婚有效，把对诚信的保护提升到了一个新阶段。作为没有继受过拟制的婚姻制度的我国台湾地区，其此举具有跨级发展的意义，并留下了只考虑诚信重婚，不考虑其他诚信缔结的无效婚姻的漏洞。

我国《婚姻法》既未确立拟制的婚姻制度，也未确立诚信重婚有效制度，后者的阙如至少造成了江苏三个、广西一个的四个错判。目前正在起草未来《民法典婚姻家庭编》，至今已有三审稿。从该稿的规定来看，其维持了《婚姻法》的

---

〔43〕 参见(2019)苏0830民初508号判决书。

〔44〕 《香港婚生地位条例》第11—12条、《澳门民法典》第1519—1520条规定了这一制度。

〔45〕 参见徐国栋：《无效与可撤销婚姻中诚信当事人的保护》，载《中国法学》2013年第5期。

“两无”[46]状态。我仍坚持该编应增加拟制的婚姻制度的立法建议，而且，基于本文研究的四个重婚案明显错判的教训，补充建议还要增加长期持续的诚信重婚有效制度。但考虑到在我国《民法典婚姻家庭编（草案）》第828条规定的另外两个婚姻无效事由[47]中的当事人也可能诚信且长期占有配偶身份，如由于离散，夫妻不知彼此处在禁婚亲等中，待发现时已缔结婚姻多年并产生子女；又如，双方当事人未达婚龄通过使用兄弟姐妹的身份证登记结婚，待发现身份造假事实时已占有配偶身份多年并育有子女，这三种情形中的诚信且长期占有配偶身份的人也应能摆脱婚姻无效的打击，如此可收“举一反三”之效。

具体而言，我认为，我国未来《民法典婚姻家庭编》第828条要增加三个但书。

该条现在是这样，有下列情形之一的，婚姻无效：（1）重婚的；（2）有禁止结婚的亲属关系的；（3）未达法定婚龄的……

要加的第一个但书是：但重婚之当事人之一方或双方诚信相信前婚姻已因两愿离婚登记或离婚确定判决消灭者，不在此限。显然可见，这个但书与我国台湾地区“民法”第988条第3款不同，不要求双方诚信，一方诚信也可导致诚信重婚之成立。

要加的第二个但书是：（2）（3）情形中的当事人诚信且长期占有配偶身份的，其婚姻也免于无效。

要加的第三个但书是：第2、3款中所言诚信，在法院认定的情形下，包括对法的不知。按照此款，并非一切对法的不知都构成诚信，只有经法院认定的如此。法院如何认定？主要考虑两个因素为之：第一个因素是身份占有的时间超过20年；第二个因素是当事人的结合产生了2个以上的子女。

那么，拟制婚姻与诚信缔结的无效婚姻有效的界限如何划分？我认为，在1年的时效期间完成前被撤销的诚信缔结的无效婚姻按拟制婚姻处理。1年时效期间完成后的诚信（对事实的不知）缔结的无效婚姻按有效婚姻处理，但基于对法的不知缔结的无效婚姻的身份取得时效期间是20年，恶信占有身份的取得时效是30年。

与此相应，未来《民法典婚姻家庭编》要明确诉讼时效制度可适用于宣告婚

---

[46] “两无”，即一无主观诚信的适用，二无拟制婚姻之承认。

[47] 事实上，《民法典婚姻家庭编（草案）》第828条还规定以伪造、变造、冒用证件等方式骗取结婚登记的婚姻无效。这一无效事由涉及《刑法》，本文不予置论。

姻无效请求权，避免悬剑。规定配偶请求宣告重婚的配偶婚姻无效的时效期间为1年，从发现重婚事实开始起算，如此可避免过大的震荡。请注意，我为宣告重婚无效之诉设计的时间限制是时效而非除斥期间，如此，可以有终止、中断和延长等事由帮助确有障碍，不能按时行使诉权的权利人，限制比较柔软。

当然，确认身份占有时效取得制度之后，《婚姻登记管理条例》对1994年2月1日后产生的事实婚一概不承认的规定失去了意义，应废除之。

2019年10月17日完稿于胡里山炮台之侧

2019年10月23日第二稿于胡里山炮台之侧

2019年10月29日第三稿于胡里山炮台之侧

2019年11月12日第四稿于胡里山炮台之侧

财宝概念研究两题*

无论在西方国家还是东方国家,人们都有掘土藏宝的习惯。在古希腊罗马,尽管有发达的银行制度[1],但掘土藏宝仍是一种普遍的储蓄方式,东方国家也是如此。例如,宋朝时,洛阳很多财主家都有掘地藏金的习惯,其后人在卖房时会考虑到这一点,有意向买主索要“掘钱”。[2]藏宝习惯的东西方兼有性造就了财宝问题的普世性,这是本文对财宝概念进行比较研究的基础。

本文只研究财宝的概念,对于财宝的归属,如归发现人还是归国家,略过不论;即使在论述中涉及财宝归国家的规定,并不代表我赞同此等规定。

一、西方国家的财宝概念与我国的埋藏物概念比较研究

(一)罗马法中的财宝制度及其被继受

1. 罗马法中包含自然赠与的财宝概念及其三维存在空间

西方国家对财宝的法律规制起源于古希腊。[3]但起源不等于

---

* 本文原载《现代法学》2017 年第 2 期。

〔1〕 关于古希腊罗马的银行制度,参见徐国栋:《罗马法中的信用委任及其在现代法中的继受——兼论罗马法中的信用证问题》,载《法学家》2014 年第 5 期。

〔2〕 在朝廷当大官的张观买房时,卖家一而再,再而三地索要“掘钱”,最后张观多付钱 1000 多缗,卖主才交付房子。大家都认为张观这笔钱白付了,不料张观买下房产后,竟然真挖出了一只石匣子,内装数百两黄金,正好与他买房子的全部费用相当。参见李靖轩:《没有银行,古代百姓如何储蓄》,载《国学》2013 年第 7 期。

〔3〕 Cfr. AA. VV. Digesto delle discipline privatistiche, sezione di diritto civile, UTET, Torino, 2000, p. 712.

制度化，只有罗马法对财宝处理做了详细的规定，所以，还是从罗马法开始谈西方国家财宝法的历史为宜。

(1)关于财宝的范围。对此有不同的学说，持论者理解的财宝宽窄不一，有如下述。

最窄的学说是“金钱说”，为保罗所持：财宝是某个古人存储的金钱，其存在被遗忘，以至于没有了所有人，这样，在并非他人地方发现了的，成为发现人的……(D.41,1,31,1. 保罗：《告示评注》第31卷)[4] 此说的基础之一罗马铸币的产生。到塞尔维尤斯·图留斯(Servius Tullius，公元前579—公元前535年在位)王的时期，罗马有了铸币[5]，因而有了藏的对象。基础之二是古罗马人的藏宝习惯：人们把闲钱埋入地下以备不时之需，时间长了，藏宝人忘却了其所为或因被动移居丧失了财宝依托的家宅，发生多年后财宝被他人掘出的事情。应该说，“金钱说”的影响很大，后世的英美法至今把金钱或贵金属锭块作为构成财宝的一个要件。更有甚者，中世纪西班牙学者古铁雷斯(Leonardo Gutierezz de Huerta，1680—1736年)从词源的角度考证，拉丁词Thesaurus由Thes和Aurus构成，前者是希腊词，意思是“地方”，后者是拉丁词，意思是“金子”。这样，Thesaurus就是“有金子的地方”的意思。[6] 无疑，这样的考据强化了“金钱说”。

较宽的学说是首饰说。格拉西安、瓦伦丁尼安、狄奥多西三位皇帝联名发布的一个敕答，把财宝定义为“不知名的所有人在久远的时期放置的首饰(monilia)(C. TH. 10,18,2)”[7]。首饰的外延比金钱宽多了。

更宽的学说是动产说，见诸列奥与芝诺皇帝的敕答：财宝是由不知名的主人在很久以前藏匿的动产(C. 10,15,1,1)。[8] 这一法言进一步放宽了财宝的范围，只要是动产即可，当然应该是较有价值的动产。

---

[4] See Mommsen and Alan Watson, *The Digest of Justinian*, Volume 4, Philadelphia, University of Pennsylvania Press, 1985, p. 495.

[5] See Pliny, *The Naturale History of Pliny*, Vol. VI, trans. by John Bostock, London, HT. Riley. Perseus Books, 1856, p. 89.

[6] Véase Encyclopedia canonica, civil, moral, regular y orthodoxa, illustrada con la explicacion de todas las reglas de el derecho canonico y de las mas celebres de el derecho civil, de Villa Nueva, 1721, p. 533.

[7] Codex Theodosianus cum Perpetuis Commentariis Iacobi Gothofredi, Tomo Tertius, Lipsiae, 1738, p. 515.

[8] See the Civil Law including The Twelve Tables, The Institutes of Gaius, The Rules of Ulpian, The Opinions of Paulus, The Enactments of Justinian, and The Constitution of Leo, trans. and edited by S. P. Scott, Cincinnati, The General Trust Company, 1932, p. 100.

最宽的学说是佛罗伦丁的地面自然物说:在海岸上发现的宝石、美玉和其他物,立即按自然法成为发现者所有(D. 1,8,3. 佛罗伦丁:《法学阶梯》第6卷)。[9] 这一法言是叛逆性的,它不要求财宝是金银制品,也不要求它们有无前所有人,也不要求它们被藏匿,甚至可以贴地存在,由此构成对财宝概念的最宽泛解释。富有意味的是,由于被优士丁尼在其《法学阶梯》2,1,18中采用,[10] 佛罗伦丁的上述主张转化为官方主张。

总之,在罗马原始文献中,财宝的范围有放宽的趋势。

(2)关于财宝的存在之所。对此有"土地说"和"地方说"两种观点,以下分述。

"土地说"为特里芬尼努斯所持,但他也兼采"地方说"。"如果他权人发现了一个财宝,须指出的是,就他为之取得的人而言,如果他在别人的土地(Ager)上发现了财宝,他只为该人取得部分财宝;如果他在其尊亲或主人的地方(Locus)有所发现,全部归他从属的人(D. 41,1,63pr. 特里芬尼努斯:《论断集》第7卷)。"[11]

这一法言的重要之处在于假定可在"土地"和"地方"发现财宝。在土地中发现的,不妨称为埋藏物。以土地为坐标,"地方"则包括地下、贴地、地上三个维度。涉及"地下"这个维度的,是埋藏物;涉及"贴地"这个维度的,可以前引佛罗伦丁提到在海岸上发现的宝石、美玉和其他物为例;涉及"地上"这个维度的,有如在天花板上、在树上的老鸹窝里发现的隐藏的钱币或其他有价值物品。令人遗憾的是,特里芬尼努斯这个法言的译者范怀俊把可以存在于这三个维度的Thesaurus译成"埋藏物"[12],显然不妥,把三个维度缩减成一个维度了。范怀俊受我国学者"被发现物必须处在地下"的前见支配,进行了上述缩减。[13]

---

〔9〕 See Mommsen and Alan Watson, *The Digest of Justinian*, Volume 1, Philadelphia, University of Pennsylvania Press, 1985, p. 24.

〔10〕 参见[古罗马]优士丁尼:《法学阶梯》(第2版),徐国栋译,中国政法大学出版社2005年版,第119页。

〔11〕 [意]桑德罗·斯奇巴尼选编:《民法大全选译·物与物权》,范怀俊译,中国政法大学出版社1993年版,第39页。译文有改动。

〔12〕 参见[意]桑德罗·斯奇巴尼选编:《民法大全选译·物与物权》,范怀俊译,中国政法大学出版社1993年版,第39页。

〔13〕 做这样缩减的译者是多数,他们是《马耳他民法典》《路易斯安那民法典》《德国民法典》《埃塞俄比亚民法典》《法国民法典》《意大利民法典》等民法典的译者。不做此等缩减的有《菲律宾民法典》《魁北克民法典》的译者。详细的分析参见徐国栋:《财宝耶? 埋藏物耶?》,载《"第五届两岸民商法前沿论坛——民法典编纂与创制发展"论文集》(上册),第74~81页。

“地方说”为保罗所持。如果说特里芬尼努斯谈到财宝的所在之处时在“土地”与“地方”之间骑墙，保罗则旗帜鲜明地采“地方”一元论。前引 D. 41,1,31,1 这个法言只把“地方”假定为财宝的隐藏地。地方是一个三维空间，这样就通过拓宽发现地点的方式拓宽了财宝的范围。

最后的官方意见体现在 533 年的优士丁尼《法学阶梯》2,1,39 中：“某人在自己的地方发现的财宝，神君阿德里亚努斯遵循自然衡平，把它授予发现人……”〔14〕显然，这个法言像保罗一样采用“地方”一元论，假定财宝的存在之所是一个三维空间，它包括土地，但不限于土地。

2. 现代西方国家对罗马法中的财宝制度的继受以及分化

除了少数的例外，差不多所有的西方国家都继受了罗马法留下来的财宝概念和相应的制度。下面在法语世界、德语世界、意大利语世界、西班牙语世界、英语世界中各挑一部民法典说明这种继受。

法语世界的民法典选 1804 年的《法国民法典》，其第 716 条第 2 款规定：所谓财宝(trésor)是指，被掩藏或被埋藏的，其发现纯属偶然，任何人均不能证明享有所有权之物。〔15〕

德语世界的民法典选 1900 年的《德国民法典》，其第 984 条规定：长期被隐藏以致不再能查明所有人的物(财宝)被发现，且因该发现而被占有的，所有权的一半由发现人取得，另一半由该财宝(Schatz)被隐藏于其中的物的所有人取得。〔16〕

意大利语世界的民法典选 1942 年的《意大利民法典》，其第 932 条第 1 款规定：财宝(Tesoro)是某一隐藏或埋藏在地下的，任何人均无法证明自己是其所有人的、有价值的动产。〔17〕

西班牙语世界的民法典选 1857 年的《智利民法典》，其第 625 条第 2 款规定：钱币、珠宝或其他经人加工的珍贵财物，如长时间被埋藏或隐藏而未留有其所有人的记号或标志，谓财宝(tesoro)。

英语世界的民法典选 1808 年的《路易斯安那民法典》，其第 3420 条第 2 款规定：财宝(treasure)是被隐于另一动产或不动产中的动产，并经过了一个足够

〔14〕［古罗马］优士丁尼：《法学阶梯》(第 2 版)，徐国栋译，中国政法大学出版社 2005 年版，第 119 页。

〔15〕参见《法国民法典》(上册)，罗结珍译，法律出版社 2005 年版，第 565 页。

〔16〕参见《德国民法典》(第 4 版)，陈卫佐译，法律出版社 2015 年版，第 359 页。译文有改动。

〔17〕参见《意大利民法典》，费安玲等译，中国政法大学出版社 2004 年版，第 229 页。

长的时间以致不能确定其所有人。[18]

上述规定中的 trésor、Schatz、Tesoro、tesoro、treasure 都是拉丁词 thesaurus 的对译，都是“财宝”的意思，不是“埋藏物”的意思。所以，采用这些术语的民法典都是罗马法中财宝制度的继受者。

尽管如此，它们的继受是有所选择的。从财宝的外延来看，《法国民法典》和《德国民法典》采用物说，该词连不动产都能包括，但不动产显然不能被隐藏或埋藏，所以，这里的“物”实际上是动产。《意大利民法典》《路易斯安那民法典》也采动产说。只有《智利民法典》采用保罗的财宝理解（金钱），兼采首饰说（经人加工的珍贵财物）。显然，动产说中的财宝范围较大，金钱说和首饰说中的财宝范围较小。

从财宝的存在的空间来看，《法国民法典》采土地说，其第 716 条第 1 款规定：财宝的所有权，属于在自己土地（Fonds）发现该物的人；如财宝是在他人土地内发现，一半属于发现人，另一半属于土地所有权人。不难看出，该款排除了在水中发现财宝的可能。其中的“土地”，指属于某个人的地方。财宝处在地下的，谓之埋藏，处在地表上的建筑或树木中的，谓之隐藏。本款把被发现物处在土地中的原因归结为“掩藏”和“埋藏”，这就排除了被发现物是大自然赠与的可能。这一观点来源于波捷（Robert Joseph Pothier，1699—1772 年）的《所有权论》，其中，他主张财宝必须埋藏在土地、田野或楼宇中。[19]

《意大利民法典》《路易斯安那民法典》的规定在这方面与《法国民法典》相同。

《德国民法典》不采土地说，不把财宝的存在空间限定为陆地。其第 984 条的制定者竭力避免使用土地这个词，而采用“被隐藏”（verborgen）的被动语态结构。这就让人想到被隐藏的地点不以土地为限，水体也可藏宝。由于晚于《法国民法典》差不多 100 年制定，《德国民法典》的起草者有机会考虑把藏宝地点限于陆地的做法的局限。然而，优士丁尼罗马法未考虑水下财宝的漏洞被英国法和希腊法的规定填补了：布莱克斯通把地表上的或海中的财宝定为第一个发现人所有，而把埋藏的财宝定为王室所有；[20] 希腊法则规定在海中发现的物品

---

〔18〕《路易斯安那民法典》，娄爱华译，厦门大学出版社 2010 年版，第 413 页。

〔19〕 Voir C. Demolombe, Traité des successions Vol. I, Auguste Durand, 1862, p. 42.

〔20〕 See B. Blanchet and H. A. Grueber, “Treasure Trove, Its Ancient and Modern Laws”, *Numismatic Chronicle and Journal of the Numismatic Society*, Fourth Series, Vol. 2, 1902, p. 158.

一半归发现人,一半归残废海员公库。[21] 不排除《德国民法典》借鉴了上述国家经验的可能。

《智利民法典》第625条第2款看起来也采取开放说,但在该条之后的规定(尤其是第627条)提到在他人的土地或建筑中挖宝,综合起来看,该法典还是采用土地说。

尽管有这个差异,两个派系的民法典在"贴地物不构成财宝"观点上一致。用波捷的话来说:在地表上发现的财宝,如钱包、首饰,则属于遗失物,不归财宝规则管辖。[22] 由此可以说,佛罗伦丁的观点在后世无人继受。

(二)中国古代法中的埋藏物制度

1.宿藏物制度

尽管有人把我国的埋藏物立法追溯到汉代[23],但没有提供确切的文献依据,到唐朝才出现这样的依据。《唐令》规定:"诸官地内得宿藏物者听收。他人地内得者,与地主中分之。即古器形制异者,悉送官酬其值。"该条十分慷慨:在公地里获得埋藏物,让发现人取得完全的所有权;在私人地里获得埋藏物,发现人与地主各得50%的所有权;若系古代文物之类,则由官府收购。[24]

宿藏物中"宿"字的含义是"旧有的"(如宿怨)、"年老的"。[25] 所以,"宿藏物"的概念没有说藏在地下还是其他地方,只说藏得有年头了,以此强调被发现物必须具有古旧性。

《宋刑统·杂律》依循《唐令》规定:"诸于在他人地内得宿藏物,合与本主中分。但若得古器,形制异而不送官者,罪之。"[26]

假设《唐令》(715年)是我国的第一个规定财宝问题的立法,阿德里亚努斯(117—138年在位)确立了罗马法中影响后世的财宝法规则,可以说,我国的财宝立法比较晚近,尽管商代(公元前17世纪—公元前11世纪)晚期我国即有了

---

〔21〕 See B. Blanchet and H. A. Grueber, "Treasure Trove, Its Ancient and Modern Laws", *Numismatic Chronicle and Journal of the Numismatic Society*, Fourth Series, Vol. 2, 1902, p. 156.

〔22〕 Voir C. Demolombe, Traité des successions, Vol. I, Auguste Durand, 1862, p. 42.

〔23〕 参见顾华祥:《我国古代物权制度考察》,载《乌鲁木齐职业大学学报》2009年第2期。

〔24〕 参见谢再全:《民法物权论》(上,修订六版),台北,新学林出版股份有限公司2014年版,第323页。

〔25〕 参见中国社会科学院语言研究所词典编辑室编:《现代汉语词典》,商务印书馆1978年版,第1085页。

〔26〕 赵晓耕:《试论宋代的有关民事法律规范》,载《法学研究》1986年第3期。

铜铸币。[27]

2. 埋藏物制度

到了元朝,唐宋的宿藏物制度转化为埋藏物制度。元朝的《通制条格》记载:“至元十三年闰三月,中书户部呈:王拜驴等于贺二地内掘得埋藏之物,拟令得物之人与地主停分。今后若有于官地内掘得埋藏之物,于所得物内壹半没官,壹半付得物之人。于他人地内得者,依上与地主停分。若租佃官私田宅者,例同业主。如得古器珍宝奇异之物,随即申官进献,约量给价。如有诈伪隐匿其物,全追没官,更行断罪。都省准拟。”[28]在这个文件中,埋藏物的概念可能是首次出现。

接下来的《大明律》继续沿用埋藏物的概念,规定:“若如在官私地内掘得埋藏之物者,并听收用。若有古器、钟鼎、符印异常之物,限三十日内送官,违者杖八十,其物入官。”[29]《大清律》完全沿用上述规定。

比较来看,宿藏物和埋藏物的类型主要是金银财物,[30]然后是古器、钟鼎、符印等。可以说,我国古代法对“财宝”的理解以金钱说为基调,和保罗的观点比较接近。就财宝的存在空间而言,宿藏物的概念允许“财宝”被藏地下、地上甚至于土地以外的地方,但不允许裸露于地表,因为如此无所谓“藏”。所以,这个概念与保罗的地方说一致。但埋藏物概念中“埋”字的土字旁强调被发现物必须处在土地中,而这个词的本义是“在土里”的意思,如此,“裸露在土地之上”也被排除了。埋藏是人的行为,由此又把被发现物与其所有权前手的关联建立起来。所以,埋藏物的概念与特里芬尼努斯的土地说一致。由于改宽为窄,用“埋藏物”取代“宿藏物”是一种倒退。

总之,从学说多样性的角度看,西方国家的“财宝”与我国的“埋藏物”相似而已,含义上并不完全等值。

(三)“财宝”与“埋藏物”在日本的交集及等值处理

1. 日本对中国宿藏物和埋藏物概念的继受

唐朝法律对亚洲周边国家产生了重大影响。日本文武天皇(697—707年在位)制定的《大宝律令》借鉴了唐律,惜乎此律令已不存。[31] 存者为稍在它之后

[27] 参见邓家荣:《我国的铸币》,载《中国金融》1965年第1期。

[28] 《通制条格》卷第二十八。

[29] 顾华祥:《我国古代物权制度考察》,载《乌鲁木齐职业大学学报》2009年第2期。

[30] 参见孔庆明、胡留元、孙季平编著:《中国民法史》,吉林人民出版社1996年版,第468页。

[31] 参见《世界历史词典》编辑委员会编:《世界历史词典》,上海辞书出版社1985年版,第24页。

的《养老律令》(718 年),该律令继受了《唐令》中的宿藏物的概念及其相应规定。谓:"凡官地内得宿藏物者,皆人得。人于他人私地得,与地主中分之。制异者,悉送官,酬直。"〔32〕显然可见,该条的文字与其《唐令》中的对应物几无二致,宿藏物的概念就这样传到了日本。

18 世纪末,德川幕府后期,地方一些名藩掀起了模仿中国明律的风潮。到了明治初年,则大量吸收明清律。〔33〕 埋藏物的术语可能就是在那时传到日本去的。

2. 日本新、旧民法对"埋藏物"与"财宝"的等值处理

明治后期,日本转而学习西方法。1890 年制定了旧《日本民法典》,1893 年生效。它是法国学者博阿索那德(Gustave Boissonade,1825—1910 年)起草的。其"财产取得编"第 5 条第 1 款规定:"于他人之物中偶然发现的埋藏物,若无法知道其所有人,其一半给予发现者。"第 23 条第 2 款规定:"动产或不动产所有人自己意外发现的埋藏物,一半依先占、一半依添附,全部归他们自己。"第 6 条第 1 款和第 2 款规定:(1)埋藏物的原所有人,在发现后 3 年内不得违反前条规定而主张自己的权利;(2)若原所有人为埋藏物埋藏之处所或隐藏之处所的所有人,上述期间缩短为知道发现后的一年。〔34〕

首先要指出的是,上述条文中的"埋藏物"的法文原文都是 trésor ,日本人把这个用法文起草的草案翻译为日文时,面临择词的问题,他们选用了从中国继受的"埋藏物"一词。如前所述,该词的外延圈框从所指范围和被指者存在维度的角度看,都比"埋藏物"大,但博阿索那德把它的存在维度解释得很单一,谓:在地表上的物、在水中的物,或丢失在楼宇或家具中的物,眼睛不费劳力可以看到的,为遗失物(object perdu),非财宝。〔35〕 这样的解释排除了地上的、地表的和水下的财宝,只认可地下财宝,这就至少从存在维度的角度把 trésor 与埋藏物等值了。所以,日本人把法国起草者写下的 trésor 翻译为"埋藏物"并不为错。尽管如此,上述规定不把土地,而把"物""处所""动产""不动产"作为被发现物的存在之所,给人以克服了《法国民法典》的局限的印象。当然,立法者同时不明确

〔32〕 [日]黑板胜美编:《增补新订国史大系第二十二卷 · 令义解》,弘文馆 1966 年版,第 338 页。感谢北九州大学的矢泽久纯教授为我提供这一日文资料。

〔33〕 参见郑显文:《中国古代法律对日本法律的影响》,载《比较法研究》1992 年第 3 期。

〔34〕 感谢浙江大学光华法学院的周江洪教授为我翻译日本旧民法典的这些条文。

〔35〕 Voir Gustave Boissonade, Projet de code civil pour l'Empire du Japon, accompagné d'un commentaire, T. 3, Des moyens d'acquérir les biens, Tokio, 1882—1888, p. 19.

地使用“隐藏物”的概念与埋藏物的概念并列，可以稍减使用埋藏物术语的破坏作用。

另外，秉承严格财宝与非严格财宝的区分观，这些规定给了被发现物的原所有人主张自己权利的除斥期间：把东西埋在或藏在他人处所的情形，是3年；把东西埋在或藏在自己处所的情形，是1年。这样的区分有些道理。在自己的地方自己的埋宝被人挖走，自然容易知道些，所以除斥期间规定得较短。但日本旧民法典并未规定发现人（严格说来是“先占”人，日本等国〔36〕的民法典放弃了对发现与先占的区分，将前者吸收于后者）有公告自己的发现的义务，这样，他们自己对被发现物的占有本身构成公告。不公告而要求原所有人对被发现物主张权利，具有强夺的意味。

顺便指出，关于原所有人主张权利的除斥时效的规定明确排除了被发现物是自然赠与的可能。事实上，这种可能已被埋藏物和隐藏物的术语排除了。“埋藏”也好，“隐藏”也好，都是人的行为，它们都暗示被发现物存在所有权前手。

1890年日本旧民法典颁布后，引起了法典论争，对这一民法典的道德预设水平有“民法出、忠孝亡”之评〔37〕，这导致旧民法典在实施后不久就“流产”。日本不得不在参酌德国经验的基础上重新起草民法典。新民法典于1898年实施。其第241条规定：关于埋藏物，依特别法规定进行公告后6个月内，其所有人不明时，发现者取得其所有权。但是，于他人物内发现埋藏物，发现人与其物所有人折半取得所有权。〔38〕显然可见，该条化繁为简，把旧民法典用3条规定的事

〔36〕“等国”包括如下国家和地区：阿根廷（其民法典第2525条及以下数条）、埃及（其民法典第870条及以下数条）、埃塞俄比亚（其民法典第1151条及以下数条）、越南（其民法典第170条）。但意大利坚持发现作为一种独立的取得所有权方式（其民法典第922条）。巴西同此（其2002年新民法典第1264—1266条）。路易斯安那同此（其民法典第3420条）。马耳他同此（其民法典第563条）。菲律宾则采取骑墙态度，不说发现财宝属于发现的取得方式还是先占的取得方式，而采用“所有权的一般规定”的泛泛说法（其民法典第438条）。魁北克同此，把财宝的取得置于“空产的取得”的标题下（其民法典第934条及以下数条）。蒙古同此，把财宝的取得置于“所有权的取得和消灭”的泛泛的标题下。泰国同此，把财宝的取得置于“所有权的取得”的泛泛的标题下（其民商法典第1328条）。土库曼斯坦同此，把财宝的取得置于“所有权的取得和丧失”的泛泛的标题下（其民法典第215条）。智利的骑墙方式十分独特，把发现作为先占的一种方式（其民法典第624条）。

〔37〕参见周江洪：《日本民法的历史发展及其最新动向简介》，载徐国栋主编：《罗马法与现代民法》（第5卷），中国人民大学出版社2005年版，第159页。

〔38〕参见判例六法编修委员会编：《判例六法》，三省堂2004年版，第444页及以下。

项用 1 条规定,显得干净利落,这是进步。退步在于放弃了并用“埋藏物”和“隐藏物”两个概念的处理,只使用“埋藏物”的概念,这样就把被发现物的存在空间缩小了。

本条提到的“特别法”是《遗失物法》和《文物保护法》。[39] 下文将述,遗失物是有主物,严格财宝是无主物,两者性质差异甚大,让后者类推适用为前者制定的规则,多有不顺。所以《魁北克民法典》采用先规定无主物的取得,后规定遗失或遗忘的动产的取得的路径。[40] 但可能是针对“民法出、忠孝亡”的批评,新民法典要求发现人公告寻找原所有人,而不是像旧民法典规定的那样让发现人消极地等待原所有人的索还。所以,相比于旧民法典的埋藏物条文,这个条文的道德要求更高。不过,为了平衡双方当事人的利益并尽快确定被发现物的属主,新民法典把原所有人的主张自己的物的除斥期间缩短为 6 个月。

这个第 241 条何所本耶? 不排除它出自日本人的原创的可能,但也有可能出自《法国民法典》以外的其他西方国家法律。查诸近代世界各国民法典,进行类似规定的有 1857 年的《智利民法典》和 1867 年的葡萄牙旧民法典。前者的第 629 条规定:(1)如发现的实物动产看起来是遗失物,应交由其所有人支配;未出现任何人证明该实物为其所有时,应交给有权机关,该机构应在当地报纸上刊登拾得通知,或者当地没有此等报纸时,在省会报纸上刊登之。(2)通知应指明该实物的种类和质量、拾得日期和地点。(3)已每隔 30 天发出两次通知,但所有人仍未出现时,应发出第三次通知。第 630 条规定:在继最后通知之后的 1 个月内,如无人出现并证实其所有权,可对该物进行拍卖;拍卖所得在扣除拾捡、保管及其他附带费用后,由物之发现人和所在地的市政机关均分。[41] 后者的第 423 条规定,如果某人发现不知其主的金银或其他有价值物件的储藏,而此等储藏有 30 年的古旧度,他应在自己所在区的报纸上公告其发现,如果物的所有人在两年内不出现,此等物根据以下条的规定全部或部分成为发现人的财产。第 424 条规定,在自己土地上发现的,土地所有人全得。在他人土地上发现的,得 1/3,2/3 归土地所有人。[42] 上述规定都以公告作为厘清被发现物是严格财宝还是非严格财宝的手段。它们都假定财宝有所有权前手,发现人应尽力寻找之。找

〔39〕 参见判例六法编修委员会编:《判例六法》,三省堂 2004 年版,第 445 页。

〔40〕 参见《魁北克民法典》,孙建江等译,中国人民大学出版社 2005 年版,第 121 页。

〔41〕 参见《智利共和国民法典》,徐涤宇译,金桥文化出版(香港)有限公司 2002 年版,第 150 页。

〔42〕 Ver Codigo Civil Portugues, Coimbra, 1934, p. 138s.

不到时才可在发现人和土地所有人间瓜分。这与日本新民法典规定的基本精神一致，细节小有不同而已，由此可以怀疑日本在制定新民法典时参酌了智利或葡萄牙的规定。

3. 日本模式对东亚主要国家的埋藏物立法的影响

由于日本在近代法律西化方面的“领头羊”地位〔43〕，日本用自己从中国继受的“埋藏物”翻译西方的“财宝”的做法很快流播于东亚国家，如中国、韩国、泰国、越南。

(1)对1949年前的中国法的影响。1911年的《大清民律草案》第1034条规定：发见埋藏物，而占有之人依特别法令所定，取得其所有权。但埋藏物系在他人所有物中者，其所有人取得埋藏物之半。〔44〕

1925年的《中华民国民律草案》第821条规定：发现埋藏物而占有之人，依特别法令所定，取得其所有权。但埋藏物系在他人所有物中者，其所有人取得埋藏物之半。〔45〕

1929—1931年的《中华民国民法典》第808条规定：发见埋藏物而占有者，取得其所有权。但埋藏物系在他人所有之动产或不动产中发见者，该动产或不动产之所有人与发见人，各取得埋藏物之半。〔46〕

三个规定中，《大清民律草案》和《中华民国民律草案》受日本模式影响的痕迹昭然。其中的“特别法令”就是遗失物立法。《中华民国民法典》则甩掉了埋藏物与遗失物的比附，把它作为以先占取得所有权的一个独立实例加以规定，并对埋藏物的归属做了不理睬前手所有人的处理，当然，也可把此等处理解释为不假定埋藏物必有前手所有人，这样，大自然的赠与便有可能进入埋藏物的范围。

(2)对韩国法的影响。1958年《韩国民法典》第254条规定，关于埋藏物，根据法律规定经公告后1年内，其所有人不主张权利的，由发现人取得其所有权。但于他人土地或其他物内发现埋藏物时，应与土地或其他物的所有人折半取得。〔47〕

该条的日本痕迹亦显然，仍然要求发现人寻找原所有人，而埋藏物的表达隐

〔43〕 关于日本的这种地位，参见徐国栋：《中国合同法的罗马法基础——兼论以罗马法作为未来亚洲模范合同法的基础的可能性》，载《北方法学》2015年第6期。

〔44〕 参见《大清民律草案、民国民律草案》，杨立新点校，吉林人民出版社2002年版，第136页。

〔45〕 参见《大清民律草案、民国民律草案》，杨立新点校，吉林人民出版社2002年版，第314页。

〔46〕 参见吴庚等编纂：《月旦六法全书》，台北，元照出版公司2000年版，第2～190页。

〔47〕 参见《韩国民法典·朝鲜民法》，金玉珍译，北京大学出版社2009年版，第40页。

含了所有权前手的存在。加进“土地”为被发现物的所在地的冒昧为“其他物”的开放性表达所缓和。

(3)对泰国法的影响。1925—1935 年的《泰国民商法典》第 1328 条规定,如果发现的被隐藏或埋藏的有价值的动产处在谁都不能要求成为其所有人的情境中,其所有权属于国家。发现人有义务必须将该财产交给警察或者主管部门人员;在这种情形,发现人有权获得财产价值 1/3 的奖金。[48]

该条中的“被隐藏”“埋藏”的表达暗示了被发现物有一个所有权前手。

(四)新发现物对“财宝”和“埋藏物”概念的挑战

1. 对“财宝”概念的挑战

前文已述,传统的财宝概念的所指主要是铸币及贵金属锭,但纸币对铸币的取代对此提出了问题。对此有如下案例:

(1)修理工在检修飞机时发现现金案。艾奥华州中央银行由于债务人用来抵债成为一架飞机的所有人。银行每年安排 Lindner 航空公司检修该飞机,这一工作由本杰明实施。1995 年,他在机翼的一块板子后面发现包裹好的 1.8 万美元,它们是在 20 世纪 50 年代被藏在机翼里的。本杰明主张自己作为发现人对全部美元享有所有权,但法院认为此等美元的所有权属于 Lindner 公司,本杰明可获得 10% 的奖励。本杰明提起上诉,遭到驳回。[49]

(2)从小偷丢弃的保险柜中发现现金案。小偷 Rifon 于 1974 年偷到一个保险柜后打开取走其内容,然后把它遗弃在一个废物堆积场中。1977 年 12 月 10 日,警察局的线人坎贝尔带着警察局给他配备的监控器经过这个保险柜时发现其中有一个塑料包裹,打开一看,里面有 13.6 万美元,这是后来的不知名犯罪分子放进去的。坎贝尔主张自己作为发现人有权取得它们。但警察局通过监控器知晓了此等发现,由此拿回了这笔钱。按案发地特拉华州的法律,在警察局掌控下的遗失的、抛弃的或偷盗的金钱,在警察局努力寻找其所有人后 1 年无结果的,自动归入警察退休基金。警察局最终把这笔钱作为偷来的金钱归入了上述基金。[50]

(3)从老屋炕洞发现民国纸币案。2015 年岁尾,胶州市民潘先生回老家,在

〔48〕 See The Civil and Commercial Code of Thailand, Bangkok, s/a, p. 258.

〔49〕 See Benjamin v. Lindner Aviation, Inc. – Case Brief, http://www.lawnix.com/cases/benjamin-lindner.html, Dec. 20, 2015.

〔50〕 See Campell v. Cochran, [1980] 416 A. 2d 211, http://law.justia.com/cases/delaware/superior-court/1980/416-a-2d-211-5.html, Dec. 20, 2015.

老屋炕洞里找到了 30 多张民国时期的纸币,面值总额 30 多万元。〔51〕

(4)从床垫中发现黄金券案。生活在新奥尔良的 Emily Baron 于 1957 年死亡,留下不多的遗产,其中有一个床垫,被其继承人以 2.5 美元的价格卖给约翰·E. Cleland 夫妇,他们把它送到了床垫厂进行拆解,约翰·H. Lemmon 在这个过程中发现了价值 2.22 万美元的黄金券(Gold Certificate)。Baron 的继承人、Cleland 夫妇都对这笔钱提出了主张,有意思的是 Lemmon 并不主张发现者的权利。法院把黄金券判给 Baron 的继承人。〔52〕 顺便指出,黄金券是持有黄金的证明书,由此以证书的持有取代实际的金锭的持有。

上述四个案例揭示了金银币时代结束后财宝形式的纸币化甚至证券化,令人遗憾的是,英语世界的财宝定义还停留在人们持有真金实银的时代。〔53〕 案例四还揭示了一种新的藏宝处所。1982 年,路易斯安那州修改了其民法典中关于财宝的存在之所的规定,承认动产也可以是财宝的包纳所〔54〕,此等修改应该跟本案有一定的关系。

2. 对"埋藏物"概念的挑战

如前所述,埋藏物的概念要求被发现物处在土埋状态,这样的概念不能涵盖水下财宝。受到如下案例的挑战。

(1)潜泳得金砖案。2015 年 8 月,一名 16 岁的德国少女在巴伐利亚国王的湖里潜泳时,在水下 2 米处潜泳时意外捡到了一块重 500 克的金砖并上交警察局。该金砖长 6 厘米,顶端刻有 Degussa Feingold 标志,价值约 1.6 万欧元(约合人民币 11 万元)。〔55〕 6 个月后,警方宣布,由于没有找到金砖的失主也无人认

---

〔51〕 参见牟成梓:《男子炕洞里挖出 30 万民国纸币,印有孙中山头像》,载 http://news.ifeng.com/a/20151228/46854801_0.shtml,2015 年 12 月 28 日最后访问。

〔52〕 See United States v. Peter, [1959] 178 F. Supp. 854, E. D. La., http://law.justia.com/cases/federal/district-courts/FSupp/178/854/1642251/, Dec. 21, 2015.

〔53〕 英国的定义是:埋藏在地下或其他秘密地点,后被发现,但不知道也无法考证其原始所有人为谁的金质或银质铸币、盘、块或者其他财宝。参见[英]戴维·M. 沃克:《牛津法律大辞典》,李双元等译,法律出版社 2003 年版,第 1116 页。美国的定义是:被发现藏于地下或其他私人地方的金钱或金银铸币、金银的盘或块,其所有人不明。See Henry Campell Black, *Black' e Law Dictionary*, Fifth Edition, Avonmore, West publishing Co., 1979, p. 1346. 公正地说,英国的定义中的"其他"文句,美国定义中的"金钱"文句还是为金银钱币或块锭以外的财宝留了一点空间。

〔54〕 参见《路易斯安那民法典》,娄爱华译,厦门大学出版社 2010 年版,第 413 页。

〔55〕 参见佚名:《16 岁少女德国湖泊潜泳时发现金条,上交给国家》,载 http://www.qh.xinhuanet.com/2015-08/14/c_1116259168.htm,2015 年 12 月 14 日最后访问。

领金砖,它归上述少女所有。[56]

(2)海底财宝系列案。

a. 阿托恰的圣母号[57]沉船案。1622 年 8 月,阿托恰的圣母号从哥伦比亚返回西班牙,当船队航行到佛罗里达州附近的基韦斯特海域时,遭遇飓风,船很快沉到深 17 米的海底。

1955 年,梅尔·费舍尔成立了一个名叫“拯救财宝”的公司,专门在南加州一带的海域寻找西班牙沉船。1985 年 7 月 22 日,费舍尔团队在阿托恰的圣母号沉没处打捞出 1041 块银条和数以百计的箱子,每箱装有 1000 枚金币。另外还有 12.7 万枚银币、700 块祖母绿宝石和 2500 块宝石、金项链和珠宝,以及琳琅满目的银器和十字架。所有财宝的价值约为 4 亿美元。

此前,费舍尔与佛罗里达州档案局(宝物的所有人)达成协议,后者委托他寻宝,但可得到寻到的宝物的 75%。发现宝物后,美国想取得宝物,遂对佛罗里达州提起诉讼(United States v. Florida),主张自己是宝物的所有人,因为根据 1868 年的佛罗里达州宪法,该州的领水为佛罗里达湾,但阿托恰的圣母号沉没的地方是大西洋的一部分,而非墨西哥湾,所以,佛罗里达州对阿托恰号上的财宝不享有权利,此等权利归美国享有。美国赢得了这一诉讼。[58] 得知这一判决后,“拯救财宝”公司寻求宣告自己对船难物享有权利,但遭到了佛罗里达州在美国最高法院对它提起的诉讼(Florida v. Treasure Salvors INC.)。1982 年 7 月 1 日,美国最高法院作出判决,以 5 票比 4 票的比数否认了佛罗里达州和美国联邦政府对于海底发现财宝的专属权,判决费舍尔及其合伙人取得在沉船上发现的任何财宝。[59]

b. 施密特家族打捞海底财宝案。1715 年 7 月下旬,12 艘船满载价值约 350 万比索的金银珠宝的西班牙船队从古巴哈瓦那出发,在佛罗里达州附近海域遭飓风袭击,有 11 艘沉没。梅尔·费舍尔买下了对这些财宝的打捞权。Brent

---

[56] 参见佚名:《德国姑娘湖底捡金条,无人领归己》,载 http://news.163.com/16/0207/09/BF7A3Q3M0001121M.html,2016 年 2 月 23 日最后访问。

[57] 中文文献都将这个船名说成“阿托卡夫人”号,这个船名的西班牙文是 Nuestra Señora de Atocha,Nuestra Señora 是圣母的意思,Atocha 是马德里的一个区,其中有教堂,中间供有圣母,该船遂以这个圣母命名。

[58] See Daniel J. Reat,“The Eleventh Amendment Surfaces in Florida Department of State v. Treasure Salvors,INC.:A Retrospective”,*Houston Journal of International Law* 12,1989,p.145,note 24.

[59] See “Florida v. Treasure Salvors INC.”,http://www.conservapedia.com/Florida_v._Treasure_Salvors,_Inc.,Feb.19,2016.

Brisben 的兄弟 William Brisben 曾在费舍尔的“拯救财宝”公司工作,他从费舍尔处转买了对这批财宝的打捞权。然后再把这项权利转售给了施密特(Eric Schmitt)。从 1997 年起,施密特家族组织了 Booty Salvage 打捞团队在海底打捞沉船上的财宝。他们于 2015 年 6 月在佛罗里达州皮尔斯堡的浅水区找到了这批财宝。其中包括 51 枚金币、12 米长纯手工制作的华丽金链,以及一枚被称为“三百年皇家”的稀有皇家硬币,它是当年为西班牙国王菲利普五世铸造的。根据佛罗里达州法律,所发现宝藏的 20% 将上交给州政府,余下的由 Brent Brisben 和施密特团队对半分享。[60]

(3)天落财宝案。2011 年 7 月,哈萨克族向导海拉提·阿依萨和加尔恒·哈布德海在新疆阿勒泰地区发现了中国第二、世界第四的铁陨石。他们向科研单位报告了其具体位置,但未得到期待的奖励,他们为此委托了律师拟状告政府。陨石发现地的牧场承包人居曼·热马赞认为自己对这块石头也享有权利而介入诉讼。[61]

(4)动物体内藏宝系列案。

a. 牡蛎内含珍珠案。2015 年,美国田纳西州女子艾略特在餐厅吃午餐时点了牡蛎,吃时发现有东西硌到牙齿,后来发现“东西”竟然是 50 颗珍珠。餐厅经理说,这些珍珠当然归艾略特所有,这就像中彩票一样。[62]

b. 厨师发现海螺珍珠案。厨师阳虎生 20 年前在一家海鲜店剖海螺时,无意间发现了两颗敲不破,像乒乓球一样起跳的黄色“结石”。之后,他辗转找到中国地质大学珠宝检测中心鉴定,确定这两颗“结石”是海螺珍珠,其价值远超黄金。[63]

(5)乌木案。2015 年 7 月,在广东惠州的东江流域,男子林某从水中捞起重 50 多吨的阴沉木(俗称乌木),准备进行买卖交易时被举报,之后,这批乌木被公

---

〔60〕 See Jennifer Marino Walters, “Reclaiming a Sunken Treasure”, http://magazines.scholastic.com/Top-News/2015/08/reclaiming-a-sunken-treasure, Feb. 19, 2016.

〔61〕 参见雍兴中:《一块陨石,官争民抢,天上掉下的所有权争议》,载《南方周末》2013 年 1 月 31 日,第 A4 版。

〔62〕 《女子从一只牡蛎里吃出 50 颗珍珠,餐厅经理惊呆》,载中国新闻网:http://www.chinanews.com/gj/2015/04-04/7184817.shtml,2015 年 12 月 14 日最后访问。

〔63〕 参见无名氏:《厨师剖海螺挖出 2 颗黄色“石头”,实为稀世珍珠》,载 http://news.youth.cn/kj/201511/t20151121_7334544_4.htm,2015 年 12 月 14 日最后访问。

安机关暂扣,等待处理和鉴定。[64]

对于上述五个案例,可以进行这样的分析。潜泳得金砖案和海底财宝系列案提出了埋藏物的概念涵盖力不足的问题,证明了沉没物概念的必要。天落财宝案证明了财宝"贴地"存在的可能,而且涉及以前的立法和法学都未涉及的天落物。动物体内藏宝系列案和乌木案除了证明财宝不见得一定地埋外,还展示了财宝是自然的赠与(也就是物所有权前手)的可能。而且,乌木案还是水下财宝中的淡水财宝(不同于阿托恰的圣母号沉船案和施密特家族打捞海底财宝案中的海水财宝)的一个例子。天落财宝案和动物体内藏宝系列案还挑战传统财宝概念的古旧性要件。

(五)各个国家和地区对"财宝"和"埋藏物"概念的拓宽

1. 对财宝概念的拓宽

首先有针对财宝概念的所指的拓宽。例如,《意大利民法典》第 932 条第 1 款规定,财宝是某一隐藏或埋藏在地下的,任何人均无法证明自己是其所有人的、有价值的动产。[65] 又如,1982 年修改后的新的《路易斯安那民法典》第 3420 条第 2 款规定,财宝是隐藏在他物中的动产,此等他物可以是动产,也可以是不动产。[66] 这样,"动产"取代了铸币,可以涵盖纸币等被发现物。再如,德国实务上把财宝规则扩用于化石等的取得[67],这样,并非铸币,且为大自然赠与的化石被纳入了财宝的范畴。另外,佛罗里达州 1965 年的《档案与历史法》(Archive and History Act)把财宝定义为"所有的贵重材料,包括金银及其锭块、珠宝、陶器和瓷器"[68],这样,陶器和瓷器进入了财宝的范围。

其次有对财宝的存在维度的拓宽。例如,1986 年的《民法通则》第 79 条规定,所有人不明的埋藏物、隐藏物,归国家所有。接收单位应当对上缴的单位或者个人,给予表扬或者物质奖励。2007 年的《物权法》第 114 条规定,拾得漂流物、发现埋藏物或者隐藏物的,参照拾得遗失物的有关规定。文物保护法等法律

---

[64] 参见《广东男子捞出疑似千年乌木:共 44 根,被警方暂扣》,载 http://www.chinanews.com/cul/2015/07-02/7380704.shtml,2015 年 12 月 14 日最后访问。

[65] 参见《意大利民法典》,费安玲等译,中国政法大学出版社 2004 年版,第 229 页。

[66] 参见《路易斯安那民法典》,娄爱华译,厦门大学出版社 2010 年版,第 413 页。译文有改动。

[67] 参见[德]鲍尔、[德]施蒂尔纳:《德国物权法》(下册),申卫星、王洪亮译,法律出版社 2006 年版,第 519 页。

[68] Fee Frank H. III, "Abandoned Property: Title to Treasure Recovered in Florida Territorial Waters", *University of Florida Law Review* 21, 1968, p. 371.

另有规定的,依照其规定。这两条中增加了隐藏物的新品种,以解决没有埋在土里的财宝的归属问题。实际上,法国法中的财宝就有被隐藏和埋藏两种情况,所以,把隐藏的财宝与埋藏的财宝并列,是必然的发展。尹德琴主张废除隐藏物的概念〔69〕,显然她没有体会到立法者的苦心。

2. 对“埋藏物”概念的拓宽

这里的拓宽指对“地埋”的摆脱。实际上是对财宝的存在维度的拓宽,为了不与前文讲的维度拓宽重复,这里只讲各个国家和地区对水下财宝的纳入。

首先的例子是《德国民法典》。前文已述,该法典第 984 条可能吸收了英国法和希腊法的经验,为了涵盖水下财宝,采用了避免“地埋”理解的财宝定义。

其次的例子是中国台湾地区“民法”,其第 810 条规定,拾得漂流物或沉没品者,适用关于拾得遗失物之规定。

最后的例子是 2005 年《越南民法典》,其第 187 条规定,发现遗失物、遗忘物、埋藏物、沉没物者,必须立即通知或归还物主;若不能确定物主,则必须报告或送交最近的乡、坊、镇人民委员会、派出所或法律规定的其他有权国家机关。〔70〕

中国台湾地区和越南采用的沉没物的概念为解决传统财宝概念不涵盖水下财宝的缺陷而设,与英国、希腊的规定形成呼应。

然而,这些做得还不够,我认为应干脆创立“准财宝”的概念涵盖“新财宝”。它是不完全符合传统的财宝要件的财宝,体现为在客体的范围上、在客体的存在空间上、在有无所有权前手上、在客体的古旧度上不同于传统的财宝,但对它们适用传统的财宝规则。借此也可解决纸币时代到来后,铸币类财宝越挖越少,一些国家民法典的中财宝规则的闲置问题。〔71〕

二、严格财宝与非严格财宝的区分在我国民法中的体现及存在的问题

(一)严格财宝和非严格财宝在我国法律中的次第出现

在采用财宝概念的基础上,本文进而区分严格财宝和非严格财宝。实际上,我国既有法律中有这一区分。关于严格财宝的规定见诸《民法通则》第 79 条第

---

〔69〕 参见尹德琴:《隐藏物概念之存废探究》,载《法制与社会》2014 年第 9 期。

〔70〕 参见《越南社会主义共和国民法典》(2005 年版),吴远富译,厦门大学出版社 2007 年版,第 48 页。

〔71〕 意大利就是如此。Cfr. L. Bigliazzi Geri et. al. , Diritto Civile, 2, Diritti reali, UTET, Torino, 1988, p. 134.

1 款规定:“所有人不明的埋藏物、隐藏物,归国家所有。接收单位应当对上缴的单位或者个人,给予表扬或者物质奖励。”关于非严格财宝的规定见诸 1988 年最高人民法院颁布的《关于贯彻执行〈中华人民共和国民法通则〉若干问题的意见(试行)》(以下简称《意见》)第 93 条规定:“公民、法人对于挖掘、发现的埋藏物、隐藏物,如果能够证明属其所有,而且根据现行的法律、政策又可以归其所有的,应当予以保护”。尽管《意见》第 93 条理应是对上述《民法通则》第 79 条的解释,但其立意与解释对象完全不同。第 79 条只考虑所有人不明情况下的埋藏物、隐藏物的归属问题,而第 93 条考虑的是可以查明所有人的此等物的归属问题。用大陆法系的术语说话,《民法通则》第 79 条规定的严格财宝(tesoro proprio),《意见》第 93 条规定的是非严格财宝(tesoro improprio),其“如果能够证明属其所有”的文句表明它拓展了《民法通则》第 79 条的规定范围,并对非严格财宝赋予原物返还法(在找得到财宝所有人的情形)或继承法(在找不得到财宝所有人但查知其有继承人的情形)的解决。此举具有填补《民法通则》第 79 条留下的空白的意义。由于埋藏物、隐藏物(财宝)有“不再能查明所有人”的限定,它们是无主物,其所有权归属与原物返还法或继承法无涉,只能用先占方式解决。

(二)财宝两分法的起源和发展

法国法学家雅克·古雅斯(Jaques Cujas,1522—1590 年)在其《保罗的〈告示评注〉评注》一书中说,无所有人的财宝,称严格财宝。有所有人的财宝,称非严格财宝。[72] 此语为文献史上第一次提及财宝两分论的文字,故古雅斯被誉为财宝两分法的创立人。[73]

那么,何以判断一个财宝是否有所有人呢?取决于财宝的古旧性。关于古旧性的标准,学说不一:西班牙学者古铁雷斯定的时间标准最长,为 100 年[74],美国法院定的较短,为 35 年。[75] 在这么长的时间内,原所有人应该死亡了或忘

〔72〕 Cfr. Cujacii Operum Tomus Quintus, Typographis, Neapoli, 1858, p. 454.

〔73〕 Véase Encyclopedia canonica, civil, moral, regular y orthodoxa, illustrada con la explicacion de todas las reglas de el derecho canonico y de las mas celebres de el derecho civil, de Villa Nueva, 1721, p. 533.

〔74〕 Véase Encyclopedia canonica, civil, moral, regular y orthodoxa, illustrada con la explicacion de todas las reglas de el derecho canonico y de las mas celebres de el derecho civil, de Villa Nueva, 1721, p. 533.

〔75〕 See John M. Kleeberg, "The Law and Practice Regarding Coin Finds, Treasure Trove Law in United States", http://inc-cin.org/assets/pdf/articles/laws-usa.pdf, Dec. 18, 2015.

却自己所藏之宝了。所以,这样的财宝构成无主物(res nullius),而非严格意义上的财宝是他人物(res aliena)。[76] 这种界分十分重要,决定了对前者可以适用先占,对后者只能先适用原物返还法或继承法。

古雅斯的两分法为两大法系继承。首先,这种继承体现在财宝的构成要件上。大陆法系国家,如意大利认为财宝必须至少具备这两个要件:(1)古旧,也就是财宝距被发现的时间必须久远,被包纳不久即被发现的不算财宝;(2)所有人不可查明,[77]这是第一个要件的逻辑延伸。财宝被埋被隐越久,越难或不可能找到其原所有人。正因为这样,《法国民法典》第716条的财宝定义就包括"任何人均不能证明享有所有权"[78]的要件,《德国民法典》第984条的财宝定义也包含"不再能查明所有人"[79]的要件,这样安排是为把财宝定性为无主物按先占取得开路。所以,这两部民法典都在"先占"的隐结构下规定财宝的取得问题。所谓先占,是一种原始取得方式,它针对的是无法律上的前手的标的物。[80] 要特别指出的是,《民法通则》第79条也把"所有人不明"作为埋藏物和隐藏物的构成要件之一,完全与世界潮流一致。

普通法也以"所有人不明"为财宝的构成要件,也就是找不到原所有人或其继承人。[81] 实际上,"所有人不明"的要件隐含被发现物必须古旧的要件,美国的判例要求被发现物古旧,如已被包纳35年。[82]

其次,这种继承体现在两大法系都赋予两种财宝不同的名称上。如前所述,大陆法系国家只称严格财宝为财宝,而把非严格财宝称为遗忘物(Cose smarrite)。在普通法中,也只把严格财宝称为财宝,把非严格财宝称为遗忘物(Mislaid property),即所有人有意置放于一个地方以便取回,但后来遗忘了其存在的物。[83] 在普通法中,遗忘物不同于遗失物,在前者之情形,所有人是故意脱离对

---

〔76〕 Cfr. P. Bonfante, Scritti giuridici varii, II, Proprietà e servitù, UTET, Torino, 1918, p. 913.

〔77〕 Cfr. P. Bonfante, Scritti giuridici varii, II, Proprietà e servitù, UTET, Torino, 1918, p. 915ss.

〔78〕 《法国民法典》(上册),罗结珍译,法律出版社2005年版,第565页。

〔79〕 《德国民法典》(第4版),陈卫佐译,法律出版社2015年版,第359页。

〔80〕 参见谢在全:《民法物权论》(上册),台北,新学林出版股份有限公司2014年版,第302页。

〔81〕 See Roman Krys, "Treasure Trove under Anglo - American Law", *Anglo - American Law Review* 214, 1982, p. 220.

〔82〕 See John M. Kleeberg, "The Law and Practice Regarding Coin Finds, Treasure Trove Law in United States", http://inc - cin. org/assets/pdf/articles/laws - usa. pdf, Dec. 18, 2015.

〔83〕 See Campell v. Cochran, [1980] 416 A. 2d 211, http://law. justia. com/cases/delaware/superior - court/1980/416 - a - 2d - 211 - 5. html, Dec. 20, 2015.

物的占有,在后者之情形,所有人脱离对物的占有并非出于故意。[84]

最后,这种继承体现,在1819年6月3日托斯卡纳的法律依据严格财宝和非严格财宝的区分打造了严格盗窃与非严格的盗窃(furti impropri)的区分上。掘出不够古旧的被埋藏钱币的工人,不通报埋藏人且私分之的,构成非严格盗窃。[85] 显然,这里的非严格盗窃就是侵占。

(三)公告作为严格财宝与非严格财宝的划界工具

然而,一个财宝被发现后,如何确定它是严格的还是非严格的呢?此时有两种可能。其一,因为十分古旧可以立即认定为严格财宝,如被挖出的银元从其自身标记即可知它们被隐藏了百年有余,这意味着藏宝人肯定已死亡,他所藏之宝转化为无主物。对此,新《葡萄牙民法典》第1324条第2款规定,发现人应就其发现做出公告或通知当局;但埋藏物被隐藏或埋藏明显超过20年者除外。[86] 此条定20年为古旧度的标准,达到了这个"度"的,不再需要公告。其二,并不十分古旧,甚至不能确定财宝被埋被隐的时间,因而不能确定它们是不是严格财宝。对于这种情形,各国的处理是令发现人发布公告寻找藏宝人,经过一定的期限藏宝人不出现的,允许被发现物成为严格财宝适用先占规则。例如,葡萄牙1867年的旧民法典第423条规定,如果某人发现不知其主的金银或其他有价值物件的储藏,而此等储藏有30年的古旧度,他应在自己所在区的报纸上公告其发现,如果物的所有人在两年内不出现,此等物根据以下条的规定全部或部分成为发现人的财产。[87] 又如,《日本民法典》第241条规定,关于埋藏物,依特别法规定进行公告后6个月内,其所有人不明时,发现者取得其所有权。但是,于他人物内发现埋藏物,发现人与其物所有人折半取得所有权。[88] 我国2007年的《物权法》第114条步它们的后尘,规定"拾得漂流物、发现埋藏物或者隐藏物的,参照拾得遗失物的有关规定……"而《物权法》对于遗失物,原则上也走公告寻主路线,不过,公告人并非发现人,而是在他完成发现后得到被发现物之送交的公安等有关部门(第110条)。公告6个月后无人认领的,被发现物被确定为

---

〔84〕 See Campell v. Cochran, [1980]416 A. 2d 211, http://law. justia. com/cases/delaware/superior-court/1980/416-a-2d-211-5. html, Dec. 20, 2015.

〔85〕 Cfr. Opere editte e ineditte di Francesco Forti, Volume quinto, Firenze, 1864, p. 201ss.

〔86〕 Ver Pires de Lima e Antunes Varela, Codigo Civil Anotado, Coimbra, Volume III (Artigos 1252. a 1575), 1987, p. 135.

〔87〕 Ver Codigo Civil Portugues, Coimbra, 1934, p. 138s.

〔88〕 参见判例六法编修委员会编:《判例六法》,三省堂2004年版,第444页及以下。

严格财宝,归国家所有(第113条)。

然而,公告的范围有多大?小者为本地公告,大者为全国公告。前者费用低而后者费用高。1867年的葡萄牙民法典规定的是在发现人所在区的报纸上公告。从下文将论及的王甸帮埋藏银元归属案的情况来看,法院也是令当事人在当地报纸上公告。本地公告的安排在人口流动率低的时代是可行的。例如,2000年进行第五次全国人口普查时,我国的流动人口数是1.4439亿人〔89〕,到2010年的第六次人口普查时,这个数字增加到2.6138亿人,人口流动率达到19.5%,〔90〕换言之,全国近1/5的人口在流动。不难看出,10年后的数字比10年前的数字差不多翻了一番,而且有继续增长的趋势。在这样的条件下,本地公告的意义有限。而且,越是年轻的人口,由于求学、参军、打工等情况,迁移的比率越大,把他们作为财宝之"主"来寻找越困难,所以,还是以进行全国公告为宜。

由此可见,公告寻主无果是不确定的财宝进入严格财宝行列的界限。公告期长的有2年,短的只有6个月。期间太长,不利于尽快为财宝找到新归属;期间太短,不利于保障藏宝人的权利。6个月的期间不长不短,可以兼顾两者,比较可采。

或问,公告寻主的"主"是财宝的原所有人还是也包括其继承人?或应包括两者。因此,如果藏宝人已死亡或不在公告期内出现,而其继承人出现并证明其尊亲是藏宝人,可据此确定被发现物为非严格财宝而适用继承程序。

但是,什么顺序的继承人能代替藏宝人申索财宝?按我国《继承法》第10条的规定,法定继承人有两个顺序:第一顺序是配偶、子女、父母;第二顺序是兄弟姐妹、祖父母、外祖父母。他们都能代替藏宝人申索财宝吗?我倾向于肯定的回答,但认为客观上只有子女代位申索财宝的机会较大。因为继承人代位申索的原因是藏宝人已死,藏宝人的配偶、兄弟姐妹与他同辈,在自然死亡的情形下,如果藏宝人死了,他的这些亲属也死了,而他的父母、祖父母、外祖父母年龄比他更大,更没有机会比藏宝人活得更久。当然,在藏宝人意外死亡的情形下,这些与藏宝人同龄或更大的亲属有可能代位申索财宝。

---

〔89〕参见刘玉:《中国人口流动格局的十年变迁与思考——基于第五、第六次人口普查数据的分析》,载《西北人口》2014年第2期。

〔90〕参见乔晓春、黄衍华:《中国跨省流动人口状况——基于"六普"数据的分析》,载《人口与发展》2013年第1期。

又或问,6 个月届满后原所有人出现并有效证明自己对财宝的所有权的,能否让他们取回财宝？这种情况出现的概率很小,因为前文讲到的古铁雷斯和美国法院设定的构成财宝的百年或 35 年的古旧性标准都暗含藏宝人已死的意味。按杰弗逊掌握的死亡表,40 年前的成年人的 2/3 在 40 年后死亡。[91] 35 年比 40 年短 5 年,尽管如此,35 年前的成年人在 35 年后死亡 1/2 以上应该没有问题,所以,35 年后藏宝人很可能已死。古铁雷斯设定 100 年为古旧的标准,他对人的寿命的估计过于乐观,更不以近代死亡统计学为依据,尽管如此,他也以为在此期间后藏宝人肯定已死亡。但并非完全没有概率,因为藏宝人有可能足够长寿,以至于能得知财宝被发现的公告,但一时犹豫(如怕露富)耽误了 6 个月的除斥期间,尔后鼓起勇气出来申索财宝。我认为不应接受其申索,因为他们行使权利的除斥期间已满。

(四)我国法院把严格财宝当作非严格财宝的两个误判

我国立法无处理公告寻主可否寻到藏宝人的继承人问题的规定,《意见》第 93 条开启非严格财宝的路径后,法院制作了一些无限追寻藏宝人的继承人的案例,我认为它们构成对《意见》第 93 条的误用。

这方面的第一个案例是王甸帮埋藏银元归属案[河南省温县人民法院(2001)温民初字第 972 号判决]。案情如下:

土地改革时王甸帮被定为地主,其老宅院被没收,部分房屋被分给王永安家,后该宅院全部由王永安家占用直到案发。2001 年 7 月,王永安在此宅院内挖上房地基时挖出一罐银元。2001 年 10 月 8 日,王甸帮的媳妇岳桂香向法院起诉,称王永安挖出的银元系自己亲手所埋,要求返还。同时岳桂香向法院申请证据保全,要求对该院内另外两处埋藏的银元进行挖掘和保全。法院于 2001 年 10 月 12 日经原告岳桂香当场指认,在该宅院内挖出大小两罐银元。小罐内装银元 300 块,大罐内装银元 400 块、银元宝 3 个。小罐罐盖上书写有“民国贰拾贰年置、拾月贰拾伍日、扣人、王树屏、三百”。岳桂香解释,王树屏是她五叔,这罐子就是她从王树屏家借的,用来装银元埋地下。大罐罐底书写有“王甸帮记”。法院依据《意见》第 93 条判决王永安挖出的银元以及后来挖出的大罐装的银元归岳桂香。对于小罐装的银元,则发出公告,通知王树屏的法定继承人参加诉讼。经多方寻找,找到了王树屏的外孙张茂新。又得知王树屏除了张茂新的母亲外

---

〔91〕 参见[美]庞德:《法律史解释》,曹玉堂、杨知二译,华夏出版社 1989 年版,第 12 页。

还生了一个女儿，于是法院让张茂新和岳桂香共同出资600元在当地报纸上公告寻找王树屏的二女儿或其后代。在公告刊登两年后如果无人出面证明自己是王树屏的二女儿或其后代，法院将再次开庭审理这罐写有王树屏名字的300块银元的归属问题。[92]

这方面的第二个案例是汪明友诉詹明华隐藏物返还纠纷案[（2015）衢开马民初字第64号]。案情如下：

村民詹明华于2009年2月以1万元的价格从汪明友处买得一所旧房，2015年1月8日早上拆旧建新，过程中，其兄詹明汉发现了一个装有128块银元的容器。它们部分是袁大头，部分是墨西哥鹰洋。汪明友就这些银元的归属诉至法院。他认为这些银元是祖上留下的，自己作为汪家的子孙有权取得。詹明华则认为，银元属于无主物，可以先占取得。主审法官认为，虽然目前没有找到这批银元的主人，但它们并不属于无主物。主要依据《意见》第93条的判决结果是：汪明友和詹明华对银元均不享有所有权，但如果有人有证据证明这批银元的主人，银元所有人的后代在一定时效期内仍可主张权利。[93]

第一个案例涉及两种财宝。非严格财宝有二：一是写有王甸帮名字的那罐银元，其所有人可以查明，可以按继承法处理；二是写有王树屏名字的那罐银元的一半，王树屏的两房继承人查明了一房，该房可以取得此罐中的一半银元，另一房在诉讼系属时是否生存及是否有后人不明，其可得份额构成无主物，成为严格财宝。这是本案中的第二份严格财宝，第一份这种意义上的财宝是王永安挖出的那批银元，没有直接的证据证明王甸帮是其所有人，所以构成严格财宝。这两批严格财宝都应按《民法通则》第79条的规定归国家所有。但法院并不知严格财宝和非严格财宝的区分，按继承法解决两种不同类型的财宝的归属问题，甚至违反《继承法》第10条让外孙辈参与对财宝的继承，并公告寻找可能并不存在的财宝继承人，造成了治丝益棼的效果。

无独有偶，两类财宝共存于一个案件的事情在法国也发生一次，说出来以资

---

[92] 本案的案情首先来自温县法院网，载 http://hnwxfy.chinacourt.org/public/detail.php? id = 148，2015年12月31日最后访问。其次来自央视《今日说法》栏目的《三罐银元》节目文字整理，载 http://www.cctv.com/life/lawtoday/20020908/bqnr/bqnr.html，2016年1月1日最后访问。

[93] 参见“汪明友诉詹明华隐藏物返还纠纷案”民事判决书，载 http://openlaw.cn/judgement/03b81470168 345adbe0b4cbc8d5eac97，2016年1月1日最后访问。

比较。

1938年5月26日，Sager公司的工人Flaminio Maurès和一个同伴受命拆除巴黎市政府拥有的Mouffetard路53号的一堵墙。其间他们发现了一大批路易十五时期的金币，其中有3210枚金路易，258枚双路易，87枚半路易，总价值9万里弗尔。它们被包裹在羊皮纸中，一张羊皮纸上写着一份遗嘱："我，路易·尼维勒，候补骑士，国王的顾问，遗留给我的女儿安妮·路易斯·克劳德·尼维勒……"落款是1756年11月16日。那么，谁应拥有这些财宝？是遗嘱人的后代？还是发现人？还是巴黎市政府？争论了11年，到1938年，家谱学家发现安妮有83个继承人。1949年，塞纳民事法院作出判决：包在羊皮纸遗嘱中的金币(2568枚)归安妮的继承人；其他金币(538枚)归发现人和建筑物所有人巴黎市政府；出售450枚支付研究程序的费用。[94] 塞纳法院的判决称：被遗嘱提到的财宝，尽管两个世纪后才发现，也不构成财宝，应该交给继承人。[95]

这个判决中说到的"被遗嘱提到的财宝"就是非严格财宝或遗忘物。在本案中，未被遗嘱提到的财宝和被遗嘱提到的财宝被隐藏在一个地方，极有可能是尼维勒一起埋藏的，正犹如在王永安家发现的三批财宝都极有可能是王甸帮埋藏的，但由于缺乏直接的证据证明这种可能，法院没有出公告寻找其主人及其继承人，而是把它们认定为无主物，按先占原则解决了它们的归属，从而同时采用继承法路径和物权法路径处理了本案。

现在我们看第二个案例。该案的标的物完全符合财宝的要件。第一是古旧。涉及的银元要么是袁大头，要么是墨西哥鹰洋。袁大头铸造于1914年及稍后几年，距案发的2015年已百年有余。墨西哥鹰洋是1821年墨西哥从西班牙独立后铸造的货币，清末民初流入中国。从流入时到案发时，也百年有余或将近百年。第二是找不到所有人，如果汪明友不能证明其祖先藏匿了这批银元，它们就是詹明华正确地揭示的"无主物"，应按《民法通则》第79条的规定归国家所有，但法院却置《民法通则》的这一规定于不顾，专注在《意见》第93条上，判而不决，天真地等待银元的真正所有人的后代出现。《意见》第93条之被误用，可谓显矣！

---

〔94〕 Voir Anonyme, Tresor de la Rue Mouffetard, http://des-anecdotes-et-des-poesies.eklablog.com/le-tresor-de-la-rue-mouffetard-c25370366, Jan. 1, 2016.

〔95〕 参见《法国民法典》(上册)，罗结珍译，法律出版社2005年版，第565页。译文有改动。

三、结论

综上所述,来自西方国家的财宝概念与我国本土的埋藏物概念一度契合,两个概念的交集发生在日本,所以,1890 年《日本民法典》法文版的日本译者把财宝翻译为埋藏物是正确的。但随着时代的发展,财宝的概念在客体的范围上、在客体的存在空间上、在客体的古旧度上、在有无所有权前手上,都与埋藏物的概念不同。“财宝”的外延大于“埋藏物”,所以,我国在未来制定民法典时,应放弃埋藏物的概念,改采财宝的概念。

《民法通则》第 79 条规定了严格财宝法律制度,《意见》第 93 条规定了非严格财宝法律制度,《物权法》第 114 条规定了界分两种财宝的程序。三个规范性文件次第出现,后者补充前者,共同编织我国财宝立法的规则之网,为我国物权法中一个制度的完善作出了贡献。

但严格财宝与非严格财宝的区分在我国物权法理论中尚未实现,因为学者并不认为严格财宝是无主物,而是不区分两者地说:埋藏物于性质上并非无主物。[96] 这样就造成了严格财宝与非严格财宝的混杂。严格财宝和非严格财宝表面类似,实际上很不同,应不同处理。对严格财宝应适用物权法,这是为了快刀斩乱麻,及时解决纠纷;[97] 对非严格财宝应适用原物返还法或继承法,以因应可以找到原物所有人或其继承人的现实。如果找不到,要立即把后种财宝转化为前种财宝,从而及时为被发现物找到新主人,让它们投入流通,发挥经济效用,不宜让它们期限不明地躺在法院的仓库里睡觉。相反,如果不区分两种财宝,为一切财宝找主人,是不明智的,因为财宝多不是原生无主物(如海滩上露出的狗

---

〔96〕 参见史尚宽:《物权法论》,台北,荣泰印书馆 1979 年版,第 123 页;也参见陈华彬:《物权法原理》,国家行政学院出版社 1998 年版,第 446 页。具有讽刺意味的是,尽管持“埋藏物并非无主物观点”的我国台湾学者自认是德国民法学的传人,但当代德国学者沃尔夫旗帜鲜明地确定《德国民法典》第 984 条规定的财宝是无主物。参见[德]曼弗雷德·沃尔夫:《物权法》,吴越、李大雪译,法律出版社 2002 年版,第 285 页。有意思的是,此书的译者们也不像许多人一样把德文词“Schatz”译为“埋藏物”,而是比较正确地译为“宝藏”。

〔97〕 严格财宝与非严格财宝的关系非常类似于自然生成的河岛与自然生成的海岛之间的关系。罗马法对前者,让河岸土地所有人取得,对后者,赋予先占人。河岛也好,海岛也好,都是自然的赠与,为何两理其归属?耶林解释说,对容易发现的河岛以“产钳分娩代替漫长的自然分娩”定所属,对难以为人发现的海岛则以发现定归属,以此避免争斗。参见[德]罗尔夫·克努特尔:《新物归属谁——所有权取得:当代法典中的古代法律思想》,王娜译,载《第二届“罗马法·中国法与民法法典化”国际研讨会论文集》,北京,1999 年,第 114 页。此论甚是有理,让我们看到两个表面看来很相似的现象背后的深刻不同以及不同处理的必要。

头金),而是次生无主物,即原来有主人,但由于主人脱离对它们的占有过于久远甚至自身死亡被法律视为无主物,要为它们找主人(或其继承人)总是有可能性的,但并不总是有现实性的,所以,应根据现实性确定应否这种次生无主物找主人,以及时解决物的归属问题。

所以,在将来制定民法典的物权编时,应改变现在的以《物权法》的类比遗失物为规定的方向,只规定作为无主物的财宝。把非严格财宝以遗忘物的名义交给继承法规定。但这一工作做起来并不易,因为我国学者使用的遗忘物的概念与本文援用的来自欧美国家的遗忘物的概念不一样,多数学者理解的遗忘物都要求原所有人失去对它的占有后马上有人继续占有之。[98] 此论不能包括藏宝人把宝物埋藏或隐藏于一地长期无人占有的情况,只有留学美国的马新彦教授理解的遗忘物概念与外国法上的遗忘物概念一致[99]。为此,我们要么把两种"遗忘物"一致起来,要么打造新词以表现西方法上的遗忘物,如直译该词的英文形式为"误置物"。

另外,应更新我国物权法理论中的财宝构成要件理论。现有的理论只设定了须为动产、须埋藏、须所有人不明三个要件。[100] 没有"古旧"的要件,这样就造成了所有人不明的要件缺乏支撑,建议增加这个要件,并参照我国《澳门民法典》的规定,把20年作为古旧的标准。

最后,建议最高人民法院采取措施控制下级人民法院在适用《意见》第93条时漫无边际地寻找遗忘物的原所有人及其继承人,杜绝判而不决,无限拖延以等待发生奇迹的不良司法现象。

2016年2月24日定稿

---

〔98〕 参见谭启平:《遗失物与遗忘物的区分及其法律意义》,载《国家检察官学院学报》2001年第1期。

〔99〕 参见马新彦:《美国财产法与判例研究》,法律出版社2001年版,第7页。

〔100〕 参见陈华彬:《物权法原理》,国家行政学院出版社1998年版,第446页。

罗马法中的无主物制度与中国《民法典》中无主物概念的丢失与寻回*

一、无主物先占取得制度的创立及其思想和制度基础

在我的阅读范围[1]内，兴盛于图拉真和阿德里亚努斯皇帝时代，属于萨宾派的内拉蒂（L. Neratius Priscus）最早表达了无主物的理念。其辞曰："如果有人在海滩上建造建筑物，该物就归他所有。"因为归公共所有的海滩与公共财产不同，而是如同那些本来生长在自然界中的物一样，尚未归任何人所有（in nullius adhuc dominium pervenerunt），它们的情形不异于鱼和野兽，它们一旦被获得，就毫无疑问地立即归获得它们的人所有（D. 41，1，14pr.）。[2]此语中，"尚未归任何人所有"说的就是无主物，它包括海滩、鱼和野兽，对它们适用先占原则。但内拉蒂未使用"无主物"（Res nullius）的术语，只用了"无人所有"（Nullius dominium）的表达。

把无主物的取得以先占表述并把自然理性作为此等先占的依

---

* 原载《社会科学辑刊》2020 年第 6 期，原发表题目为《罗马法中的无主物制度与〈中国民法典〉中无主物概念的丢失与寻回。

〔1〕 因为有可能其他更早的法学家谈论过无主物现象，但其相关作品没有被保留下来。基于这样的理由，我以"在我的阅读范围内"限定我把内拉蒂说成谈论无主物现象的第一人的定性。

〔2〕 参见《学说汇纂》（第 41 卷），贾婉婷译，中国政法大学出版社 2011 年版，第 28 ~ 29 页。

据是盖尤斯在其于大约161年后出版的《金言集》[3]中首次完成的。他说："不属于任何人之物(Quod nullius est),根据自然理性归先占者所有。"[4]此语把内拉蒂的"归获得它们的人所有"繁复表述简化为"先占"并以"自然理性"作为先占的正当性依据。所谓的"自然理性"就是自然法,它与万民法基本同义,表示人类各个群体普遍采用的规则。

把无主物纳入一个物权体系由埃流斯·马尔西安(Aelius Marcianus,约193—235年)完成的。他说:"根据自然法,一些物为一切人共用,一些物为市有,另一些物不属于任何人(Quaedam nullius),还有大部分物可因不同原因而为任何一个人私有。"[5]此语中,承认了人类所有权、城镇集体所有权和私有权,这三大所有权客体之外的物都是无主物。在这个物权体系中,无主物属于权属不确定物,开放给有意有能者先占。而且,一切人共用物与无主物之间无绝对的界限,前者中的一些,如内拉蒂的上述法言中讲到的海滩和鱼,属于一切人共用物,但它们实际上被作为无主物对先占者开放。由此,无主物的范围更广。这样的安排体现了一种偏爱私有制的立场。如果采取国家主义的立场,可以宣布国境线内的一切无主物都归国家,如《德国民法典》第928条对无主土地所做的。[6]但马尔西安并未这样做,他甚至未承认罗马国家的所有权,其头脑仍停留在城邦时代。这一级所有权,盖尤斯的《法学阶梯》倒是没有忽视。[7]

此乃因为无主物制度形成时期的罗马人采用人类从自然状态向市民社会的演变假定。诗人奥维德(Publius Ovidius Naso,公元前43—公元18年)说,先前的时期中一切像阳光一样为众人共有,后来设立了地界,建立了国家。[8] 塞内加(Lucius Annaeus Seneca,公元前4—公元65年)进一步说:"自然状态中的所有财产都是无主物,因为无必要设立所有权。"后来,人类的恶德和贪婪增长,导

---

[3] 盖尤斯的《法学阶梯》也提到无主物,参见[古罗马]盖尤斯:《法学阶梯》,黄风译,中国政法大学出版社1996年版,第100页。但有关的表述残缺。其辞曰:"而且……通过先占……它们先前不归任何人所有:比如所有在陆地、海洋或天空中被抓获的动物。"晚于《法学阶梯》的《金言集》的这一部分表述被完整地保留了下来。

[4] 参见《学说汇纂》(第41卷),贾婉婷译,中国政法大学出版社2011年版,第3页。

[5] [意]桑德罗·斯奇巴尼选编:《罗马法民法大全翻译系列·物与物权》(第2版),范怀俊、费安玲译,中国政法大学出版社2009年版,第5页。

[6] 参见《德国民法典》(第4版),陈卫佐译,法律出版社2015年版,第345页。

[7] 他说,由人法支配的物品或者是公有的,或者是私有的。参见[古罗马]盖尤斯:《法学阶梯》,黄风译,中国政法大学出版社1996年版,第82页。"公有的",即国有的。

[8] 参见[古罗马]奥维德:《变形记》,杨周翰译,人民文学出版社1984年版,第4页及以次。

致自然状态终结,从此设立了所有权。[9] 基于以上思想材料,法学家赫尔摩格尼(Hermogenianus)在其《私法摘要》第1卷(D.1,1,5)中说:"统治权的奠定,所有权的区分,地界的设置,房屋的建立,等等,是万民法引入的。"[10]

上述论述告诉我们,自然状态中实行普遍的公有制,只是在文明状态中才有了所有权,在这种状态中,过去公有的东西多数都被私有化了,无主物是残留的公有物。所以,无主物制度附属于一种历史观。

然而,为何是帝政时期的法学家内拉蒂、盖尤斯、马尔西安等人创制并发展个人主义取向的无主物理论,而共和时期的法学家没有这方面的修为?此乃因为帝政前的罗马尚未具备无主物作为其自由基的人类、国家、城镇、私人四级所有制形成的条件。人类所有权的观念要在罗马人走出城邦,征服地中海世界,形成世界一体的观念后才会出现。国家是超越城邦的产物,城镇则是城邦的孑遗,私人成为所有权主体则是古代公有制解体的成果。在远古时期的罗马,就土地而言,实行公有制,私人只有2尤格的园圃地。经过缓慢的过程,土地才实现私有化。所有这些,在不同的时期次第完成。但它们的整体,在帝政早期完成,内拉蒂、盖尤斯、马尔西安把这样的现实理论化而已。无主物是四种所有权之间的自由基,下文将证明,人类所有权、国家所有权、私人所有权的客体都可能转化为无主物。但无主物只是有所有权状态和无所有权状态之间的一种中介形式,它迟早都要以这样那样的方式成为国家所有权或私人所有权的客体。物从无主到有主再到无主再到有主的循环,标示财产的流通,是财产的生命形式。

当然,以上所言的无主物指的是各种自然资源,它们天然无主。但在罗马人的观念中,无主物也可以是拟制的结果,如敌人物;也可以是自然力(如海岛之形成)、动植物的生产力(如孳息)、人类生产活动的成果(如加工形成的新物)。对于这些无主物,以上所言的社会发展理论和四级所有权形成过程描述不适用之。

正因为无主物形形色色,表示无主的拉丁词汇也形形色色。除了上面讲到的 Nullius 外,还有 Vacans、Iacen、Vacuus 等。前者表示"空着、闲着"[11],用来形

---

〔9〕 See F. S. Ruddy, "Res Nullius and Occupation in Roman and International Law", *UMKC Law Review* 36, 1968, p. 274.

〔10〕 [意]桑德罗·斯奇巴尼选编:《民法大全选译·正义与法》,黄风译,中国政法大学出版社1992年版,第37页。译文有改动。

〔11〕 谢大任主编:《拉丁语汉语词典》,商务印书馆1988年版,第562页。

容无人继承的遗产；中者表示“睡下、安息”[12]，用来形容死者留下的、继承人尚未接受的遗产；后者表示“空的、未被占用的”[13]，用来形容荒地，尤其是边境上用于隔离敌我的无人地带（Agri vacui）。[14]

二、罗马法中无主物的类型

（一）以先占—发现取得的无主物

先占是万民法上的无原因的，通过物理控制无主物、自然孳息、新物，对不动产和动产的添附原始取得其市民法上的所有权的方式。[15] 适用先占的无主物有如下列：

1. 野生动物。它们分为陆生的、水生的和天上飞的。打猎、捕鱼、捕鸟分别是先占它们的方式。它们的客体都是未驯化过的。驯化过的动物，如蜜蜂、孔雀和鸽子等，它们为半野物，具有回归野性的可能。一旦回归，视为无主物，可先占取得。

2. 新生的海岛。盖尤斯最早提到这种无主物。[16] 找不到帝政时期或更早时期在罗马帝国有海上生岛屿的记载，所以，这种客体可能纯粹出于盖尤斯的想象。优士丁尼《法学阶梯》继受盖尤斯的有关法言后，也说这种情况少有。[17] 海岛允许先占。但这样的安排与海滨是公共物的界定矛盾，因为海岛上也有海滨。故有人认为海岛应作为公共物属于人民整体。[18]

3. 在海滩上发现的美玉宝石。它们由发现人取得。[19] 美玉和宝石是自然的赠与，与野生动物别无二致。它们所由出的海滩是一切人共有物。对它们的

---

〔12〕 谢大任主编：《拉丁语汉语词典》，商务印书馆 1988 年版，第 310 页。

〔13〕 谢大任主编：《拉丁语汉语词典》，商务印书馆 1988 年版，第 563 页。

〔14〕 See Arbia Hilali，Recherche sur les frontières d' Africa Romaine：Espace mobiles et représentations，In Impact of Empire（Organization）. Workshop，Frontiers in the Roman World：Proceedings of the Ninth Workshop of the International Network Impact，Brill，2011，p. 109.

〔15〕 Véase Fernando Betancourt，Derecho romano clásico，Universidad de Sevilla，2007，p. 322.

〔16〕 Véase Pedro Gómez de la Serna，D. Justiniani Institutionum Libri IV，Tomo I，Libreria de Sanchez，Madrid，Tomo I，1856，p. 227.

〔17〕 参见［古罗马］优士丁尼：《法学阶梯》（第 2 版），徐国栋译，中国政法大学出版社 2005 年版，第 121 页。

〔18〕 Cfr. La voce di Insula in mari nata，https://it. wikipedia. org/wiki/Insula_in_mari_nata，April 1，2020.

〔19〕 D. 41，2，1，1（保罗：《告示评注》第 54 卷）. 参见［意］桑德罗・斯奇巴尼选编：《罗马法民法大全翻译系列・物与物权》（第 2 版），范怀俊、费安玲译，中国政法大学出版社 2009 年，第 61 页。

取得不是先占，而是发现。罗马人分别用先占和发现两个动词描述取得无主物的行为，它们的区别何在？法国学者 Édouard Tartabin 告诉我们，发现（Inventio）的对象是无生命物和动产。[20] 反推过来，先占这个动词就适用于有生命物和不动产了。意大利学者 Pasquale Voci 告诉我们，先占要求心素和体素，发现只要求心素。[21] 这样的区分值得采信。遗憾的是，多数国家和地区的民法典已以“先占”吸收“发现”，只有少数民法典保留“发现”。[22]

以上讲到的都是天然的无主物，它们的基床都是一切人共有物，但它们自身是无主物，这就涉及一切人共有物与无主物的关系问题。意大利学者 Oliviero Diliberto 这样解释：一切人共有的物作为一个整体属于全人类，其中的构成分子属于无主物。[23] 但安妥略·瓜里诺干脆把一切人共有的物列为无主物。[24] 黄风编译的《罗马法词典》从之。[25] 法国学者 Édouard Tartabin 亦如此。[26]

以下讲人为的无主物，即曾经有过主人，法律处理成无主的物。

4. 敌人物。即敌人的动产和不动产，它们根据敌国的法律已负载所有权，但此等所有权不为罗马法承认。为了打击敌人，法律把它们拟制为无主物允许先占取得。[27] 可由个人获得的敌人物只能是动产，罗马的统帅在攻破敌人城池后允许士兵大掠数日，但黄金、白银和神庙里的财富归国家。[28] 敌人的不动产则由罗马国家取得，成为罗马的公地。[29] 俘虏也是无主物，这里的俘虏，不仅包括被俘的对方军人，而且也包括对方的妇女儿童。他们先为罗马的特定军人或作战单位控制，然后成为罗马军队的战利品，最后由罗马的统帅组织拍卖，其收益归入公库。买得战俘的私人可以是罗马人，也可以是外邦人。他们成为战俘奴隶的所有人。所以，“战俘成为先占者的财产”的简洁表述背后是一个复杂的过

---

〔20〕 Voir Édouard Tartabin, L' Occupation en Droit Romain et en Droit Français, Paris, 1872, p. 31.

〔21〕 Cfr. Pasquale Voci, Modi di Acquisto della Proprietà (Corso di Diritto romano), Milano, Giuffrè, 1952, p. 11.

〔22〕 发现与先占分立的国家有意大利和巴西。

〔23〕 参见［意］奥利维罗·迪利贝托：《未来前景中的共有物》，黄美玲译，载《法学家与法的生长：从罗马法学家到当代法国际会议论文册》，中国澳门，2019 年 5 月，第 67 页。

〔24〕 Cfr. Antonio Guarino, Diritto privato romano, Jovene, Napoli, 1994, p. 662.

〔25〕 参见黄风：《罗马法词典》，法律出版社 2002 年版，第 218 页。

〔26〕 Voir Édouard Tartabin, L' Occupation en Droit Romain et en Droit Français, Paris, 1872, p. 49.

〔27〕 I. 2, 1, 17. 参见［古罗马］优士丁尼：《法学阶梯》（第 2 版），徐国栋译，中国政法大学出版社 2005 年版，第 119 页。

〔28〕 参见［古罗马］阿庇安：《罗马史》（上册），谢德风译，商务印书馆 1979 年版，第 300 页。

〔29〕 Voir Édouard Tartabin, L' Occupation en Droit Romain et en Droit Français, Paris, 1872, p. 42.

程。这里的“先占者”恐怕不是捕获者,而是参与作战的罗马军队全体(引起法人作为先占的主体之问题),最后拥有这种有生命的“财产”的也并非先占者,而是通过拍卖获得奴隶的人。此等人对此等奴隶的所有权附有一个解除条件:如果他们逃回自己的祖国,他们恢复过去的身份,成为自由人,罗马人或某个外邦的人对他们的所有权消灭。这种结果根据所谓的复境权发生。[30]

5. 财宝。就是金银的块锭或铸币,其所有人出于安全或保藏的目的把它们埋在地下,但后来由于各种原因忘记了其存在。[31] 所以,财宝肯定有过主人,而且此等主人并无放弃其所有权的意思,这导致一些现代学者顽强地把它看作有主物。但雨果·多诺把财宝和抛弃物归为一类:失去主人物。前者因为发生意外失去主人,后者因为主人主动放弃失去主人,[32]这就是把财宝看作无主物了。法国学者 Édouard Tartabin 认为埋藏物在法国法中是推定无主物。[33] 比利时学者 Gerkens[34]和周枏把埋藏物列为罗马法上的无主物的一种,后者又说明,由于埋藏物总是先前有主人,对于它是否为无主物,罗马法学家有争议。[35] 保罗所持的是肯定说,谓:埋藏物是某个古人存储的金钱,其存在被遗忘,以至于没有了所有人,这样,在并非他人地方发现了的,成为发现人的……(D. 41,1,31,1. 保罗:《告示评注》第 31 卷)[36]此语中,“没有了所有人”的意思就是无主物。但彭波尼认为埋藏物的存在未被埋藏人遗忘,因而假设“我的埋藏物埋在你的地里,你不许我去把他挖出来”之问题(D. 10,4,15. 彭波尼:《萨宾评注》第 18 卷)。[37] 这样的埋藏物就是有主物了。尽管有争论,但罗马法还是基本按照保罗的见解把埋藏物当作准无主物。“准”一体现在部分采用埋藏视为添附说。因为按照阿德里亚努斯(76—138 年)皇帝制定的规则,在自己土地发现埋藏物者取得其完全的所有权,在他人土地上发现埋藏物的,一半归发现人,一半归土

---

〔30〕 Voir Édouard Tartabin, L' Occupation en Droit Romain et en Droit Français, Paris, 1872, p. 41.

〔31〕 我国立法和学界多数人把财宝说成埋藏物,显然,埋藏物的外延大得多。我在本文使用财宝的概念,当涉及他人言论时,也使用埋藏物概念。

〔32〕 Voir Édouard Tartabin, L' Occupation en Droit Romain et en Droit Français, Paris, 1872, p. 49.

〔33〕 Voir Édouard Tartabin, L' Occupation en Droit Romain et en Droit Français, Paris, 1872, p. 163.

〔34〕 Vgl. JF. Gerkens, Aneignung Herrenloser Sachen, S. 7, http://hdl.handle.net/2268/169456, March 14, 2020.

〔35〕 参见周枏:《罗马法原论》(上册),商务印书馆 1994 年版,第 296 页。

〔36〕 See Mommsen and Alan Watson, *The Digest of Justinian*, Vol. 4, Philadelphia, University of Pennsylvania Press, 1985, p. 495.

〔37〕 See Mommsen and Alan Watson, *The Digest of Justinian*, Vol. 1, Philadelphia, University of Pennsylvania Press, 1985, p. 335.

地所有人。[38] 被埋宝的土地的所有人之所以能取得一半埋藏物，乃因为被埋之宝视为被添附于土地，成为土地的一部分。二体现在用不同的动词描述埋藏物的取得和其他无主物的取得。对于财宝，用“发现”的动词。对于其他无主物，用“先占”的动词。所以，如果埋藏物在罗马法上是无主物，那它也是特殊的这种物。

6. 无人继承的遗产。所有人既死，在其继承人接受遗产前，其遗产是后文将讲到的无主人物。按照古典时期的罗马法，如果指定的继承人拒绝继承，遗产将落空，成为无主物，裁判官允许对之实施作为继承人的时效占有。但一份遗产，可能多人实施占有，由此造成争斗。奥古斯都于公元前18年颁布的《关于等级结婚的优流斯法》（Lex Iulia de maritandis ordinibus）规定国库继承无人继承的遗产，以避免争斗并充实国库。[39] 这样的安排引发了国库依据什么行为取得无人继承的遗产问题，罗马法原始文献未提供对这个问题的答案。我们可参考现代德国人的答案解决这个问题。《德国民法典》第928条把无主不动产定为国家所有，国家以先占取得。因为土地属于相对无主物，它们处在主权国家的境内，国家就把它们先占了。这种先占，可叫作“法定先占”。[40] 按如上罗马人对于无主遗产的处理，他们的心中似乎也有法定先占的概念。

遗产的主人已死，不具有占有其遗产的体素，却并无放弃此等遗产的心素，但法律不顾此等心素让遗产成为无主物，表明了立法者不绝对保护所有权，屈就物尽其用的价值的选择。如果财宝被埋藏的时间足够长，其所有人很可能已死，此时的财宝类似于无人继承的遗产。坚持财宝是有主物的人选择了绝对保护所有权的立场。

（二）可以添附取得的无主物

添附分为天然添附和人工添附。前者是自然活动的成果；后者是人的活动的成果，如种植、建筑。[41] 本节研究的添附属于前者，严格说来，是河流增值物（Incrementi fluviale），即通过河水的自然作用增殖于某块既有土地的不动产，包

---

〔38〕 参见徐国栋：《优士丁尼法学阶梯评注》，北京大学出版社2019年版，第202页。

〔39〕 参见［意］彼德罗·彭梵得：《罗马法教科书》，黄风译，中国政法大学出版社2005年版，第153页。

〔40〕 Vgl. Herrenlose Grundstücke, https://www.lfst-rlp.de/unsere-themen/fiskalerbschaften-herrenlose-grundstuecke/herrenlose-grundstuecke/, April 13, 2020.

〔41〕 参见尹田：《法国物权法上的添附权》，载《法商研究》1997年第3期。

括淤积、冲断、河流改道后留下的河床、新生河岛四者。[42]

1. 淤积。淤积是河流的泥沙逐渐增加给河边土地的土地。此等增加的部分为无主物，如果允许先占，将引起争斗，所以，罗马法把它视为对河边土地的添附，将它断给河边土地的所有人。[43]

2. 冲断。冲断是河水的激流从一块河边地带到相邻河边地上的地块，当客地上的植物扎根于主地上时，客地添附于主地，属于主地的所有人。[44] 显然，冲断的客地来源是可稽查的，与淤积的土地来源无所主人不同。所以，如果允许物归原主，只发生客地主人与主地主人的争斗，规模小得多。但允许物归原主会干扰客地上植物的生长，因为它们已扎根于主地。基于避免这样的考虑以及一动不如一静的考虑，立法者把客地断为无主物，判给主地所有人。如此降低了所有权的绝对性，真犹如把财宝断为无主物的效果，但维护了现有社会秩序。

3. 河床。河床是河流改道后留下来的土地。河流是一切人共有物，河床具有同样的性质。河流改道后，留下的河床在本性上是无主物，它的出现，像河岛的出现一样都是偶然的。如果开放对旧河床的先占，会引起激烈争斗，为了避免这种结果，罗马法把旧河床断为占有邻近其河岸之土地者按比例共有。[45]

4. 河岛。河岛是通过淤积在河中形成的岛屿。在古典时期，如果河岛所处的河流属于国家且土地受限（划界），可作为无主物先占取得，否则按添附取得。[46] 到了后古典时期，河岛也被视为无主物，但添附于河岸土地所有人的土地。如果此等河岛处在河流正中，由他们按照面对河岸土地的宽度的比例共有。如果处在河岸一侧，由该侧的河岸土地所有人所有。显然，这样的处理与对海岛的处理不同。海岛处在阒无人迹之地，得先占机会者寡，按先占规则定其归属不会引起争斗。河岛多处在人烟稠密之地，有机会先占它们的人多，按先占定归属会引起争斗，故改按添附定归属。把本性无主的河岛按添附处理，表明了罗马人在无主物归属时的政策性考虑。有的按先占定归属，有的则按添附定归属。

---

〔42〕 Véase Fernando Betancourt, Derecho romano clásico, Universidad de Sevilla, 2007, p. 323.

〔43〕 I. 2, 1, 20. 参见［古罗马］优士丁尼：《法学阶梯》（第 2 版），徐国栋译，中国政法大学出版社 2005 年版，第 119 页。

〔44〕 I. 2, 1, 21. 参见［古罗马］优士丁尼：《法学阶梯》（第 2 版），徐国栋译，中国政法大学出版社 2005 年版，第 119－120 页。

〔45〕 I. 2, 1, 23. 参见［古罗马］优士丁尼：《法学阶梯》（第 2 版），徐国栋译，中国政法大学出版社 2005 年版，第 120 页。

〔46〕 Cfr. Pasquale Voci, Modi di Acquisto della Proprietà (Corso di Diritto romano), Milano, Giuffrè, 1952, p. 11.

（三）可以加工取得的无主物

加工属于人工添附，即加工人以他人材料与自己的劳动结合形成新物，如某人把他人的羊毛、木板加工成衣服、船舶。这样的新物既包含了他人材料的价值，也包含了加工人的劳动的价值，已不同于它们所由来的材料和人工。如何确定它们的归属？吴奇琦博士认为，普罗库鲁斯派受亚里士多德的漫步学派哲学影响，持形式优先说，认为物的存在由其形式决定，因此，形式一旦改变，存在亦被认为已经改变。所以，材料所有人对于材料的所有权消灭，新物处于无主状态，由加工人以先占取得。[47] 我认为，新物相对于材料，不仅是形式发生了改变，而且其构成也发生了改变。材料是其构成之一，劳动乃至技艺是其构成之二。新物的二元构成诱使人们把它定为材料所有人和加工人的共有物。但普罗库鲁斯派可能认为共有乃争讼之源，遂摒弃共有的可能，把合成物设定为无主物，由加工人先占取得。

两种解释的无论何种，都允许设想在新物生成与被人取得之间有一个无主阶段。这样的无主物概念出于逻辑推理，在加工形成的新物的归属处理上未被采纳，但在对淤积、冲断、孳息、损害投偿的奴隶的处理上，这样的无主物概念隐隐存在，四种情形中的标的物都有一个假想的无主阶段。

（四）以何种方式取得有争议的抛弃物

抛弃物是其所有人自愿放弃所有权的物，被抛弃之物可以是动产或不动产。被抛弃的不动产属于国家。[48] 就被抛弃的动产的归属，存在争议。萨宾派认为，此等物成为无主物，任何人均可先占取得。[49] 但普罗库鲁斯派认为要区分要式移转物和略式移转物置论。略式物被抛弃后成为无主物，先占人取得其所有权。但要式物被抛弃后，先占人要完成时效后才能取得其所有权。所以，取得时效的正当原因曾包括“作为抛弃物”。古典末期的法学家认为萨宾派的学说比较合理，采纳之。[50] 普罗库鲁斯派把抛弃物的取得与取得时效挂钩，无意中揭示了其他取得时效的客体也是某种意义上的无主物的可能。富有意味的是，

---

〔47〕 参见吴奇琦：《民法中的哲学：民法上实质（substantia）与本质（essentia）理论的古典哲学起源与演变》，澳门大学2018年博士学位论文，第100～101页。

〔48〕 Cfr. Mario Talamanca, Istituzioni di diritto romano, Giuffrè, Milano, 1990, p. 416.

〔49〕 参见周枏：《罗马法原论》（上册），商务印书馆1994年版，第358页。

〔50〕 Vgl. JF. Gerkens, Aneignung Herrenloser Sachen, S. 8, http://hdl.handle.net/2268/169456, March 14, 2020.

取得时效在德国也被用来解决遗失物的取得问题。[51] 其理路是经过了一定期间无人认领的遗失物转化为无主物由发现人取得。

(五)两种可被解释成无主物的客体

1. 孳息。弗洛伦丁认为:“由我们的物产生的物,属于捕获它们的人。”[52]“我们的物产生的物”就是孳息,既包括植物性孳息,也包括动物性孳息。按照此语,孳息属于先占取得的无主物。在《学说汇纂》中,弗洛伦丁的此语处在讲述对野兽的先占之后的位置。在讲述对敌人物的先占之后,《学说汇纂》的编者又收录了弗洛伦丁的如下言论:“这对于那些根据万民法处于我们所有权之下的动物所产生的物,也是一样的。”[53] 此语表明,在弗洛伦丁看来,动物的幼仔属于无主物,适用先占取得。优士丁尼《法学阶梯》收录了弗洛伦丁的这一法言,但拉开它与规定敌人物的先占取得的法言的距离,把它安排在关于海滩发现物的取得的法言后面,[54] 让人感到对动物幼仔的取得不是先占,而是发现。无论如何,这些史料都导致当代西班牙学者费尔南多·贝当古(Fernando Betancourt)在其《古典罗马法》一书中把自然孳息当作先占的客体。[55] 这样的安排有扩大化之嫌,因为无论是弗洛伦丁的《法学阶梯》,还是优士丁尼的《法学阶梯》,都只把动物性孳息的特定类型——幼仔当作先占的对象,而费尔南多·贝当古把一切自然孳息都当作先占的对象。从严格的逻辑角度看,孳息所由出的原物的所有权是确定的,一个所有权与特定的客体形成对应关系,孳息不在这个“特定客体”的范围之内,所以,孳息一旦产出,属于新物,在逻辑上属于无主物,必须按照一定的方式定其归属,先占是一个选项。《学说汇纂》也好,优士丁尼的《法学阶梯》也好,都在无主物先占取得的上下文里规定孳息,尤其是动物的幼仔的取得,摆明了是把孳息当作无主物看待。弗洛伦丁甚至把对家畜幼仔的取得谓之捕获。当然,由于家畜幼仔通常处在原物所有人或其用益权人的领地,对它们的先占是非竞争性的。费尔南多·贝当古看出了孳息在优士丁尼法典编纂成果中的体系角色,但不敢把它说成无主物,可能是因为没有史料依据。

---

〔51〕 参见[德]鲍尔、[德]施蒂尔纳:《德国物权法》(下册),申卫星、王洪亮译,法律出版社2006年版,第520页。

〔52〕 《学说汇纂》(第41卷),贾婉婷译,中国政法大学出版社2011年版,第3页。

〔53〕 《学说汇纂》(第41卷),贾婉婷译,中国政法大学出版社2011年版,第9页。

〔54〕 参见[古罗马]优士丁尼:《法学阶梯》(第2版),徐国栋译,中国政法大学出版社2005年版,第119页。

〔55〕 Véase Fernando Betancourt, Derecho romano clásico, Universidad de Sevilla, 2007, p. 323.

2. 时效取得物。前文已述,普罗库鲁斯派要求以取得时效取得被抛弃的要式物。由此可以反推,当要式物与略式物的区分被取消后,以取得时效取得的物都是被其所有人以默示的方式抛弃的无主物。无妨说,取得时效制度的功能在于,把所有人不积极行使其所有权的物推定为无主物,允许他人经过一定的期间后取得。[56] 所以,取得时效制度实际上是一种变形的无主物先占取得制度。但无主物推定可以推翻,如被占有财产的主人出现主张自己的权利,无主物推定即被推翻。

三、无主人物

在罗马法上,除了无主物的概念外,还有无主人物(Res sine domino)的概念,它们是临时无主的物或财产,不可由私人先占取得,如待继承的遗产、遗失物、委弃物等。[57] 有人把无主物和无主人物画等号,[58] 但费尔南多·贝当古认为两者不同。如前所述,无主人物不可由私人先占取得,而无主物可由私人通过先占、发现和添附取得。无主人物有以下类型:

1. 待继承的遗产(Hereditas iacens),是死者死后,继承人接受遗产前的遗产。旧主人死亡、新主人未产生,让它成为无主人物。[59] 这种定性揭示了此等遗产的所有权空窗期。法律把它拟制为财团法人。它是潜在继承人的期待权的客体,不可先占。待继承遗产不同于无人继承的遗产。后者是没有潜在继承人或此等继承人放弃继承的遗产,是无主物。潜在继承人接受遗产后,待继承遗产转化为有主物。在相反的情形,它转化为无人继承的遗产。

2. 遗失物(Res deperdita),即非出于其所有人的意志脱离其持有的物。[60] 典型的例子是在主人未觉察的情况下从奔驰的马车上掉落的物。[61] 拾得此等

---

〔56〕 萨维尼说:"一切所有权都是因时效成熟的他主占有。"参见[英]梅因:《古代法》,沈景一译,商务印书馆1959年版,第144页。

〔57〕 Véase Fernando Betancourt, Derecho romano clásico, Universidad de Sevilla, 2007, p. 291.

〔58〕 我日常使用 Glossario Latino – Cinese di Diritto Romano 说明两者的关系:Res nullius(res sine domino)。

〔59〕 盖尤斯说:"属于遗产的物品在继承人出现前不归任何人享有(Gai. 2,9)。"参见[古罗马]盖尤斯:《法学阶梯》,黄风译,中国政法大学出版社1996年版,第80~81页。

〔60〕 Cfr. Johannes Georgius Krausslich, De modis quibus ius rerum et in personas adquirere possumus, Hilliger, 1744, p. 9.

〔61〕 I. 2,1,48. 参见[古罗马]优士丁尼:《法学阶梯》(第2版),徐国栋译,中国政法大学出版社2005年版,第137页。

物的罗马人通常会贴出一个公告,告知公众自己拾得了某物,并表达自己物归原主的心愿。失主找来的,归还之。拾得人主张报酬的,不算违规(D.47,2,43,8－9.《萨宾评注》第41卷)。[62] 失主不找来的,怎么办？原始文献未提供这个问题的答案,法国法学家 Franciscus Connanus 认为,此时遗失物归拾得人所有,所有人的权利消灭。[63] 此时,遗失物转化为无主物。

3. 委弃物(Res derelicta),即所有人出于非抛弃的意图脱离其持有的物。[64] 典型的例子是在发生风暴时为了减轻船的负载被扔下海的货物。按照《罗得海商法》,货物抛入海中,其所有权消灭。[65] 但弃货人通常不具有抛弃所有权的意图,此时,取得委弃物的人并不构成无主物的先占,而是盗窃(I.2,1,48)。[66] 如果弃货人有抛弃所有权的意图,雅沃伦主张,取得此等物的人成为其所有人(D.41,1,58.《卡修斯摘要》第11卷)。[67] 杰尔苏主张,弃货人是否有抛弃所有权的意图,由取得人判断,他并不认为弃货人有抛弃所有权的意图时,也不构成盗窃(D.47,2,43,10. 乌尔比安:《萨宾评注》第41卷)。[68] 这时,委弃物成为无主物。不难看出,在委弃物是否为无主物问题上,罗马法学家之间意见不同。

四、小结

罗马法中的无主物概念形成于罗马所有制的成熟时期。此时,历史已经从万物无主时代走到了万物基本各有其主时代,但所有权的成立以所有主对于所有物的有效控制为基础,对于一时无法确立对其有效控制的自然资源,罗马法名之为无主物。无主物即开放物,它赋予有意有能者通过竞争性程序获取的机会。但罗马的所有制只存在于罗马的国境线之内,不适用于位于外国的物,由市民法的空间性决定,所有外国的物对于罗马人来说都是无主物,有同盟关系的国家的

---

〔62〕 See Mommsen and Alan Watson, *The Digest of Justinian*, Vol. 4, Philadelphia, University of Pennsylvania Press, 1985, p. 747.

〔63〕 Cfr. Franciscus Connanus, Commentariorum juris civilis libri decem, Egenolphus Emmelius, 1609, p. 159.

〔64〕 Cfr. Johannes Georgius Krausslich, De modis quibus ius rerum et in personas adquirere possumus, Hilliger, 1744, p. 9.

〔65〕 参见王小波:《〈罗得海商法〉研究》,中国政法大学出版社2011年版,第93页。

〔66〕 参见[古罗马]优士丁尼:《法学阶梯》(第2版),徐国栋译,中国政法大学出版社2005年版,第137页。

〔67〕 参见《学说汇纂》(第41卷),贾婉婷译,中国政法大学出版社2011年版,第67页。

〔68〕 See Mommsen and Alan Watson, *The Digest of Justinian*, Vol. 4, Philadelphia, University of Pennsylvania Press, 1985, p. 747.

物除外,无同盟关系的国家中的敌国,其领有物的无主可能性在与罗马人的接仗中转化为现实性,此时发生了法人作为先占主体问题,也发生了拟制的无主物问题。这两个问题,构成罗马的无主物问题的另一翼:非自然资源作为无主物。这一翼,实际上也是罗马无主物制度的公法之翼(战利品的取得与分配制度)和国际法之翼(战时国际法),以及"越线"之翼:把俘虏的情形,把"人"当作无主"物"了。

罗马人又发现,不仅把所有人明确的敌人物设定为无主物具有激励作用,而且把所有人不明的物推定为无主物也具有促进物归新主并为他积极利用的作用,尽管这样做要降低所有权的绝对性。于是,财宝和取得时效物都成了推定无主物。对于后者来说,此等推定允许原所有人在规定期限内出现加以推翻。

由于希腊哲学的影响,罗马人很快发现无主物概念可以用来描述一个物上的两个所有权之间的权利主体空位状态,并把这样的无主物概念运用于加工物的取得,对淤积、冲断形成的新地,对孳息,对损害投偿的奴隶的处理。这样的无主物概念具有思辨性,有助于有关制度说明的理论完满。

罗马人再发现,完全把无主物交给先占规则会付出争斗的代价。所以,只把不会或不易引起争斗的无主物按先占规则处理,把会引起争斗的无主物交给添附规则或加工规则处理,并设立了无主人物与无主物概念并列,两者的区别是前者不允许先占,而是由法律定其取得者。这样的安排,可谓明智。

总之,罗马法中的无主物制度比现代法上的相应制度复杂得多,有些是糟粕,如把人当作无主物,大多数是精华,有助于我们加深对现代的无主物现象的认识。

五、清末以来罗马式无主物概念在中国的丢失史

(一)1949年前的中国民事立法对无主物概念的"半拉子"丢失

撇开《大清民律草案》不谈,1925年的《中华民国民律草案》第771条和第815条分别规定了无主不动产和动产。对于前者,采用德国式的国家主义的归属安排,将之归入国库,以免许人先占,群起争夺,有害秩序。[69] 此理由考虑了无主物先占处理引起争斗的副作用并以统归国有避免之。对于后者,采用个人主义的归属安排。就无主动产的类型,也规定了野栖动物(第816条)、蜂群(第

---

〔69〕 参见俞江:《中国民法典诞生百年祭——以财产制为中心考察民法移植的两条主线》,载《政法论坛》2011年第4期。

817—819 条）、遗失物（第 820 条）、埋藏物（第 821 条）、漂流物和沉没物（第 822 条）。

1929 年的《中华民国民法典》（现在的中国台湾地区"民法"）第 802 条规定：以所有之意思，占有无主之动产者，取得其所有权。[70] 此条排除了存在无主不动产的可能，只对无主动产做了个人主义的归属安排。就无主动产的具体类型，规定了遗失物（第 804—807 条）、埋藏物（第 808—809 条）、漂流物和沉没物（第 810 条）。相较于《中华民国民律草案》，删去了野栖动物和蜂群的类型，把用来规定蜂群的篇幅改用来细化关于遗失物的规定。这意味着无主物制度从关注自然资源的分配到关注脱离占有物回归主人的转向！这极大地缩小了无主物制度的生存空间。罗马式无主物概念的内涵被丢失了一半。其后果是当生活实践提出乌木、狗头金、陨石的归属问题时，我国法学界找不到解决这一问题的法律依据。实际上，这三者在罗马法中就有在海滩上发现的宝石、美玉归发现人所有的处理可以参照。

（二）1949 年后的中国民事立法对无主物概念的限缩及最终全丢

1949 年以后的中国，在本土法文化以及苏联法的影响下，1956 年以来的历次民法典草案都规定了无主物。

作为第一次民法典起草（1956 年 4 月）成果的《中华人民共和国民法典所有权篇（草稿）》［最初稿］第 41 条规定，所有人不明或没有所有人的财产是无主财产，无主财产依照法令规定的程序移归国家所有。无主的农户财产由所在乡的人民委员会处理。[71] 此条照抄《苏俄民法典》第 68 条正条，该条规定，所有人不明或无所有人之无主财产，依特别规定之程序移归国家所有。无主之农家财产，归该管之乡村互助会处分及使用。无乡村互助会之地方，无主之农家财产归该管之乡村苏维埃处分之。[72] 此条先规定所有人不明物，即曾经有所有人，后来找不到所有人的物（非纯粹无主物），后规定从来没有所有人的物（纯粹无主物），与罗马法的路径相反，这意味着苏联立法者力图把无主物制度从注重分配无主自然资源的制度改造为注重为失去占有物寻主的制度。而且，条文中的

---

〔70〕 杨立新主编：《中国百年民法典汇编》，中国法制出版社 2011 年版，第 477 页。

〔71〕 参见何勤华、李秀清、陈颐编：《新中国民法典草案总览》（上卷），法律出版社 2003 年版，第 59 页。

〔72〕 参见《苏俄民法典》，王增润译，新华书店 1950 年版，第 33 页。从这样的安排来看，1923 年《苏俄民法典》的制定者显然把遗失物看作无主物的一个类型，作为大条的第 68 条专门规定无主物。不过，规定的无主物的类型有限。

“无所有人的物”虽然从立法传统来看指自然资源,但在本条中只指农家财产。该条规定的农舍、耕地、耕畜、家畜家禽等,也都是非纯粹无主物,所以,在《苏俄民法典》中,“无所有人的物”仅指为“所有人不明物”寻主不成的结果。由此,尽管表述不同,但《苏俄民法典》与《中华民国民法典》的立场都是放弃无主物概念针对自然资源的所指。

要特别指出的是,《苏俄民法典》第68条是个大条,除了以上正条规定外,还有6个附条,它们都被用来规定与遗失物的取得相关的各个问题。[73]《中华人民共和国民法典所有权篇(草案)》[最初稿]把《苏俄民法典》第68条打散,分解为第41条、第42条和第43条。第41条的内容前文已述。第42条和第43条规定遗失物、漂流物。另加第44条规定埋藏物(这是另外参考别的先例补充的规定)。这样的“打散”使遗失物、漂流物、埋藏物失去了无主物概念的笼罩,为将来的我国的民事立法“丢失”无主物概念埋下了伏笔。以后的各个所有权编草案[74]皆以稍加变动的形式保留这一安排,所谓改变,就是把埋藏物提到遗失物、漂流物之前规定。

但1986年的《民法通则》取消了《中华人民共和国民法典所有权篇(草稿)》[最初稿]第41条性质的规定,越过无主物一般规定的帽子直接规定在《苏俄民法典》中作为无主物具体形态规定的埋藏物、隐藏物、遗失物、漂流物和失散的动物(第79条)。这是个重大的转折!以往的中国立法者,都使用无主物概念,《民法通则》的制定者终止了这种追随。至此,无主物制度在中国被丢掉了其名称。原因者何?

原因一,立法者基于拾金不昧的道德理想主义试图改造传统的无主物概念,把遗失物、漂流物、失散的动物从无主的状态中拯救出来,所以,《民法通则》第79条要求把它们归还原主。但物归原主只是一种可能性,另一种可能性是找不到原主,它们不能从无主的状态得到超拔,这种可能性《民法通则》未予理会。[75]到了1991年颁布的《民事诉讼法》,才通过确立认定财产无主程序理会了这种

---

〔73〕 参见《苏俄民法典》,王增润译,新华书店1950年版,第33页。

〔74〕 它们是:1956年4月的第一次草案、1956年4月的二稿、1956年5月12日的三稿、1956年6月5日的四稿、1956年8月20日的第五次草稿、1957年1月7日的第六次草稿、1957年1月21日的第七次草稿。1963年的4部民法典草稿、1964年的2部民法典草稿、1980年的民法典草稿、1981年的2部民法典草稿、1982年的1部民法典草稿、1982年的1部民法典草稿。

〔75〕 但学者考虑到了,主张把找不到失主的拾得物上交国库或变卖之后上交国库。参见《法学研究》编辑部编:《新中国民法学研究综述》,中国社会科学出版社1990年版,第252页。

可能性。这种程序的目的就是把性质不定物的性质确定下来，要么认定它为有主，要么无主。其适用对象按通说就是埋藏物、隐藏物、遗失物等。[76] 所以，从概率的角度看，埋藏物、遗失物、漂流物、失散的动物有至少一半的机会成为无主物。由于它们不是一开始就得到无主物的身份的，所以被称为嗣后无主物。[77] 对它们的先占，被称为附条件的先占。[78] 这里的"条件"，就是经过认定财产无主或类似程序的检验。所以，在1991年之前，说埋藏物并非无主物可以理解，在《民事诉讼法》确立确定财产无主程序后，这样说就很不负责任了。

原因二，我国法学界未理解罗马式的无主物制度的价值选择：降低所有权保护的绝对性，迁就物尽其用的必要性，由此把原本有主的财宝（埋藏物）和遗失物拟制为无主物。对于埋藏物，《民法通则》第79条就是这样做的，不过，该条不是把埋藏物断给发现人或土地所有人，而是国家而已。但面对这样的赤裸裸的无主物规定，一些学者顽强地主张埋藏物是有主物，理由是埋藏物尽管脱离了所有人的占有，但所有人并无放弃其所有权的心素。[79] 论者根本不知罗马法完全无视此等心素。受类似观念的支配，至今一些主流学者——如王利明教授——认为埋藏物是有主物。[80] 甚至于参与制定《民法通则》第79条的全国人大法工委民法室核心专家何山也浑然不知该条规定的是无主物。[81] 对于遗失物，我国学界长期传抄民国学者黄右昌的如下没有注释注明来源的陈述："拾得

〔76〕 参见赵盛和：《我国无主财产认定程序的转型》，载《国家检察官学院学报》2015年第6期。

〔77〕 嗣后无主物的概念很可能首次使用，参见李迪昕：《无主财产法律问题研究》，吉林大学2013年博士学位论文，第3页。

〔78〕 参见史尚宽：《物权法论》，台北，荣泰印书馆1957年版，第115页。

〔79〕 参见常鹏翱：《埋藏物发现的若干法律问题》，载《云南法学》1998年第2期。

〔80〕 参见王利明主编：《民法学》，复旦大学出版社2004年版，第306页。

〔81〕 因为他自拟的《中华人民共和国物权法草案》第32条不认为埋藏物为完全无主物。该条辞曰：1. 埋藏物是指埋藏于地下的物品。2. 公民、法人发现埋藏物，可以按照下列情形分别处理：（1）判定埋藏人，且埋藏物不易为他人发现，发现人可以不挖取埋藏物，并将埋藏物继续掩埋好，还应当将发现情况告知埋藏人。（2）能够判定埋藏人，且埋藏物易为他人发现，发现人可依前种情形处理，也可以将埋藏物挖出，交还埋藏人。（3）不能判定埋藏人，且埋藏物不易为他人发现，发现人可以不挖取埋藏物，并将埋藏物继续掩埋好。发现人可以将发现情况告知有关单位或者公安机关。（4）不能判定埋藏人，且埋藏物易为他人发现，发现人可依前种情形处理，也可以挖取埋藏物。挖取埋藏物，适用拾得遗失物的相关规定……参见河山：《中华人民共和国物权法草案》，载易继明主编：《私法》（第5辑第2卷），北京大学出版社2005年版，第5页。该条毫无埋藏物有古旧性、珍贵性的观念，被埋的地雷都可进入该条的射程。只有第2款第3～4项包含埋藏物可能无主的观念。这个条文鲜活地证明，尽管中国和外国的立法机关使用同样的术语，但两者的理解可能不完全一样。

遗失物者，于失主之请求前，负有保管遗失物之义务，不能取得其所有权。”[82]拾得人要归还拾得物，发生了费用的，可根据无因管理规则获得补偿。[83]实际的情况如前文所述，[84]罗马法允许拾得人在寻主不成后取得其所有权。寻主成功的，有报酬请求权。这样的安排出于促进物尽其用的选择。

对所有权绝对性的过度张扬还体现在把埋藏物列入公告寻主程序的客体上。实际上，埋藏物（含隐藏物）是拟制无主物，一经发现，罗马法马上定其归属，完全没有机会进入公告寻主程序。所以，其民法典规定有埋藏物制度的意大利，其《民事诉讼法典》中根本无认定财产无主程序。[85]

继承《民法通则》的路线，2007 年的《物权法》不设关于无主物的概括规定，只规定 20 世纪 50 年代的民法典起草者认为的无主物的具体类型，把重点放在规定遗失物上，为此花了 5 个条文（从第 109 条到第 113 条），但最后规定了类似于认定财产无主程序的遗失物招领程序，以此承认了遗失物转化为无主物的可能，并作了国家主义的归属安排。漂流物、埋藏物、隐藏物则比照遗失物处理。这种比照很成问题，因为找到埋藏物（含隐藏物）主人的可能性极小（由于对埋藏物设有“古旧”的要件），[86]法律视为找不到。而构成遗失物没有古旧的要件，法律认为可以找到原主，所以，适用公告寻主程序。所有这些，都是关于嗣后无主物的规定，说明《物权法》完全采取关注脱离占有物回归主人的立场，不知无主物制度有合理分配自然资源的功能。

2019 年 12 月 28 日，全国人大常委会公布了《民法典（草案）》。其物权编（第二编）完全沿袭了《物权法》的以上规定，这意味着补救《物权法》的不当处置机会的丧失。

六、从中国现行法的规定出发寻回无主物的概念和制度

然而，我国尽管无一般的无主物制度，却有关于无主物的具体规定。我在如

---

[82] 梁慧星主编：《中国物权法草案建议稿》，社会科学文献出版社 2000 年版，第 380 页。

[83] 参见陈华彬：《遗失物拾得的若干问题》，载《法学研究》1992 年第 3 期。

[84] 黄右昌本人的表述与引用者的表述不同。他只说拾得人不易取得遗失物的所有权，如果遗失人的诉讼时效完成，拾得人可以取得遗失物的所有权。参见黄右昌：《民法诠解物权编》（上册），商务印书馆 1948 年版，第 166 页。

[85] 阅读《意大利民事诉讼法典》，白伦、李一娴译，中国政法大学出版社 2017 年版，得出这一结论。

[86] 关于古旧的要件，参见徐国栋：《财宝概念研究两题》，载《现代法学》2017 年第 2 期。

下领域找到以下需要整合的无主物规定。

（一）民商法

1. 埋藏物、隐藏物。《民法通则》第 79 条第 1 款规定："所有人不明的埋藏物、隐藏物，归国家所有。接收单位应当对上缴的单位或者个人，给予表扬或者物质奖励。"此条规定确实无主的埋藏物为无主物，但并不判定它归先占者，而是归国家，但发现人有权从国家得到精神的或物质的奖励。

《民法通则》第 79 条规定的埋藏物、隐藏物是无主物，[87] 相反，1988 年最高人民法院颁布的《关于贯彻执行〈中华人民共和国民法通则〉若干问题的意见（试行）》第 93 条规定的埋藏物、隐藏物为有主物。其辞曰："公民、法人对于挖掘、发现的埋藏物、隐藏物，如果能够证明属其所有，而且根据现行的法律、政策又可以归其所有的，应当予以保护。"此条规定的是有主埋藏物，对其按《继承法》处理。

2. 遗失物和漂流物。《物权法》第 109—114 条规定，拾得遗失物的人，应当及时通知权利人领取。找不到权利人的，送交公安等有关部门。有关部门应发布招领公告，公告 6 个月无人领取的，成为无主物，归国家所有。拾得漂流物的，比照拾得遗失物处理。所以，遗失物和漂流物，在招领期限届满前是性质不明物，招领期限届满后成为无主物。

3. 失散的饲养动物。《民法通则》第 79 条第 2 款规定，失散的饲养动物的拾得人有将其交还动物主人的义务。但如果经过 6 个月的时间找不到主人，此等动物应成为无主物，归国家所有。

4. 无人继承的遗产。《继承法》第 32 条规定，无人继承又无人受遗赠的遗产，归国家所有；死者生前是集体所有制组织成员的，归所在集体所有制组织所有。按照此条，无人继承的遗产是无主物，归国家或集体所有，完全如同罗马法。

---

〔87〕 河山理解的埋藏物见第 32 条，其辞曰：埋藏物是指埋藏于地下的物品。公民、法人发现埋藏物，可以按照下列情形分别处理：（1）能够判定埋藏人，且埋藏物不易为他人发现，发现人可以不挖取埋藏物，并将埋藏物继续掩埋好，还应当将发现情况告知埋藏人。（2）能够判定埋藏人，且埋藏物易为他人发现，发现人可依前种情形处理，也可以将埋藏物挖出，交还埋藏人。（3）不能判定埋藏人，且埋藏物不易为他人发现，发现人可以不挖取埋藏物，并将埋藏物继续掩埋好。发现人可以将发现情况告知有关单位或者公安机关。（4）不能判定埋藏人，且埋藏物易为他人发现，发现人可依前种情形处理，也可以挖取埋藏物。挖取埋藏物，适用拾得遗失物的相关规定。发现人发现的埋藏物属于文物的，应当依照文物保护法处理。参见河山：《中华人民共和国物权法草案》，载易继明主编：《私法》（第 5 辑第 2 卷），北京大学出版社 2005 年版，第 5 页。

无人继承的遗产中可以包括无人继承的知识产权，在这方面中国已发生案例。中国末代皇帝溥仪写有《我的前半生》，他于1967年去世。该书的著作权由溥仪的妻子李淑贤继承。1997年，李淑贤去世，她无继承人，死时未留下遗嘱。出版该书的群众出版社于2007年8月22日申请法院认定该书的著作权为无主财产。[88] 谁将成为《我的前半生》的著作权人？2010年《著作权法》第19条第1款为我们提供了答案。它规定，著作权属于公民的，公民死亡后，其著作权在本法规定的保护期内的，依照《继承法》的规定转移。本款所指的《继承法》的规定为何？显然就是我们在前文讨论过的第32条，按照此条，《我的前半生》的著作权应属于国家。

5. 孤儿作品。即还在著作权期限内，但找不到著作权人的作品。[89] 孤儿作品不是无主作品，而是找不到主人的作品。找不到的原因有二：其一，作者身份不明，也就是不知作者是谁；其二，知道作者是谁，但联系不上他。对于这样的作品，《著作权法实施条例》第13条规定，作者身份不明的作品，由作品原件的所有人行使除署名权以外的著作权。作者身份确定后，由作者或者其继承人行使著作权。按照此条，在找到作者或其继承人之前，作品原件的所有人可以行使署名权以外的著作权，以达成作品的价值。对作品原件的所有实际上是对作品的先占，这里的法理还是以附条件先占取得无主物。

（二）民事诉讼法

如前所述，我国《民事诉讼法》专门设立了无主财产认定程序，构成我国现有基本法中不多的使用"无主"概念的例子。[90] 该程序是嗣后无主物的形成程序，适用于埋藏物和隐藏物、拾得的遗失物、漂流物和失散的饲养动物、无人继承的财产等性质不定物，[91] 目的是确定其性质：要么有主要么无主。为达此结果，财产的临时占有人要对法院提出申请（第191条）。法院审理后，发出公告寻主一年后，无人认领的，确定财产无主，归国家或集体所有（第192条）。但此等确定并非终局的，如果原财产所有人或者继承人出现且在时效期间内提出请

---

〔88〕 参见夏旭丽：《认定财产无主程序研究》，湘潭大学2009年硕士学位论文，第5页。

〔89〕 参见王晓君：《孤儿作品利用的著作权制度研究》，厦门大学2017年博士学位论文，第15页。

〔90〕 另外有如下次级规范性文件使用"无主"概念：《物资部仓库盘盈物资及无主货管理暂行办法》《国家安全监管总局办公厅、国家发展改革委办公厅关于进一步排查核报无主尾矿库隐患治理项目情况的通知》《国家安全监管总局办公厅、国家发展改革委办公厅关于报送无主尾矿库隐患综合治理项目实施方案的通知》。

〔91〕 参见赵盛和：《我国无主财产认定程序的转型》，载《国家检察官学院学报》2015年第6期。

求,可以撤销原判决(第 193 条)。

(三)自然资源法

如前所述,无主物制度最初为解决自然资源的合理分配而设置,罗马法学家最初想到的无主物都是自然资源。对此,《宪法》第 9 条规定,矿藏、水流、森林、山岭、草原、荒地、滩涂等自然资源,都属于国家所有,即全民所有;由法律规定属于集体所有的森林和山岭、草原、荒地、滩涂除外。国家保障自然资源的合理利用,保护珍贵的动物和植物。禁止任何组织或者个人用任何手段侵占或者破坏自然资源。按照该条,国有的自然资源有矿藏、水流、森林、山岭、草原、荒地、滩涂等,动物和植物,以达到珍贵的级别为限,受到国家的保护,但并非国有。

作为对《宪法》第 9 条的落实,《矿产资源法》(2009 年修正)第 3 条规定,矿产资源属于国家所有,由国务院行使国家对矿产资源的所有权。地表或者地下的矿产资源的国家所有权,不因其所依附的土地的所有权或者使用权的不同而改变。2009 年《森林法》第 3 条第 1 款规定,森林资源属于国家所有,由法律规定属于集体所有的除外。《草原法》第 9 条规定,草原属于国家所有,由法律规定属于集体所有的除外。《土地管理法实施条例》第 2 条规定,下列土地属于全民所有即国家所有:……(4)依法不属于集体所有的林地、草地、荒地、滩涂及其他土地。”

但是,没有特别法对水流、山岭、滩涂的国家所有权进行落实。而且,《野生动物保护法》第 3 条超越宪法规定,提出野生动物资源属于国家所有。但《野生植物保护条例》没有作这样的越权规定,为中国的自始无主物保留了存在空间。到目前为止,在我国自然资源法的框架内,存在如下自始无主物:

1. 野生植物。《野生植物保护条例》中的野生植物指在原生地天然生长的珍贵植物和原生地天然生长并具有重要经济、科学研究、文化价值的濒危、稀有植物。按照这一规定,野生植物必须具有珍贵、濒危、稀有的特点。但广义的野生植物指一切非人工养育的植物,如野草、野树、野生药材等。按照《物权法》第 49 条的规定,法律未规定属于国家所有的野生植物是无主物。

2. 野生鱼类。《渔业法》未规定野生鱼归国家所有(我假定野生鱼不属于《野生动物保护法》第 3 条规定的野生动物资源),所以,在中国的内水(河流、湖泊、池塘)和领海内的野生鱼,都是无主物。在公海里的野生鱼,不属中国法管辖,依据《捕鱼及养护公海生物资源公约》(1966 年生效),属于一切人共有物,各国渔民皆可以先占取得。

另外，尽管《物权法》规定海域属于国家所有，但沿海地区的居民以赶小海的方式取得海滩上的海蛎、沙虫等小海鲜，也是先占无主物。

3. 非重点保护的野生动物。尽管《野生动物保护法》第3条宣布野生动物资源属于国家所有，但该法第22条也规定，猎捕非国家重点保护野生动物的，应当依法取得县级以上地方人民政府野生动物保护主管部门核发的狩猎证，并且服从猎捕量限额管理。第23条第1款规定，猎捕者应当按照特许猎捕证、狩猎证规定的种类、数量、地点、工具、方法和期限进行猎捕。按照此条，猎人猎获非国家重点保护的野生动物的，成为其所有人，并不需要把猎获物上缴国库。通过这样的途径，国家所有权的客体成为私人财产。这样，部分野生动物实际上处在无主物的地位。

4. 公众可采集物。《物权法》第118条规定，国家所有或者国家所有由集体使用以及法律规定属于集体所有的自然资源，单位、个人依法可以占有、使用和收益。理解本条，要从马克思于1842年写的《关于林木盗窃法的辩论》一文讲起。该文批评普鲁士王国治下的莱茵省议会提出的《林木盗窃法》把穷人到富人所有的森林中捡拾枯枝的行为定为盗窃。马克思则认为，枯枝并不是林木所有者的财产。多个世纪以来，穷人都在捡拾枯枝这一自然产物，这是他们天然的习惯权利。〔92〕马克思采取的是枯枝无主物论，富人采取的是枯枝有主物论，但要论证枯枝有主，面临理论困难，比较容易的路径是把枯枝说成活树的孳息，但孳息即果实，是主物生产力实现的结果，分为植物性的和动物性的。动物的粪便尽管可以做肥料，把它说成孳息也面临逻辑上的困难。〔93〕枯枝的处境差不多。对此困境，《俄罗斯联邦民法典》创立公众可采集物的范畴解决。其第221条规定，根据法律和财产所有权人的一般许可，或者地方习俗允许在森林、水体或其他地域采集浆果、捕鱼、采集或猎取其他公众均能取得的物或动物，则有关物的所有权由进行采集或猎取的人取得。〔94〕苏哈诺夫把对此等物的取得确定为原始取得。〔95〕我们知道，原始取得的对象只能是无主物，而这样的无主物是他人的有主物的分出物。如此安排，导致了穷人对富人资源的分享。而且，《俄罗斯联邦民法典》把此等分享的客体范围大大地扩张了。浆果这样明显的孳息被包

---

〔92〕参见刘远：《马克思的法学思想及当代启示探析——基于分析〈关于林木盗窃法的辩论〉》，载《学理论》2019年第9期。

〔93〕参见徐国栋：《优士丁尼法学阶梯评注》，北京大学出版社2019年版，第223页。

〔94〕参见《俄罗斯联邦民法典》，黄道秀译，北京大学出版社2007年版，第116页。

〔95〕参见张力：《自然资源分出物的自由原始取得》，载《法学研究》2019年第6期。

纳其中，甚至动物亦如是。套用这样的理路，有了我国《物权法》第 118 条的规定。此条规定比《俄罗斯联邦民法典》第 221 条抽象，但用意是一样的，即允许单位和个人分享国有或集体所有的自然资源。这样，从国有和集体所有的有主自然资源中派生出了实际无主物。

七、民法典颁布后以学说正确讨论无主物概念暨制度的必要

由上可见，中国现行法中有不少无主物规定，中国社会生活现实中有不少未被法律规制的无主物现象，但令人遗憾的是，2019 年 12 月 28 日的《民法典（草案）》未规定无主物概念暨制度，形成了民事基本法不反映其他多部门法规定的无主物的怪相，以及不反映实际生活中的大量无主物取得现象的怪相。

怎么办？最好的解决方案当然是在上述民法典草案中增设无主物概念暨制度，但物权法关系国家的根本经济制度，非常敏感。《物权法》制定过程中遭遇过的意识形态纷争让民法典的专任起草机构噤若寒蝉，所以，在起草物权编中采取不挑起争论的保守态度，指望此等机构纠正从《中华民国民法典》以来留下的立法错误，恐不现实。所以，次优的解决方案是在民法典颁布后建立起正确的无主物学说，整合我国现有的无主物立法，把自然资源的合理分配调整为无主物制度的主要工作对象，改变对埋藏物、遗失物是有主物等明显与《民事诉讼法》冲突的言说。这是一个艰巨的任务，因为我们的起点很低，所以，本文花了多半篇幅介绍起点很高的罗马法中的无主物制度，以资我国学者进行这一工作时的参考。

2020 年 4 月 13 日完稿于胡里山炮台之侧

《民法总则》第 187 条规定的民刑责任竞合的罗马法起源与比较法背景*

一、《民法总则》第 187 条的国内法来历以及研究状况

《民法总则》第 187 条规定:“民事主体因同一行为应当承担民事责任、行政责任和刑事责任的,承担行政责任或者刑事责任不影响承担民事责任;民事主体的财产不足以支付的,优先用于承担民事责任。”此条规定了民事、行政和刑事三种责任的竞合,实际上规定的是公私法责任的竞合,因为三种责任中的行政责任和刑事责任属于公法责任,民事责任属于私法责任,第 187 条确立了私法责任的优先地位。把问题缩小到刑事责任与民事责任的竞合,可以说确立了“民尊刑卑”原则。

该条是对《侵权责任法》(2009 年)第 4 条的抽象化。后者辞曰:(1)侵权人因同一行为应当承担行政责任或者刑事责任的,不影响依法承担侵权责任;(2)因同一行为应当承担侵权责任和行政责任、刑事责任,侵权人的财产不足以支付的,先承担侵权责任。在此条中,私法责任表现为侵权责任,与行政责任和刑事责任并列。这样的私法责任只适用于《侵权责任法》,第 187 条将侵权责任扩展为民事责任,这一范畴还可以包括违约责任和其他民事责任,所以说,《民法总则》把《侵权责任法》中的类似规定抽象化了。

而《侵权责任法》第 4 条又是对如下法律相关规定的概括。(1)《刑法》(1997 年)第 36 条第 2 款:“承担民事赔偿责任的犯罪

---

* 本文原载《比较法研究》2017 年第 4 期。

分子,同时被判处罚金,其财产不足以全部支付的,或者被判处没收财产的,应当先承担对被害人的民事赔偿责任。”(2)《公司法》(1993年)第228条:“公司违反本法规定,应当承担民事赔偿责任和缴纳罚款、罚金的,其财产不足以支付时,先承担民事赔偿责任。”(3)《产品质量法》(2000年)第64条:“违反本法规定,应当承担民事赔偿责任和缴纳罚款、罚金,其财产不足以同时支付时,先承担民事赔偿责任。”(4)《合伙企业法》(2006年)第106条:“违反本法规定,应当承担民事赔偿责任和缴纳罚款、罚金,其财产不足以同时支付的,先承担民事赔偿责任。”(5)《证券法》(2005年)第232条:“违反本法规定,应当承担民事赔偿责任和缴纳罚款、罚金,其财产不足以同时支付时,先承担民事赔偿责任。”(6)《个人独资企业法》(1999年)第43条:“投资人违反本法规定,应当承担民事赔偿责任和缴纳罚款、罚金,其财产不足以支付的,或者被判处没收财产的,应当先承担民事赔偿责任。”(7)《证券投资基金法》(2003年)第99条:“违反本法规定,应当承担民事赔偿责任和缴纳罚款、罚金,其财产不足以同时支付时,先承担民事赔偿责任。”

严格说来,这些规定只是《侵权责任法》第4条第2款的先驱,它们的理路非常简单:被判罚人的财产有限,用来承担民事责任就影响承担行政和刑事责任,出于国家礼让,允许用此等财产优先承担私法责任。但这些先驱规定隐含承担公法责任不影响承担民事责任的前提,《侵权责任法》第4条第1款把这一前提明示了,《民法总则》第187条第一句继续了此等明示。

饶有兴味的是,在《侵权责任法》之后,2015年的《食品安全法》第147条还重申了上述7个单行法的规定:“违反本法规定,造成人身、财产或者其他损害的,依法承担赔偿责任。生产经营者财产不足以同时承担民事赔偿责任和缴纳罚款、罚金时,先承担民事赔偿责任。”

除了上述立法规定外,最高人民法院有系列司法解释处理同样的问题。它们有:2000年的《关于刑事附带民事诉讼范围问题的规定》、2010年的《关于财产刑执行问题的若干规定》、2012年的《关于适用〈中华人民共和国刑事诉讼法〉的解释》、2014年的《关于刑事裁判涉财产部分执行的若干规定》。它们的内容大同小异,这里只援引2010年的司法解释。其第6条第1款辞曰:“被判处罚金或者没收财产,同时又承担刑事附带民事诉讼赔偿责任的被执行人,应当先履行对被害人的民事赔偿责任。”这些司法解释的共性是把民刑责任竞合问题处理成执行中的问题,似乎缩小了这个问题的范围。也有学者跟进这一趋向,如这样说:“当一行为人的违法行为满足两个及以上不同性质的财产责任的构成要件,而责任人的财产不足以全部承担时,就有必要确立责任承担的先后顺序。我国相关的法律及司法解释确立了民事赔偿责任优先。”〔1〕

《民法总则》颁布不久,除了评注书对该法第187条的比较简单的说明,〔2〕尚未见专门的研究论文。但针对《侵权责任法》第4条的研究论文已有十几篇,值得作为本文的出发点加以介绍。对该条的研究,也可视为对《民法总则》第187条的研究,因为两者的理路完全一样。

1. 有从实体法角度进行的研究。首先有对竞合的理由的探讨:属于规范竞合,即不同部门法的规范同时规定一个事实。〔3〕其次有对民事责任优先的理由的探讨:私权优先,竞合情形中涉及的私权往往是生命权、健康权,属于被害人的生存利益,高于其他主体的经济利益。〔4〕再次,有对保障民事责任优先的措施的探讨:执行优先。如果责任人的财产已用于承担其他责任,可请求执行回转满足民事责任之承担。做不到的,国家赔偿民事责任权利人。〔5〕最后,有对民刑责任竞合基本案型的探讨:故意杀人、伤害、抢劫、寻衅滋事、交通肇事等属此。〔6〕

2. 有从诉讼法角度进行的研究。这个角度的研究对象是刑事附带民事诉讼制度的正当性问题以及在承认其正当性情况下如何更好地运作这一制度的问题。就前一个问题,一些学者主张废除我国刑事诉讼法中的刑事附带民事诉讼制度。蒋凌申提出的废除理由是这一制度隐含刑尊民卑的前提。〔7〕谢佑平、江涌提出的废除理由是民刑诉讼差别太大,把两者裹在一起弊端重重,故应实行民刑分诉制。〔8〕就后一个问题,陈瑞华认为,在先刑后民、刑民分离、先民后刑三种模式中,以后者比较具有中国可行性,因为由此民事判决的执行率提高。〔9〕

---

〔1〕李明发:《民事赔偿责任优先的理论基础及其法律构建》,载《江淮论坛》2014年第6期。

〔2〕参见中国审判理论研究会民商事专业委员会编著:《〈民法总则〉条文理解与司法适用》,法律出版社2017年版,第349页及以次。

〔3〕参见王俊波、陈可:《刑事责任与侵权责任竞合浅析》,载《天中学刊》2002年第1期。

〔4〕参见杨立新:《论侵权请求权的优先权保障》,载《法学家》2010年第2期。

〔5〕参见李明发:《民事赔偿责任优先原则的适用》,载《南京大学学报》(哲学·人文科学·社会科学版)2015年第2期。

〔6〕参见陈瑞华:《刑事附带民事诉讼的三种模式》,载《法学研究》2009年第1期。

〔7〕参见蒋凌申:《“刑事附带民事责任”的证伪与建议》,载《国家检察官学院学报》2016年第3期。

〔8〕参见谢佑平、江涌:《质疑与废止:刑事附带民事诉讼》,载《法学论坛》2006年第2期。

〔9〕参见陈瑞华:《刑事附带民事诉讼的三种模式》,载《法学研究》2009年第1期。

上述研究美中不足的是没有探究跨部门法责任竞合制度的罗马法起源，对该制度的比较法探析也十分有限，导致对该制度的狭窄理解，为补救这些缺陷，特作本文。由于跨部门法责任竞合主要体现为民刑责任竞合，本文将以此为中心展开。至于民行责任竞合，为集中笔墨计，本文从略。

二、罗马法处理民刑责任竞合问题的民刑分诉体制

（一）一般说明

不排除早于罗马法的法律体系，如埃及法、美索不达米亚法〔10〕和希腊法有处理民刑责任竞合问题的经验，但留有处理这一问题的大量文献的只有罗马法，所以我不得不从罗马法开始。

首先要探讨的是罗马法中的责任竞合的含义。我从下文研究的罗马法原始文献概括出这样的竞合定义：所谓竞合，指同一个行为触犯了不同的法律规则，导致数个责任，这些责任以不同的诉权加以表现。这些诉权都可提起的，谓兼容性竞合，只能提起其中之一的，谓二选一竞合。不同的诉权由同一个法院审理的，为同法院竞合；由不同法院审理的，为异法院竞合。不同诉权的行使者为同一人的，谓同原告竞合；为不同人的，谓异原告竞合。不同的诉权出自民法的不同分支的，谓民法内部的诉权竞合，《民法总则》第 186 条规定的合同与侵权责任的竞合〔11〕属此；出自不同的部门法的，谓跨部门法的诉权竞合。《民法总则》第 187 条规定的民事、刑事、行政责任的竞合属此。

所以，罗马人从诉权行使和诉讼管辖的角度看待民刑责任竞合问题，与我国现有的司法解释和学说从执行角度看待同样的问题不同。可以说，一个是采取"头"的视角，一个采取"尾"的视角。从执行的研究角度研究民刑诉权竞合缩减了问题的范围：只考虑民刑责任都有财产性的情形，把其他情形排除在外，如遗弃罪的情形。处理这种犯罪，法院在刑事方面课处犯罪人自由刑，同时可强制犯罪人履行扶养义务。又如在交通肇事罪的情形，也是以自由刑表现刑事责任，以经济赔偿表现民事责任。在这两例中，对犯罪人发生责任竞合，但只有民事责任具有财产性。

---

〔10〕 余贵忠认为，《汉穆拉比法典》中有关于刑事附带民事诉讼的规定。参见余贵忠：《论刑事附带民事诉讼》，载《贵州大学学报》2000 年第 2 期。

〔11〕 其辞曰："因当事人一方的违约行为，损害对方人身权益、财产权益的，受损害方有权选择请求其承担违约责任或者侵权责任。"

《民法总则》第187条调整的是跨部门法诉权竞合。这种诉权竞合在罗马法中有丰富的表现。意大利学者阿凡佐(Franca De Marini Avanzo)说,从共和时期起,罗马法区分私犯和公犯。前者的侵害对象是个人,后者的侵害对象是整个社会。[12] 此语说明,罗马人基于自己创立的公私法划分观,已有了一种致害行为,两种受害客体的观念,并赋予不同的诉权调整之。

(二)三位皇帝的联名敕答反映的罗马民刑诉权竞合制度

378年,瓦伦斯、格拉提安和瓦伦提尼安三位皇帝发布了系统规定民刑诉权竞合问题的下列敕答:

C.9,31,1 pr. 瓦伦斯、格拉提安和瓦伦提尼安皇帝致大区长官安东尼:多数法学家如此决定,如果就私人事项同时发生刑事和民事诉权,两者皆可行使,不论先行使的是何者。如果未提起民事诉权,刑事诉权可提起之;反之亦然。

(1)因此,如果某人被强制剥夺了对其财产的占有,他为恢复此等占有求诸了排除强暴令状,仍不得禁止他依据《关于公开暴力的优流斯法》提出刑事指控。如果发生了伪造遗嘱,依据规定交出遗嘱的告示的诉讼已经开始,《关于遗嘱的科尔内流斯法》仍允许提出刑事指控。如果一个解放自由人声称自己是生来自由人,在民事上,可因没有对其恩主提供的服务受到追究,在刑事上,他要根据《关于解放自由人的威谢流斯法》(Lex visellia de libertinis)受到追究。

(2)属于这一类的还有盗窃之诉、依据《法比尤斯法》提起的诉讼,以及不可胜数的其他许多案型,它们都可先提起一种诉讼,然后可合法地提起另一种诉讼。

(3)根据法律的界定,毫无疑问,已被赋予民事诉权的伪造罪,也可受刑事追究。[13]

这个长篇敕答的首段确立了刑民诉权竞合且兼容原则,由此承认了一个行为有两个侵害客体,依据是多数法学家都主张如此,隐含少数法学家不主张如此的前提。而且,该敕答并不以某种诉权的行使为另一种诉权刑事的先决条件,诉

---

[12] Cfr. Franca De Marini Avanzo, Coesistenza e connessione tra iudicium publicum e iudicium privatum, Ricerche sul diritto tardo classic, In Bullettino dell' Istituto di Diritto Romano, Vol. LIX - LX, 1954, p. 125.

[13] See *The Civil Law including The Twelve Tables, The Institutes of Gaius, The Rules of Ulpian, The Opinions of Paulus, The Enactments of Justinian, and The Constitution of Leo*, trans. and edited by S. P. Scott, Cincinnati, The General Trust Company, 1932, p. 55s.

权人可任择其一先行行使,然后行使另外一者,这样的安排无分刑民诉权的尊卑。非独此也,行使一种诉权并不消耗另一种诉权,属于兼容性竞合。用现代人的话来说就是:不搞打了不罚,罚了不打。

敕答的第一段罗列了民刑诉权竞合的基本案型如下:

1. 以暴力剥夺他人财产的占有,这是一种公元前3世纪后半叶开始流行的犯罪。其时,征服战争的胜利导致大地产的流行,而一些乡村奴隶遭到抛弃,他们靠打家劫舍过日子,通常武装起来,聚成一伙抢夺他人财产。为了解决这一问题,公元前78年颁布了《关于暴力的普劳求斯法》(以下简称《普劳求斯法》,后来被《关于公开暴力的优流斯法》取代),该法课加抢劫者死刑,但允许被判刑人选择适用禁绝水火刑以免于执行死刑。[14]《普劳求斯法》只解决了强占者的刑事责任问题,民事责任问题仍有待解决。于是,公元前76年,裁判官卢库鲁斯(M. Terentius Lucullus)发布告示授予针对以聚集起来的武装的人实施暴力者的诉权。[15] 该告示涉及三种情形:其一,以聚集的武装人群造成了损害;其二,以同样的人群抢走了他人财物;其三,某人的奴隶参与武装人群实施了上述两种行为之一或全部。根据学者的研究,第一种情形的民事责任是四倍罚金的抢劫之诉;第二种情形的民事责任是双倍罚金的非现行盗窃之诉;[16] 第三种情形的民事责任归主人承担,即损害投偿之诉。

2. 伪造遗嘱,即伪造、变造他人遗嘱的行为。公元前81年,苏拉颁布《关于伪造的科尔内流斯法》(以下简称《科尔内流斯法》)处置之。该法依据犯罪人的身份定刑罚。对奴隶犯罪人课加死刑;对自由人犯罪人课加禁绝水火刑。[17] 这个《科尔内流斯法》赋予的也是公诉,人人可得起诉罪犯。伪造遗嘱行为的民事责任依据是裁判官颁布的关于交出遗嘱的告示。这一告示的打击对象是那些手持假遗嘱主张相应的利益的人,一旦把假遗嘱交付于官厅,就可鉴别真伪,作出有利于真遗嘱的受惠人的下一步裁决。所以,交出遗嘱之诉的下一步是返还遗产之诉(假如假遗嘱的持有者已取得遗产)或执行遗嘱之诉(假如遗产还在真遗嘱的受惠人的占有下)。

---

〔14〕 参见齐云、徐国栋:《罗马的法律和元老院决议大全》,载徐国栋主编:《罗马法与现代民法》(第8卷),厦门大学出版社2015年版,第219页。

〔15〕 Cfr. Letizia Vacca, Delitti privat e azione penali, Scritti di diritto romano, Jovene, 2015, p. 3.

〔16〕 Cfr. Letizia Vacca, Delitti privat e azione penali, Scritti di diritto romano, Jovene, 2015, p. 12.

〔17〕 参见齐云、徐国栋:《罗马的法律和元老院决议大全》,载徐国栋主编:《罗马法与现代民法》(第8卷),厦门大学出版社2015年版,第188页。

3. 解放自由人假称自己为生来自由人。在罗马法上，解放自由人相较于生来自由人处在劣后的地位。所以，有些解放自由人为了摆脱不利地位，遂冒充生来自由人，由此破坏了罗马的阶级关系秩序，《关于解放自由人的威谢流斯法》制裁之。这是一个颁布于公元前 24 年的法律。该法禁止解放自由人身份的人敢于享有属于生来自由人的荣誉和尊严或窃取市议员（decurion）职位。假冒的刑事后果如何？如果此等人窃取了市议员的职位，将受破廉耻之罚。

假冒者在承担刑事责任之余还要承担民事责任。笔者认为，此等责任的对象是通过假冒身份逃脱了的对其恩主的劳役。此等劳役应折成金钱赔偿给恩主。对将来的劳役，被打回原形者无疑要继续履行。

敕答的第二段罗列了民刑诉权竞合的其他案型和兜底案型。

1. 盗窃，即非法窃取他人财产的行为。在罗马法上，盗窃是诉权竞合的大舞台。如尤里安所言：被害人可选择只要求返还被盗财产，也可要求除了返还财产外，还处罚盗窃犯（D. 47，2，57，1. 尤里安：《学说汇纂》第 22 卷）。被害人如果做了后种选择，则发生刑民诉权的兼容性竞合。这样的安排，既打击了盗窃犯罪，又切实保护了被害人的权益。

2. 拐带人口。按公元前 90 年左右颁布的《关于拐带人口的法比尤斯法》，拐带人口首先指在明知的情况下买卖自由人的行为，以及在明知的情况下赠与自由人或把自由人作为嫁资客体的行为，接收人与赠与人或嫁资设定人承担同样的责任。其次指说服别人的奴隶逃跑的人、隐藏或羁押他人奴隶的人、买卖他人奴隶的人（D. 48，15，6，2. 伽里斯特拉杜斯：《论审理》第 6 卷）。[18] 显然，《法比尤斯法》保护的被拐带者有自由人和奴隶两种，旨在保护罗马国家的身份秩序和所有权制度。

拐带人口罪属于公诉。犯此罪者承担的刑事责任先是罚金，后改为矿坑苦役，即成为罗马国家的采矿奴隶（D. 48，15，6，2. 赫尔摩格尼：《法学概要》第 5 卷）。[19]

兜底案型是“不可胜数的其他许多案型”的所指。这其中至少包括侵辱，即以贬低他人为目的实施的加害行为。例如，在为侮辱其主人杀害他人奴隶的情

---

〔18〕 参见《〈学说汇纂〉第 48 卷（罗马刑事法）》，薛军译，中国政法大学出版社 2005 年版，第 229 页。

〔19〕 参见《〈学说汇纂〉第 48 卷（罗马刑事法）》，薛军译，中国政法大学出版社 2005 年版，第 229 页。

形,就侮辱行为,可提起公诉,罗马设有侵辱罪常设刑事法庭;就因奴隶被杀遭受的损失,可提起私诉。[20]

敕答的第三段罗列了民刑诉权竞合的补充案型。伪造罪。此罪种类繁多,为集中笔墨计,本文只说其中的伪造货币罪。按照《科尔内流斯法》第2条,伪造货币的行为包括:(1)挫削部分金币后敷上镀金或熔铸入其他金属;(2)在金中加入杂质或铸造假银币;(3)买卖铅币或锡币。[21] 所以,伪造行为受害人对伪造者提起的民事诉讼的内容应该是赔偿因此受到的损失,如在把普通金属当作贵金属出卖的情形,要退还价金。伪造者承受的刑事诉讼是公诉,人人可得诉之,受害人当然在这"人人"的范围内。如果控告成功,伪造者是自由人的,要被投放野兽;是奴隶的,要受更严重的惩罚(summo supplicio adfici debent)(D. 48, 18,8. 乌尔比安:《论总督的职责》第7卷)。[22] 按保罗的解释,"更严重的刑罚"有三:十字架钉死、烧死、斩首。[23] 都是酷刑。

(三)三位皇帝的联名敕答反映的立法者对民刑责任关系的态度

1. 公私法划分以及基此的法院分工是民刑诉权竞合问题的基础。民刑责任竞合问题实际上是公私法责任竞合问题,如果不区分公私法,不分刑事法院和民事法院,如中国古代法的情形,不发生此等竞合。众所周知,罗马法开创了公私法的区分,民刑诉权竞合是这种区分的展开形式。

2. 先决诉讼问题。民刑诉权竞合且兼容的情形,导致是否必须先行使某种性质的诉权才可行使另一种性质的诉权问题的发生。如果有这种要求,必须在先行使的诉权就是在后行使的诉权的先决诉权。刑事诉权保护的是国家利益,民事诉权保护的是私人利益。如果采取国家主义的立场,必定以刑事诉权为尊,以民事诉权为卑,把前者定位先决诉权。但三位皇帝的上引敕答没有确定刑事诉权的先决性,他们这样说,如果先行使了一种诉权,另一种也可合法行使。

3. 不设定先决诉讼承认了当事人的趋利诉讼选择。事实上,如果刑事诉权

---

〔20〕 Cfr. Franca De Marini Avanzo, Coesistenza e connessione tra iudicium publicum e iudicium privatum, Ricerche sul diritto tardo classic, In Bullettino dell'Istituto di Diritto Romano, vol. LIX – LX, 1954, p. 136.

〔21〕 参见《〈学说汇纂〉第48卷(罗马刑事法)》,薛军译,中国政法大学出版社2005年版,第171页。

〔22〕 参见《〈学说汇纂〉第48卷(罗马刑事法)》,薛军译,中国政法大学出版社2005年版,第171页。

〔23〕 See John Granger Cook, *Crucifixion in Mediterranean World*, Tübingen, Morh Siebeck, 2014, p. 392.

是公诉,把它设定为先决诉权会增加当事人的困难,因为在无检察院的条件下,受害人不知公众中的何人何时会出来起诉,会陷入不确定的等待中。当然,受害人本人也可提起公诉,但如果该人只想填补经济损失,不想惹麻烦,公诉的先决性会增加他的负担。而且,在有的情形下,公诉的效果与私诉的效果互克,换言之,行使完刑事诉权后,民事诉权就没有内容了,因为被判罚人的财产有限,承担了刑事责任,就承担不了或不能完全承担民事责任。所以,三位皇帝决定让当事人自由选择先行使(或放弃)何种诉权,实际上是允许他们做出趋利性选择。

4. 罗马法实行民刑分诉体制。从三位皇帝的联名敕答中看不出有刑事附带民事诉讼制度。这种制度有两个基础:其一,刑尊民卑的观念,从文本可见,三位皇帝的敕答不包含此等观念;其二,综合性的既有刑庭,又有民庭的法院之存在。这样的法院在非常诉讼时期前不存在。现实的情况是刑事案件大多由常设刑事法院审理,民事案件在裁判官受案后由私法官审理。由于不存在这两个基础,罗马法采用刑民分诉体制,是现代在一些国家适用的这种体制的先祖。

5. 既判力问题。罗马法实行“不得对同一标的提起两次诉讼”的原则。[24]由此开创了民事诉讼领域的既判力问题。但三位皇帝的敕答允许针对同一个犯罪行为既提起刑事诉讼,又提起民事诉讼,证明他们基于公私法划分的观念不把两种诉讼看作具有同一标的。刑事诉讼的标的是国家惩罚之实现,民事诉讼的标的是受害人损失之填补。如此他们才能克服既判力制度的障碍,实行民刑分诉制。

三、刑事附带民事诉讼制度的中世纪萌生、壮大及其传播

(一)刑事附带民事诉讼制度在中世纪法学中的萌芽

在我国,《民法总则》第187条规定的刑民诉权竞合通常由刑事附带民事诉讼制度落实。刑民诉讼的这种附带关系产生于中世纪法学,先是作为学说中的一股支流,后来在一些国家发展为主流。

罗马法复兴后,波伦纳的法学家们研究罗马人留下的民刑诉权竞合问题,其中有四博士,即布尔加鲁斯(Bulgarus)、虢西亚(Gosia)、雅各布斯(Jacobus)、拉维纳特(Ravennate),还有罗兰杜斯(Rolandus dalla Valle,16世纪Monferrato法院的院长)、巴托鲁斯(1314—1357年)、巴尔都斯(1327—1400年)等。他们的

---

〔24〕 参见[意]彼德罗·彭梵得:《罗马法教科书》,黄风译,中国政法大学出版社2005年版,第81页。

拉丁文著作已难以寻觅，所幸的是，16 世纪的意大利法学家优流斯·克拉鲁斯（Iulius Clarus，1525—1575 年）在其《刑案实务》中综述了这些先驱者就民刑诉权竞合提出的意见，把它们概括为对 7 个问题的回答：[25]（1）在何种情况下刑事控告与民事诉权能够同时竞合？（2）如果以刑事控告为主、民事诉权为辅，情况会如何？（3）在提起刑事诉讼后，原告是否可以就不同的事由对同一被告提起另外的民事诉讼？（4）是否被民事起诉的犯罪人可对原告提起刑事诉讼？（5）是否刑事被告可针对控告人基于不同的事由提起民事诉讼？（6）是否刑事被告可针对控告人提起刑事诉讼？（7）是否在民事或刑事审判开释后可以提起另一种诉讼？

对第一个问题，他的回答是：同一人不可针对同一人在同一个审判中既提起民事诉讼，又提起刑事诉讼，因为刑事案件比民事案件有更大的尊严，所以，如果一个案件服务于更高的尊严，不发生民刑诉权的同时竞合。这一回答确立了刑尊民卑的观念，这是刑事附带民事诉讼制度的思想基础。

对第二个问题，他的回答是：但如果原告主要提起刑事诉讼，只是附带地要求把从他处偷走的物还给他，在此等情形下，后种请求将得到认可。这样就确立了刑事附带民事诉讼制度。克拉鲁斯告诉我们，他根据巴托鲁斯（1313—1357 年）的著作如此回答。如此，我们可把刑事附带民事诉讼制度的创意者确定为巴托鲁斯。具体来说，巴托鲁斯是在对 D. 47，2，57（尤里安：《学说汇纂》第 22 卷）的评注中提出这一制度的。该法言辞曰：把窃贼带到宵警官或行省总督前受审的人被认为选择了索回财产的道路。如果事情到此为止，窃贼被定罪，被盗的金钱物归原主，盗窃问题看来被缩减为一个单纯的损害问题。多数情况下窃贼不仅被命令返还被盗物，而且被法官要求做另外的事情（徐国栋按：支付罚金）……[26]此语中说到的第二种情形就是刑事附带民事诉讼。从罗马法原始文献中解释出来，它只适用于盗窃赃物的返还。巴托鲁斯可能未曾料到它后来会成为处理民刑诉讼关系的主流形态。

对第三个问题，他的回答是：不可，理由是这样的民事诉讼阻碍了罪人为自己辩护，造成不公。反面解释，基于同一事由对刑事诉讼被告提起民事诉讼是可

---

〔25〕 克拉鲁斯关于民刑诉权竞合问题的全部设问和回答，都翻译自 Iulius Clarus，Opera omnia，Lugduni，1575，p. 274ss。

〔26〕 See Mommsen and Alan Watson，*The Digest of Justinian*，Vol. 4，Philadelphia，University of Pennsylvania Press，1985，p. 752.

以的。

对第四个问题,他的回答是:可以,申言之,被告在民事诉讼系属中,基于不同的事由或同样的事由提起刑事诉讼,都是可以的,如针对原告的伪证罪起诉。但此时要中止民事诉讼直到作出刑事判决,因为刑事审判具有优先性和最大性。对刑事诉讼的这两性的张扬再次体现了克拉鲁斯的刑尊民卑思想。

对第五个问题,他的回答是:不可。因为刑事诉讼是保卫公共利益的,不惩罚侵权行为,原告不得把刑事诉讼转化为民事诉讼。在这里,克拉鲁斯说的是刑事诉讼和民事诉讼的标的不同。

对第六个问题,他的回答是:如果他拟控告的控告人的罪的轻重持平或轻,他不得控告。对他本人或其家人实施的侵辱除外,相反,如果较重,他可控告之。

对第七个问题,他的回答是:如果民刑诉讼课加的责任不同,被告可以在一种诉讼中开释后提起另一种诉讼。相反,如果两种诉讼课加的责任相同,则行使一种诉权解销另一种诉权。在这里,克拉鲁斯触及了兼容性竞合和二选一竞合问题。前者存在于刑事诉讼和民事诉讼的目标不同的情形,如一者惩罚一者赔偿,所以可以次第都提起。后者存在于两种诉讼具有不同的目标的情形,提起一个则消耗掉另一个。

上述 7 个问题,问题(1)(2)(7)完全在同一行为同时引起了刑民两种责任的框架内进行,与本文的论题完全相关。问题(1)及其解答基于刑贵民轻的观念否定了两种诉权的同时竞合,这等于说原告必须分头起诉。问题(2)及其解答基于刑主民从的观念承认两种诉权的同时竞合,但民事诉权必须处于从属地位,这样就开创了刑事附带民事诉讼制度。问题(7)及其解答是对第一个问题及其解答的限定:在刑民诉权原则上必须分别行使的情况下,如果两种诉权的目的(惩罚或赔偿)相同,则行使一种消耗另一种,相反,如果两者的目的不同,则行使了一种后还可行使另一种。问题(3)和问题(5)并不涉及竞合,存而不论。问题(4)的一半在本文论题内,即民事被告就同一事由控告民事原告犯罪的情形,它向我们展示了刑事反诉的可能性[问题(6)继续了这一问题,不过前提改成了刑事被告反诉刑事原告],这是一个罗马人不曾探讨的问题。但对这一问题,克拉鲁斯仍坚持了不同时竞合的原则,主张中止民事审判等待刑事审判的结果。

总之,克拉鲁斯的如上论述向我们展示了中世纪法学家关于民刑诉权关系的思想,其核心是有限地承认了刑事附带民事诉讼、确立了刑贵民轻的国家主义诉讼观念、确立了两种诉权竞合时被告方反诉的可能，这些都是罗马人不曾考虑过的。它们与罗马人的遗产一起，成为近现代人进行刑民诉权竞合立法和学术讨论的出发点。它们或许也反映了中世纪法院这方面的实践。克拉鲁斯是米兰法院(Senato di Milano)的最高法庭的成员，我们有理由相信他的上述言论代表他服务的法院的做法。

(二)意大利共和国的《民事审判方法》对中世纪学说的立法化

在笔者的阅读范围内，1802—1805年的意大利共和国[27]于1804年4月12日颁布的《民事审判方法》(Legge Relative al Metodo Giudiziario Civile)是第一个把附带民事诉讼制度系统立法化的文件。这部法律在“民刑诉权的竞合”的标题下用17个条文对这个问题做了最详细的规定，展现了其方方面面。它诞生得比1808年的《法国刑事训示法典》要早、要详细，所以值得特别介绍。下面把这些条文的核心部分按它们涉及的问题分类展示并分析，为求简短，舍弃了一些次要条文。

1. 竞合案型与被害人的选择权。第748条对此规定，当就同一行为诸如暴力、盗窃、欺诈、伪造和其他不法行为，法律允许既提起民事诉讼，也提起刑事诉讼时，先提起何者的选择权属于受害当事人。[28]

本条罗列了民刑竞合的基本案型，这些案型与罗马法上的民刑竞合案型基本一致，都是一些轻罪案件(暴力等于罗马法中的抢劫，现代法作为重罪，罗马法作为私犯处理，不作为公犯处理)、自诉案件，所以被害人有发动刑事诉讼的机会。本条还揭明诉权选择上被害人的自主权，换言之，并不强求刑事附带民事诉讼。

2. 诉讼选择变更。如果当事人选择了某种诉讼，后来改变了主意，怎么办?第761条对此规定，如果在民事诉讼开始后改采刑事诉讼，可以发生完全恢复原状，可以撤销的不仅有管辖的理由的行使，而且有此等理由的事实依据。

本条规定了改变诉权选择的方式及其理由。“方式”是恢复原状；“理由”不当或支持管辖权的事实有误。但本条只规定了民改刑，没有规定刑改民，似乎可以认为不可如此。

3. 两种诉讼不同时原则，即不允许被害人同时提起两种诉讼。第749条就

---

[27] 由山南共和国转化而成，拿破仑为总统，不同于“二战”后建立的意大利共和国。

[28] 本文援引的所有《民事审判方法》的条文，都译自 Bolettino delle leggi della Repubblica Italiana, Parte prima, dal 1 gennajo al 30 aprile 1804, Anno Ⅲ, p. 423 - 427。

此规定:先选定了民事诉讼的,受害当事人不得在此等诉讼系属中发动刑事诉讼,或提出民事抗辩。第 751 条规定:如果原告已……提起刑事诉讼,中止民事诉讼……

第 749 条确立了不得同时行使两种诉权的原则,并在民事诉权之外,增加考虑了民事抗辩的行使。第 751 条继续第 749 条确立的路线,进一步规定,如果原告提起刑事诉讼,而民事诉讼在系属中,基于刑尊民卑的原则,应中止民事诉讼。

4. 犯罪人的反诉和诉权与抗辩的区别对待。起诉是进攻,抗辩是防御。不能同时进行刑事和民事进攻。但在他方进行刑事进攻前己方可以进行民事防御。第 750 条就此规定,不得阻碍被害人在提起民事诉讼前对被起诉的犯罪人提出基于也涉及刑事诉讼的事实的抗辩,也不得阻碍原告在尔后进行的民事诉讼行为前针对犯罪人提出的抗辩做出辩护。本条的前提是犯罪人可在以他为被告的刑事诉讼中对被害人提起民事反诉。这样就确认了民事诉权与民事抗辩权的分离。

5. 实体审理与程序保障措施的区别对待。程序保障措施有不滥诉担保、先行给付等。向法官求诸它们并不等于民事起诉。所以,在求诸它们的同时,并不违反两种诉讼不得同时提起的原则。这见诸第 763 条,如果受害当事人在正式向民事法官提起其请求前已向此等法官要求保障性和临时性救济,这并不妨碍他提起刑事诉讼。这样安排是考虑到这些措施的紧迫性。

6. 刑事法官对正在进行的民事诉讼当事人的主动刑事纠问权。第 753 条对此规定,“两造”为了实现导致刑事诉讼的权利发动的民事诉讼的系属,并不排除有管辖权的刑事法官依职权或依其他基于同一事实的利害关系人的请求进行对抗同一人的诉讼的权力。本条确认了刑事法官依职权或依请求发动对抗正在进行的民事诉讼的当事人的刑事诉讼的权力。此等刑事诉讼应是独立于民事诉讼进行的。

7. 民事法官不得审理刑事案件。第 755 条就此规定:(1)审理既可提起民事诉讼也可提起刑事诉讼之事由的案件的民事法官,不得依职权以纠问的方式开展刑事诉讼,只能就当事人在民事诉讼案卷中展示的证据和反证据开展诉讼。(2)而且,在审理中完成也可引发刑事诉讼的判决后,应把民事诉讼的案卷、判决书的副本移送给有管辖权的刑事法官,以便此等刑事法官能依职权完成其受案委托。第 756 条也规定,如果在民事诉讼中采用了只可能引发刑事诉讼的事实,民事法官应移送关于此等事实的诉讼给刑事法官,并应任何一方当事人的请求中止民事诉讼,因为此等诉讼的判决可能依赖于刑事判决的结果。

这两条规定了刑事民事法官的分工。审理竞合案件的民事法官不得审理案件的刑事部分。审完民事部分后应将案卷材料移送刑事法官。而且,在审理中发现案件的刑事诉讼成分的民事法官应将案件的刑事部分移送刑事法官,并中止民事诉讼等待刑事诉讼的结果。

8. 刑事法官可有限地审理民事案件。第 759 条规定,刑事法官在能够利用从刑事诉讼中取得的证据的情况下,也必须裁决从属的、完全相关的、取决于刑事审判的民事部分,否则要就此等部分把当事人移交民事法官。

本条提出了两种诉讼不得并行原则的例外:如果两种诉讼的证据共享,则刑事法官可审理从属性的民事诉讼,但这只是他的选项之一。另一个选项是把案件的民事部分移送民事法官。尽管如此,本条仍确立了刑事附带民事诉讼制度。它并非基于诉讼标的的同一,而是基于证据的同一。无论如何,这一制度有诉讼经济之效,避免了当事人的讼累。

9. 刑事法官的私法管辖权争议。既然刑事法官对关联的私法问题主张管辖权,他的这种管辖权可能遭到民事法官的挑战,由此产生解决管辖权争议的必要。第 760 条就此规定:(1)关于刑事法官的私法管辖权事由的刑事审判总是在民事审判中进行。(2)在已裁定存在犯罪的情况下,关于法律是允许刑事审判还是民事审判的问题总是由民事审判审理。如果排除有犯罪,有理由在民事审判中审理。本条规定如果就刑事法官对案件的民事部分的管辖权有争议,此等争议按民事诉讼审理。

10. 先决性。《民事审判方法》承认有时民事诉讼的结果决定刑事诉讼。第 762 条对此规定,如果已提起一个纯粹的民事诉讼,其系属具有先决性,其初步判决为刑事诉讼的判决的前提,应中止此等刑事诉讼等待民事诉讼的结果。有时刑事诉讼的结果决定民事诉讼。第 754 条对此规定,在刑事诉讼先决于民事诉讼、前者的判决可能影响后者的情形下,民事诉讼中止。

从表面看,《民事审判方法》并未提出刑尊民卑,但实际上以这一观念为基础运作,由此规定刑事法官可办关联性的民事案件,但民事法官不能办关联性的刑事案件,只能把此等案件移送给刑事法官。如果这不是刑尊民卑,那么什么是刑尊民卑呢?由此我说《民事审判方法》把中世纪的学说条文化了。

总之,《民事审判方法》展现了不从执行的角度看待刑事民事诉权竞合时立法者会面临的问题域,提出了起诉与提出抗辩的区分、实体审理与程序手段的运用的区分、犯罪人的反诉、附带审理民事案件的刑事法官的管辖权争议解决等既往的立法和学说不曾处理的新问题，故很有学术价值。它把先发动民事诉讼还是刑事诉讼的选择权交给犯罪受害人，坚持两种诉讼不得同时进行的原则。它原则上不承认同一个法官既审理案件的刑事部分，也审理此等案件的民事部分，只是作为例外规定了刑事附带民事诉讼，该制度在《民事审判方法》中处于极为卑微的地位。《民事审判方法》的作者可能未想到，他们确立的“例外”未来可能在某些国家和地区成为主流。

（三）法国法对刑事附带民事诉讼制度地位的提升

1808 年的《法国刑事训示法典》（Code d'instruction criminelle，通译为《刑事诉讼法典》）提升了刑事附带民事诉讼制度的地位。该法把处理问题的场所由民事诉讼法改成了刑事诉讼法，这表明立法者关于问题性质的认识的改变。[29]其关于民刑诉权的关系有如下规定：

第 1 条：适用刑罚的公诉，只能由法律授权的官员提起；赔偿由重罪、轻罪和违警罪造成的损害的民事诉讼，由所有的被害人提起。

第 3 条：民事诉讼可以同时在审理公诉的法官面前提起。民事诉讼也可单独提起，在此等情形下，其行使要中止，直到先于民事诉讼或与此等诉讼同时提起的公诉被做出终审判决。

第 4 条：抛弃民事诉讼并不阻断或中止公诉的行使。[30]

第 1 条区分犯罪的严重程度定适格的起诉人，重罪由法律授权的官员即检察院起诉，轻罪由受害人自诉。检察院是罗马法学家、中世纪的法学家和《民事审判方法》的作者思想中不曾有的角色，对于后者，相当于检察院的角色不过是法官依职权进行一定的诉讼活动而已。此等角色出现于 15 世纪。[31] 它的出现根本地改变了讨论刑事民事诉权关系的语境：过去差不多总是同原告竞合，现在有了异原告竞合的许多机会。过去，导致竞合的多是一些自诉案件或轻罪案件，现在，可以考虑重罪案件的被告承担民事诉讼了。

第 3 条确立了有限的刑事附带民事诉讼制度。尽管《法国刑事训示法典》

---

〔29〕 需要指出的是，把刑事附带民事诉讼规定在民事诉讼法中的不仅有意大利共和国，而且有瑞士 Ticino（提契诺州）的 1843 年的《民事诉讼法典》，其第八编第一题专门规定民刑诉权竞合。Cfr. Codice di procedura civile della repubblica e catone del Ticino, Locarno, 1843, p. 202s.

〔30〕 Voir Code d'instruction criminelle, Paris, 1810, p. 1s.

〔31〕 Cfr. Dario Albanese, Azione civile e processo penale: profile comparatisitici tra Italia e Francia, Tesi di Laurea di 2014/2015, Università degli studi di Milano, p. 103.

被我国学者当作刑事附带民事诉讼制度的起源,实际上,该法典对于民事诉讼是否要附带于刑事诉讼采取两可态度。附带与否,取决于被害人的选择。按第4条的规定,一旦选定单独行使,刑事诉讼就具有先决性和独立性,抛弃民事诉权并不消灭公诉。这种两可态度是法国法学家争鸣的结果。

梅赫兰(Phlippe Antoine - Merlin de Douai,1754—1838年)在其《按字母顺序汇集的法律问题》(1819年)一书中为刑事附带民事诉讼制度寻找依据:如果皮埃尔已在刑事法庭上因一项犯罪行为被判有罪,而我在民事法庭上诉请他对该不法行为进行赔偿,那么该不法行为的存在应归责于皮埃尔是既判事项;这样,皮埃尔就不能要求重开审判证明他不是犯罪行为的实施人,因为:(1)既然两个诉讼的基础都是已实施的犯罪行为,那么两个诉讼有着同一的事由;(2)两个诉讼有着同一的诉讼标的,因为尽管两个诉讼中的直接标的存在差异,但两者在法律的眼里有着同样的基本标的;(3)两个诉讼有着同一当事人,因为检察院是全社会的代理人,尽管我并未提起控诉,它也代理我如此。〔32〕 显然,梅赫兰认为,刑事诉讼应附带民事诉讼的理由是刑事审判结果针对民事加害人责任的既判力以及刑事民事两个诉讼的标的同一。

托利埃(Charles Bonaventure Marie Toullier,1752—1835年)在其《依循民法典顺序的法国民法》一书中批驳了梅赫兰的观点,他认为关联的刑事民事两个诉讼不存在同一当事人,因为检察院不能就损害主张金钱补偿,因而不能代理受害的个人如此。即使假定存在同一当事人,也不存在同一诉讼标的,因为怎么能说诉请皮埃尔支付2万法郎和请求将其处以死刑是同一回事和同一诉讼标的呢?〔33〕托利埃推翻了梅赫兰主张刑事附带民事诉讼的理由,否定了刑事诉讼附带民事诉讼的正当性。他尤其以诉讼标的理论支持自己的主张,这种理论不曾为罗马法学家和中世纪法学家运用。

梅赫兰曾参加《法国民法典》的起草(尽管未参加《法国刑事训示法典》的起草),〔34〕其观点似乎比托利埃的观点更加权威,后者的观点站在批判的立场上。但《法国刑事训示法典》确实站在两者的观点之间。

---

〔32〕 参见《最新阿根廷共和国民法典》,徐涤宇译注,法律出版社2007年版,第270页注释1。译文有改动。

〔33〕 参见《最新阿根廷共和国民法典》,徐涤宇译注,法律出版社2007年版,第270页注释1。译文有改动。

〔34〕 See "The Entry of Phlippe Antoine - Merlin de Douai", https://en.wikipedia.org/wiki/Philippe - Antoine_Merlin_de_Douai, June 26, 2017.

1808 年《法国刑事训示法典》的立场为现行《法国刑事诉讼法典》(1959 年生效)继承。其第 3 条规定:(1)民事诉讼可以与公诉在同一法院进行;(2)对因受到追诉的行为所引起的物质上的、身体上的、精神上的各种损害提起民事诉讼,均得受理之。第 4 条:(1)民事诉讼亦可以与公诉分开进行;(2)但是,在已经提起公诉的情况下,只要对公诉尚未做出最终宣判,向民事法院提起的民事诉讼暂缓审判之。第 5 条:已经在有管辖权的民事法院进行诉讼的当事人不得再向刑事法院提起民事诉讼;仅在民事法院做出实体判决之前,检察院已向刑事法院提起公诉之情形,不在此限。不难看出,法国现行刑事诉讼法以刑事附带民事审判为原则,以两种诉讼分开审理为例外。在后种情形下,实行不得同时进行两种诉讼的原则,中止民事诉讼等待刑事诉讼的结果,这样就间接承认了刑事审理事项对于民事诉讼的既判力。

另外,《法国刑事诉讼法典》第 2 条的 15 个分条规定了可以由公益组织提起民事诉讼的刑事案件。它们有:歧视罪、故意伤害人的生命与身体罪、破坏、毁坏及损害财产罪(第 1 分条);性侵犯及其他性伤害罪、绑架及非法拘禁罪、侵犯住所罪(第 2 分条);对未成年人实行酷刑及野蛮暴力罪、性暴力与性侵犯罪、置未成年人于危险境地罪(第 3 分条);战争罪及反人类罪(第 4 分条);为战争罪辩护的行为、为与敌人合作的罪行辩护的行为、毁坏与破坏纪念建筑的行为或侵犯墓地的行为、毁谤、侮辱行为(第 5 分条和第 11 分条);基于性别、家庭境况或风俗习惯的歧视行为、《法国劳动法典》第 123 - 1 条规定的歧视行为(第 6 分条、第 8 分条);故意放火烧毁林木的行为(第 7 分条);基于受害者之身体状况或残疾状况实施的歧视行为(第 8 分条);以机动车非故意杀人或伤害行为(第 12 分条);对动物实施的残酷行为和虐待行为、故意杀害动物的行为(第 13 分条);侵犯法语官方语言地位罪(第 14 分条);交通肇事行为(第 15 分条)。另外,第 9 分条规定任何犯罪受害人都可提起民事诉讼。[35]

不难看出,检察院的存在使民刑诉权竞合的案型大大拓展,远远超出了刑事自诉案件的范围。而且,民事诉讼的主体由个人拓展到团体,如为战争罪辩护的行为、为与敌人合作的罪行辩护的行为的民事诉权的主体肯定不止一个人,而是战争受害者群体。这样,就出现了集团性的民事诉讼与刑事诉讼的竞合这种新形式。

---

〔35〕 参见《法国刑法典·刑事诉讼法典》,罗结珍译,国际文化出版公司 1997 年版,第 355 页及以次。

（四）法国模式的传播

由于拿破仑时代法国的巨大影响，其以刑事附带民事诉讼处理民刑诉权竞合的模式影响了不少国家和地区。

这其中首先有葡萄牙。《葡萄牙刑事诉讼法典》（1987 年）第 71 条（中国《澳门刑事诉讼法典》第 60 条）规定，以一犯罪之实施为依据之民事损害赔偿请求，须在有关刑事诉讼程序中提出；仅在法律规定之情况下方得透过民事诉讼独立提出该请求。[36] 该条确立了与犯罪有关的民事问题原则上必须在刑事诉讼中审理，有法定情节例外的体制，剥夺了被害人的选择权（把《法国刑事诉讼法典》第 3 条和第 4 条中的"可以"改成了"须"：deduzir）。

其次有苏联—俄罗斯。前者的《苏俄刑事诉讼法典》（1960 年）第 29 条规定，因犯罪行为而受到物质损害的人，在进行刑事诉讼时，有权向被告人或对被告人行为负有物质赔偿责任的人提出民事诉讼，由法院与刑事案件一并审理。刑事案件中附带的民事诉讼，免纳国税。[37] 后者的《俄罗斯刑事诉讼法典》第 44 条第 1 款规定，民事原告人是在有根据认为损害系由犯罪行为直接造成时提出财产损害赔偿要求的自然人或法人。[38]

再次有德国。《德国刑事诉讼法典》（1994 年）第 403 条第 1 款规定，被害人或其继承人，在刑事诉讼程序中可以对被指控人提起对犯罪行为产生的、属于普通法院管辖并且尚未向其他法院提出的财产法方面的请求权。[39]

最后有我国。1921 年北洋政府时期的《刑事诉讼条例》第 3 条首次在我国规定了刑事附带民事诉讼制度。其辞曰：因犯罪而受损害之人，于刑事诉讼程序得附带提起民事诉讼，对于被告及依民法应负赔偿责任之人，得请求回复其损害。[40] 1928 年的《中华民国刑事诉讼法》第九编（第 487—512 条）系统规定了刑事附带民事诉讼制度。其第 487 条规定，因犯罪而受损害之人，于刑事诉讼程

---

〔36〕 本文援引《葡萄牙刑事诉讼法典》的所有条文，都翻译自 Codigo de processo penal，Su https://e－learning. mj. pt/dgaj/dados/0C/0CTEMA27. pdf，June 26，2017。

〔37〕 参见王丹：《试论俄罗斯刑事附带民事诉讼制度》，载《黑龙江省政法干部管理学院学报》2008 年第 1 期。

〔38〕 参见兰跃军：《论侦查程序中被害人提起附带民事诉讼》，载《山东警察学院学报》2014 年第 4 期。

〔39〕 参见《德国刑事诉讼法典》，李昌珂译，中国政法大学出版社 1995 年版，第 147 页。

〔40〕 参见兰跃军：《论侦查程序中被害人提起附带民事诉讼》，载《山东警察学院学报》2014 年第 4 期。

序得附带提起民事诉讼，对于被告及依民法应负赔偿责任之人，请求回复其损害。[41] 1949 年，国民党政府败退中国台湾，现行的中国台湾地区“刑事诉讼法”仍保留上述规定。中国大陆的《刑事诉讼法》(1979 年)也确立了刑事附带民事诉讼制度。其第 53 条第 1 款规定：“被害人由于被告人的犯罪行为而遭受物质损失的，在刑事诉讼过程中，有权提起附带民事诉讼。”第 54 条规定：“附带民事诉讼应当同刑事案件一并审判，只有为了防止刑事案件审判的过分迟延，才可以在刑事案件审判后，由同一审判组织继续审理附带民事诉讼。”

中国《澳门刑事诉讼法典》(1996 年)与《葡萄牙刑事诉讼法典》一脉相承，沿袭了后者的刑事附带民事诉讼制度。

这样，海峡两岸暨香港、澳门中有三地采用刑事附带民事诉讼制度。该制度在三地的适用情形不可能一样，任何一“地”的切题研究成果和适用经验对其他两“地”都有参考价值。

与我国同属法国模式影响的有德国和苏俄。前者自清末以来就是我国立法和法学理论的模式来源，后者自 1949 年以来的一段时间内在中国取代了德国的角色。考虑这些历史背景，我们就不难理解我国为何采用刑事附带民事诉讼制度了。

四、采用罗马式民事刑事分诉体制的国家

由于刑事附带民事诉讼模式存在托利埃指出的理论缺陷以及其他原因，一些国家走了民事刑事诉讼分别审判的路径。

(一)阿根廷

基于托利埃的观点，1869 年的《阿根廷民法典》否认刑事附带民事诉讼。其第 1096 条规定：“因侵权行为产生的损害赔偿，仅可独立于刑事诉权而依民事诉权主张之。”[42] 此条确立了民事刑事两种诉权的彼此独立性。

但 2014 年的《阿根廷国民民商法典》的立场有所调整，转而采用法国式的两可模式。其第 1774 条规定：同一行为产生的刑事诉权和民事诉权，可独立主张之。在加害行为同时也是刑法上的犯罪行为时，可根据诉讼法和特别法的规

---

〔41〕 参见吴庚等编纂：《月旦六法全书》，台北，元照出版公司 2000 年版，第 3～222 页。
〔42〕 《最新阿根廷共和国民法典》，徐涤宇译注，法律出版社 2007 年版，第 270 页。

定向刑事法官提起民事诉讼。[43]

(二)英国

当代英国实行民事刑事程序彼此独立制。为了对受害人的损失提供一定的救济,法院作出有罪判决时,可以颁布损害回复命令和损害赔偿命令。如果被害人感到这些救济不够,可在刑事诉讼结束后提起民事诉讼,寻求对不足部分的救济。民事诉讼可在刑事诉讼之前或之后提起,民事案件的审理不必以刑事案件的审理结果为前提,刑事判决对于民事案件也无决定性的拘束力。[44]

(三)美国

美国人认为,刑事诉讼不仅要确定犯罪,而且要保护被告免受国家的压迫,因此非常强调对抗制,控告人的举证负担重,而且此等举证不依靠被告协助。而民事诉讼强调寻求真相,并无保护当事人人权的旨趣,因此在对抗制影响干扰寻求真相的时候,并不强调这种保护。[45] 由于两种诉讼间的巨大差别,美国并不采用刑事附带民事诉讼制度。但允许两种诉讼平行展开,刑事被告在民事诉讼中的证言不能作他在刑事诉讼中自证其罪的证据。[46]

(四)日本

1890 年的日本刑事诉讼法受法国影响,也采用刑事附带民事诉讼制度。"二战"战败后,日本受美国影响,改采民事刑事分诉体制。1948 年的刑事诉讼法仅规定在裁判中可以宣告发还赃物。刑事损害赔偿则按民事诉讼解决。[47]

从根本上说,刑事附带民事诉讼是让犯罪人承担自己行为的民事后果的制度,如果有其他主体承担此等行为的民事后果,则刑事附带民事诉讼制度的必要性将降低。在日本,有刑事被害人国家补偿制度。1980 年,其制定了《日本犯罪被害者等给付金支给法》,确定给被害人或其家属依据受害程度给付的补偿。[48]

---

〔43〕 Véase Codigo civil y Comercial de la Nacion, http://www.uba.ar/archivos_secyt/image/Ley%2026 994.pdf, June 30, 2017.

〔44〕 参见纪格非:《刑事判决在民事诉讼中的效力》,载《法制与社会发展》2017 年第 3 期。

〔45〕 See Note, "Using Equitable Powers to Coordinate Parallel Civil and Criminal Actions", Harvard Law Review, vol. 98, No. 5, 1985, p. 1023.

〔46〕 See Note, "Concurrent Civil and Criminal Proceedings", Columbia Law Review, Vol. 67, No. 7, 1967, p. 1278.

〔47〕 参见郭京燕、黄松涛、张华:《日本刑事程序被害人救济措施及借鉴》,载《法律适用》2007 年第 7 期。

〔48〕 参见王宏宁:《日本刑事被害人国家补偿制度及其对我国的立法启示》,载《江西社会科学》2012 年第 1 期。

(五)韩国

按照现行的1954年韩国刑事诉讼法,犯罪被害人的地位是证人,换言之,不是当事人。该法第246条采用国家追诉主义,不允许被害人自诉。另外,《韩国促进诉讼等的特例法》规定了赔偿命令制度,据此,法院在宣告有罪判决的时候,可以依职权或被害人的申请,命令被告赔偿被害人的直接经济损失。被害人无权对赔偿令提出上诉。〔49〕

五、结论

罗马法开创了民事刑事诉权竞合问题,并不区分两种诉权的尊卑,允许被害人趋利性地选择诉权行使。中世纪法学确立了刑尊民卑的观念,它成为刑事附带民事诉讼制度的主要基础。这一制度先是作为配角出现,在1808年的《法国刑事训示法典》中发展为主角,形成模式,影响了包括我国在内的许多国家和地区。该制度有节约诉讼成本,两事一办的利好,但有抹杀刑事民事诉讼的根本区别,以民就刑的弊端,故以美国为代表的一些国家选择了刑事民事分诉体制。

新生的《民法总则》第187条确立了民事责任优先于刑事责任体制,换言之,民贵刑轻体制,但它的适用的诉讼法条件是刑贵民轻体制,即刑事附带民事诉讼体制。该体制把刑事诉讼当作相关的民事诉讼的先决条件。这样,实体法上的民贵刑轻与程序法上的刑贵民轻体制发生了强烈对抗。如何解决此等对抗?

选项一:把民贵刑轻进行到底,废除《刑事诉讼法》中的刑事附带民事诉讼制度,实行民事刑事分诉制,把这一体制的相关法律问题不在《刑事诉讼法》中规定,而是在《民事诉讼法》中规定。这样做固然痛快,但属于"革命"路径,震荡太大。古语云:"利不十不变法",故这一选项宜放弃。

选项二:在现有的刑事附带民事诉讼制度的基础上进行改良。这一制度还可放在刑事诉讼法中,但可避免完全从执行的角度进行规定。这种角度的基点是不法行为人的财产有限,承担了这种责任就不能或不完全能承担那种责任,由此错误地假定不同的法律责任都有财产性。实际上,参与竞合的刑事责任无财产性的例子不少,它们也应是设计刑事附带民事诉讼制度时考虑的对象。而且,如果刑事被害人国家赔偿制度将来在我国得到确立,也会减少从执行角度看待

〔49〕 参见金昌俊:《韩国刑事诉讼法中北湖被害人制度的探析》,载《延边大学学报》(社会科学版)2001年第2期。

刑事民事诉权关系的必要。一旦摆脱了执行考虑的约束(这是一项艰难的工作,因为《民法总则》第 187 条的那么多的先驱性规定和司法解释都要摆脱这样的约束),就有可能按照诉权行使和诉讼管辖的路径来发展我国未来的刑事附带民事诉讼制度。它应考虑本文展现的问题域中的问题并回应之。由此,该制度会变得比较复杂,最好像我国台湾地区的“刑事诉讼法”一样以专编规定之。

此等专编是“远水”,救不得“近火”,也就是 2017 年 10 月 1 日《民法总则》生效后其第 187 条的适用问题,为此需要司法解释。此等解释也应采取诉权行使和诉讼管辖的路径回应本文提出的民事刑事诉权关系的问题域中的问题,其中最重要的问题是:被害人有无诉讼形式选择权?答案应该是肯定的:不愿接受刑事附带民事诉讼的被害人,可选择独立提起民事诉讼。这种可能性是法国模式中都包含的,可惜的是在我国被忽略了。

2017 年 6 月 30 日完稿于胡里山炮台之侧,
时值香港回归 20 周年前夕

下篇　罗马法

罗马商法及其与"民法"的合一*

——以优士丁尼《法学阶梯》为考察对象

一、商法的起源问题

商法起源于中世纪商人法是我国的传统观点〔1〕，但本文站在巨人们的肩膀上，拟把商法的历史前推到古罗马时代甚至更早。"更早"指比早于罗马的古代国家存在的时期。这些国家有埃及、巴比伦、腓尼基、希腊，它们被人普遍认为很早就有了商法。〔2〕"巨人"的名字在本文的稍后部分就会提到。这样的工作基于我对商法的理解。商法是调整企业活动的法律制度。而企业活动往往不是个人活动，而是集体活动，往往以营利为目的。〔3〕如果坚持商法中世纪产生说，等于说在中世纪前人类无企业活动或营利活动了，这是站不住脚的。

尽管我在多年的优士丁尼《法学阶梯》教学中感到此书中商法规范的存在，但帮助我把这一问题凸显的是意大利法学家切萨雷·维梵德（Cesare Vivante，1855—1944 年）。1887 年，他在博洛尼亚大学发表了《为一部统一的债法典而奋斗》的讲词，主张民事

---

* 本文原载《法制与社会发展》2017 年第 5 期。

〔1〕 参见夏小雄：《商法"独立性"之再辨析》，载《北方法学》2016 年第 5 期。

〔2〕 例如，伊夫·居荣如此认为。参见[法]伊夫·居荣：《法国商法》（第 1 卷），罗结珍、赵海峰译，法律出版社 2004 年版，第 12 页及以次。

〔3〕 参见徐国栋：《民法总论》，高等教育出版社 2007 年版，第 101 页。

合同与商事合同的统一,就两者制定一部统一的债法典。[4] 其理由是罗马人不知民商分立,外邦人聚集罗马做生意推动了一种不那么严格、不那样形式主义的法的产生,这种共同法的巨大的灵活性排除了设立专门的商法的必要。[5] 然而,到了帝政时期的最后几个世纪;上述共和时期的天才创制受到宗教潮流和经济危机的有害影响,以对债务人的殷勤取代了对债权的保护、缔约自由受到立法者的家长制干预的阻碍,此等立法者希望保护合同中的弱者免于灾难,人们承认,在债权被转让的情况下,债务人可以向受让人清偿后者为受让债权支付的费用从而免责、[6] 人们通过授予债务人未得到付款的抗辩(Exceptio non numeratae pecuniae)摧毁了文书合同的本质,[7] 人们承认可以因非常损失撤销买卖、限制利息、禁止流质、授予连带债务人和保证人分别的利益以及先诉抗辩权

[4] Cfr. Mario Libertini, Diritto civile e diritto commerciale. Ⅱ metodo del diritto commerciale in Italia (Ⅱ), In Orizzonte del diritto commerciale, Rivista telematica, p. 2. Nota 2.

[5] Cfr. Nicola Rondinone, Storia inedita della codificazione civile, Giuffrè, Milano, 2003, p. 33. Anche si vedi Cesare Vivante, Istituzioni di diritto commerciale, seconda edizione, Editore Librajo della Real Casa, Milano, 1894, p. 2s.

[6] 在东罗马帝国时期,一些为了获得他人钱财的人,以很低的价格向参加诉讼的债权人购买诉权,然后千方百计采用欺压的方式让债务人还债之全额,由此,取得债权成了一种职业。为了制止这种情况,阿纳斯塔修斯皇帝颁布法律(C. 4, 35, 22),规定,债务人只要向受让人支付他为购买诉权付出的价金,无需履行全部债务。参见申建平:《罗马法中债权让与制度的历史演进》,载《学术交流》2009 年第 1 期。

[7] 在古典时期末,罗马人的法律行为书面化,为书面记载之事与实际发生之事的背离留下了空间。例如,在借贷合同中,当事人先要订立书面合同,载明债务人借了多少,应还多少,然后债权人再向债务人放款。书面文件的达成标志着合同的成立,放款是对合同的履行。但如果书面合同订立了,债权人拒不放款,而且还要求债务人还债。在形式主义的条件下,债权人的此等请求是可以执行的,但如此会造成不公。罗马当局谋求解决。首先赋予债务人一般的诈欺抗辩对抗债权人的请求,但如此债务人要证明自己未受给付,这是一件困难的事。其次授予债务人未得到付款的抗辩。据此,债权人必须证明债务人已受给付,债务人只要提出此等抗辩就够了。这样就保护了作为弱者的债务人的利益。但是这样的安排有副作用。首先,商业文件的公信力受到了打击。这种抗辩为了打击要赖的债权人而设,但也可能为要赖的债务人利用。他们实际受领了债权人的放款,却诈称不曾如此。其次,要式口约的抽象性或无因性遭到折损,因为实际放款了的债权人如果不能证明自己的放款,就会败诉。尽管有这些弊端,未得到付款的抗辩仍在现代法中保留下来,体现为《德国民法典》第 821 条规定的"得利抗辩"(Bereicherungseinrede)。该条辞曰:无法律上的原因而负担债务的人,即使债务免除请求权已完成消灭时效,也可以拒绝履行。关于这种抗辩权的知识,来自 M. Gil, De l' Exceptio non numeratae pecuniae en droit Romain, Toulouse, 1855, p. 3ss. [英] H. F. 乔洛维茨、[英] 巴里 · 尼古拉斯:《罗马法研究历史导论》,薛军译,商务印书馆 2013 年版,第 537 页及以次。[意] 彼罗德 · 彭梵得:《罗马法教科书》,黄风译,中国政法大学出版社 2005 年版,第 273 页。《德国民法典》(第 4 版),陈卫佐译,法律出版社 2015 年版,第 316 页。

(escussione)、延长了其默示抵押、延长了时效期间、缓和了执行的严格性,交易因为过长的期间、过多的抗辩被延缓、商业失去了其繁荣所要求的快速的连续性。再往后,到了中世纪,商业恢复了其被中断的道路,反对所有这些被教会法强调和放大的有害的干扰,为了满足时代的需要建立了特别的商法。[8] 此语有味,在维梵德看来,上列人道主义的立法举措恰恰是不利于商事活动之进行的,促进了尔后的商人搞自己的自治法,即商人法。[9]

无独有偶,德国法学家赫克(1858—1943 年)在其发表于 1902 年的《为什么存在独立于民法的商法》的讲词中也承认罗马商法的存在。他这样说,在古典法学时代,罗马帝国内的交易得到了很高程度的发展,但是商法的特殊规范却很少。在帝政时代晚期,交易开始衰退,但是特别商法发展的迹象却开始显现。[10] 尽管此语未说明罗马商法的内容,但揭示了罗马商法的存在及其与交易的关联。

较为晚近的法国法学家伊夫·居荣也认为,包括罗马在内的古代世界有商法。他认为万民法就是商法。罗马商法有两个亮点:其一,代理制度,奴隶代理主人经商,但顾客可以直接起诉主人;其二,银行制度。但罗马的海商法较少建树,只是采用了一些腓尼基人和希腊人的制度:采用前者的制度如罗德海损弃货规则;采用后者的制度如最大风险借贷。[11]

以上讲的是国外学者关于罗马商法的个人研究。这方面也有团队研究。2013 年 10 月,在莫斯科附近的小城苏兹达利举办了第九届"罗马法与当代"国际研讨会,主题是"古代和现代的商路:哲学、经济与法。罗得岛、罗马及其遗产"(Vie antiche e moderni ai commerci: filosofia, economia e diritto. Rodi, Roma e loro eredità),4 位学者提交切题论文。他们的名字及其论文题目分别是:(1)E. 苏里科人(俄罗斯)《远古和古典时代希腊思想家的商与货币流通的哲学—法律概念》;(2)奥斯瓦尔多·萨基(意大利)《公元前 4—公元 1 世纪初的毕达哥拉斯哲学、斯多亚哲学与罗马商法》;(3)P. 尼基波鲁克(波兰)《古罗马的国家银

---

〔8〕 Cfr. Cesare Vivante, Per un codice unico delle obbligazioni, http://docenti. unimc. it/laura. marchegiani/teaching/2015/14396/files/introduzione - al - corso/prolusione - cesare - vivante, Sep. 1, 2016.

〔9〕 肖俊《华东政法大学学报》2016 年第 6 期的文章对此有详细论述。

〔10〕 Vgl. Philipp Heck, Weshalb besteht ein von dem bürgerlichen Rechte gesondertes Handelsprivatrecht? In: Archiv für die civilistische Praxis, N. F. 42. 1902, S. 446. 感谢法兰克福大学博士生林洹民提供中译文。

〔11〕 参见[法]伊夫·居荣:《法国商法》(第 1 卷),罗结珍、赵海峰译,法律出版社 2004 年版,第 13 页及以次。

行家和私人银行家》;(4)L. 科凡诺夫《罗德海损规范、巴西尔法律全书第53卷与古代罗德法的内容问题》。[12] 不难看出,苏里科夫的论文旨在研究古希腊人的商法思想;萨基的论文旨在研究两个希腊哲学派别对罗马商法的影响;尼基波鲁克的论文旨在研究古罗马的银行法的主体;科凡诺夫的论文旨在研究古希腊一个城邦的海损法。4篇论文涵盖了希腊—罗马商法的方方面面。

中国亦有郑保华(1905—1952年)认为罗马法中有商法,在其《欧洲古代商法》一文中,他肯认罗马商法主要有总管之诉制度、分配之诉制度、公司制度、利息限制制度等,以上为陆商法。海商法制度有船舶经营人之诉、罗德海损弃货规则等。陆商法和海商法共用的制度有:银行主的承保责任、客服设施经营人的承保责任、不可抗力制度等。[13] 郑保华的一个观点与维梵德的相左,利息限制在维梵德看来是反商法的,却被郑保华列为商法的内容。但两人都认为非常损害规则不利于商法。

任先行和周林彬继承郑保华的路线,不仅承认古罗马有商法,而且认为更早的《汉穆拉比法典》《赫梯法典》《摩奴法典》等中包括商法规范,古希腊有商法就不用说了。关于罗马商法,他们认为有无限责任和有限责任两种企业制度、限制不正当竞争制度、服务业经营者的安保义务制度、银行制度、商品买卖制度等。[14]

至此似乎已经清楚,商法的起源不同于商人法的起源。似乎无人反对中世纪以前的古代有商法,进行这样的反对就是否认古人有企业活动,这样的否认过于违背常识。但古代的商法没有形成适用于商人阶层的独立法律部门,此乃因为当时没有现代人的客体导向的部门法划分,且当时的法律没有抵触商业活动要求的规定,换言之,非常严格地保护债权人,对债务人非常严厉。但后来发生了法律人道化运动或曰宽待债务人运动,如此损害了商业运行的精确性,导致商人有必要确立自己的规则自保。这种必要在中世纪以商人法的形式实现了。所以,商法起源于古代,商人法起源于中世纪,两种说法并不互相矛盾。第一种说法内蕴着商行为法说;第二种说法内蕴着商人法说。

本文拟研究古罗马商法。为缩小"掌子面",拟主要研究优士丁尼《法学阶

---

〔12〕 Cfr. Ius Antiquum, Ⅱ(XXX), Mosckva, 2014, Indice.

〔13〕 参见方潇主编:《东吴法学先贤文录·法律史卷》,中国政法大学出版社2015年版,第429页及以次。

〔14〕 参见任先行、周林彬:《比较商法导论》,北京大学出版社2000年版,第142页及以次。

梯》中包含的商法制度，最后说明优士丁尼为何采用“民”商合一的体制。

二、《法学阶梯》中包含的商法制度

商法可大别为商事企业法和商事行为法，或曰商事合同法。让我们看看《法学阶梯》的这两个方面。

（一）商事企业法

共和末期，罗马人就有了企业的术语：Taberna instructa 和 Negotiatio。Taberna 一词的本意是配有桌子的封闭空间，但乌尔比安扩张其含义，说它是任何适合于居住的建筑（D. 50,16,183. 乌尔比安：《告示评注》第 28 卷）。[15] Instructa 是动词 instruere 的过去分词，该词的主要意思是组织、安排、装备。[16] 所以，Taberna 受到 instructa 的修饰，两者的合成意思是安排好了的经营场所。尽管如此，乌尔比安仍把 Taberna instructa 定义为“为了执行营业的财产与人的集合”（D. 50,16,185. 乌尔比安：《告示评注》第 28 卷）。[17] 这个定义超越了被定义文句本身的场地性，而注重其资合和人合的方面，是一个企业的定义。任先行和周林彬更进一步认为 Taberna instructa 是有限责任企业。[18]

Negotiatio 要么专指已从事的商业，要么指一次独立的商业活动。[19] 任先行和周林彬认为 Negotiatio 是无限责任企业。[20] 它分为不同的类型，旅馆业即为其中之一。[21]

罗马的企业有生产性的（如农庄）、流通性的（买卖、借贷）、服务性的（运输、不动产管理、银行、葬礼管理、印染店或裁缝店、骡马店、收债公司等）等。[22] 所有这些营业可大别为海事性的和陆上的。它们既可由所有人自己经营，也可由所有人委托他人经营。在后者之情形下，委托经营海事企业的，受托人称之为船

---

〔15〕 Cfr. Pietro Carami, Aldo Petrucci, Lezioni di diritto commerciale romano, G. Giappichelli Editore, Torino, 2002, p. 52.

〔16〕 参见谢大任主编：《拉丁语汉语词典》，商务印书馆 1988 年版，第 295 页。

〔17〕 See Mommsen and Alan Watson, *The Digest of Justinian*, Vol. 4, Philadelphia, University of Pennsylvania Press, 1985, p. 949.

〔18〕 参见任先行、周林彬：《比较商法导论》，北京大学出版社 2000 年版，第 144 页。

〔19〕 Ver Alexandre A. de Castro Correa, Existiu, em Roma, Direito Comercial? Em Rivista da Faculdade de Direito da Universidade de Sao Paolo, Vol. 65, 1970, p. 67.

〔20〕 参见任先行、周林彬：《比较商法导论》，北京大学出版社 2000 年版，第 144 页。

〔21〕 Cfr. Pietro Carami, Aldo Petrucci, Lezioni di diritto commerciale romano, G. Giappichelli Editore, Torino, 2002, p. 54.

〔22〕 参见王莹莹：《论“增加之诉”》，法律出版社 2011 年版，第 64 页。

舶经营人;委托经营陆上企业的,受托人称之为总管。《法学阶梯》关于船舶经营人之诉和总管之诉及论述反映了这两种企业的运作方式。

I.4,7,2.为了同样的理由,裁判官允许其他两种全额诉权,其中一种称作针对船舶经营人之诉,另一种称作总管之诉。在某人任命其奴隶为一条船的船长,而由于他被任命主持的事务,他就某事缔结了契约的情况下,发生针对船舶经营人之诉。它之所以叫作针对船舶经营人之诉,乃因为船舶每日利润所属的人叫作船舶经营人。在某人任命奴隶主管小店铺或任何业务,而因为任命他主管的事务,他就某事缔结了契约的情况下,发生总管之诉,而它之所以叫作总管之诉,乃因为被任命主管业务者称作总管。

I.4,7,2a.但是,即使某人任命自由人或他人的奴隶主管船舶、小店铺或任何业务,裁判官也授予这两种诉权,不消说,因为在这种情况下,也发生同样的衡平理由。〔23〕

这两个法言论及了企业主委托自己的奴隶、自由人、他人的奴隶经营海事企业和陆上企业的情况。如果这些受托人与第三人发生交易负债,他们掌管的主人财产不足以偿付时,则由委托人全额偿付,因为第三人依赖的是主人或委托人的信用,让他们承担责任符合衡平。

委托自己或他人的奴隶经营自己的企业具有奴隶制色彩,委托自由人经营的情形则具有现代色彩。此等自由人应是经营专家,他们利用自己的专业技能为委托人服务,发生地道的商事代理关系。

以上罗马的商事企业法是通过"业务经理"与第三人的责任关系反推出来的。对企业活动的正面描述,就海事企业而言,可见普鲁塔克的《马可·伽图传》中的一段:有人向罗马著名政治家马可·伽图(Marcus Cato,公元前234—149年)寻求海事借贷,他要借款人凑满50人和50条船之数才借,而且他自己要入伙,并委托解放自由人昆提奥作为其代表与其他借款人从事各种冒险。〔24〕之所以要昆提奥作为代表,乃因为公元前218年的《关于元老的克劳丢斯法》(Lex Claudia de senatoribus)禁止元老参与海外贸易,只允许他们拥有可装载6000双耳瓶(一双耳瓶的容积大约是6加仑)下的船只,让元老不能从海外战争

---

〔23〕　本文引用优士丁尼《法学阶梯》的法言,全部出自《法学阶梯》(第2版),徐国栋译,中国政法大学出版社2005年版。以下不逐一说明。

〔24〕　参见[古希腊]普鲁塔克:《希腊罗马名人传》(上册),黄宏熙主编,陆永庭译,商务印书馆1990年版,第368页。

中得利,以此实现平民的利益。[25] 伽图担任过裁判官、执政官和监察官等官职,属于元老,受《关于元老的克劳丢斯法》的约束,由此,他只得假借一个解放自由人的名义加入合伙。这样,伽图就与借款人形成了一个海事合伙企业,伽图出资,并派一名代表,借款人一方面出人力,另一方面出船,双方分担收益和损失。不过,这个合伙涵盖50个出资人、50条船以及不知数目的流动资金,他们构成一个船队,可从事大型的运输活动。由于船的数目不止一条,难以把昆提奥叫作船舶经营人,所以把他叫作总管更合适。如果伽图出资兼入伙的海事企业发生损失,承担者肯定并非昆提奥,而是伽图。

就陆上企业而言,乌尔比安在其《萨宾评注》第20卷中把自己的"为了执行营业的财产与人的集合"的企业定义具体化为一个农业企业,描述了庄园财产(Instrumento fundi,直译是"土地的从物")的物的和人的方面。谓:"庄园财产这个概念包括用于生产、采集、贮藏产品的一切东西……用于生产的有:土地耕种者和领班(praepositum),后者包括管家(vilicus)和监工(monitor)。此外还有耕牛、用于施肥的牲畜、对耕作者有用的器皿、犁铧、丁字镐、鹤嘴锄、镰刀、砍伐树木用的刀具等。用于采集的有:压榨机、箩筐、割谷用的镰刀、割草用的长柄镰、盛葡萄的篮子、收储葡萄用的大缸、木桶……在某些地区,如果庄园的设备比较好,那么从物的概念还包括守门人和清扫工。如果有栽种树木花草以供散步用的地方,则应包括园丁;如果有森林和牧场,则应包括畜群的牧人和护林人。……如果庄园有养蜂业,则应包括蜂箱和蜜蜂……从物的概念还包括一切运输工具:大车、力畜、船舶、木桶、袋囊……"特雷巴求斯认为,从物的概念还应包括庄园中为奴隶服务的面包师和理发师、从事维修工作的工匠、烘面包的妇女和使女、磨粉工(如果是为庄园中的奴隶服务的话)、女厨子、女管家(如果作为她丈夫的助手)、织工(如果是为庄园中的奴隶做衣服)……如果奴隶在一年中的部分时间从事耕作,然后被送出去做临时工,那么他们也包括在从物的范畴内。仓库的会计、看门人、赶骡了的人也属此列。还有磨坊、磨坊里的各种设备和牵磨的驴子、用来煮酒以及为奴隶准备饮食和盥洗用水的铜制器皿、奴隶的食物、运粪用的大车……如果庄园中有可以带来收益的猎场,那么从物的范围还包

[25] 参见齐云、徐国栋:《罗马的法律和元老院决议大全》,载徐国栋主编:《罗马法与现代民法》(第8卷),厦门大学出版社2015年版,第185页。

括猎人、猎狗以及其他为打猎所需要的东西，捕鸟业也同样如此……[26]显然，这个超级农庄的人力资源有：种地者若干、管家、女管家、监工、守门人、清扫工、园丁、牧人、护林人、面包师、理发师、维修工、烘面包工、使女、磨粉工、女厨子、织工、会计、看门人、赶骡人、猎人，总共有21个工种。假设每个工种有两人，则他们共有42人，这算个中型企业了。他们分为管理者和被管理者，主工和辅工，共同臣属于上述法言中未提到的企业主，他很可能住在城里，通过领班掌控农场，取得其收益。这样的农场不可能是自给自足的，而应是面向市场的，所以是商品生产者。

值得注意的是，上述农业企业是一个集合物，是遗嘱处分的单一对象，如遗赠的对象，乌尔比安是从这个角度谈到它的。

为何说上述说明讲的是企业法？因为乌尔比安是从土地的从物的角度立论的，上述人力物力资源都是土地的从物，转让土地就要一并转让它们，以保持土地的生产力。这样，土地及其从物就构成一个农业企业或曰农庄了。

从上述示例来看，无论是海事企业还是路上企业，都以奴隶作为其最重要的人力资源，所以，罗马的企业以奴隶劳动而非自由劳动为基础，此乃因为当时的自由人以劳动为耻的观念以及作为此等观念支撑的奴隶制。企业活动的奴隶性影响到罗马商法的形态。

（二）商事行为法

贝特鲁奇教授讲得好：《十二表法》展现的市民法代表农业经济，裁判官法和营造官法打造的荣誉法代表了商业经济，[27]后者取代前者，就实现了市民法的商法化。

之所以说贝特鲁奇教授讲得好，是因为它可以用来解释同一种交易在古罗马可以采取不同形式的现象。以买卖为例，在《十二表法》时期，采用的是要式买卖、拟诉弃权、要式口约的复杂方式。它们要求当事人亲自到场，由一定数目的证人作证或在官员的面前举行，当事人要说严格的套语，所以运用起来比较复杂、麻烦。

到了公元前2世纪，在与外邦人的交往过程中，合意合同产生，它涵盖买卖、

〔26〕参见巫宝三主编：《古代希腊、罗马经济思想资料选辑》，商务印书馆1990年版，第356页及以次。译文有改动。

〔27〕Cfr. Pietro Carami, Aldo Petrucci, Lezioni di diritto commerciale romano, G. Giappichelli Editore, Torino, 2002, p. 40.

租赁、合伙、委任4种具体合同。它们的订立,不要求当事人亲自到场,可以通过书信或信使订立,不要求证人或官员的参与,没有严格套语的要求,只要求当事人双方的意思合致,所以非常简单。

可以把要式买卖、拟诉弃权、要式口约称为市民法上的交易形式,把合意合同称为万民法上的交易形式。同样的交易,如买卖,既可按市民法的方式做成,也可按万民法的方式做成,前者复杂,后者简单。在一定的时期,依据身份区分划定不同形式的可运用者的范围:罗马市民只能使用市民法的方式,外邦人之间以及罗马人与外邦人之间才可使用万民法的方式。这样就形成了法律行为形式的二元制,也可称为民商二元制。[28]

当万民法渗透进市民法后,罗马市民之间也可使用万民法的交易方式,市民法的交易方式逐渐被淘汰,这样,法律行为方式上的民商分立逐渐被商法化取代,先进的方式取代了落后的方式,罗马法获得了升华。

关于同一主题的民商处理并存还体现在寄托合同和仓储合同的二元制上。让我们先看一个关于寄托的法言:

I.3,14,3.再者,被寄托某物的人,也通过物缔结了债,并对寄托之诉承担责任,因为他也就返还他收受的物承担责任。但他只有在实施了某种故意行为的情况下,他才承担责任,然而因过失,换言之,对于懒惰或疏忽大意的情况,他不承担责任。因此,甚少注意保管的人因盗窃丧失了物,他不能被诉,是肯定的,因为如果某人将物的保管委托给疏忽大意的朋友,他应把这一损失归咎于自己的随便。

本法言没有讲寄托为无偿合同,但通过讲受寄托人对受寄托物的毁损灭失承担的较轻的责任间接透露出这种合同的无偿性,既然受寄托人只对故意致损的情形承担责任,他就是无酬工作,无酬导致其责任也低。

接下来我们看一个关于仓储的法言:

I.2,1,45.同样,如果某人出卖寄托在仓库中的商品,他把仓库的钥匙交付给买受人之时,他转移了商品的所有权给买受人。

本法言也未说仓储合同为有偿合同,但透露出一种针对大宗储存物的交易:

---

[28] 由于其产生的跨省、跨法域背景,合意合同法是陌生人社会的法。故 Giuseppe de Cristofaro 认为这4种合同是罗马商法的内容。Cfr. La conductio rei nel Diritto Romano, http://www.dirittosuweb.com/aree/rubriche/record.asp? idrecord=31&cat=10, May 29,2012.

某人在一个仓库里储存了货物,如果他把仓房的钥匙给人,意味着交付,仓库中的货物的所有权因此移转。由此可看出,古罗马已有仓储企业。从公元前3世纪末开始,由于外来人口的大量流入以及产业的转型,罗马的粮食主要依靠从外国输入,[29]当然还要从外国进口其他商品。马尔西安在其《论检举者》第一卷中列举了一个要课税的外国货物的清单,其中提到印度的铁、药、阉人等货物(D.39,4,16,7)。[30] 富有意味的是,这个清单还提到了波斯的树胶、阿拉伯的石华、巴比伦的兽皮、亚述的药、摩洛哥的羊毛等。这些货物的产地充分说明了罗马人的贸易联系国的广泛范围。进口的货物到达罗马后首先要在港口或其附近仓储,罗马人建造了公仓和私仓满足这种需要。公元前2世纪末,罗马已建立了第一个国家粮仓Horreum。[31] 格拉古还建有森普罗纽斯公仓(horreum sempronia)。[32] 最有名的是伽尔巴公仓(horrea galbae),它的第一层就有140个仓室,有2.1万平方米。[33] 可谓大矣!到了帝政末期,罗马共有近300个公仓解决其仓储问题。[34] 但可能公仓不能满足需要,遂以私仓补充之。仓库可能由所有人自己经营,也可能租给他人经营(D.19,2,60,9.拉贝奥:《值得相信的观点》第1卷)[35]。仓储人与顾客的关系是工作的租赁(locatio conductio operarum),仓储人与仓库所有人的关系是物的租赁(locatio conductio rei)。[36] 租赁是独立于寄托的合同类型,前者是有偿的,后者是无偿的。这样,就形成了民事寄托与商事仓储的并存。

---

〔29〕 参见杨共乐:《公元前3世纪末到1世纪初意大利产粮状况新探:与"意大利粮食生产衰落论"者商榷》,载《世界历史》1989年第5期。

〔30〕 See Mommsen and Alan Watson, *The Digest of Justinian*, Vol. 3, Philadelphia, University of Pennsylvania Press, 1985, p. 407.

〔31〕 See Joseph Patrich, "Warehouses and Granaries in Caesarea Maritima", in Caesarea Maritima, *A Retrospective after Two Millenia*, Holland, Brill, 1996, p. 149. 要指出的是,这里的粮仓要做广义的理解,因为它们不光用来存放粮食,而且用来存放橄榄油等食料。

〔32〕 Cfr. Cicero, Pro Sestio, 44. http://www.thelatinlibrary.com/cicero/sestio.shtml, Oct. 21, 2012.

〔33〕 See David Stone Potter, D. J. Mattingly, *Life, Death, and Entertainment in the Roman Michigan*, University of Michigan Press, 1999, p. 180.

〔34〕 See Peter Lampe, *Christians at Rome in the First Two Centuries: From Paul to Valentinus*, Londan - New York, Continuum International Publishing Group, 2006, p. 61.

〔35〕 其辞曰:仓储人应向租赁仓库者就其财产的安全承担责任,但我并不认为整个仓库的出租人要对仓储人承担责任,除非他们在租约中有相反的约定。See Mommsen and Alan Watson, *The Digest of Justinian*, Vol. 2, Philadelphia, University of Pennsylvania Press, 1985, p. 573.

〔36〕 See Adolf Berger, *Encyclopedic Dictionary of Roman Law*, Philadelphia, The American Philosophical Society, 1991, p. 489.

三、《法学阶梯》为何"民"商合一？

首先要研究的是什么是"合一"？我认为，完全的合一应包括立法合一、教学合一、审判合一。

所谓立法合一，就是在民法外无作为部门法的商法。明眼人一眼可看出，这种合一属于现代人，因为古典时代的罗马人无现代人的按客体（对象）分类的部门法观念，只把法律按主体进行分类，按是否涉及神灵分为人法和圣法，按是否涉外分为国内法和国际法，现代意义上的六法式的部门法观念始于1756年的《巴伐利亚民法典》及其姐妹法典。[37] 在这个意义上，所有的古代法在立法上都是民商合一的，甚至是民刑合一、民行合一、民宪合一的，而且当时的民法意指所有的世俗法的总和，其外延成倍大于现在的部门法意义上的民法。[38] 所以，古人的立法上的民商合一并无实现法律的普遍性、消除法律的特权阶层的考虑。

所谓教学合一，就是在民法课程外无单独的商法课程。这种合一在古罗马绝对存在。本文重点考察的优士丁尼《法学阶梯》主要是一部民法教材，尽管包含部分商法内容，但它们数量有限，被包夹在"民法"内容的洪流中存在。而且查诸古罗马法学家留下的著作清单，名为"市民法"的著作多有，但并无名为"商法"的著作，[39]这与被认为实现了民商立法合一的意大利不同，该国从20世纪50年代开始设立了独立的商法课程，书店里有大量的商法教科书出售，所以，该国的民商合一是不完全的。我国被公认为自清末以来实行民商合一，但20世纪90年代开设独立的商法课程，2007年许成立了商法学研究会，所以，我国并无民商的教学合一。

所谓审判合一，就是法院除了民庭外无独立的商事庭，无论是民事案件还是商事案件，由同样的法院处理。按照这一标准，古雅典法实行民商分立，因为它有特别的海事法院与普通民事法院并立，商事程序适用特别的规则，其特点是更

---

〔37〕 参见徐国栋：《民法哲学》（增订本），中国法制出版社2015年版，第9页、第29页。

〔38〕 参见徐国栋：《民法哲学》（增订本），中国法制出版社2015年版，第30页。

〔39〕 参见［意］桑德罗·斯奇巴尼选编：《民法大全选译·法律行为》，徐国栋译，中国政法大学出版社1998年版，书尾所附"《学说汇纂》所引的古代作者及作品目录"（第156页及以次），以及"未被《学说汇纂》所引的古代作者及作品目录"（第169页及以次）。

加简单快捷，海事法构成一个由习惯和立法组成的统一的和独立的法律部门。[40] 按这一标准，Laurent Waelkens 暗示古罗马实行某种形式的民商分立。裁判官的法院管辖一般的民事案件，营造官的法院管辖因街头买卖产生的案件，如因标的物有瑕疵引发的案件。[41] Laurent Waelkens 的言下之意是可以把后一种法院理解为商事法院。当然，公元前 242 年罗马设立外事裁判官后，其法院与内事裁判官的法院并立，前一种法院审理涉外案件，后一种法院审理两造皆为罗马市民的案件。涉外案件很多是商事性的，如合意性的买卖、租赁、合伙、委任。[42] 由此推论，外事裁判官的法院是一定意义上的商事法院，内事裁判官的法院是一定意义上的民事法院。

第一种关于古罗马存在商事法院的暗示存在问题，到目前为止，区分民商的标准无非是主体不同（商人与非商人、个人还是企业）、行为的性质不同（营利与否）、行为的方式不同（是否讲究快捷），街头买卖可以符合所有这 3 个标准，也可能都不符合，所以，没有理由暗示营造官的法院是商事法院。至于 4 种合意合同，倒是符合方式快捷的商法标准，[43] 由此，把外事裁判官的法院叫作一定意义上的商事法院，可以成立。

所以，按照三个合一的标准，罗马法也未做到完全的民商合一，仅仅做到了立法合一和教学合一而已。作为本文主要探讨对象的优士丁尼《法学阶梯》是

---

〔40〕 Ver Alexandre A. de Castro Correa, Existiu, em Roma, Direito Comercial? Em Rivista da Faculdade de Direito da Universidade de Sao Paolo, Vol. 65, 1970, pp. 68, 90. Also see Michael Gagarin, Davide Cohen, *The Cambridge Companion to Ancient Greek Law*, Cambridge, Cambridge University Press, 2005, p. 300.

〔41〕 See Laurent Waelkens, "The Historical Roots of Belgian Commercial Law", *Krakowskie Studia z Historii Panstwa i Prawa*, 6(4), 2013, p. 367. 营造官是罗马共和时期负责都市监理（负责罗马城的社会治安和监督公共福利设施，如道路、水渠、公共浴场、旅店甚至妓院等）、粮食督办（保障平时和非常情况下的粮食供应，维护市场秩序，管理商品的质量、价格、重量和尺寸规格）、组织节庆等事务的官吏。另外对公共市场管理享有司法权。参见陈可风：《罗马共和宪政研究》，法律出版社 2004 年版，第 70 页及以次。关于营造官就街头买卖创立的瑕疵担保规则，参见龙李来：《论罗马法上瑕疵担保责任损害范围的转变》，载《广西大学学报》（哲学社会科学版）2014 年第 6 期。

〔42〕 Cfr. Giuseppe de Cristofaro, La conductio rei nel diritto romano, http://www.dirittosuweb.com/aree/rubriche/record.asp? idrecord = 31&cat = 10, March 30, 2017.

〔43〕 I. 3, 22, 1. 事实上，在这些场合，人们之所以说通过合意缔结债，乃因为不需要书面文件；无论如何，也不需当事人到场；再者，也不必给付某物，为了债取得效力，进行交易的人作出同意，即为已足。参见［古罗马］优士丁尼：《法学阶梯》（第 2 版），徐国栋译，中国政法大学出版社 2005 年版，第 379 页。

一部教材,它确实做到了民商合一。

那么,罗马私法为何在立法上实行民商合一?要回答这个问题,回答中世纪为何实行民商分立就行了。

学界公认,意大利学者本韦努托·斯特拉卡(Benvenuto Stracca,1509—1578年)在其于1553年出版的《论商事或论商人》(*De mercatura sive de mercatore*)中第一次把商法与民法、与教会法区分开,把商人与手工业者区分开。[44] 该书分为8个部分:商业一般原理、商人的义务、经营商业的必要条件、商业形式、商人的合同、海洋贸易、商业活动的中止、商人法院的程序。[45] 不难看出,全书围绕着商人展开,可以推论,斯特拉卡理解的商法是商人法。所以,商人阶级的形成是中世纪民商分立的原因。确实,那时的商人们为了自卫,集中居住在贵族们的城堡外的外堡,称为商埠。商人修了城墙和栅栏来保卫它们。[46] 这些为商人成为一个自治团体并适用自有法提供了条件。反过来说,古罗马不存在具有充分话语权的商人阶级是当时不实行至少是立法上的民商分立的主要原因。

日本学者盐野七生认为古罗马的骑士阶级是商人阶级。[47] 骑士本来是罗马军队的一个兵种,有1800人。由于罗马人的尚武传统,经常用一些军事术语描述非军事的事物,"骑士"一语的命运就是如此,它后来被用来指代中产阶级。进入骑士阶级,必须有40万塞斯特斯的财产。[48] 一些骑士从事金融活动,尤其充当罗马国家的包税人、承包国家发包的建设工程、开矿等,积累了大量的财富。[49] 但

〔44〕 Cfr. Alessandro Mordenti, I giuristi e la nascita del mondo moderno: Benvenuto Stracca ancotitano, In Quaderni storici delle Marche, Vol. 1, No. 2(2), 1966, p. 236ss.

〔45〕 Cfr. Benvenuto Stracca, De mercatura sive de mercatore, Venetiis, 1575.

〔46〕 参见[比]亨利·皮朗:《中世纪欧洲经济社会史》,乐文译,上海人民出版社1964年版,第38页及以次、第45页。

〔47〕 参见[日]盐野七生:《罗马人的故事Ⅲ:胜者的迷思》,林雪婷译,台北,三民书局1998年版,第15页。

〔48〕 See T. P. Wiseman, "The Definition of 'Eques Romanus' in the Late Republic and Early Empire", *Historia: Zeitschrift für Alte Geschichte*, Vol. 19, No. 1, 1970, p. 76.

〔49〕 See Tenney Frank, "The Financial Activities of the Equestrian Corporations, 200—150 B. C.", *Classical Philology*, Vol. 28, No. 1, 1933, p. 1 - 11.

由于罗马人顽固的重农轻商意识，[50]他们相对于地主——元老阶级处在二等的地位，[51]所以没有一种推动形成有利于自己的独立商法的能力。在商人法的意义上，说罗马商法是没有意义的。[52] 但在行为法上，说罗马商法是有意义的。

当然，当时的“民”商合一体制没有妨碍商事的开展，如同前引维梵德所说的，当时法律巨大的灵活性排除了设立专门的商法的必要。[53] 这样的“巨大的灵活性”或许由内事裁判官法院与外事裁判官法院的二元制以及市民法和万民法（它经过裁判官法院的处理转化为裁判官法）的二元制体现，后两者是商事性的，前两者是民事性的。换言之，罗马法靠牺牲司法的民商合一维持了立法和教学的民商合一，并用制定法（立法）与法官法（裁判官法）并列的方式解决“民法”与商法的紧张关系。

但是，随着罗马法的人道化，开始限制高利贷、不许乘人之危和无经验牟利等，这些措施导致了商业规则的软化，影响了商事行为法律效果的精确性和可预见性。中世纪晚期形成的商人阶级感到极大的不便，于是他们组建自己的商事法庭适用自己的商事习惯法，这样就有了民商的立法分立和司法分立。商法学科的奠基者斯特拉卡把这样的现实理论化以后，民商的教学分立也逐步实现了。

新生的商法剥下了民法温情脉脉的面纱，它不给债务人恩惠期、只许债务人以金钱支付，换言之，不得以实物替代履行，否定了罗马法上的必要替代制度。[54] 它要求债务人对于自身的迟延支付行为承担相应的法定利息、不许连带债务人享有分别利益、允许受让人取得赃物的所有权等。[55] 这些严酷或去道德

---

〔50〕 西塞罗说：“……买卖，如果是小规模的，那也应该认为是可鄙的；如果是大规模的，货物丰富，从各处运来许多东西，又无欺骗地分给大家，这样的买卖完全不应该受谴责；并且甚至如果他们满足于已有的收入，活着更进一步，经常把货物从海上运进港口，再从港口运到田庄，显然这是完全应该受称赞的。在一切可以获得一定收入的事业中，没有什么比农业更美好、更有利，没有什么比农业更甜美，没有什么比农业更适合于人，没有什么比农业对自由人更合适。”参见［古罗马］西塞罗：《论义务》，王焕生译，中国政法大学出版社 1999 年版，第 145 页。此语中，西塞罗贬小商尊大商，并尊农，不分大小。

〔51〕 Cfr. Umberto Santarelli, Mercanti e società tra Mercanti, Giappichelli, Torino, 1992, p. 45.

〔52〕 Cfr. Umberto Santarelli, Mercanti e società tra Mercanti, Giappichelli, Torino, 1992, p. 47.

〔53〕 Cfr. Nicola Rondinone, Storia ineditta della codificazione civile, Giuffrè, Milano, 2003, p. 33. Anche si vedi Cesare Vivante, Isitituzioni di diritto commerciale, seconda edizione, Editore Librajo della Real Casa, Milano, 1894, p. 2s.

〔54〕 必要替代，指代理人在紧急情况下可以请复代理人代替自己履行代理职责。参见《意大利民法典》第 1717 条。

〔55〕 参见夏小雄：《商法“独立性”之再辨析》，载《北方法学》2016 年第 5 期。

的措施保障了交易安全和商事流转。

新生的民商二元制似乎是公平的:人道主义的民法得到保留,严苛的商法与它并肩而立,两者赋予私法不同的面相。“桥归桥,路归路”,人们可以有自己的选择。但一旦上了“桥”或“路”,就要遵循此等“桥”或“路”的逻辑。

以上为我对罗马法的民商合一的解释。还有其他的解释,写下来备读者比较。

首先是莱温·戈尔德施密特(Levin Goldschmidt,1828—1897 年)的解释:罗马人有抽象性和集中性概念的趋势。在主体方面有人(persona)的概念,在客体方面,有物(res)的概念,以此贯彻法律上的平等,基于此,不区分商人和非商人,商业财产和非商业财产,商事行为和民事行为,故不实行民商分立。〔56〕但这种解释容易遭到批驳,因为罗马人尽管有抽象的人的概念,但把人分为三六九等(自由人与奴隶、市民与外邦人、家父与家子等),每种区分都意味着“再具体化”,都意味着不平等。显然,戈尔德施密特把现代人废除民商分立的理由投射到古罗马了。

其次是阿尔多·贝特鲁奇的解释:民商分立的说法以商法形式独立说为基础,按照该说,商法体现为一个商人阶级创造的规范集合体,它只适用于商人,而且只规范商人的商行为,由专门的法院适用。而按照实质独立说,被“商化”的私法诸制度构成商法。所谓的“商化”,其最重要的内容就是动态财富(资本、投机行为)取得对静态资本(土地所有权和世袭地产)的优势地位,凡是反映了新的财富概念的制度,就是商法性的。反之,凡是反映了旧的资本概念的制度,就是民法性的。据此,我们可以超越主体的标准和行为的标准判断某一制度是否属于商法。〔57〕按照此说,古罗马实行民商合一的原因在于农业经济和商业经济并存,没有哪一种经济形式把另一种驱逐出舞台,所以,民商合一是经济复合性的表现。此说可堪赞同。

四、结论

古代存在商法应该无人置疑,问题在于此等商法与“民法”的关系。严格意

---

〔56〕 Ver Alexandre A. de Castro Correa, Existiu, em Roma, Direito Comercial? Em Rivista da Faculdade de Direito da Universidade de Sao Paolo, Vol. 65, 1970, p. 69.

〔57〕 参见[意]阿尔多·贝特鲁奇:《罗马银行法探析——兼论商法的起源问题》,徐铁英译,载《厦门大学学报》(哲学社会科学版)2013 年第 2 期。

义上的民商合一问题属于部门法运动以后的时代。谈论古罗马的民商合一,属于"穿越"或后事前推,因为那时候的"民法"是世俗法的整体,包罗商法十分自然。这样的商法代表商业经济,形式简洁,具有营利性,起源于国际贸易或与外邦人的交往中,具有国际性,往往采用万民法的名义,它与代表农业经济、形式烦琐、其交易时常无酬的"民法"共存于一个法律规范集之中。商法没有独立的原因除了没有客体导向的部门法观念外,还因为从事工商的骑士阶级的活动在官方意识形态中的地位低下,导致这一阶级政治上的软弱,无力扯起商法独立的旗帜。而且,当时罗马法的巨大灵活性满足了商事活动的需要,使商法没有必要独立。所以,古罗马维持了立法和教学的"民"商合一,但在司法上保持了一定的"民"商分立,由此满足了商人们的独特需求。

在古罗马的民商关系史中,民法的形象仁慈,而商法严苛,这似乎告诉人们,要想进步,就得付出严苛的代价。但商法形象也有比民法好的方面。斯特拉卡这样描述民商司法上的差别:在商事法庭中应主要适用衡平,应按善良与公正行事,同时拒斥利用法律的精致。[58] 反推过来,民庭的司法方式则相反,这确实是形式主义的民事法庭的现实。这样的对比让商法赢得一分,与民法打成平手。商法的先进性让"民法"逐渐向商法靠拢,最终实现了市民法的商化,差不多所有的合同最后都变成了合意合同就是例证。而且,诚信产生于罗马人与外国人的关系中,[59]具有商事背景,所以,民法中自傲的诚信原则可能就是从商法借用过来的,但这是一个软化法律关系的原则,从某种意义上讲不利于商事活动。

研究这些问题对我国富有借鉴意义。在目前制定民法典的历史时刻,商法学者有民商分立的强烈诉求。持论者只看到立法的民商合一的方面,忽略了司法和教学方面的民商关系以及这两方面的民商关系对于立法的民商关系的影响。在司法上,我国法院乍一看没有民商分立,4 个民庭全部姓"民",但仔细观察最高人民法院官网[60]对各个庭的受案范围的介绍,发现存在分立。只有民一庭审理民事案件(婚姻家庭、人身权利、劳动争议、房地产、农村承包合同),民二庭审理典型的商事案件(合同、公司、证券、保险、票据),民三庭审理知识产权和竞争纠纷案件,民四庭审理海商案件。可以说,这是一个"商"多"民"少的架

---

〔58〕 Cfr. Benvenuto Stracca, De mercatura sive de mercatore, Venetiis, 1575, p. 58.

〔59〕 参见徐国栋:《民法基本原则解释:诚信原则的历史、实务、法理研究》,北京大学出版社 2013 年版,第 91 页。

〔60〕 参见 http://www. court. gov. cn/jigou. html,2017 年 4 月 1 日最后访问。

构。按照《意大利民法典》,后三个庭都属于“商”,民一庭审理的房地产和农村承包合同也属于“商”,[61]尽管 4 个庭的审案程序没有因涉“民”还是涉商而不同,商法学者该知足了,而且他们还应该为商法课程独立几十年的经历而高兴。立法上的民商合一根本上是商人阶级独立的产物,这一条件目前已不存在。而且“商”的标准一直在变迁中,商人法说为商行为说取代,商行为说又为企业活动说取代,要想回到以商人法说为基础的立法民商分立不可能了,没有发现哪个当代国家这么做!事实上,司法分立和教学分立可以缓解对立法分立的需求呢!

---

〔61〕 关于《意大利民法典》对于“商”的理解,参见该书所载:《1942 年〈意大利民法典〉实行的民商合一》一文。

罗马法中客服设施经营人的承保责任及其在现代法中的继受和发展*

一、小引

罗马法中的客服设施经营人的承保责任,是对旅客随身携带的物品的安全承担的严格责任,它与当下得到热门研究的许多制度有关。这些制度有:(1)旅游合同履行辅助人责任制度。如果当时有旅游合同,船舶经营人、客栈主、车马店主当然是旅游合同的履行辅助人。(2)经营场所的安保责任制度。其是经营者在提供商品或服务时,因为经营场所的安全未能达到保障消费者人身、财产安全的法定要求或者合同约定的标准,导致消费者人身、财产遭受损害,从而应当承担的民事责任。[1]我国这方面的研究成果很多,但少有人[2]研究这一制度的罗马法起源。(3)严格责任制度,这是一种结果责任和无过错责任,后文将述,罗马裁判官课加客服设施经营人的是严格责任。(4)不作为侵权制度。按照罗马裁判官的设计,客服设施的经营人什么都未做,只要在他们地盘内的旅客的财产蒙受了损害,他们就要担责,他们的这种无为而担责的情势是不作为侵权的类型之一。(5)为他人侵权行为代负责任制度。客服设施的经营人为其雇员的侵权行为甚至其他旅客的行为承担

---

* 本文原载《比较法研究》2017 年第 1 期。

〔1〕 参见汤啸天:《经营者场所安全责任的合理边界》,载《法律科学》2004 年第 3 期。

〔2〕 参见史尚宽:《债法各论》,中国政法大学出版社 2000 年版,第 527 页。

责任,有人认为是代负责任。[3]（6）消费者保护制度。客服设施经营人的承保责任是对服务的消费者的加强版保护。这6个制度的起源都可追溯到罗马法中的客服设施经营人的承保责任制度。

二、客服设施经营人的承保责任制度产生的时代背景

公元前2世纪,裁判官颁布了关于船舶经营人、客栈主、车马店主的承保责任的告示。[4] 它规定,经营船舶、客栈、车马店的人,要对发生在其经营场所的盗窃行为对旅客承担责任。[5] 这个告示证明,在公元前2世纪,罗马人的旅行和旅游已十分普遍,船舶、客栈和车马店是基本的服务旅客的设施,其间经常发生盗窃旅客财产的事。为了保护旅客的利益,营造安全的旅行环境,裁判官才颁布了这个告示。换言之,在公元前2世纪之前,要么因为旅行尚不普遍,要么因为尽管旅行普遍但针对旅客的盗窃不普遍,裁判官没有必要颁布这个告示,因为法律只调整形成了规模的生活事实。

那么,公元前2世纪是什么时间,那个时候的罗马是什么样态？只要看一下罗马史年表,就可快速回答上述问题。要言之,罗马人在这一百年中做了以下大事。

其一,战胜陆上霸主马其顿。公元前200—公元前197年,罗马人在第二次马其顿战争中战胜菲利普二世。公元前196年,罗马人宣布希腊已摆脱马其顿的霸权。公元前171—公元前167年,战胜马其顿并把它分裂为4个小共和国。公元前147年,在巴尔干半岛组建马其顿行省。

其二,彻底毁灭自己的海上对手迦太基。在公元前146年完成此业,在迦太基的废墟上建立了阿非利加行省。

其三,修建艾米利亚大道改善意大利北方的道路系统。这条大道从里米尼开端,沿着亚得里亚海到波伦纳、雷焦·艾米利亚、皮亚琴察,然后用另外的名

---

〔3〕 窦海阳的意大利语博士论文涉及这一方面（Hai Yang Dou, Responsabilità per fatto altrui, Università di Roma, Tor Vergata, 2009/2010）。另外,ClaudiaAlesandra dos Santos Madaleno的葡萄牙语博士论文也涉及这一方面（ResponsabilidadeObrigacionalObjetivaporfatto de Outrem, Universidade de Lisboa, 2014）。

〔4〕 Cfr. Aldo Petrucci, Per una storia della protezione dei contraenti con gli imprenditori, I, Giappichelli, Torino, 2007, p. 120.

〔5〕 参见《学说汇纂第四卷:恢复原状与责任的承担》,窦海阳译,中国政法大学出版社2012年版,第241页。

字，一头至帕维亚、奥斯塔以及皮科洛和格兰·圣·贝尔纳多的一些村庄，另一头至拉文纳、的里雅斯特和波拉。[6]

三件大事：两武（其一和其二）一文（其三），实际上彼此关联，武为文因。征服自己的陆上海上对手，就改善了自己的陆上海上交通，过去去不得或如果去要护照签证的地方，现在可以自由去了。尤其是摧毁迦太基对于罗马人交通之改善的意义最大。曾几何时，地中海属于迦太基，故迦太基的大使说，没有我们的允许，罗马人不得在地中海洗手。[7] 现在，罗马人把地中海变成了自己的内海（"我们的海"），从意大利出发，可以直航希腊。而艾米利亚大道除了具有经济意义外，也有军事意义。公元前2世纪，日耳曼人尚未被罗马征服（后来从未被征服，除了一些部分），这条大道对于运送军队和战争物资具有重要意义。

由于持续地征服，到公元前2世纪，罗马已有8个行省。它们是：科西嘉和撒丁（Corsica et Sardinia，公元前238年）、近西班牙（Hispania Citerior，公元前197年）、远西班牙（Hispania Ulterior，公元前197年）、马其顿（Macedonia，公元前146年）、埃皮鲁斯（Epirus，公元前148年）、阿非力加（Africa，公元前146年）、亚细亚（Asia，公元前133年）、以纳尔波为首府的高卢（Gallia Narbonensis，公元前121年）。[8] 这些行省与意大利构成一个共同体，人财物可在其中自由流通。

在这样的条件下，公元前2世纪开启了罗马的商业时代，这一时代持续至公元3世纪。其时，罗马放弃了农牧经济，以交换为基础的市场经济得到了形成和发展，营业（Negotiatio）和企业（Taberna instructa）的概念得到了法律承认，并且创立了与商业、金融、运输和服务以及小规模的生产门类的企业活动相关联的制度和诉权。[9]

在这样的地缘政治条件下，罗马人为了经商或旅游，通过水路旱路来往于帝国的各个部分之间，为此要利用各种客服设施，在利用中发生问题，裁判官为此颁布告示进行调整，就不是什么奇怪的事情了。

---

〔6〕 参见［意］格罗索：《罗马法史》，黄风译，中国政法大学出版社1994年版，第467页及以次。

〔7〕 Cfr. Benito Mussolini, Roma Anticasul Mare, http://www.romaeterna.org/altri/mussolini.html, March 2, 2016.

〔8〕 参见徐国栋：《罗马公法要论》，北京大学出版社2014年版，第146页。

〔9〕 参见［意］阿尔多·贝特鲁奇：《保护与企业主缔约的第三人制度的起源——对古典时期罗马法的一些规范的观察》，徐国栋译，载徐国栋主编：《罗马法与现代民法》（第3卷），中国法制出版社2002年版，第31页。

三、公元前2世纪罗马的客服设施

裁判官告示中提到的客服设施有船舶、客栈和车马店三者，前者为水运客服设施，后两者为陆运客服设施。以下按类分述。

（一）水运客服设施

水运客服设施即船舶。罗马人原为陆地人民，不谙造船。与迦太基人展开第一次布匿战争后，为海战的需要开始造船。取得地中海的制海权后，罗马人成为海上人民，制造并拥有多种船舶。

计有：其一是长船，它依靠划桨推行，但也有帆利用风力推进。[10] 既然是长船，到底有多长？答曰最长35米，最短15米。[11] 长船可用来运货，也可用来作战。其二是轻船（Liburnicae），它适合于快跑，原来为海盗所用，后来被借用过来。其三是重船（Onerariae），适合于运送商品。又次分为酒船、粮船和马船，分别用于运送其冠名商品。但也有综合重船（Corbitae），它是最慢最重的商船，用来运送其他种类的大宗商品。[12] 其四是快船（Actuariae），它有桨，一可用来转运大船上的货物。例如，用大船从阿非利加运到奥斯提亚港口的小麦要在这里换快船才能溯台伯河而上到达罗马城。二可用来专门运客。[13] 当然，除了如上类型的船外，还有渔船、河船和战船。[14] 它们都不是海商法的调整对象，故存而不论。

重船的吨位从150吨到350吨不等。[15] 到了图拉真皇帝时代，造船技术进步，运粮船的载重量提高到1200吨—1300吨。[16]

那个时候的运客船很少，客运航线也少，如从现在的阿尔巴尼亚的Dyrrachium到布林迪西的航线处在其中。多数的情形是货船带客。乘客像多数船员一样生活在甲板上或住在帐篷中。他们自带食材，可以在船上的厨房里煮熟，从大木槽中取水。条件最好的是从埃及的亚历山大到罗马的运粮船。好处之一是直

---

〔10〕 Cfr. Enrico Gandolfo, La nave neldiritto romano, Genova, 1888, p. 87.

〔11〕 See Lesly Adkin and Roy A. Adkin, *Handbook to Life in Ancient Rome*, New York, Infobase Publishing, 2014, p. 206.

〔12〕 Cfr. Enrico Gandolfo, La nave neldiritto romano, Genova, 1888, p. 88.

〔13〕 Cfr. Enrico Gandolfo, La nave neldiritto romano, Genova, 1888, p. 89.

〔14〕 Cfr. Enrico Gandolfo, La nave neldiritto romano, Genova, 1888, p. 89.

〔15〕 See Lesly Adkin and Roy A. Adkin, *Handbook to Life in Ancient Rome*, New York, Infobase Publishing, 2014, p. 206.

〔16〕 See Julian Bennett and Trajan, *Optimus Princeps*, London and New York, Routledge, 1997, p. 139s.

达;之二是空间够大,可以装几百人。[17] 圣保罗坐过这样的船,他的同行乘客有287人。[18]

根据《罗得海商法》,乘客可带两个孩子同乘。男乘客可占用3腕尺的船上空间,女乘客可占用1腕尺。小孩可占用0.5腕尺。乘客可按量取水。他们不得实施威胁船只安全的行为,为携带的孩子买票,并进行宣誓。[19]

为小孩买票的义务有一个例外。乌尔比安在其《告示评注》第32卷(D.19,2,19,7)中说,如果一个女乘客在被运送过程中分娩,她不必为新生儿付运费,因为为小小的孩子给付的运费微不足道,而且他们不能利用为乘客们提供的一切服务。[20]

船舶经营人的承保责任只与客运有关,无关货运,但货运中也有船员带上船的财产被其他船员盗走的问题,这种情况不归船舶经营人的承保责任制度处理,而应按《罗得海商法》第57条处理:发现的盗窃者要双倍赔偿受害人的损失,并丧失其所有的收益。[21]

船舶经营人并不见得是船舶所有人,而是以经营船舶为每日收支的人,他们可能是船舶所有人,也可能是船舶的承租人(乌尔比安:《告示评注》第28卷。D.14,1,1,15),[22] 其职在于选任人员并组织经营船的相关事项。在后种情形,船舶的所有人因为不参与选任人员和组织经营,不承担在经营中对旅客造成损害的责任。因此,船舶经营人承保责任制度采用的原则是"谁管事,谁负责"。

(二)陆运客服设施

上面讲到的船舶是水上客栈,因为在运送过程中旅客住在船上。在陆运中,旅客除了露营,就要住在客栈或车马店里了,前者为不驾车的旅人使用,后者为驾车的旅人使用。

---

〔17〕 See Lesly Adkin and Roy A. Adkin, *Handbook to Life in Ancient Rome*, New York, Infobase Publishing, 2014, p. 207.

〔18〕 参见《圣经·使徒行传》第27章,载《新旧约全书》,南京爱德印刷厂1988年版,第188页及以次。

〔19〕 参见王小波:《〈罗得海商法〉研究》,中国政法大学出版社2011年版,第84页及以次。

〔20〕 参见[意]阿尔多·贝特鲁奇:《运送合同从古罗马到现行意大利民法典的发展》,徐国栋译,载徐国栋主编:《罗马法与现代民法》(第1卷),中国法制出版社2000年版,第232页。

〔21〕 参见王小波:《〈罗得海商法〉研究》,中国政法大学出版社2011年版,第218页。

〔22〕 See Mommsen and Alan Watson, *The Digest of Justinian*, Vol. 1, Philadelphia, University of Pennsylvania Press, 1985, p. 416.

陆上客运主要通过公路进行。公元前 2 世纪，罗马已有如下大道：阿庇亚大道（公元前 312 年），全长 212 公里，从罗马通往意大利南方的加普亚，后来延伸到港口城市布林迪西；奥里略大道（公元前 241 年），从罗马在第勒尼安海一侧通往意大利北方城市 Vada，后来延伸至比萨；弗拉米尼大道（公元前 220 年），从罗马在亚得里亚海一侧通往意大利北方城市阿里米昂，全长 368 公里；艾格纳提亚大道（公元前 147 年），又名东方大道，从罗马沿亚得里亚海岸通往马其顿，直达希腊北部。[23] 这四条大道，前三条在意大利的范围内，第四条就走出了意大利，远至希腊。对于旅行者来说，这是条国际公路。总之，这些大道成为后来著名的罗马道路网的基础。这个网路的干线部分长达 8 万公里，包括 375 条大路，全部铺石板。加上只铺砂石的支线道路，全长有 15 万公里。[24]

既然公路上行客运，自然要配备相应的设施，诸如餐馆、客栈和车马店等。公元前 2 世纪这方面设施的情况如何，已不可考。333 年，一位从波尔多往耶路撒冷朝圣的人留下的一份旅行地图 itinerarium hierosolymitanum burdigalense 记下了他途经之地的所有客服设施，作者用城门的图案表示城镇，用马厩的图案表示具备换马及马车修理设施的地方，用房屋的图案表示客栈，用葡萄酒杯的图案表示用餐的地方。基本的格局是客栈与车马店间隔设立。从都灵到瓦兰斯，凡 247 罗马里，合 365 公里，计有 11 个客栈，12 个车马店，12 个就餐点。[25] 算下来，隔 33 公里余有一家客栈，隔 30 公里余有一家车马店，并有一家餐馆。三种设施彼此独立，客栈似乎只提供住宿，并不供餐。车马店主要提供以马匹为中心的客服，也不供餐。公元前 2 世纪罗马公路的服务设施大概也是这样的格局。我这是以“近古”推“远古”了。

裁判官关于客服设施经营人的承保责任的告示同时提到了客栈和车马店，两者的关系如何，学者们各陈己见。有人认为两者同义词，为了风格的关系裁判官并列两者。但也有人认为两者有别，客栈处在城镇中，而车马店处在郊区或沿

〔23〕 参见王允：《浅析罗马道路建设及其历史作用》，东北师范大学 2007 年硕士学位论文，第 3 页及以次。

〔24〕 参见［日］盐野七生：《罗马人的故事Ⅹ：条条大道通罗马》，郑维欣译，台北，三民书局 2004 年版，第 3 页。

〔25〕 参见［日］盐野七生：《罗马人的故事Ⅹ：条条大道通罗马》，郑维欣译，台北，三民书局 2004 年版，第 75 页及以次。

路而设。[26] 从朝圣者留下的旅行地图来看，客栈与车马店不是一回事，两者被分别标示。但要说车马店都处在城郊，并不确切，因为都灵、苏萨、第戎、瓦兰斯四个地方的车马店都处在城中，而且这些地方既有客栈，又有车马店。

陆运客服设施的经营人可能是它们的所有人，也可能是租赁这些设施进行经营的人。

四、客服设施经营人的承保责任

(一)裁判官告示的文本以及法学家对它的解释

在上述客运条件下，裁判官于公元前2世纪颁布告示明确了客服设施经营人的承保责任。其辞曰：船舶、客栈、车马店的经营人，如果不返还任何人为保全而收受的财产，我将授予对抗他们的诉权。[27]

这个告示明确了三种客服设施的经营人的承保责任，事实上，这个告示原来只规定了船舶经营人的此等责任，不久，扩展到客栈老板和车马店老板。之所以如此认为，乃因为这三种经营人的角色并不完全相同。按照罗马人的法律观，船舶经营人是工作的租赁中的出租人，而客栈经营人和车马店经营人是物的租赁的出租人。[28] 先规定船舶经营人的责任乃因为航运企业比关联的陆上服务企业重要。所以，上述告示是接续发布的系列告示的合成，后来的法学家把它们当作一个告示看待。[29] 尽管如此，从后世法学家对这个告示内容的阐述来看，船舶经营人承保责任仍是这个告示的核心，因为这种责任处在本座的地位，其他两种承保责任都具有准用的性质。

富有意味的是，餐馆也是客服设施，这个告示却未言及餐馆老板对食客财物的承保责任，这可能因为旅客在餐馆逗留的时间较短，不过夜，所以，他们只好仔细看管好自己的随身财物。幸运的是，这个罗马人留下的漏洞被后世立法者填补了(参见后文)。

---

〔26〕 Voir Marie – Adeline Le Guennec, Le Stablum romain, ecurie ou establissement hotelier? La Langue juridique et l' usage a Rome, En Aux Sources de la Mediterrannee antique, Presses Universitaires de Provence, 2014, p. 220.

〔27〕 D. 4, 9, 1pr. 参见《学说汇纂第四卷：恢复原状与责任的承担》，窦海阳译，中国政法大学出版社2012年版，第241页。译文有改动。

〔28〕 See Stanislaw Kordasievicz, Receptumnautarum and 〈Custodiampraestare〉 revisited, In Revue Internationale des droits de l' Antiquité, LVIII, 2011, p. 195.

〔29〕 Cfr. Aldo Petrucci, Per unastoriadellaprotezionedeicontraenti con gliimprenditori, I, Giappichelli, Torino, 2007, p. 120s.

“不返还任何人为保全而收受的财产”指经营人本人或其辅助人(两者构成“任何人”)收受的旅客的财物,旅客托付此等财物的目的是求其安全,根据《罗得海商法》[30]第32条的规定,旅客携带金币或其他物品登船,应交与船长保管。如果不交保管丢失,船长不负责任。[31] 可以设想,旅客也有义务把自己的贵重财物交与客栈主和车马店主保管。不交保管发生丢失的,客栈主和车马店主本可不承担责任。

但三大客服设施的老板接受了旅客交付保管的财物却不想返还的,就构成诈欺了,这时,倒霉的旅客就遇到了黑船黑店。这是第一种情形。第二种情形是想返还却不能,因为被保管物被盗了,或遭遇灾难灭失了。无论哪种情形,裁判官都授予诉权对抗他们。这时的诉权是事实诉权而非市民法诉权。这意味着市民法过去对此无规定,裁判官以这一告示填补了一个法律漏洞。

上述告示的文句并未告诉我们授予的诉权的倍数。乌尔比安在对这一告示的评注中告诉我们,它是双倍罚金之诉(D.47,5,1,2.乌尔比安:《告示评注》第38卷),这是课加给非现行盗窃者的诉权(I.4,6,23)。[32] 这个倍数告诉我们,立法者把旅客交付的财物不还的经营者看作盗窃者。同时,这也是针对否认曾发生过寄托的保管人的诉权的倍数,这种雷同为后世人把承保责任纳入紧急寄托开了路。但否认别人曾让自己保管东西,也是盗窃的一种形式。[33]

在诉讼系属中原告或被告死亡了怎么办?在原告死亡的情形,其继承人可承担诉讼,这实际上是把被继承人开启的诉讼当作讼体物继承之。在被告死亡的情形,其继承人不必承担诉讼,因为他们并未实施引起责任的行为(D.4,9,7,6.乌尔比安:《告示评注》第18卷)。

另外,如果很快发现了旅客财物的盗贼怎么办?对于客服设施的经营人来说,如果加害人是他雇佣的自由人,他要代其承担责任;但如果加害人是其奴隶,他可通过交出加害人使自己免除责任(D.47,5,1,5.乌尔比安:《告示评注》第

---

〔30〕《罗得海商法》到8世纪才编成法典,但在公元前3世纪已经形成并被罗马人采用。参见王小波:《〈罗得海商法〉研究》,中国政法大学出版社2011年版,第3页。

〔31〕参见王小波:《〈罗得海商法〉研究》,中国政法大学出版社2011年版,第215页。

〔32〕但课加否认紧急寄托者的诉权也是双倍罚金之诉。参见[古罗马]优士丁尼:《法学阶梯》(第2版),徐国栋译,中国政法大学出版社2005年版,第469页。

〔33〕罗马人的盗窃概念是“以获利为目的诈欺地接触物”。[古罗马]保罗:《告示评注》第39卷(D.47,2,1,3),参见[意]桑德罗·斯奇巴尼选编:《民法大全选译·债·私犯之债(Ⅱ)和犯罪》,徐国栋译,中国政法大学出版社1998年版,第55页。

38 卷),这意味着此等加害人将成为受害人的奴隶,直到他们的劳动的价值达到了被盗物的价值为止。但如果经营人使用的是他人的奴隶,他要像使用自由人一样自己承担责任。可以想象,在加害人为经营人自己奴隶的情形,如果经营人选择损害投偿解决,一个行旅之中的人要携带一名奴隶赶路,是极为不便的。

但经营人的上述选择权是有条件的,即他们不知道自己的属员实施盗窃的情况,如果他们知情,甚至教唆或协助自己的奴隶去盗窃旅客,他们必须自己承担责任,不能通过交出实际实施加害行为的奴隶使自己免责(D. 47,5,1pr. 乌尔比安:《告示评注》第 38 卷;D. 47,6,1,1. 乌尔比安:《告示评注》第 38 卷)。

在加害人为自由人的情形,并不见得一定是经营人承担责任,这要取决于受害人的选择,如果他选择诉追经营人,当然是经营人根据裁判官法先承担责任,然后他们对盗贼提起盗窃之诉;受害人选择诉追加害人本人的,他们可直接根据市民法诉追之(D. 47,5,1,3. 乌尔比安:《告示评注》第 38 卷;D. 47,5,1,4. 乌尔比安:《告示评注》第 38 卷)。对于一个行旅之中的人来说,撂下正在进行的旅行去告一个贼,很不方便,而且此等贼的责任能力很可能不如一个老板的相应能力。由此可见,课加客服设施经营人责任的裁判官告示的主旨是方便旅客得到损失的赔偿。

那么,如果加害人是其他旅客,怎么办?这要看客服设施是船还是客栈和车马店。在船的情形,经营人不对旅客的行为负责,但他们参与了接受物品的情形除外。在客栈和车马店的情形,要看旅客属于哪种,经营人要对长住旅客的行为承担责任,不对短住旅客的行为承担此等责任。对长住旅客的行为负责,乃因为经营人有选择是否接待他们的机会。不对短客的行为负责,就像不对乘船者的行为负责一样,是因为经营人不能选择旅客,作为公共服务设施,他们不能拒绝任何愿意利用的人,所以他们不能代加害旅客承担责任。所以,受害旅客只能诉追加害的其他旅客(D. 47,5,1,6. 乌尔比安:《告示评注》第 38 卷;D. 4,9,1,8. 乌尔比安:《告示评注》第 14 卷)。[34]

在罗马法中,诉权分为有期的和永久的,前者必须在一定的期限内行使,此等期限实际上就是诉权的除斥期间,后者可以无限期行使。承保之诉是永久性的(D. 4,9,7,6. 乌尔比安:《告示评注》第 18 卷)。这种安排有利于旅客:遭受损

〔34〕 参见[意]桑德罗·斯奇巴尼选编:《民法大全选译·债·私犯之债(Ⅱ)和犯罪》,徐国栋译,中国政法大学出版社 1998 年版,第 73 页;也参见《学说汇纂第四卷:恢复原状与责任的承担》,窦海阳译,中国政法大学出版社 2012 年版,第 243 页。

失后由于任务的压迫必须赶下一段路程的，可以先赶路，等下一次再跟同样的客服设施经营人打交道时再起诉他。“这一次”与“下一次”的时间间隔在罗马时代的旅行条件下（依靠人力畜力而已）可能很长，超过一年。

那么，在罗马法看来，旅客乘船也好，住店也好，都与这些客服设施的经营人订立了一个工作的租赁合同；如果物品是免费接收的，则成立一个寄托合同。这些合同也要给旅客提供一定的保障，为何裁判官不依据合同课加经营人责任，而是依据准私犯课加经营人此等责任呢？乌尔比安在其《告示评注》第 14 卷中对此做出了回答：因为按照租赁合同，承运人只对过失负责；按照寄托合同，保管人只对故意负责。所以，这两种合同对于物的所有人的保护力度偏小，为了加大保护力度，裁判官课加客服设施的经营人以特殊的看管责任，这是一种严格责任，收受物品的人即使无任何自己的过错，也要承担责任，发生不可抗力的情形除外。这里的不可抗力，包括船难、海盗攻击等情形（D. 4,9,3,1. 乌尔比安：《告示评注》第 14 卷）。[35]

但这种严格责任只是相对的，乌尔比安同时提到，一个允许如此坏的奴隶待在船上的经营人不被定罪是奇怪的（D. 47,5,1,5. 乌尔比安：《告示评注》第 38 卷）。这意味着，经营人还是有用人不当的过失，所以，从某个角度讲，上述严格责任实际上还是过错责任，或者像丁玫教授正确地指出的，是推定过错责任，其目的是避免旅客的举证困难。[36]

这样的举证豁免对于一个行色匆匆的旅客来说，是十分必要的。但对于船舶经营人来说是苛重的，所以，允许此等经营人使用免责条款：如果他事先宣布每个旅客应当对自己的物品采取安全措施，并宣布他不对损害负责，而且旅客同意此等宣告，则他免除承保责任（D. 4,9,7pr. 乌尔比安：《告示评注》第 18 卷）。[37] 由于要取得旅客的同意免责条款才能生效，免责条款严格来说是免责合意。但航运企业是强势的一方，旅客是弱势的一方，在前者要求免责的情况下，旅客要么同意，要么上不了船，从而完不成自己的旅行，所以只好同意。这样的情境暴露出古罗马就有格式合同问题，以及相应的消费者保护问题。当代意大利学者阿尔多·贝特鲁奇教授敏感地注意到了这一点，着力于研究罗马法对

---

〔35〕 参见《学说汇纂第四卷：恢复原状与责任的承担》，窦海阳译，中国政法大学出版社 2012 年版，第 245 页。

〔36〕 参见丁玫：《罗马法契约责任》，中国政法大学出版社 1998 年版，第 251 页。

〔37〕 参见《学说汇纂第四卷：恢复原状与责任的承担》，窦海阳译，中国政法大学出版社 2012 年版，第 251 页。

消费者的保护。贤哉斯人！现代法注意改变这一状况，故《埃塞俄比亚民法典》第2669条规定，任何排除或限制旅店主责任的规定无效。[38] 尽管该条的规制对象并非船舶经营人而是旅店主，但法意是一样的。

(二)法学家们对告示的适用范围的目的性扩张

裁判官确立客服设施经营人的承保责任制度后，法学家们不断扩张其适用范围，以达成对消费者的更高保护。此等扩张包括保护客体的扩张、致害原因的扩张、加害人范围的扩张等方面。以下分述。

有关裁判官告示保护的客体是什么？从告示的文句来看，是旅客交付经营人保管的物品，这种交付由旅客的“交”和经营人的“收”两个动作构成。换言之，旅客未交保管的随身物品，不在保护范围之内。但这是我的理解，奇怪的是无先驱者。接近我的这一观点的是“旅客行李说”，为德国学者 C. H. Brecht、智利学者古斯曼·布里托、意大利学者安托钮·瓜里诺所持。[39] 实际上，未交保管的物受裁判官告示的保护是1世纪末的学者维维安扩张的结果。他对裁判官告示中的“任何人为保全而收受的财产”一语进行解释，说此语“也包括商品类的物，诸如衣服和一切在船上日用的物”(D. 4,9,1,6. 乌尔比安:《告示评注》第14卷)。[40] “衣服”无须解释，“一切在船上日用的物”中最重要的是食物，在罗马时代，旅客是在船上的厨房自己做饭吃的，[41] 所以得携带食材上船。这些物被作为运送物的从物看待。按照这一扩张，旅客的随身行李，即使未交托经营人保管，后者也要承担看管义务。

致害的原因也得到了扩张。尽管告示的文句无明言，它原初考虑的致害原因是船舶经营人手下人的盗窃，按照乌尔比安的解释，严格说来，是经营人的手下人与盗贼相勾结实施的盗窃(D. 4,9,1,1. 乌尔比安:《告示评注》第14卷)。盖尤斯对此扩张，不仅把盗窃，而且把损害也当作致害原因(D. 4,9,5,1. 盖尤斯:《行省告示评注》第5卷)。例如，经营人的奴隶实施的损害，老鼠的咬坏，雨水的泡坏，等等。这样的扩张当然更有利于旅客。

---

〔38〕 参见《埃塞俄比亚民法典》，薛军译，厦门大学出版社2013年版，第380页。

〔39〕 Cfr. Aldo Petrucci, Per una storia della protezione dei contraenti con gli imprenditori, I, Giappichelli, Torino, 2007, p. 127, nota 11.

〔40〕 参见《学说汇纂第四卷：恢复原状与责任的承担》，窦海阳译，中国政法大学出版社2012年版，第243页。

〔41〕 See Lesly Adkin and Roy A. Adkin, *Handbook to Life in Ancient Rome*, New York, Infobase Publishing, 2014, p. 207.

加害人的范围得到了扩张。有关告示原本考虑的加害人是经营人的役使人（自由人或奴隶），乌尔比安把参与接受物品的乘客、长住旅客也扩张为加害人，经营人也要对他们的致害行为承担责任（D. 4,9,1,8. 乌尔比安:《告示评注》第14卷）。

经营人的责任空间也得到了扩张。告示原来设想的经营人的责任空间是船上，这个空间的起点是上船，终点是下船，但乌尔比安把海滩扩张进了责任空间，即使被接收的物品在海滩上，其风险和危险都由经营人承担（D. 4,9,3pr. 乌尔比安:《告示评注》第14卷）。

基础关系的范围也得到了扩张。告示原来考虑的是有偿的客运关系或住宿关系，保罗把它的适用范围扩张到无偿的乘船或免费住旅店关系（D. 4,9,6pr. 保罗:《告示评注》第22卷）。

船的所指也得到了扩张。告示原来考虑的是运用较大的船舶实施的客运，未考虑木筏和河中小艇实施的同样业务，拉贝奥把告示的适用范围扩张到了后者（D. 4,9,1,4. 乌尔比安:《告示评注》第14卷）。[42]

（三）客服设施经营人承保责任的归属定性

裁判官确立客服设施经营人的承保责任制度后，发生该制度在市民法体系中的位置问题。很容易的定位是把它作为合同责任的一种类型看待，犹如现代作者大都在“罗马法合同责任”的框架下研究该制度，[43]但自公元前161年的盖尤斯《法学阶梯》起，它被作为准私犯的一种，与法官错判案件、倒泼行为、悬挂物致人损害行为并列。[44] 优士丁尼《法学阶梯》从之。这意味着至少盖尤斯之后的罗马人不把客服设施经营人的承保责任看作合同法问题，而看作侵权法问题。这意味着罗马立法者不再把合同关系作为承保责任的基础，由此，经营人承担并违反的并非约定义务，而是法定义务。

准私犯就是我们现在讲的准侵权行为，客服设施的经营人毫无作为，怎么就

---

〔42〕 参见《学说汇纂第四卷:恢复原状与责任的承担》，窦海阳译，中国政法大学出版社2012年版，第243页。

〔43〕 例如，我如上引述其著作的丁玫教授就是如此。就意大利学者而言，有 Vicenzo Arancio · Ruiz（Responsabilità contrattuale in diritto romano, Jovene, Napoli, 1933）、Francesco M. de Robertis（Responsabilità contrattuale nel diritto romano, Cacuci, Bari, 1996）、Adolfo di Majo（Responsabilità contrattuale, Giappichelli, Torino, 1997）.

〔44〕 参见［英］巴里 · 尼古拉斯:《罗马法概论》，黄风译，法律出版社2000年版，第235页。

侵犯了旅客的权利？现代学者杨垠红将此解释为不作为侵权，[45]是为一说也。

那么，罗马人为何要把上述四个制度放在一起类称为准私犯？中世纪以来这就是一个聚讼纷纭的问题，比较有效的解答是上述四个制度中的责任人承担的都是无过错责任。[46] 我赞成此说，但要补充一点：每一种准私犯都是对一种私犯的类比，经营人的承保责任这种私犯类比的是盗窃这种私犯。确实，有关的裁判官告示最初考虑的旅客财产损失的原因是盗窃，而且是客服设施的经营人与小偷合伙实施的盗窃，经过法学家的积极解释，告示的内容才渐渐也涵盖非盗窃原因造成的旅客财产损害。当然，承保之诉的诉权倍数也暗示了该诉把侵害旅客财产的行为按盗窃处理。

五、现代法对罗马法客服设施经营人的承保制度的继受和改变

（一）概述

现代国家和地区多数继受了罗马法客服设施经营人的承保制度，甚至有相关的国际公约或其草案实施了此等继受[47]，但把该制度纳入自己法律体系的方式多种多样。

第一种方式是把该制度纳入民法典，又分为两种子方式，两种子方式都将其诸元打散。[48] 第一种子方式把船舶经营人的承保责任规定在租赁合同中，而把旅店主的承保责任作为紧急寄托处理，同时甩掉车马店主的承保责任制度——这或许反映了专门的车马店作为一种独立的客服设施已被淘汰。法国是这一模式的开创者，德国、意大利等国随之。第二种子方式是把船舶经营人（被一般化为水陆承运人）的责任规定在运输合同中，把旅店主的承保责任规定在侵权法中。马耳他是这一模式的开创者。

第二种方式是把该制度纳入商法典，具体来说，也是把该制度的诸元打散，把运送人的承保责任规定在运输合同中，把旅店主的承保责任规定在住宿合同中，如日本、韩国、中国澳门等。

第三种方式是分别在民法典和商法典中规定不同客服设施经营人的责任。

---

[45] 参见杨垠红：《不作为侵权责任之比较研究》，法律出版社2012年版，第60页。

[46] 参见［英］巴里·尼古拉斯：《罗马法概论》，黄风译，法律出版社2000年版，第236页。

[47] 例如，1978年国际私法协会起草并原则通过了《关于旅馆合同的国际协定草案》。

[48] 也有例外，《阿根廷民法典》不打散两者，而是采用以旅店主的承保责任为主（第1118条），以承运人的承保责任为从的方式把两者放在一起规定（第1119条）。这完全是反罗马法蓝本之道而行之。

把承运人的责任规定在商法典中，把旅店主的责任规定在民法典中，如埃塞俄比亚这样做。

上述诸种方式的共同点是把经营人的承保责任定位为合同责任，这完全背离了罗马法把此等责任定位为准私犯责任的蓝本，只有马耳他是个例外。

以下分述各种继受模式。

（二）民法典继受模式

1. 法国子模式

如前所述，裁判官把三种客服设施的经营人的承保责任捏在一起是有问题的，因为船舶经营人是工作的租赁中的出租人，而客栈经营人和车马店经营人是物的租赁的出租人。在我的阅读范围内，是《法国民法典》带头克服罗马人留下的逻辑缺憾，把船舶经营人的承保责任规定在运输合同（工作的租赁的一种具体形式）中，把客栈经营人的承保责任作为紧急寄托规定在寄托合同的名下。

《法国民法典》设有“水陆运输者的租赁”的单元，其第 1782 条规定：水陆运输者，对交付其保管与照管之物，负有与旅店经营者相同的义务。第 1783 条规定：水陆运输者，不仅对其已经接收、装入车船之物负有责任，而且对已交至码头或库房，等待装车、装船的货物负有责任。第 1784 条规定：水陆运输者，对已向其交付之物的灭失与毁损应承担责任，但如其能证明物之灭失与毁损系由于意外事故或不可抗力造成者，不在此限。〔49〕 这些规定在细节上都忠实地继承了罗马法蓝本并发扬之。说“细节上”，乃因为这些规定的起草者在大方向上背离了罗马法蓝本，因为“蓝本”是把运输者的责任定位侵权责任的，“摹本”只把此等责任定位为合同责任。说“发扬”，乃因为“蓝本”只规定了水运者的责任，“摹本”补充规定了陆运者的同样责任，尽管仍未达到规定运输者对旅客的人身的责任的程度。

富有意味的是，法国在 1807 年颁布了《法国商法典》，法国立法者却不把这些规定安排在商法典中。

至于旅店主的承保责任，如前所述，《法国民法典》把它作为紧急寄托看待。所谓紧急寄托，是在发生灾害情况下把自己的物交给他人保管的行为。灾害的情形有船难、建筑物倒塌、海盗攻击等。〔50〕 把旅店主在平和情况下承担的看管旅客物品的责任纳入紧急寄托，有些不伦不类。但法国学者特罗龙（Raimond

---

〔49〕 参见《法国民法典》（下册），罗结珍译，法律出版社 2005 年版，第 1331 页。

〔50〕 参见周枏：《罗马法原论》（下册），商务印书馆 1994 年版，第 684 页。

Theodor Troplong，1795—1869 年）为此辩解：旅客不能选择自己住的旅店，他们疲劳地抵达，不了解当地情况，只能信赖自己偶遇的旅店主，这种情景颇类似于紧急寄托者的情境。[51] 特罗龙的这种说法至少在网络时代不适用，现在，人们可以网上订房，选择的空间很大，并能根据曾入住者的评价作出自己的选择。

那么，是谁最早把旅店主的承保责任改造为寄托的？是路易十四时代制定的 1667 年的《为了司法改革而制定的民事条例》（以下简称《民事条例》），其第 20 题第 4 条规定：不得排除证人就寄托已在旅店实施，入住旅店的旅客已把寄托物交到男店主或女店主手中的证据，此等证据可以依据法官的命令，根据当事人的身份和行为的情境提交。[52] 该条在证据可采性的情境中规定旅店主的承保责任，明确使用了寄托的术语，而罗马法学家一直使用"看管"的术语，从而把"看管"寄托化了，进而把寄托紧急寄托化了。因为紧急寄托在灾变中实施，难免形式阙如或不完备，受寄托人很容易否认曾受领寄托物，所以需要举证曾发生这种受领，《民事条例》正是从这个角度切入旅店主的承保责任问题的。但证人可以作伪证。如果不曾发生紧急寄托，但无良的证人一口咬定发生了，则旅店主就处在百口难辩的地位，于是法官需要考虑证人的身份和行为的情境衡量其证言的真实性。通常情况下，身份越卑贱的人越容易说谎，情境越平和越容易查清真相，如如果旅店来往的客人不多，容易查清是否发生了寄托。相反，如果适逢大节，店内人潮汹涌，查清是否发生了寄托就难。在这种情形，如果一个证人说看到了寄托之实施，他的话就值得怀疑。

无论如何，《民事条例》通过使用寄托的术语把旅店主的承担的准私犯责任改造成了合同责任，把一个本来的侵权法问题改变成了一个合同法问题，这样的改变成为以后的法国法学家立论的制定法前提。尽管这个前提有点不伦不类，因为把在平和中发生的旅店寄托财物与店主与在灾变中发生的把抢救出来的财物随手交给身边的人，情境的性质差异过大。而且这样的安排只考虑了旅客交付店家保管的财物，未考虑他们未交付店家保管的随身财物，由此缩小了罗马法规则的适用范围。

《法国民法典》的父亲之一波捷（Robert - Joseph Pothier，1699—1772 年）基于上述前提工作，在其《寄托合同》专论中紧急寄托的节后安排了"旅店主寄托"

〔51〕 Voir R. Theodor Troplong，Commentaire du prêt，du dépot，du séquestre et des contrats aléatoires，Meline，Bruxelles，1845，p. 391.

〔52〕 Voir Oeuvers de Pothier，Tome Sixeme，Chanson，Paris，1821，p. 52.

一节，暗示两种寄托的同质性，并对《民事条例》第 20 题第 4 条的最后一句话做了解释：此语旨在告知法官仅采用情境性的证据，如涉及旅店主或旅客品性好坏的证据，如果不加区分地采用各种人提供的证据，旅店主就成了骗子宰割的对象：一个骗子入住旅店，诈称自己把物品交给了旅店主保管，如果同伙骗子证明旅店主受领了寄托物，那后者就陷入了悲惨的境地。[53] 时代真是变了，罗马人制定旅店主承保责任的时候主要考虑的是盗贼，法国人制定相应规则的时候主要考虑的是骗子，看来，同样是拉丁人民，犯罪在向智能型转化。

波捷对《法国民法典》有巨大影响，他的学说转化为《法国民法典》的相应条文。第 1952 条在寄托的标题下规定：旅馆或旅店主人对于寄居旅客携带的物品，负受寄人的责任；此种物品的寄托视为紧急寄托。第 1953 条规定：如旅客的物品被盗或被损害，不问出于旅馆仆人或雇佣人的行为，或出于其他出入旅馆之人的行为，旅馆或旅店主应负赔偿之责。第 1954 条规定：旅馆或旅店主对于携带武器或以其他不可抗拒的手段造成的损害，不负责任。[54] 这三个条文从实体法的角度规定旅店主的看管旅客随身携带物品的责任，不仅交付店家保管的物品，而且未交保管的物品都是责任的对象，这比《民事条例》进步。旅店主不仅对自己的雇员的行为负责，而且对其他旅客的盗窃或损害行为负责，这比较符合罗马法。如果说，对于雇员的行为承担责任可以由用人不当的过错来解释，对于其他旅客行为承担的责任就不能如此解释了，所以，旅店主承担的还是罗马式的严格责任。最后，第 1954 条也把不可抗力作为旅店主的免责事由，另外还加了旅客武器致害的新的免责事由，这可能包括持枪抢劫对其他旅客的财产造成的损害。这是一点创新，但可惜没有星火燎原。持枪抢劫更可能杀人伤人，如此造成的损害如何承担？《法国民法典》对此沉默。

上述条文在 1973 年 12 月 24 日经受了修改。维持旅店主责任在紧急寄托的框架内之外，对第 1953 条，详列了旅客带进旅店的物品的类型：衣服、行李和其他物品。但波尔多法院 1952 年的判例对此扩张，把停放在旅店围栏内的旅客汽车也包括其中。对第 1953 条，补充了第 2 款和第 3 款。要言之，其内容区分了旅客带进旅店的物品的类型定旅店主的责任。对于交付旅店主保管的物品或虽交保管但被无理拒绝的物品，让他们承担无限责任，也就是损失了多少赔多少，不许设立免责或限责条款。而对于旅客未交店家保管的物品，旅店主只承担

〔53〕 Voir Oeuvers de Pothier, Tome Sixeme, Chanson, Paris, 1821, p. 53.

〔54〕 参见《拿破仑法典》，李浩培等译，商务印书馆 1979 年版，第 270 页。

有限责任,也就是赔偿额不得超过旅客住客房日租价的100倍。但损害由经营人或其役使人的过错引起的,不适用此等有限责任。对于第1954条,增加了物的性质或缺陷造成的损失的免责类型,并吸收了波尔多法院1952年的扩张,并规定旅店主的承保责任不及于活的动物。〔55〕不难看出,1974年的修改反映了当代人开车旅行、带宠物旅行的新现实。

显然,《法国民法典》瓦解了罗马人的对水运旅客和陆运旅客适用统一的承保制度的做法,其模式至少有如下国家或地区遵循:意大利,其民法典第1681条规定承运人的承保责任,第1783条及以下数条规定旅店主的承保责任;〔56〕菲律宾,其民法典第1754条规定承运人的承保责任,第1998条及以下数条规定旅店主的承保责任;〔57〕俄罗斯,其民法典第796条规定承运人的承保责任,第925条规定旅店主的承保责任;〔58〕魁北克,其民法典第2038条规定承运人的承保责任,第2298条及以下数条规定旅店主的承保责任;〔59〕中国台湾地区,其"民法"第658条规定承运人的承保责任,第606条及以下数条规定旅店主的承保责任。〔60〕

另外,如下民法典至少在紧急寄托的框架内规定了旅店主的承保责任。它们是:《奥地利民法典》(第970条)、《德国民法典》(第701条及以下数条)、《智利民法典》(第2241条及以下数条)、《阿根廷民法典》(第1118条及以下数条)、《路易斯安那民法典》(第2941条及以下数条)、《西班牙民法典》(第1783条及以下数条)、《埃及民法典》(第599条及以下数条)、《阿尔及利亚民法典》(第599条及以下数条)、《荷兰民法典》(第7·609条)、2002年《巴西民法典》(第649条及以下数条)、《土库曼斯坦民法典》(第817条及以下数条)。

2. 马耳他子模式

1870年的《马耳他民法典》在运输合同的框架内规定承运人的承保责任。规定水陆承运人对在运输工具上的旅客之物(包括交付保管的、在运输工具之内的、在运输工具之外交付代运的)承担严格责任(第1628—1630条)。另外在侵权与准侵权的框架内规定旅店主的承保责任。此等责任与未成年人和精神病

〔55〕 参见《法国民法典》(下册),罗结珍译,法律出版社2005年版,第1421页及以次。
〔56〕 参见《意大利民法典》,费安玲等译,中国政法大学出版社2004年版,第401页、第424页。
〔57〕 参见《菲律宾民法典》,蒋军洲译,厦门大学出版社2011年版,第233页、第271页。
〔58〕 参见《俄罗斯联邦民法典》,黄道秀译,北京大学出版社2007年版,第280页、第319页。
〔59〕 参见《魁北克民法典》,孙建江等译,中国人民大学出版社2005年版,第251页、第281页。
〔60〕 参见吴庚等编:《月旦六法全书》,台北,元照出版公司2000年版,第2~153页。

人致人损害的责任、动物致人损害的责任、建筑物致人损害的责任等并列，完全脱离了合同法的语境。这样的安排十分符合罗马法。但把承运人的责任定为合同责任就不符合罗马法了。同样的情形，不同的处理，匪夷所思。

旅店主的责任分为无限责任和有限责任两种情形，前者适用于交付旅店主保管的物品，后者适用于未交旅店主保管的物品，责任额是 174.7 欧元（第 1039 条）。〔61〕 如果考虑欧洲普通旅馆的日租价位 100 欧元以上，这个责任额很低。《法国民法典》把旅店主的责任额的天花板设定为所住房间日租价的 100 倍，那就是 10000 欧元多，以意大利的副教授月薪 2500 欧元计，相当于副教授四个月的工资，相当高了。

（三）商法典继受模式

1899 年的《日本商法典》在“运输营业”的章中规定了承运人的承保责任。另外，在同一法典的“寄托”一章中规定了“以招徕顾客为目的而设置的场所的主人的责任”（第 594—596 条）。在商法典中做这些规定很有道理，因为客服设施的经营人都是以营利为目的，是商人。故阿尔多·贝特鲁奇（Aldo Petrucci）等意大利教授在罗马商法的框架内研究客服设施经营人的承保责任。〔62〕 但在民商分立的国家，立法者并不一定把旅店主的承保责任规定在商法典中，如德国、阿根廷、西班牙，就把这一责任规定在其民法典中。

回到《日本商法典》的规定上来。第 590 条规定了承运人对旅客人身损害的赔偿责任。〔63〕 这填补了罗马法的一个漏洞，因为罗马法是只考虑旅客的财产损失，不考虑其人身损失的，故非常进步。第 591 条规定了承运人对旅客已交托的行李的责任。第 592 条规定了承运人对旅客未交托的行李的责任。〔64〕 另外，在同一法典的“寄托”一章中规定了“以招徕顾客为目的而设置的场所的主人的责任”（第 594—596 条），其内容主要是旅店主的承保责任，但还包括饭店主、浴池主等的此等责任。〔65〕 如此，该法典填补了罗马法不规定餐馆主人的承保责任的漏洞。《日本商法典》填补罗马法两处漏洞，对于客服设施经营人承保责任制度的发展，贡献不小。

---

〔61〕 参见《马耳他民法典》，李飞译，厦门大学出版社 2012 年版，第 223 页。

〔62〕 Cfr. Pietro Cerami, Andrea Di Porto, Aldo Petrucci, Diritto Commercial Romano: Profilo Storico, Giappichelli, Torino, 2004.

〔63〕 参见《日本商法典》，丁耀堂译，法律出版社 1982 年版，第 167 页。

〔64〕 参见《日本商法典》，丁耀堂译，法律出版社 1982 年版，第 167 页。

〔65〕 参见《日本商法典》，丁耀堂译，法律出版社 1982 年版，第 168 页。

1962年的《韩国商法典》首先规定了承运人的承保责任。规定的要旨是:对于托运的行李的灭失或毁损,承担货运人的责任,对于未托运的行李,承担过错责任(第149、150条)。[66] 后一规定比罗马法退步,因为它对这种行李的灭失、毁损,也是课加严格责任的。

接下来,《韩国商法典》在公共接待业的框架下规定了旅店主的承保责任。公共接待业的外延大于旅店合同的外延,除了旅馆,还包括剧场、餐馆等众客集中的设施(第151条)。接待业者不仅要对旅客寄存的物品,而且要对未寄存的物品的灭失、损坏担责。对前种物品承担严格责任,只有不可抗力可导致免责,免责的宣告无效(第152条)。但旅客的贵重物品交付寄存时未表明其种类和价值的,接待业者不对其灭失、损坏担责(第153条)。[67]

首先中国《澳门商法典》在旅客运送合同的框架内规定了运送人的承保责任(第758条)。其次,在旅客住宿合同的框架内规定旅店主的承保责任。第810条第1款规定:住客携带至旅舍之物品毁损、灭失或遗失,旅舍主须承担责任。非独此也,第809条第1款还规定:旅舍主须对旅客及其伴侣逗留旅舍及其附属建筑物期间之伤亡承担责任,但导致伤亡之原因不可归责于旅舍主者除外。[68] 此款把旅店主的承保责任扩及于旅客的人身损害。

需要指出的是,上述制度安排系中国澳门原创,《葡萄牙商法典》并无旅客住宿合同的规定。

(四)民法典和商法典分别继受模式

首先,1960年的《埃塞俄比亚商法典》规定了运送人的承保责任。第590条规定承运人对旅客的登记行李的灭失承担责任,但第589条规定运送人对旅客的手提行李的灭失不承担责任,[69] 该条过分保护承运人。其次,也是1960年的《埃塞俄比亚民法典》把旅店主的承保责任作为旅店合同的一个条款处理,而旅店合同又是提供服务的合同的一种,属于此类的还有雇佣合同、学徒合同、附试用期的合同、住家家庭工合同、农业工作合同、承揽合同、脑力劳动的雇佣合同、医疗或住院合同、出版合同。不难看出,这些合同都属于罗马法中的工作的租赁。罗马法中的客服设施的经营人的承保责任是从租赁合同责任发展出来的,

---

〔66〕 参见《韩国商法》,吴日焕译,中国政法大学出版社1999年版,第31页及以次。

〔67〕 参见《韩国商法》,吴日焕译,中国政法大学出版社1999年版,第32页。

〔68〕 参见赵秉志总编:《澳门商法典》,中国人民大学出版社1999年版,第241页。

〔69〕 See Commercial Code of the Empire of Ethiopia,1960,p.127.

所以,《埃塞俄比亚民法典》的这种安排有认祖归宗之旨趣。其起草者勒内·达维德看出了《法国民法典》把旅店主的承保责任定位为紧急寄托的不伦不类,遂遵循《法国民法典》把运输者的责任定位为租赁合同责任的路子,把此等责任还原为租赁合同责任。尽管如此,它与《法国民法典》的选择具有相似性:都把承保责任定位为合同责任。

(五)继受者相较于罗马法蓝本的新规定小结

前文已讲到过的继受者对罗马法蓝本的发展有:(1)增加了对旅客人身的承保责任;(2)把汽车纳入旅客带入物的范畴;(3)区分旅客携带物是否交店家保管定后者是承担无限责任还是有限责任;(4)增加了拒绝接受保管的店家行为形态;(5)设定了以单日住宿费为基准以倍数计算的店家有限责任的最高限度,这对于保护公用事业的正常运作具有意义,并有利于消解严格责任制度的毒性;(6)排除旅客携带的活动物为店家的承保对象;(7)增加了物的自身缺陷造成的灭失作为店家免责的事由;(8)增加了持枪抢劫造成的旅客人身财产损害作为店家免责的事由;(9)把责任主体扩张到饭店主、浴池主、剧院老板、医院主、疗养院主、寄宿处主、卧铺车主等(自医院主到卧铺车主的规定来自《埃塞俄比亚民法典》第2671条)。[70]

前文未讲到的继受者对罗马法蓝本的发展有:(1)增加了旅客诉权的消灭事由。旅客在其物遭受损害后不及时告诉店家的,请求权消灭(《德国民法典》第703条);[71](2)增加了蒙受财产损失的旅客证明自己已把财产带进旅店的责任(《埃塞俄比亚民法典》第2663条)或证明丧失的物的数量、质量和价值的责任(《智利民法典》第2244条第1款);[72](3)增加了旅客向店家展示贵重物品、提醒其特别注意的义务,未尽此等义务的,店家免责(《智利民法典》第2245、2246条);[73](4)增加了旅客行使诉权的消灭时效,如6个月(《阿尔及利亚民法典》第601条);[74](5)增加了客服设施由多人共有时承保责任的分担,令其承担按份责任(《阿根廷民法典》第1121条);[75](6)增加了紧急寄托是有酬的规

[70] 参见《埃塞俄比亚民法典》,薛军译,厦门大学出版社2013年版,第380页。
[71] 参见《德国民法典》(第4版),陈卫佐译,法律出版社2015年版,第292页。
[72] 参见《智利共和国民法典》,徐涤宇译,金桥文化出版(香港)有限公司2002年版,第422页。
[73] 参见《智利共和国民法典》,徐涤宇译,金桥文化出版(香港)有限公司2002年版,第422页。
[74] 参见《阿尔及利亚民法典》,尹田译,厦门大学出版社2013年版,第82页。
[75] 参见《最新阿根廷共和国民法典》,徐涤宇译,法律出版社2007年版,第276页。

定,认为保管费包含在住宿费中(2002年《巴西民法典》第651条);[76](7)增加旅客的伴侣、来宾故意或过失造成的损害为旅店主的免责事由(中国台湾地区"民法"第606条)。[77]

在继受者之间也有分歧,如《法国民法典》把旅客停在店家控制地面的汽车作为店家责任的对象,《德国民法典》就持相反的立场,规定车辆、留在车内的物不在承保的范围内(第701条第4款)。[78] 又如,2002年《巴西民法典》第649条规定抢劫(这当然包括持枪抢劫)不是旅店主的免责理由,[79]但《法国民法典》把持枪抢劫作为此等事由。

由此看来,现代诸民法典或商法典并非机械继受罗马法蓝本,而是颇有创新和发展。

六、中国法中的客服设施经营人的承保责任

(一)实在法的规定

令人诧异的是,我国实在法关于客服设施经营人承保责任的规定极不均衡,关于承运人承保责任的规定较为完备,但关于旅店主承保责任的规定很不完备。

先看承运人责任方面的规定。《海商法》第114条第1款规定:"……因承运人或者承运人的受雇人、代理人在受雇或者受委托的范围内过失引起事故,造成旅客人身伤亡或者行李灭失、损坏的,承运人应当负赔偿责任。"该条比罗马法的相应规定进步,因为增加了船舶经营人对旅客人身的承保责任。另外,《合同法》第303条规定:(1)在运输过程中旅客自带物品毁损、灭失,承运人有过错的,应当承担损害赔偿责任;(2)旅客托运的行李毁损、灭失的,适用货物运输的有关规定。《海商法》和《合同法》的上述规定涵盖了水陆承运人旅客自带行李的灭失、毁损承担的责任,但采取过错为归责标准,比罗马法的严格责任落后。

再看旅店主的承保责任。在这方面,只有一些接近的规定散布于众多的立法中。它们有:(1)1987年公安部颁布的《旅馆业治安管理办法》,其第7条规定,旅馆应当设置旅客财物保管箱、柜或者保管室、保险柜,指定专人负责保管工作。对旅客寄存的财物,要建立登记、领取和交接制度。该条只涉及旅客交旅馆

---

〔76〕 参见《巴西新民法典》,齐云译,中国法制出版社2009年版,第93页。

〔77〕 参见吴庚等编:《月旦六法全书》,台北,元照出版公司2000年版,第2~143页。

〔78〕 参见《德国民法典》(第4版),陈卫佐译,法律出版社2015年版,第291页。

〔79〕 参见《巴西新民法典》,齐云译,中国法制出版社2009年版,第92页。

保管的行李问题,不涉及未交保管的行李问题,很不完善。它与我国旅馆的这样的告示形成呼应:“贵重物品请交前台保管,否则丢失概不负责。”(2)《消费者权益保护法》,其第7条规定:“消费者在……接受服务时享有人身、财产安全不受损害的权利。消费者有权要求……提供的商品和服务,符合保障人身、财产安全的要求。”该条非常空泛,好歹可以与旅店主的承保责任扯得上。(3)《侵权责任法》,其第37条规定:①宾馆、商场、银行、车站、娱乐场所等公共场所的管理人或者群众性活动的组织者,未尽到安全保障义务,造成他人损害的,应当承担侵权责任。②因第三人的行为造成他人损害的,由第三人承担侵权责任;管理人或者组织者未尽到安全保障义务的,承担相应的补充责任。该条甚至不要求宾馆管理人对第三人的行为造成的损害代负责任,非常落后,但把承保责任定位为侵权责任的做法符合罗马法蓝本。(4)最高人民法院《关于审理人身损害赔偿案件适用法律若干问题的解释》(2003年),其第6条第1款规定,从事住宿、餐饮、娱乐等经营活动或者其他社会活动的自然人、法人、其他组织,未尽合理限度范围内的安全保障义务致使他人遭受人身损害,赔偿权利人请求其承担相应赔偿责任的,人民法院应予支持。该条款只涉及旅店主对旅客人身的承保义务,不涉及对其财产的承保义务,但暗示公共接待业的经营人可以就第三人造成的损害代负责任。

(二)三大民法典草案的规定

与实在法中关于客服设施经营人承保责任的零碎性形成对比的是三大民法典草案关于这个问题的系统规定。

梁慧星教授主持的民法典草案首先在客运合同的框架下规定了承运人的承保责任。第1202条规定对旅客人身的承保责任,要求承运人对他们的伤亡担责,除非此等伤亡是旅客自身健康原因或故意、重大过失造成的。这明显是严格责任。第1203条规定对旅客行李的承保责任,只要求承运人有过错的才担责,[80]这明显与《合同法》第303条的规定一致,而与罗马法的规定不一致。然后在住宿合同的框架内规定了旅店主的承保责任。其辞曰:(1)旅店业经营人应当提供物品寄存服务;(2)住宿人存放在住宿房间的物品丢失、被盗窃的,由旅店业经营人承担赔偿责任,但旅店业经营人证明该损失是住宿人故意或者重

〔80〕 参见中国民法典立法研究课题组:《中国民法典草案建议稿》,法律出版社2003年版,第232页。

大过失造成的除外（第1390条）。[81] 显然，第1款规定的是旅客交店家保管的物品，但未规定此等物品灭失或损害的责任。第2款规定的是未交店家保管的物品，规定了店家的严格责任。

王利明教授主持的民法典草案也首先在客运合同的框架下规定了承运人的承保责任，用了第1563条和第1564条两个条文，前者规定人身承保，采用严格责任；后者规定财产承保，采用过错责任。[82] 然后在住宿合同的框架内规定了旅店主的承保责任。其辞曰：（1）顾客在住宿期间遭受人身损害的，旅店业者应承担赔偿责任，但旅店业者证明自己没有过错的除外；（2）顾客随身携带的物品丢失、被盗的，旅店业者应承担赔偿责任，但旅店业者证明自己没有过错的除外。[83] 该条不仅规定了店家的财产承保责任，而且规定了其人身承保责任，是对罗马法规定的发展。两种情形的店家责任都是过错推定责任。

我主持的《绿色民法典草案》首先在运输合同的框架内规定了承运人的安全保障义务。其辞曰：承运人应保障旅客的人身和财产安全，对其在运送过程中自带行李的毁损灭失承担赔偿责任，但旅客自身对此等损害的发生有故意或过失的除外（第八分编第963条）。[84] 该条课加承运人的是严格责任。其次在寄托合同的框架内规定了旅店主的承保责任。第八分编第903条辞曰：（1）商店、旅店、饮食店、浴室等营业场所的经营者对消费者带进的物品负有法定保管义务。（2）带进营业场所的物品包括：①消费者携入的置于经营场所内的物品；②消费者携带的置于经营者或其受雇人指定的经营场所外的物品；③消费者交经营者保管的物品。第八分编第904条辞曰，经营者对于消费者带进营业场所的物品的毁损灭失或被盗承担赔偿责任，但如果他们能证明有下列情形之一，不承担责任：（1）损失是由消费者及其同伴或探望者造成的；（2）由不可抗力造成的；（3）由物自身的性质造成的。[85] 显然，该条对旅店主课加的也是严格责任。

由上可见，三大民法典草案只有《绿色民法典草案》遵循罗马法传统不加区分地对客服设施的经营人课加严格责任。梁慧星主持的草案只课加承运人针对旅客人身伤亡的严格责任，针对旅客的财产损失，只课加他们过错责任。对旅店

---

〔81〕 参见中国民法典立法研究课题组：《中国民法典草案建议稿》，法律出版社2003年版，第270页。

〔82〕 参见王利明主编：《中国民法典草案建议稿及说明》，中国法制出版社2004年版，第206页。

〔83〕 参见王利明主编：《中国民法典草案建议稿及说明》，中国法制出版社2004年版，第212页。

〔84〕 参见徐国栋主编：《绿色民法典草案》，社科文献出版社2004年版，第633页。

〔85〕 参见徐国栋主编：《绿色民法典草案》，社科文献出版社2004年版，第626页。

主针对旅客的行李课加了严格责任。王利明主持的草案在承运人责任的课加方式上与梁慧星主持的草案一致。对于旅店主的承保责任,采用了过错推定的归责方式。这两个草案的规定都或多或少地背离了罗马法传统,在有的情形对消费者不利。

七、结论

客服设施经营人的承保责任无论在法史学者中还是实在法学者中都有被作为商法问题处理的例子,由此可证罗马商法的存在。

罗马的客服设施的经营人是商人,他们以法人的方式运作。经营人是法人的法定代表人,其手下的奴隶或自由人为其役使人。在经营人与役使人之间形成一种内部代理关系,役使人的行为被视为法人的行为,经营人出面承担责任。所以,客服设施经营人承保制度暗示罗马企业法人的存在以及代理制度的存在。

就船舶经营人的承保责任而言,罗马的一条商船上的所有人员构成一个法人,船舶经营人是法定代表人,其他船员是法人的机关,他们的行为被视为法人的行为,由法人承担责任。既然如此,经营人不是对第三人的行为承担责任,而是对自己成员的行为承担责任,所以,那种把客服设施经营人的承保责任解释为对第三人行为的责任的观点,是可商榷的。

罗马的客服设施经营人只承保旅客财产的安全,不承保其人身的安全。这里的人,是自由人,因为奴隶被作为物看待,他们如果随主人被客运,遭遇死亡、损害时,主人可以得到赔偿,但主人遭遇死亡时却不可赔偿,因为罗马人有"自由人是无价的"理念。[86]《日本商法典》克服了这一理念,于是承保责任的范围扩张到了旅客的人身。

罗马的客服设施经营人的承保责任是客观责任而非过错责任。简言之,只要有损害就有责任,除非有不可抗力和受害人自身的原因作为抗辩。这种严格责任与工业化无关,它的存在对客观责任起源于工业革命的传统说法[87]提出了挑战。实际上,客观责任不过是抑强扶弱的一种手段,它让强者对弱者承担更多的责任。

---

〔86〕《阿奎流斯法》只规定对杀害他人奴隶和牲畜赔偿,不规定对杀害自由人赔偿。只有裁判官在这方面有所突破,在抛掷物和倒泼物杀害自由人的情形下,课加 50 个金币的赔偿责任(I. 4,5,1)。

〔87〕参见李仁玉:《西方侵权法中严格责任的产生》,载《法学研究》1987 年第 3 期。

非独此也,在罗马法中,客服设施经营人承担的是准私犯责任,现代立法者大多只课加此等经营人合同责任,但有例外,《马耳他民法典》仍维持承保责任的准侵权责任的地位。孰优孰劣?请看现代学者的评论:合同责任的保障力度有限,侵权责任具有更强大的保障功能,保护范围也更广泛。[88] 此乃因为侵权责任突破了合同相对性原则的限制。

客服设施的经营人的承保责任在罗马时代是一个统一的制度,到了近现代被打散为两支:承运人的承保责任和旅店主的承保责任。罗马人的承运人承保责任制度是以海运为中心的,这是一种缓慢、不安全的旅行方式,随着火车、汽车的发明与普遍使用,陆运逐步取得了重要的地位,所以,船舶经营人的承保责任演变为水陆承运人的相应责任。旅店主的承保责任也得到了扩张,发展为公共接待业者的承保责任。

现代社会,乘飞机旅行变得日益普遍,不时有旅客的行李在客舱中被盗的报道,[89] 但似乎尚未见到飞机经营人对旅客行李的承保责任的研究成果,这需要加强。进言之,人类未来要乘宇航器进行星际旅行,在这样的旅行空间里由宇航器的经营人承担旅客行李的安保责任,是一个可以未雨绸缪的问题。

客服设施的经营人的承保责任在当代被扩张为经营场所的安保责任,担责的地点也从船舶、旅舍扩展到剧场、银行、餐馆等经营场所。这也是发展。

或问,承保责任与旅游辅助人制度是否有关联?答曰有关联。现代学者已证明古罗马有旅游业。[90] 假设那时候的旅行社与船舶经营人、住宿设施的经营人签订了协作合同保证旅游活动的顺利实施,它们构成旅游辅助人,一旦在这些辅助人的经营场所发生了旅客财产的被盗、毁损,预计的旅游岂不泡汤?如果旅客要求旅行社赔偿,旅行社在担责以后,岂不追究这些辅助人的责任?当然,这些只是推测,罗马的旅行社与客服设施的经营人法律关系的真相还需要进一步的实证研究来求得。

最后自问制定民法典时怎么处理客服设施经营人的承保责任问题?首先要解决基本思路问题。上述已证明,我国在这方面的经验型立法挂一漏万,采用继受的路子可省思维、省麻烦,把前人的经验教训尽为我用。其次要解决细节问

---

〔88〕 参见李静:《从合同责任到侵权责任:论违反安全保障义务的责任》,载《湖南医科大学学报》(社会科学版)2009 年第 2 期。

〔89〕 参见余建文:《飞机上也出现窃贼》,载宁波新闻网,http://news. cnnb. com. cn/system/2006/06/15/005127145. shtml,2016 年 4 月 4 日最后访问。

〔90〕 Vgl. Michael Has, KlemensLudwig, MartinNeuer, Der neueTourismus, Beck Verlag, 1998, S. 30.

题。基于多国的实践以及我国长期的传统，在我国未来民法典中，客服设施经营人的承保责任可以规定在其合同法部分，分别处于运送合同中和住宿合同中，不宜再把旅店主的承保责任规定在寄托合同中，另外要课加经营人严格责任，改变现有法律对承运人针对旅客的财产只课加过错责任的做法，同时建立经营人对于未交保管的旅客行李只承担有限责任制度，以消解严格责任对于经营人的严苛性。

2016 年 3 月 27 日完稿于胡里山炮台之侧

4 月 2 日第二稿

4 月 4 日第三稿

4 月 11 日定稿

罗马法中的信用委任及其在现代法中的继受*

——兼论罗马法中的信用证问题

尽管至少有9个国家或地区的民法典或债法典规定了信用委任制度,其中两个地区属于我国,但我们还对它如此不知。2014年8月18日查"知网"(包括优秀硕士论文数据库和博士论文数据库),只有一篇切题文献。[1]而且该文献对如何运用信用委任制度的谈论不甚严谨,反映作者并未真正理解该制度。由于陌生,我国自清末以来的法律人遭遇外文文献中的"信用委任"字样时,有的搞错当事人,把"用自己之名义为自己计算"的主体设定为委任人(应该是受任人)。[2]有的错译名称,将之译为"信托"。[3]这样的状况是不合理的,本文拟开拓信用委任研究新领域为完善我国法

---

* 本文原载《法学家》2014年第5期。

〔1〕 参见苑书涛:《信用委任研究》,载《重庆广播电视大学学报》2004年第3期。2014年4月12日,我到访苏州大学,接待者说一位东莞律师谈到信用委任在广东有适用余地,因为我国法律禁止企业之间互相借贷,而有余钱的企业可借助银行的名义把钱借给缺钱的企业。这就是中国的信用委任谈论者心目中的信用委任!但真正的信用委任必须是受任人的钱,而非委任人的钱被出借。在中国学界,这样的望文生义,不求甚解的故事真是太多了。

〔2〕 1911年的《大清民律草案》、1925年的《中华民国民律草案》的编者犯此等错误。详见后文。

〔3〕 如费安玲等译的《意大利民法典》就是如此。参见《意大利民法典》,费安玲等译,中国政法大学出版社2004年版,第461页。

制服务，并开创罗马商法研究（尤其是其中的罗马票据法研究〔4〕）新领域，因为信用委任制度从属于罗马商法。〔5〕

一、罗马法中的信用委任

罗马法中的委任分为6种：（1）为委任人自己专门的利益的委任；（2）为了委任人和受任人共同利益的委任；（3）只为受任人利益的委任；（4）为委任人和第三人利益的委任；（5）为受任人和第三人利益的委任；（6）为受任人利益的委任。〔6〕这最后一种包含信用委任。

这种委任包括3个子类型，优士丁尼《法学阶梯》提供了它们的实例：（1）委任你把你自己的金钱投资于购买土地，而不是有息地贷出它们；（2）委任你有息地贷出它们，而不是投资于购买土地；（3）委任你对蒂丘斯贷款生息。〔7〕对于这3种案型，优士丁尼《法学阶梯》给出的处理是：前两种是忠告，不发生债；第三种是信用委任。它之所以被定性为是为了受任人利益的，乃因为作为贷款人的"你"获得了利息。当然，更重要的是，通过"你"的牵线搭桥，找不到贷款来源的蒂丘斯得到了贷款，这对他是一种利益。所以，把信用委任归类于"为受任人和第三人利益的委任"，可能更合适。

信用委任包括三方当事人。其一是委任人，他是委托银行或其他私人贷款给第三人的人；其二是贷款人，他可能是银行业者，但也可能是普通的有闲钱者；其三是借贷人，他是实际取得委任人委托中间人借贷之款并加以利用的人。在借贷人与贷款人之间存在借贷关系，贷款人有权要求借贷人按期还款付息，借贷

〔4〕关于罗马的票据法，值得提及的文献有：Sergiii Moshenskyi, History of the Weksel, Bill of Exchange and Promissory Note, New York, Xlibris Corporation, 2008; Robert Römer, Abhandlungen aus dem römischen Recht, dem Handels - und Wechselrecht: mit besonderer Berücksichtigung der Rechtsprechung des Reichs - Oberhandelsgerichts, Leizpig, Ferdinand Enke, 1877。

〔5〕通说认为，现代商法产生于中世纪的商人法。对此说的反面解释是古罗马无商法。但这种解释面临挑战。20世纪末以来，意大利的一些罗马法学者提出了罗马商法的概念，并开设了罗马商法课程。Cfr. Pietro Cerami, Andrea Di Porto, Aldo Petrucci, Diritto Commercial Romano: Profilo Storico, Giappichelli, Torino, 2004. 也参见［意］阿尔多·贝特鲁奇：《罗马银行法探析——兼论商法起源问题》，徐铁英译，载《厦门大学学报》（哲学社会科学版）2013年第2期。Bertrand D' Argentre, Le droit commercial chez les Romains, Paris, Charles de La Lande de Calan, 1892; Guido Tedeschi, Il Diritto Marittimo Dei Romani Comparato Al Diritto Marittimo Italiano, Montefiascone, S. Pellico, 1899.

〔6〕参见徐国栋：《优士丁尼〈法学阶梯〉评注》，北京大学出版社2011年版，第445页。

〔7〕参见徐国栋：《优士丁尼〈法学阶梯〉评注》，北京大学出版社2011年版，第447页。

人有义务满足其要求。在委任人与借贷人之间存在保证关系,如果借贷人到期不还款,委任人承担代为还款的责任,尔后产生对借贷人的求偿权。在委任人与贷款人之间存在委任关系,后者受前者之托并因信赖前者的信用向借贷人放款,如果借贷人不愿或不能还款,委任人与贷款人之间的委任关系转化为保证关系,前者对后者承担保证责任。这样,在信用委任中就有委任、借贷、保证三个法律关系;而此等交易的发起人有委任人和保证人两个角色。正因为这样,在优士丁尼《学说汇纂》第46卷第1题的标题是"论保证人和委任人",往往以同样的规则涵盖两者,如此做法只有在信用委任的语境中才可得解,不然,很难设想保证人与委任人的同质性。以委任的眼光看保证,顶多可以把保证人看作受任人,即接受主债务人的委任为他提供人保的人,不可能把保证人与委任人等同。

但在信用委任产生之初,就它是否有效,罗马法学家之间有争议。共和末期的法学家塞尔维尤斯·苏尔毕丘斯·路福斯(Servius Sulpicius Rufus,约公元前106—公元前43年)否定这种交易的效力,其理由似乎是它属于忠告。[8] 然而,帝政初期的法学家萨宾[Masurius Sabinus,提贝留斯皇帝时期(14—37年)人]承认此等交易的效力。他采用的是因果关系论据:没有委任人的委任,受任人不会借钱给人。[9] 言下之意是,受任人借出的钱收不回来了,委任人必须承担责任。后来的立法者采用了萨宾的观点,承认这种委任为信用委任(Mandatum pecuniae credendae)。[10] 由此,委任他人贷款生息者在受任人赔本的情况下要承担责任,而忠告者不承担此等责任。[11]

路福斯关于信用委任有效性的意见发表于共和末期,这证明那个时代有了这种交易并形成了一定的规模。这种交易的目的是在不在场者之间建立一种新型的非正式保证,以满足信用的要求并消除保证的缺陷。[12] 此等缺陷为何?当

---

〔8〕 他认为:在这种情况下,不再存在任何其他的债,就像笼统地委托某人用自己的钱放款一样。参见[古罗马]盖尤斯:《法学阶梯》,黄风译,中国政法大学出版社1996年版,第254页。

〔9〕 参见[古罗马]盖尤斯:《法学阶梯》,黄风译,中国政法大学出版社1996年版,第254页。

〔10〕 关于这种委任的研究文献,参见 Louis Courtray, Du mandatum pecuniae credendae, Thèse de Universitè de Paris, 1895; G. Bortolucci, Il mandato di credito, In Bullettino dell' Istituto di Dirtto romano Vol. 27, Roma, Pasqualucci, 1914, p. 129; Bullettino dell' Istituto di Dirtto romano, Vol. 28, Roma, Pas qualucci, 1915, pp. 191ss. 关于这种委任的原始文献,参见 Gai. 3, 121; Gai. 3, 156; D. 17, 1, 关于保证人和委任人,参见 D. 46, 1。关于委任之诉和对待之诉,参见 C. 4, 35。

〔11〕 Cfr. G. Bortolucci, Il mandato di credito, In Bullettino dell' Istituto di Dirtto romano Vol. 27, Roma, Pas - qualucci, 1914, p. 129.

〔12〕 Cfr. Mirela Šarac, Irena Stanić, mandatum pecuniae credendae, In Zbornik Pravnog fakulteta Sveučilišta u Rijeci, Vol. 31 No. 2, Rijeca 2010, p. 753ss.

事人双方都必须到场，按要式口约的方式订立保证合同是也，如此，不能出席的人不能订立保证，造成不便。把委任与保证嫁接起来，由于委任的合意契约性质，等于是把要式口约的订约方式转化为合意契约的订约方式，不在场的人之间也可订立保证合同，由此增加了交易的便捷性，使信用委任适用于国际贸易成为可能。

为何在帝政初期的萨宾要主张承认这种交易的合法性呢？我认为，信用委任制度被合法化与罗马银行制度的发展有关。公元1世纪末，也就是在萨宾时代左右，罗马的银行活动得到发展，并且开始法制化，罗马设立了对银行业者和银行业的专门司法管辖。[13] 而受信用委任是银行的一项重要业务，所以，必须承认信用委任的合法性，才能保障银行的运作。在路福斯时代，也许银行的受信用委任业务不足，所以法律保护这一交易的冲动不够。

兹举一例证明此点，它出自苏尔毕丘斯档案。苏尔毕丘斯是一位放贷者。1959年，人们在阿格罗·穆雷奇勒地方发现了一些写在木质的蜡版上的他的私人档案。[14] 其中包含记载着著名的盖尤斯·苏尔毕丘斯·齐纳穆斯（Gaius Sulpicius Cinnamus）受盖尤斯·优流斯·普鲁登斯（Gaius Iulius Prudens）委任贷款给其奴隶和解放自由人的文件。齐纳穆斯是一位放贷者或曰钱庄主，普鲁登斯委任他贷款给自己的奴隶依吉纽斯（Hyginius）和自己的解放自由人苏阿维斯（Suavis）。他自己担任两者还款的保证人。[15] 那么，为何依吉纽斯和苏阿维斯不直接向齐纳穆斯贷款呢？可能的原因一，尽管罗马法赋予奴隶商事主体资格，[16]解放自由人更是具有这样的资格，但奴隶和解放自由人的信用不如主人，贷款人在主人承担奴隶和解放自由人的还款保证义务后才愿意把钱借给他们。可能的原因二，普鲁登斯希望通过控制资金来源来控制自己的奴隶和解放自由人的行为。[17] 从此例可见，信用委任既可以解决信用有差者的难以贷款问题，

---

〔13〕 参见［意］阿尔多·贝特鲁奇：《罗马银行法探析——兼论商法起源问题》，徐铁英译，载《厦门大学学报》（哲学社会科学版）2013年第2期。

〔14〕 Vgl. Jean Andreau, Murecine - Archiv, http://referenceworks. brillonline. com/entries/der - neue - pauly/murecine - archiv - e812260, August 20, 2014.

〔15〕 See Peter Fibiger Bang et al., *Ancient Economies, Modern Methodologies: Archaeology, Comparative History, Models and Institutions*, Bari, Edipuglia srl, 2006, p. 203.

〔16〕 Cfr. E Stolfi, La Soggettività Commerciale dello Schiavo nel Mondo Antico: Soluzioni Greche e Romane, In Rivista Teoria e storia del diritto privato, Salerno, 2009, Ⅱ, p. 19.

〔17〕 See Peter Fibiger Bang, et al., *Ancient Economies, Modern Methodologies: Archaeology, Comparative History, Models and Institutions, Bari*, Edipuglia srl, 2006, p. 203.

同时服务于委任人的私人目的，具有有用性。既然如此，它获得法律承认就是时间的问题了。

信用委任与银行业的关联还可在优士丁尼《法典》C. 4,35,7 中记载的一个哥尔迪亚努斯（Marcus Antonius Gordianus,192—238 年）皇帝致奥雷流斯的敕答中找到证据：如果你为了执行钱商（Pecuniae auctor）的书面指示（Littera）把钱借给了对你交付此等信件（Littera）的人，你不仅有权起诉受你贷款者要回借出的金钱，而且可以委任之诉对抗命令你贷款的人。[18] 在这一法言中，与苏尔毕丘斯档案所载案件不同，钱商是委任人。他命令另一与他有业务往来的人（也可能是钱商）贷款给持票人。如果发生违约，受任人对于借款人享有借贷之诉，对于委任人享有委任之诉保障自己的债权。当然，委任诉权应处在后备诉权的地位，在行使借贷之诉受挫时行使。无论如何，这个法言让我们看到了信用委任是相当于汇票的制度运作的基础关系。

当然，信用委任合同可以服务于银行业，但也可在银行业以外运作。对此，C. 4,35,8 提供了例证。该法言记载的是瓦雷留斯（Valerius）皇帝和噶列努斯（Gallienus）皇帝以及瓦雷留斯（Valerius）恺撒[19]给路求斯（Lucius）的敕答，说的是一个未成年人的父亲指示你借钱给其奴隶，还指示你在此等借贷关系中设立了抵押，如果此等父亲死去，其奴隶不还钱，你可起诉此等未成年人并行使抵押权。[20] 没有明显的证据告诉我们这一片段中的“父亲”是钱庄主，很有可能不是。如此，这就是一个脱离银行业的信用委任案例。

上面介绍的三个信用委任案例中有两个清楚地表明，委任人与借贷人之间有保护人—被保护人（或曰恩主—门客关系）的关系。保护人是主人，被保护人是奴隶和解放自由人，两者构成一个利益共同体，彼此享有一定的权利，也彼此承担一定的义务。义务之一是保护人在被保护人不能取得贷款时介绍他们取得贷款并充当还款保证人。所以，信用委任制度产生在长期存在于罗马的恩主—

---

〔18〕 See *The Civil Law including The Twelve Tables*, *The Institutes of Gaius*, *The Rules of Ulpian*, *The Opinions of Paulus*, *The Enactments of Justinian*, *and The Constitution of Leo*, Vol. XIII, trans. and edited by S. P. Scott, Cincinnati, The General Trust Company, 1932, p. 88.

〔19〕 这里的“恺撒”并非人名，而是职官名。戴克里先曾把罗马帝国分为四部分，设两个皇帝和两个恺撒分别治理他们。“恺撒”是皇帝的副帝。

〔20〕 See *The Civil Law including The Twelve Tables*, *The Institutes of Gaius*, *The Rules of Ulpian*, *The Opinions of Paulus*, *The Enactments of Justinian*, *and The Constitution of Leo*, Vol. XIII, trans. and edited by S. P. Scott, Cincinnati, The General Trust Company, 1932, p. 88.

门客关系上。

从体系位置的角度看，信用委任在优士丁尼《法学阶梯》中处在委任的名目下，如同本文第一节所介绍的，它被作为委任的一种类型得到论述。在《法学阶梯》中，委任是合意合同之一，所以，信用委任也当属于合意合同。在《学说汇纂》中，它被安排在第46卷第1题，该题的标题是“关于诚意负责保证人（Fideiussor）和委任保证人（Mandator）”。这样，信用委任就与保证放在一起。在优士丁尼《法典》中，它被安排在第4卷第35题，该题的题名是“关于委任之诉和对待之诉”。这样，信用委任与委任的关联得到强调。由此可见，在优士丁尼法典编纂中，对于信用委任的性质，从来有靠近委任说和靠近保证说两种理解，后者为近世民法典主要把信用委任理解为保证的一种形式开辟了道路。

得出如上结论后，要强调的是，由于优士丁尼在完成如上所述的法典编纂成果时已废除信用委任制度（参见下文），所以，这里对信用委任的体系位置的考察，都是根据后人剔除添加的还原成果完成的。

二、现代民法对信用委任制度的继受

如前所述，罗马法中的信用委任制度，由于其合理性，在至少9个国家或地区的民法典或债法典中得到了继受，它们中，有的考虑到信用委任与信用证的密切关系而把两者搭伙规定，有的基于自己的特殊情况分别规定两者。以下分述之。

（一）搭伙规定信用证与信用委任的立法例

在现代法中，似乎是1869年的《阿根廷民法典》首先在“保证”的标题下以间接的方式规定了信用委任。其第2007条规定：信用证仅在提供者明确声明对债权承担责任时，始可视为保证。第2008条规定：对谋求信用之人的诚实和资力进行担保的介绍信，不构成保证。〔21〕这两条并未正面规定信用委任为何，而是说明了它不是什么。

首先，第2007条说明了信用证不是保证，除非其出具人就第三人对受证人还款承担保证责任。其次，它把证明谋求贷款人的品格和资力的介绍信也排除在信用委任的范围之外。

第一个限定等于说，信用证的出具人有两种可能：其一，不担保第三人对受

〔21〕参见《最新阿根廷共和国民法典》，徐涤宇译，法律出版社2007年版，第431页。

证人还款;其二,承担此等担保。由于在通常情况下,如旅行支票的情形,第三人是用自己存入信用证出具银行的款项担保自己对受证人还款,不存在出具人的保证责任问题。按《阿根廷商法典》第 484 条的规定:信用证应规定可以对持证人交付的最高金额,如果不包含确定的金额,有关的文书被视为单纯的推荐信。[22] 这一规定排除了开具"无金额限制信用证"(Opening of Credit)的可能,但在这样的框架内,信用证规定的最高金额也可能包含两种情况:其一,此等最高金额就是持证人在出具人那里交付的押金额,这样,受证人没有任何风险可言,出具人没有必要承担保证责任。其二,此等最高金额大于持证人的押金额,出具人基于对持证人的信用的正面评价作出此等安排,由此,受证人要承担持证人支付不能的风险。此时,他天然具有要求出具人为他承担此种风险的冲动,出具人的保证责任由此而生。此时,信用证转化为信用委任。当然,在允许出具无金额限制信用证的国家,受证人要求出具人承担保证责任的冲动更强,因此,信用证更容易转化为信用委任。如果完成了此等转化,即受《阿根廷民法典》保护。这样,《阿根廷民法典》就完成了对信用委任关系的间接调整。

第二个限定等于说保证不能以默示方式达成。按《阿根廷民法典》第 2006 条的规定,保证可以依口头形式、公证书或私文书等任何方式订立,但保证在诉讼中被否认时,仅可以书面证据为证。[23] 此条等于说保证不得推定成立,必须明示设立。在第 2008 条规定的情形下,推荐人只是向受信人担保了被推荐人目前的道德状况和财政正状况,并未担保被推荐人在将来交易中的偿付,所以,他不承担保证责任,实在是出于事理之性质。而且,从信用委任的角度看,推荐人并未委任受信人向被推荐人提供信用,当然不构成信用委任。

1911 年版《瑞士债法典》第 407 条和第 408 条在"信用证与信用指令"的名目下也从信用证与信用委任的关系的角度规定了信用委任。

第 407 条首先规定了信用证,其辞曰:(1)关于委任和命令的条款应适用于信用证。收到此证的人有义务对特定的人有限地或无限地为偿付,其数额由此等受证人提出;(2)如果未规定最高额,受证人应通知指令人并在为偿付前等待其指示,这样做以被授权为请求的人要求的金额明显与其地位不成比例为条件;

---

〔22〕 Véase Codigo de Comericio de la Republica Argentina, Edicion 2003, La Ley, Buenos Aires, 2003, p. 113.

〔23〕 参见《最新阿根廷共和国民法典》,徐涤宇译,法律出版社 2007 年版,第 431 页。

(3)包含在信用证中的委任只有在就特定的金额宣告了承诺时才视为得到了接受。[24]

此条第1款规定了信用证的两种形态:有最高额限制的和无此等限制的,此点与原则上不承认无最高额限制的信用证的《阿根廷商法典》不同。第2款是对第1款的限制,实际上是在特殊情况下回到《阿根廷商法典》的立场。所谓的特殊情况,是第三人即信用证的受益人向受证人要求了与自己地位不符的金额,如一个显然的升斗小民要求受证人向自己提供可买一辆法拉利的金额。此时,受证人可要求出具人确定最高金额。在得到确定最高金额的指示前,受证人停止支付,以避免损失。第3款是对第2款的展开,也就是说,特殊情况下的最高金额确定只有在受证人同意时,这种情形的委任才成立。在第2款的情形,受证人之所以要求确定最高金额,一种可能是担心财政状况不佳的受益人还不了款;另一种可能是支付此等大额款项超过了自己的能力,无论何种情形,受证人都需要出具人的保证,他的确认行为等于是保证行为。一旦在信用证关系上附加了保证,它就转化为信用委任。

第408条则规定了地道的信用委任。其辞曰:(1)如果接受并承诺了命令的人以自己的名义并为自己的计算为第三人提供或更新了信用,但由委任人承担责任,此等委任人就受信用人的债务承担保证人一样的责任,收受命令的人超过命令的付款额为支付的,超过的部分在上述保证责任之外。(2)此等命令只有在有委任人以书面形式作成的情况下才有效。[25]

此条第1款规定了信用证关系的变体:委任人不仅指令受证人付款于第三人,而且承担此等第三人还款的保证,此等关系构成典型的信用委任,但保证额以指令受证人付出的金额为限。受证人自作主张多付款的,委任人对此等多付额不承担保证责任。第2款则宣示了信用委任关系不得推定成立,只有采用明示的书面方式才有效。如此以避免或减少争议。

众所周知,1926年的《土耳其债法》继受《瑞士债法典》。2011年的新《土耳其债法》也是如此,它仍保留了信用委任制度。其第516条在"信用证和信用指令"的标题下规定:承担出具人责任、以自己的名义并为自己的利益的人指令授

---

〔24〕 See *The Swiss Federal Code of Obligation*, trans. by Simon L. Goren, Colorado, Fred B. Rothman & Co. Littleton, 1987, p. 114.

〔25〕 See *The Swiss Federal Code of Obligation*, trans. by Simon L. Goren, Colorado, Fred B. Rothman & Co. Littleton, 1987, p. 114.

予第三人信用,此等指令被承诺并接受从而更新了信用的,此等信用指令产生委任指令的效力,委任人就贷款的返还承担保证人责任,但除非委任人以书面形式作成委任,不发生指令贷款的责任。[26] 不难看出,此条是《瑞士债法典》第408条的翻版,课加信用指令的出具人保证人责任并为此等保证设定了书面形式的要求。

要指出的是,新《土耳其债法》第515条是关于信用证的规定,其内容继受《瑞士债法典》第407条。

《阿根廷民法典》、《瑞士债法典》、新《土耳其债法》的上述规定构成一个把信用证与信用委任两个制度搭伙规定的类型,它们揭示了两个制度的密切关联,由于信用委任与信用证制度挂钩,就把信用委任制度商事化了。

(二)独立于信用证规定信用委任的立法例

德国法族国家和地区独立于信用证规定信用委任。

《德国民法典》第778条(信用委任,Kreditauftrag)规定:委托他人以自己的名义和为自己的计算,向第三人给予金钱消费借贷金额或融资援助的人,就该第三人基于金钱消费借贷或融资援助发生的债务,作为保证人向受委托人承担责任。[27] 这一条文处在关于债务关系法的第二编第8章(各种债务关系)第20节"保证"的标题下。显然,《德国民法典》的这一规定相较于罗马法的蓝本,有三大改进。其一,像《阿根廷民法典》一样,把信用委任从优士丁尼《法学阶梯》中的处在"委任"的名头下改为处在"保证"的名头下。确实,信用委任本来是兼具委任性、借贷性和保证性的混合交易,《法学阶梯》的作者从委任的角度看待它,德国人则从保证的角度看待它。为何如此? 一是因为优士丁尼已把信用委任与保证同化,如其《学说汇纂》第46卷第1题的标题就是"关于保证人和委任人",把两个概念设定为可以互换,此等举措为《德国民法典》的制定者提供了先例。[28] 二是因为《德国民法典》中的委任必须无偿(第662条),而信用委任在多数情况下有偿,委任人大多会得到利息,[29] 把信用委任挪到"保证"下规定避

---

〔26〕 Vgl. Görmek Türk Borçlar Kanunu, http://www.resmigazete.gov.tr/eskiler/2011/02/20110204-1.htm, August 30, 2013.

〔27〕 参见《德国民法典》(第2版),陈卫佐译,法律出版社2006年版,第296页。

〔28〕 G. Bortolucci, Il mandato di credito, In Bullettino dell' Istituto di Dirtto romano Vol. 27, Roma, Pasqualucci, 1914, p. 129; Bullettino dell' Istituto di Dirtto romano, Vol. 28, Roma, Pas qualucci, 1915, p. 191ss.

〔29〕 Vgl. Christian Förster, Schuldrecht Besonderer Teil: Eine Einführung mit Fällen, Heidelberg, Hüthig Jehle Rehm, 2012, S. 247.

免了出现有偿委任的困局。其二,为这种交易加了受任人“以自己的名义(受任人的名义)和为自己的计算”的限定。“以自己的名义”的限定强调了委任人与受任人之间的界限,把这种交易打造成了间接委任,排除了它是直接委任的可能。“为自己的计算”的限定强调受任人为自己的利益行动的性质,暗示受任人在多数情况下的企业身份。确实,在德国法中,信用委任也多是以银行为受任人的交易。其三,把这种交易的标的具体化并限缩化了。申言之,就受任人的义务,不是提供信用,而是提供贷款和融资援助。“提供贷款”是对“提供信用”的取代。在1998年版《德国民法典》中,还以“提供信用”作为信用委任的标的,它被取代构成一个更改。“融资援助”的客体为1998年版[30]《德国民法典》所无,那么,什么是融资援助?按《德国民法典》第506条的规定,首先是支付延期。贷款是积极地提供信用,债务到期了不讨要,则消极地提供了信用。其次是分期付款交易,[31]这是支付延期的别样形式,不同在于延期支付的一个是贷款,一个是货款,但都为债务人提供了信用。贷款、支付延期、分期付款交易的数额都是确定的,而信用可以是不确定的,如无金额限制的信用。所以,《德国民法典》第756条经修改后,强调信用委任数额的确定性和有限性,以限制委任人的责任并保障交易安全。这样造成了信用委任的表达在一定程度的名实不副,严格来说,应改为贷款和融资援助委任。

为何《德国民法典》不连同信用证规定信用委任?可能因为《德国民法典》未规定信用证。德国甚至没有关于信用证的成文法,这方面的问题主要由法院根据民法典和商法典的一些规定以判例调整。[32]

顺便提及,在德国立法继受罗马法中的信用委任制度前,先在学说上继受了这一制度。在温得沙伊德(B. Windscheid,1817—1892年)的《潘得克吞教科书》(1862—1870年)中,作者在论述完普通委任后进入讨论委任的特别适用,它们中有对第三人做一个财产性给付的委任,此等给付包括提供借贷。这就是信用委任了。温得沙伊德认为现代的汇票(Anweisung)属于这种委任。[33] 显然,温得沙伊德仍按照《法学阶梯》的路径在委任的框架内观察信用委任,尽管他的

---

〔30〕 我收藏了1998年版和2012年版的原文《德国民法典》,可以比较后者相对于前者的变化。

〔31〕 参见《德国民法典》(第3版),陈卫佐译,法律出版社2010年版,第177页及以次。

〔32〕 参见金赛波:《关于信用证法律性质的初步比较》,载 http://article. chinalawinfo. com/Article_Detail. asp? ArticleId =979,2014年8月19日最后访问。

〔33〕 Cfr. Bernardo Windscheid, Diritto delle pandette (Vol. Ⅱ), trad. it. di Carlo Fadda e Paolo Emilio Bensa, UTET, Torino, 1904, p. 183s.

《潘得克吞教科书》对《德国民法典》有巨大影响，但后者还是在保证的框架内规定的信用委任。

沿着《德国民法典》开创的路线，1911 年的《大清民律草案》第 878 条规定：用自己之名义为自己计算，委任他人供与信用于第三人者，因供与信用而生之债务，对受任人任保证之责。[34] 该草案未来得及成为法律清朝乃亡，民国继之。1925 年的《中华民国民律草案》第 728 条规定：用自己之名义及为自己计算，委任他人供给信用于第三人者，对于受任人就该第三人因受领信用所负之债务，负保证责任。[35] 这两个规定大同小异，与上引《德国民法典》第 778 条和下面将引的《中华民国民法典》第 756 条比较，可发现它们都把"用自己之名义为自己计算"的限定对象确定为委任人而非受任人，这可能出于翻译错误，此等错误旁证在信用委任制度被引进中国的前几十年中并不为专业人士充分理解，否则不会发生如此错误。

1929 年的《中华民国民法典》（现中国台湾地区"民法"）第 756 条回到了德国的信用委任定义，谓：委任他人以该他人之名义，及其计算，供给信用于第三人者，就该第三人因受领信用所负之债务，对于受任人，负保证人之责任。[36] 此条显然来自 1998 年之前版本的《德国民法典》第 778 条。

接下来，也具有德国血统的 1942 年《意大利民法典》也规定了信用委任。

第 1958 条：一人接受他人委托，以自己名义并为自己利益承担贷款于第三人的义务，委托人承担作为未来债务的保证人的责任。接受委托的受托人不得放弃委托。但是委托人可以撤销委托，此时应对受托人承担损害赔偿的责任。[37]

第 1959 条：接受委任后，委托人或第三人的财产情况发生了显然使债权实现变得相当困难的情况的，受托人不得被强迫履行。[38]

上述规定与《德国民法典》第 778 条类似，不同之处在于更细节化。首先规定受托人不得放弃委托，但委托人和第三人财产状况恶化的情形除外。其次规

---

〔34〕 参见《大清民律草案、民国民律草案》，杨立新点校，吉林人民出版社 2002 年版，第 114 页。

〔35〕 参见《大清民律草案、民国民律草案》，杨立新点校，吉林人民出版社 2002 年版，第 301 页。

〔36〕 参见吴庚等编纂：《月旦六法全书》，台北，元照出版公司 2000 年版，第 2～174 页。

〔37〕 参见《意大利民法典》，费安玲等译，中国政法大学出版社 2004 年版，第 461 页。译文有改动。受任人"以自己名义并为自己利益"一语被费安玲等误译成"以委托人名义并为委托人利益"。这一翻译错误与《大清民律草案》和《中华民国民律草案》的翻译错误完全一致，很值得玩味。

〔38〕 参见《意大利民法典》，费安玲等译，中国政法大学出版社 2004 年版，第 461 页。

定了委托人的撤销权以及相应的受托人的损害赔偿请求权。

同时，《意大利民法典》在稍微靠前的地方，在“银行契约”的名头下，也就是在其第1842条也规定了信用证。其辞曰：银行无金额限制信用证是一种合同，银行据以有义务在确定的或不确定的期间提供金额让他方当事人处分。[39]《意大利民法典》把信用证与信用委任分开规定有道理，因为信用证只能由银行开具，而信用委任可以涉及银行主体，也可以不涉及。

也属于德国法族的1946年《希腊民法典》第870条规定：受任人以自己的名义和自己的计算向第三人提供信用的委任，在授予信用后，应视为对第三人的债的保证。[40] 此条中的委任人是隐含的，他同时是保证人，这种保证是拟制的，也就是说，只要他委任他人对第三人提供信用，法律就视为他是第三人的还款保证人。

也属于德国法族的1966年《葡萄牙民法典》第629条规定：(1)委托他人以该他人之名义及其计算对第三人提供信用的人，如该委托获接受，作为保证人承担责任。(2)委任人在信用尚未供给时有权撤销委任。委任人亦得随时终止委任，但须对因此造成的损害负责。(3)在其他立约人之财产状况使受任人将来之权利有受损之虞时，委任人可拒绝履行受托之义务。[41] 可明显看出此条是对《意大利民法典》第1958条和第1959条的浓缩，故对于《意大利民法典》有关条文的分析也可适用此条。唯一不同者，《葡萄牙民法典》未强调接受了委托的人原则上不得放弃委托，因此更少注重诚信的维护，而更注重受任人利益的维护。

前文已述，《德国民法典》把信用委任放在保证名目下规定的理由之一是这种交易是有偿的，但《葡萄牙民法典》规定的信用委任可以是无偿的。这种可能并不见诸法律文句，而是见诸学者对《葡萄牙民法典》有关条文的评注。[42] 这构成《葡萄牙民法典》关于信用委任的规定与《意大利民法典》的相应规定的第二

---

〔39〕 Cfr. Giuseppe Finocchiaro(a cura di),Codice civile e leggi complementary,2010,Gruppo24ORE, p. 382. 费安玲等把该条中的关键术语 Apertura di credito 误译为“银行信贷的开立”。参见《意大利民法典》，费安玲等译，中国政法大学出版社2004年版，第436页。陈国柱把同一术语误译为“活期透支的开设”。参见《意大利民法典》，陈国柱译，中国人民大学出版社2010年版，第320页。实际上，这个术语中的 Apertura 不是“开立”或“开设”的意思，而是“无限制”的意思。

〔40〕 See Greek Civil Code, trans. by Constantine Taliadoros, Cairo, S. N, 1982, p. 115.

〔41〕 Ver Codigo Civil, Almedina, Coimbra, 1998, p. 165.

〔42〕 Ver Pires de Lima e Antunes Varela, Codigo Civil Anotado, Volume I, Coimbra Editora, 1987, p. 647.

点不同。

1999 年中国《澳门民法典》第 625 条完全是《葡萄牙民法典》第 629 条的中译,故对后者的分析完全适用于前者。其辞曰:(1)一人委托他人以该他人之名义及其计算对第三人提供信用,如该委托获接受,委任人须负保证人之责任。(2)委任人在信用尚未供给时有权废止委任。委任人亦得随时终止委任,但须对因此造成的损害负责。(3)在其他立约人之财产状况使受任人将来之权利有受损之虞时,委任人可拒绝履行受托之义务。〔43〕

最后,西班牙 1973 年的《纳瓦拉(Navarra)汇编》〔44〕第 526 号法律规定:委任他人借贷或提供信用给第三人的人成为由此缔结的债务的保证人,如果委任人财产状况恶化或第三人实施了导致此等债务的清偿更困难的行为,可以使自己免除委任。〔45〕 这是一个西班牙的地方法规定,可见证在该国的纳瓦拉地区存在信用委任制度。

三、引进信用委任制度对于中国的意义

我国立法目前无信用委任制度之规定,我认为这是一个缺憾。如果我国制定信任委任立法,至少有助于解决如下三个问题:

1. 意欲的借贷人信用不足问题。银行业首先有不贷款给退休者(60 岁以上者)的做法;其次有不许 60 岁或更高龄者取得信用卡的歧视性做法。中兴银行、光大银行、兴业银行、中信银行、农业银行规定申请人的年龄上限是 60 岁,工商银行、交通银行规定的上限为 65 岁。建设银行设定的上限是 70 岁。〔46〕 另外,按照厦门中国银行个贷中心资产业务团队的负责人的说法,60 周岁以上的市民只能让子女做共同借款人;70 周岁以上的市民完全不能进行贷款。〔47〕 撇开这样的规定的合理性不谈,这里只说利用信用委任制度补救此等不合理规定的可能。在这样的框架内,如果长者的子女或其他亲戚基于对长者支付能力的信赖委任银行对长者提供贷款或信用卡服务,自己充当长者还款的保证人,则可解决长者不能取得贷款或信用卡的问题。

---

〔43〕 参见赵秉志主编:《澳门民法典》,中国人民大学出版社 1999 年版,第 159 页。

〔44〕 纳瓦拉是西班牙北部的一个自治市。《纳瓦拉汇编》就是该市的民法典。

〔45〕 Véase Enrique Rubio Torrano, El Mandato de Credito (A proposito de la Ley 526 de la Compilacion navarra), En Revista jurídica de Navarra, no. 4, julio—diciembre, 1987, p. 104.

〔46〕 参见郭舒晨:《银行不爱银发族,老人难办信用卡》,载《厦门晚报》2013 年 1 月 9 日,第 B1 版。

〔47〕 参见郭舒晨:《年满 60 岁,不能独自按揭》,载《厦门晚报》2013 年 1 月 9 日,第 B1 版。

2. 意欲的贷款人和融资援助需求人担保资力不足问题。先讲贷款人。如果某人买房需要贷款，而银行由于该人没有资产拒绝放贷，在此等情形，如果该人的哥哥或其他亲友愿意作为委任人委任银行对其弟弟放贷，自己充当其弟弟的还款保证人，则也可解决该人的困窘。再讲融资援助需求人。按《德国民法典》第756条的规定，融资援助也是信用委任的标的。如果某人希望通过分期付款购买大件，商场由于担心其资产不足不敢售卖于他，第三人如果于此时作出信用委任，则可促使分期付款买卖达成，买受人和商场皆大欢喜，委任人也因为成人之美而喜不自胜。

3. 信用证的基础关系说明问题。下文将述，信用委任的法律关系稍加调整就是信用证法律关系。如果引进信用委任法律制度，我国的信用证法律关系将得到更好的解释。

四、罗马法中的钱庄主承保的信用证属性

（一）广义信用证和狭义信用证

说古罗马就有了信用证也许会骇人听闻，所以在开始本节之前必须厘清本文使用的信用证的概念。顾名思义，信用证（Letter of Credit）就是一封指示第三人向持信人提供信用的信。所谓信用，就是给付与对待给付之间允许存在时间差。[48] 在给付标的为物的情形下，信用体现为赊销；在给付标的为金钱的情形下，信用体现为借贷。这种情形严格说来，就是在无物质担保的情况下一人借钱给另一人。物质担保有自保和他保两种情形：自保，有如借贷人以自己的银行存款担保自己返还贷款的情形；他保，有如第三人以自己的房屋向银行抵押担保你获得贷款的情形。与物质担保对反的是人格担保，此等人格由好的品性、商誉、朋友间的信任等构成。此等人格担保往往以一封书信加以表现，其内容为指令第三人借款给持信人。如果第三人真的借了，他收到的这封信就是信用证。

正是基于对信用证这样的理解，慕德升和其他许多人才会把如下故事当作较早的信用证的例子谈论。1654年，英国商人托马斯为出差于巴黎的约翰致信巴黎商人威廉，其辞曰：付与约翰一次或多次，每次限不超过2000克朗的范围，按约翰的要求，根据约翰的收据或汇示，收取由法国托马斯账中支付。[49] 在此例中，托马斯以书信要求威廉为约翰提供信用或借款，威廉可能并不认识约翰，

---

〔48〕 参见孙礼照：《货币银行学》，清华大学出版社1991年版，第43页。

〔49〕 参见慕德升：《跟单信用证若干法律问题研究》，中国政法大学2004年博士学位论文，第7页。

但他认识托马斯并信任之,故按其指示行事。约翰借钱的目的是不必带许多现金到巴黎出差,从而在威廉处就地取"财",减少风险。他当然要还款,但如果他不还,则托马斯充当保证人,他的担保手段是托马斯在法国的应收款——这个威廉似乎是托马斯在法国的商业代表。

读者很快会发现,这个所谓的较早的信用证案例也是一个信用委任案例。此事证明了信用委任与信用证的相似性。这导致现代一些国家把两者一并规定。但信用委任的形式比较自由,而信用证必须有一个书面文件(或曰信函)作为委任提供信用的工具。

但把这个所谓的较早的信用证案例的背景稍微变换一下,它也是一个旅行支票案例。假设约翰是一个旅行家,他为了避免携带现金的风险和麻烦,在去巴黎前付一笔钱给银行家托马斯,托马斯发放支付令给约翰。威廉是托马斯在巴黎的商业伙伴,他接受指令后把同样数额的金钱给约翰。这样的交易是典型的旅行支票,也是信用证。尽管在约翰与托马斯的关系中无信用因素,但在约翰与威廉的关系中有此等因素,因为威廉的款是付出去了,能否收回是具有不确定性的。当然,托马斯潜在的担保具有减少不确定性的意义,而约翰的预付款又消除了托马斯面临的风险。

把上述案例再稍稍变换一下,它就成了一个汇票案例,只要把威廉的相信对象从约翰改为威廉并假定威廉是一家银行的经理就行了。如此,约翰出行前还是要在托马斯的银行存款,而托马斯的银行与威廉的银行有业务关系,凭借彼此的信任,威廉在得到托马斯的指令后无条件向约翰支付指定的金额。此时,威廉的银行中并无约翰的存款,但威廉付款给了约翰,从托马斯的银行得到约翰的还款,是将来的事情。这样,威廉的给付与约翰的对待给付之间有了时间差,因此可以说威廉给约翰提供了信用。正是基于对汇票的信用性的这种认知,德国学者康拉德·柯沙克(Konrad Cosack,1855—1933 年)在其《商法教科书》中认为汇票(Anweisung)就是信用证。〔50〕 李金泽更是在其给信用证下的定义中把汇票当作信用证的属概念。〔51〕 由此可以说,信用证的含义很广,我们习见的一些票据都可说成是信用证。

有意思的是,古罗马作家普劳图斯(公元前 254 年—公元前 184 年)的戏剧《酒徒》(Curculio)中记载的一个涉银行支付案例与上文提到的托马斯委任威廉

〔50〕 See Omer F. Hershy, "Letters of Credit", *Harvard Law Review* 32, 1918, p. 8.

〔51〕 参见李金泽:《信用证法律风险防范》,中信出版社 2004 年版,第 1 页。

向约翰付款案非常类似。其中的人物“酒徒”说:“……他问‘我是否认识住在Epidaurus的银行家Lyco,我说我认识他;那么你认识拉皮条者Cappadox吗?’他——剧中人Phaedromus——补充道,‘我承认见到过此人。’我问,‘你要他做什么?’他答:‘我以30明纳的价格从他那儿买了一个女孩,还有一些衣服和首饰,价值10多个明纳。’我问,‘你付过钱了吗?’他说没有,‘钱是存在我说到的Lyco那里的,我安排他对持有盖有我的指环印章的信的人付款,然后从皮条客手里接手女孩及其衣服和首饰’。”[52]显然,本案与前案的相似之处在于都是一人指示第三人向持信人付款。所以,波兰专门研究罗马银行制度的学者尼奇博鲁克(Piotr Niczyporuk)以及他的合作者塔勒斯卡(Aniela Talecka)都认为此案中的信是信用证(lettera di credito)。[53]

但在当代的文献中,信用证的含义被限缩化,其通常的定义如下:信用证是开证银行依照开证申请人的要求并按其指示,对第三者开立的载有确定金额、在规定期限凭符合信用证条款规定的单据付款的书面保证文件。[54] 这一定义把信用证等同为国际贸易的支付工具,将其法律关系设计得非常复杂。不能说这样的信用证定义错了,但我要说它是狭义的、现代的信用证。应承认不与国际贸易挂钩的简单的广义信用证的存在。可惜的是,在现代文献中找到对这种意义上的信用证的界定却十分困难,因为它似乎已被忘却了。

正是基于广义的信用证理解,英国学者阿加沙·穆佳沙(Agasha Mugasha)认为最早的信用证出现在古埃及,开具的目的是减少携带现金的风险,如此,商人利用为自己或他人的利益开具的支付命令,使自己或他人能在到达地的金融机构取得现金。[55] 威廉·斯帕尔丁(William F. Spalding)也认为,古希腊也有信用证制度,其创制是为了让旅行者避免携带现金的风险和麻烦。借此,旅行者在旅行前付一笔钱给银行家,银行家发放信用证给旅行者,信用证的受证人要把同样数额的金钱给旅行者。[56] 上述英国、古埃及、古希腊的信用证都是现代人

---

〔52〕 George E. Duckworth (ed.), *The Complete Roman Drama*, New York, Random House, 1942, p. 370s.

〔53〕 Cfr. Piotr Niczyporuk – Aniela Talecka, Chirographum come prototipo dei rapporti creditizi, Il contributo per il Seminario Eurasiatico di Diritto Romano, Istanbul, 30—31 Maggio 2014, p. 3.

〔54〕 参见逯宇铎等编著:《国际贸易》,清华大学出版社、北京交通大学出版社2006年版,第310页。

〔55〕 See Agasha Mugasha, *The Law of Letters of Credit and Bank Guarantees*, Sydney, Federation Press, 2003, p. 38.

〔56〕 See Agasha Mugasha, *The Law of Letters of Credit and Bank Guarantees*, Sydney, Federation Press, 2003, p. 39.

讲的旅行支票。

（二）钱庄主承保作为古罗马的信用证

穆佳沙认为古罗马也有信用证，其形式是所谓的钱庄主承保（Receptum Argentarii）。[57] 这种信用证已脱离旅行支票的形式，跟现代信用证一样，成为服务国际贸易的一种手段。

D. 13,5,27（乌尔比安：《告示评注》第24卷）比较好地反映了钱庄主的承保这种交易及其进化，不妨全文翻译如下：

> 在承保的情形，债务人是否到场并不十分要紧。彭波尼更进一步，在其著作的第34卷中写道，可违背债务人的意志承保。他认为拉贝奥的观点不正确。拉贝奥认为，如果在某人为他人设立承保后，债务人通知他不偿付，必须授予后者基于事实的抗辩。在这个问题上，彭波尼的看法并非不合理。事实上，如果承保设立人受了债的约束，债务人的行为不能使他避免责任。

在这一法言涉及的情形，买受人即债务人是一家钱庄的客户，此等钱庄根据他的委任付款给第三人即出卖人。但承保一旦设立即独立于买卖合同，由此不受债务人（委任人）意志的约束，也就是说，债务人撤销委任的，承保人可置之不理，继续履行对第三人的给付义务。在这一问题上，拉贝奥与彭波尼有不同的看法。前者认为，在债务人撤销委任时，承保人必须停止向第三人付款。如果对方诉追，承保人可提起基于事实的抗辩。但彭波尼不赞同这种观点，认为在上述情形，承保人应继续付款，否则要承担责任，具体说来，是承担承保之诉（Actio Recepticia）的责任。也就是第三人可根据此诉强制承保人付款。乌尔比安赞同彭波尼的观点。比较两种观点，彭波尼—乌尔比安的观点更有利于保障交易安全。对于出卖人来说，如此安排可避免他人利用针对买卖合同的纠纷阻止钱庄付款，达到受领货款的可靠。[58] 无论如何，彭波尼—乌尔比安的观点打造了承保的独立性，尽管它具有从属性，即服务于一定的基础关系，如国际买卖。

当然，这一法言还告诉我们，承保的设立不要求债务人到场。这一特点使钱庄主的承保适合于国际交易，因为市民法的交易（要式口约）都要求缔结者到

---

〔57〕 See Agasha Mugasha, *The Law of Letters of Credit and Bank Guarantees*, Sydney, Federation Press, 2003, p. 39s.

〔58〕 参见慕德升：《跟单信用证若干法律问题研究》，中国政法大学2004年博士学位论文，第27页。

场,[59]故它们不适合外邦人。

钱庄主承保从公元前 2 世纪末、1 世纪初得到裁判官(很可能是外事裁判官)的保护。首先采用事实之诉的形式,后来采用承保之诉的形式。[60] 定型以后,钱庄主承保由如下法律关系构成:

1. 债务人与债权人之间的基础关系,如买卖关系,它是主关系,承保是其从关系,但此等关系不遵守从随主原则,主从关系各自独立。

2. 债务人与钱庄之间的委任关系,后者按照前者的指令向债权人付款,这是承保关系的内部关系。债务人不必亲自到场,通过信使或书信发布此等指令即可。在此等关系的运作中,钱庄主不执行债务人的付款命令的,裁判官授予债务人诉权对抗他。[61] 在完成付款指令后,银行家可通过委任之诉从债务人取得所为之偿付的返还。[62] 债务人也不必亲自到场偿还钱庄主垫付的款项,通过代理人即可。

3. 钱庄主与债权人之间的承保关系,即根据客户的命令,钱庄主从自己的金钱中支付一定的金额给第三人即债权人。然后从客户即债务人的账户中扣还此等款项。在支付额超过债务人存款额的情形,通过委任之诉诉追差额。在这一框架中,债权人并非委任关系的当事人,但承受了此等关系的好处,所以,他又被称为受益人。[63] 由此,承保关系成为一种有利于第三人的契约。

正因为钱庄主的承保向债权人提供了信用,且具有独立性,也即独立于承保得以产生的基础关系,它相当于现代的信用证。[64] 法国研究罗马银行法的专家安德罗(J. Andreau)认为它类似于现代的无金额限制信用证(Apertura di credi-

---

〔59〕 Véase Victoriano Saiz Lopez, Receptum Argentarii, Alacante, Tesi Doctoral de la Universidad di Alacante, 1989, p. 140.

〔60〕 Cfr. Pietro Cerami, Andrea Di Porto, Aldo Petrucci, Diritto Commercial Romano: Profilo Storico, Giappichelli, Torino, 2004, p. 131.

〔61〕 Cfr. Aldo Petrucci, Mensam exercere. Studi sull' impresa finanziaria romana Ⅱ sec. a. C. – metà del Ⅲ sec. d. C., ed. Jovene, Napoli, 1991, p. 198.

〔62〕 Véase Victoriano Saiz Lopez, Receptum Argentarii, Alacante, Tesi Doctoral de la Universidad di Alacante, 1989, p. 248.

〔63〕 Cfr. Aldo Petrucci, Mensam exercere. Studi sull' impresa finanziaria romana Ⅱ sec. a. C. – metà del Ⅲ sec. d. C., ed. Jovene, Napoli, 1991, p. 201.

〔64〕 See Agasha Mugasha, *The Law of Letters of Credit and Bank Guarantees*, Sydney, Federation Press, 2003, p. 39s.

to)。西班牙学者罗德里格斯(M. A. Peñalver Rodriguez)也持这种观点。[65] 荷兰学者根特·迈尔(Gunther Meyer)也说它是跟单信用证的滥觞。[66]

如前所述,信用证必须是一封信,也就是说必须体现为一个书面文件以便把债务人与钱庄主之间的承保关系达知于债权人。罗马的承保关系中是否有这样的信呢?答曰有的。有如下法言为证:

D. 13,5,26. 谢沃拉:《解答集》第1卷,某人这样给债权人写信:"路求斯·蒂丘斯以借贷名义从的你账房收受的10个币现在我处,现在归你,利息除外。"解答:根据所述的事实,他要根据承保之诉承担责任。

这个法言中的"某人"是个钱庄主,路求斯·蒂丘斯是其客户。蒂丘斯与"债权人"有买卖,债权人欲发货,但又担心蒂丘斯不付货款,于是钱庄主出具上述信件,证明蒂丘斯有钱在自己柜上,自己担保他付款。此信就这样完成了其信用证的功能。墨西哥学者格拉纳多(Juan Javier del Granado)也认定它是罗马人的信用证。[67] 更重要的是,此信证明罗马人的钱庄主承保以书信达知于债权人。当然,这封信的承保内容并不纯粹。例如,钱庄主把债务人在自己金库里的钱说成是该债务人从债权人借的,而不是他自己存的,这样,上述信的内容是代债权人收债还是代债务人向债权人催发货,也就在两可之间了,所以此信需要法学家谢沃拉定性。他的结论是信的内容,属于后者,这意味着他把蒂丘斯从债权人借贷10个币的行为看作一种拟制行为。也就是说,并未发生此等借贷,只是为了让债权人放心,才把蒂丘斯的存款说成是债权人的贷款。

(三)钱庄主承保的废除和复活

尽管钱庄主承保曾服务于罗马的国际贸易,但后来优士丁尼以531年颁布的一个敕令(C. 4,18,2)废除了这种交易形式,原因是他认为,即使债权人与债务人之间的交易无效,钱庄主也要承担向债权人付款的责任不合理。[68] 承保的这种无因性恰恰是其最有魅力的地方,优士丁尼把它去掉,可能基于道德的考

---

〔65〕 Véase M. A. Peñalver Rodriguez, La Banca en Roma, In Estudos en Homenaje al Profesor Juan Igliesias, Vol. Ⅲ, Madrid, 1988, p. 1568s.

〔66〕 Cfr. Zien Gunther Meyer, Documentaire krediet, Kluwer, 2003, p. 9.

〔67〕 See Juan Javier del Granado, "The Genius of Roman Law: From a Law and Economics Perspective", https://papers.ssrn.com/sol3/Data_Integrity_Notice.cfm?abid=1293939, March 17, 2013.

〔68〕 See Adolf Berger, *Encyclopedic Dictionary of Roman Law*, Philadelphia, The American Philosophical Society, 1991, p. 668.

虑,因为基础关系由于不道德的原因失效,而让在它之上的承保关系继续有效,可能被认为是不道德的。优士丁尼把该制度吸收进允诺偿还他人债务(Constitutum debiti alieni)制度中。[69] 这是一个允诺在规定的时间和地点偿付他人债务的简约,其具有保证的性质。[70] 它允许非钱庄主实施。非独此也,在整理既往的法学家论述时,优士丁尼的法典编纂班子还把前人论述中的所有 Receptum Argentarii 都改成了 Constitutum,构成篡改(Interpolatio)。只是经过德国法学家奥托·勒内尔(Otto Lenel,1849—1935 年)的考证后,才完成从 Constitutum 到 Receptum Argentarii 的还原。上引涉及 Receptum Argentarii 的两个法言的翻译,就是根据此等还原进行的。尽管如此,罗马法原始文献中涉及 Receptum Argentarii 的法言还是非常少。

但仅仅过了 4 年,在 535 年 4 月 1 日,优士丁尼颁布了第 136 号新律,然后于 542 年 3 月 1 日颁布了第 8 号《告示》,最后于不详的年份颁布了第 9 号《告示》,[71] 它们以 καθαραάντιφῶνεζιζ 制度的名义恢复了钱庄主承保制度。在这个希腊词组中,καθαρα(转写成拉丁字母是 kathara)的意思是"纯粹的",[72] 在法律上的意思是无条件、无期限。άντιφῶνεζιζ(转写成拉丁字母是 antiphònesis),是动词άντιφῶνεῶ(意思是"回答")的名词化,在法律上可用来指一种对他人承担的保证。[73] 两者合成的意思应是"纯粹担保",也就是无条件担保。这是银行与其客户的债权人订立的担保合同。据此,如果此等客户(主法律关系中的债务人)一时周转不灵,银行根据他的委托承担债的关系,债权人可以在履行期届满时直接对银行提出要求,而无须证明其债权的原因,银行不得利用作为其客户的债务人可能有的抗辩,如先诉抗辩。在银行做了支付的情况下,如果他和作为其客户的债务人缔结的担保采用了书面形式,银行便可依据该文件向客户求偿,无须进

---

〔69〕 参见徐国栋:《优士丁尼〈法学阶梯〉评注》,北京大学出版社 2011 年版,第 502 页。

〔70〕 See Adolf Berger, *Encyclopedic Dictionary of Roman Law*, Philadelphia, The American Philosophical Society, 1991, p. 410.

〔71〕 Cfr. Giorgio Vespignani(a cura di), Polidoro: Studi offerti ad Antonio Carile, Fondazione Centro di Studi Sull' Alto Medioevo, Spoleto, 2013, p. 347.

〔72〕 See Greek—English Dictionary, http://www.kypros.org/cgi-bin/lexicon, June 18, 2014.

〔73〕 Cfr. A. Díaz Bautista Cremades, Antonio Díaz Bautista y la législation Justianea, En Derecho Romano, Tradicion Romanistica y sciencias Historico—Juridicas, Numero 12, 2014. Andavira, Santiago de Compostela.

一步证据;如果没有采用书面形式,那么他应当先证明有效缔结了委托合同。[74]

在上述银行无条件担保的属性中,债权人可要求银行履行债务而无须证明其债权的原因的属性,以及银行不得利用其客户可能有的抗辩的属性,割断了银行与其客户的债权人的担保关系与原因关系的联系,有利于债权人之债权的安全。可能因为这两个属性,这种担保被冠以“无条件”的定语。也可能因为它们,学界正确地强调:这种担保形式与钱庄主承保在本质与功能上一样。[75]

当然,上述说明仅从银行与其客户的债权人的担保关系出发展开。但此等关系仅为冰山的一角,在其下的是银行客户与其债权人的基础关系,如买卖关系。另有银行客户与银行之间的委任关系。最后是银行在履行担保责任后向其客户的代位—求偿关系。这些关系与钱庄主承保制度包含的关系完全一致,所以说银行无条件担保制度是钱庄主承保制度的复活。当然,银行客户与银行之间的委任关系必须以一定的文件达知于前者的债权人,此等文件就是信用证。

那么,优士丁尼为何要以别样的形式恢复钱庄主的承保制度?很可能是出于银行业者的压力。在第136号新律的序言中,优士丁尼提到,君士坦丁堡的银行家协会向他提出了请愿,要求为他们提供救济,理由是他们以许多方式为公益做出了贡献。此等方式包括提供担保、冒险贷出款项等。[76] 显然,提供担保是银行业者为社会做贡献的方式之一,剥夺他们的这一途径,对于按陌生人社会方式组织的国际贸易的进行显然不利,所以,优士丁尼的改弦更张,可能还有因应经济形势要求的考虑。如此,他放弃了他曾对钱庄主的承保制度采取的道德理想主义立场。

(四)罗马法中的信用委任与信用证比较论

有学者以信用委任来解释信用证法律关系,谓此等关系是买方委托开证行在买方的计算下依开证行的“名义”提供信用于卖方,买方保证卖方还债。但此说已被证明不合信用证交易的实情。[77] 尽管如此,它提出了信用证与信用委任

---

〔74〕 参见[意]阿尔多·贝特鲁奇:《罗马银行法探析——兼论商法起源问题》,徐铁英译,载《厦门大学学报》(哲学社会科学版)2013年第2期。

〔75〕 Cfr. A. Petrucci, Osservazioni in tema di legislazione giustinianea sul receptum argentarii e sull'antiphonesis, In Fides humanitas ius, Studi in onore di L. Labruna 6, Editoriale Scientifica, Napoli, 2007, p. 4219 ss.

〔76〕 See *The Civil Law including The Twelve Tables, The Institutes of Gaius, The Rules of Ulpian, The Opinions of Paulus, The Enactments of Justinian, and The Constitution of Leo*, Vol. XIII, trans. and edited by S. P. Scott, Cincinnati, The General Trust Company, 1932, p. 148.

〔77〕 See Omer F. Hershy, “Letters of Credit”, *Harvard Law Review*, Vol. 32, 1918, p. 27.

的关系问题。

我认为,信用委任与信用证有如下不同:(1)信用委任起源于古罗马的委任合同,信用证则起源于古罗马的钱庄主承保。两者起源不同。(2)信用委任并不要求有基础关系存在,信用证必定有买卖作为其基础关系,两者的基础不同。(3)信用委任的委任人负有保证人责任,信用证的出具人不具有此等责任,两者的法律关系不同。(4)信用证的出具人必须是银行,信用委任的委任人不见得是银行,两者的当事人不同。(5)信用委任具有规避对第三人能力的立法限制的功能,信用证不具有此等功能,两者的功能不同。

尽管如此,信用委任与信用证的亲缘关系接近,因为两者在很多情况下都属于银行业务,故信用证可以转化为信用委任,只要出具人对受证人承担保证责任即可。故一些国家把两者搭伙规定。

五、简短的结论

罗马银行法中有信用委任和信用证等十分现代的制度,可能让人感到惊奇,而古罗马人确实做了这样的创造,但他们的创造建立在古埃及人和古希腊人的成就的基础上。当今的埃及问题多多,人们不做专业研究不知其古代文化的辉煌,事实上,一些重要的制度,都是埃及人开其端,希腊人继受之,罗马人又从希腊人继受之。

信用委任是委任、借贷与保证的混合物,它是我国人民十分陌生的制度,表现为研究者和译者由于此等陌生对它误述误译,尽管该制度在当代中国仍有实用价值,至少可帮助某些能力阙如者或资力不足者通过他人的保证达到自己的融资目的,因此,研究并推广该制度仍有意义。在将来制定民法典时把它作为一种典型合同规定,是可以考虑的选项。

或问,信用委任不过是委任合同、贷款合同和保证合同的混合,立法分别规定三者即可,何必要另行规定独立的信用委任合同?对这个问题的肯定回答可能是导致一些属于德国法族的国家的民法典,如《日本民法典》和《泰国民商法典》不规定这种交易的原因,甚至是属于罗马法的第一顺位继承人的《法国民法典》采取同样立场的原因。但我倾向于否定地回答这一问题。理由一,信用委任产生的恩主—门客关系在当代中国仍以某种形式存在。例如,一个单位的领导通常在信用上处于优越于其员工的地位;大学教授对于其刚毕业的学生来说也是如此。当前者需要贷款而在程序上遇到某种困难的时候,后者担任信用委任的委任人是适当的选择。理由二，把委任合同、贷款合同和保证合同三者面向一定的从属关系乃至友谊关系打包规定，一可以节约立法成本，二可以为当事人节约交易成本。试想，一个从我部毕业的博士生寻求房贷遇到障碍找我帮忙而我又同意，如果我们与银行分别签订委任合同、贷款合同和保证合同，那该多么麻烦！如果每个合同都要付税费或公证费，那交易成本该多大！相反，如果我们采取信用委任的交易形式，则一个合同、一份税费、一份公证费足矣！

在谈论信用委任制度对于中国大陆的陌生性的时候，我们必不得忘记在同是中国一部分的台湾地区和澳门特区都有关于该制度的规定，无妨说，上述陌生性源于大陆学界与中国其他法域就此等制度的交流不够。撇开与中国台湾地区的交流不谈，中国澳门民法以及作为其母本的葡萄牙民法（已被唐晓晴教授等人翻译为中文并出版〔78〕）总是可以起到镜子的作用。泱泱中国，分为德国法域、普通法域和拉丁法域三块，它们各有千秋，可各自为完善中华法制作出贡献。如果中国内地从澳门法中有所取，可以说，这是中国的拉丁法域对完善中国法制的贡献。

〔78〕　参见《葡萄牙民法典》，唐晓晴等译，北京大学出版社2009年版。

古罗马的海事风险及其法律规制*

一、古罗马的海运及其风险

亚里士多德认为城邦应靠海,这样容易利用海路;但又不能濒海,否则敌军容易进入,且公民容易受外国礼法的影响。[1]雅典城的坐落印证了亚里士多德的理论。该城靠海,但到海边的比雷埃夫斯港口需要走8公里的距离。罗马城的选址似乎借鉴了雅典的经验:靠海而不濒海,从罗马城出发到奥斯提亚港需要走25公里。25公里比8公里多了17公里。8公里的距离让雅典称为一个海权国家,而多出的17公里的阻隔让早期的罗马人成为农夫而非海员。尽管如此,第四任王安库斯·马尔求斯(Ancus Martius)修造了奥斯提亚(Ostia)港,通过输入货物并征收关税收海洋之利。[2]这位王还为造船保有了一片国有森林。[3]

但在布匿战争前,罗马人还是陆地人民,地中海的贸易操之于埃特鲁斯人、希腊人、叙拉古人,尤其是迦太基人之手。在整个的王政时期和共和时期的前一个世纪,罗马人尽管有一些海上贸易,但数量很少。这样对海洋了无控制,故迦太基的大使说,没有我们

---

* 本文原载《华东政法大学学报》2016年第5期。

〔1〕 参见[古希腊]亚里士多德:《政治学》,吴寿彭译,商务印书馆1965年版,第358页、第375~376页。

〔2〕 Voir M. R. Cagnt, Etude Historique sur les Impots Indicrets chez les Romain Jusqu'aux Invasion des Barbares, Imprimerie Nationale, Paris, 1882, p. 6.

〔3〕 Cfr. Benito Mussolini, "Roma Antica sul Mare", http://www.romaeterna.org/altri/mussolini.html, March 2, 2016.

的允许,罗马人不得在地中海洗手。[4] 但罗马人以三次布匿战争消灭了自己地中海地区的商业竞争对手迦太基,先是取得西西里、撒丁、科西嘉等地中海上的大岛,又征服西班牙、北非等地中海沿岸地域,最终把地中海变成了自己的内海("我们的海"),罗马人变成海上人民。

此后,海洋首先为通商所用,为此开辟了许多航线。第一条航线是从埃及到意大利的航线。这是一条运粮线,是罗马的生命线。因为从公元前3世纪末开始,由于外来人口的大量流入以及产业的转型,罗马的粮食主要依靠输入,[5]先是依靠西西里供粮,后来依赖北非供粮。粮食从产地到消费地走的就是这条航线。第二条是从罗马到希腊的 Cassopo 的航线(D. 14,1,1,12. 乌尔比安:《告示评注》第28卷)。第三条是到现在的阿尔巴尼亚的 Durrës(古名 Dyrrachium)的航线(D. 14,1,1,12. 乌尔比安:《告示评注》第28卷)等。这些都是地中海航线。走出地中海的航线至少有到印度洋的航线。公元前1世纪末,罗马人就与印度和斯里兰卡建立了商业联系。就印度而言,奥古斯都记载印度使者经常来。[6] 而且,通过发掘印度的阿里卡梅度(Arikamedu)的古代仓库的遗址,人们发现了一些希腊罗马人用来盛货物的双耳瓶、1世纪的陶器和两块罗马玻璃,证明阿里卡梅度曾从罗马进口商品,持续的时间从奥古斯都时代早期到弗拉维王朝(从公元前23年到公元96年)。[7] 而且,19世纪在这里发现了许多罗马钱币。它们属于奥古斯都和提贝留斯时期。[8] 就斯里兰卡而言,普林尼报道,1世纪中期,罗马人访问了锡兰,导致锡兰王派使者到罗马。[9] 罗马出口到锡兰的物品包括陶器、玻璃、葡萄酒、金属、银器等。[10] 当然,罗马法原始文献中也有从印度

---

[4] Cfr. Benito Mussolini, "Roma Antica sul Mare", Su http://www.romaeterna.org/altri/mussolini.html, March 2, 2016.

[5] 参见杨共乐:《公元前3世纪末到1世纪初意大利产粮状况新探:与"意大利粮食生产衰落论者商榷"》,载《世界历史》1989年第5期。

[6] See P. R. Coleman – Norton (edited by), "Roman Trade with India: an Resurvey", in *Studies in Roman Economic and Social History*, Princeton, Princeton University Press, 1951, p. 141.

[7] See P. R. Coleman – Norton (edited by), "Roman Trade with India: an Resurvey", in *Studies in Roman Economic and Social History*, Princeton, Princeton University Press, 1951, p. 131.

[8] See P. R. Coleman – Norton (edited by), "Roman Trade with India: an Resurvey", in *Studies in Roman Economic and Social History*, Princeton, Princeton University Press, 1951, p. 134.

[9] See P. R. Coleman – Norton (edited by), "Roman Trade with India: an Resurvey", in *Studies in Roman Economic and Social History*, Princeton, Princeton University Press, 1951, p. 134.

[10] See P. R. Coleman – Norton (edited by), "Roman Trade with India: an Resurvey", in *Studies in Roman Economic and Social History*, Princeton, Princeton University Press, 1951, p. 137.

引进货物的记载,如马尔西安在其《论检举者》第一卷中列举了一个要课税的货物的清单,其中提到印度的铁、药、阉人等货物(D. 39,4,16,7)。[11] 富有意味的是,这个清单还提到了波斯的树胶、阿拉伯的石华、巴比伦的兽皮、亚述的药、摩洛哥的羊毛等。这些货物的产地充分说明了罗马人的贸易联系国的广泛范围。

假设罗马与印度、斯里兰卡的贸易是通过海路进行的,当时并无苏伊士运河,从地中海出发的罗马商船先要到直布罗陀海峡入大西洋,然后经好望角入印度洋,这样的航程即使在现代的船舶条件和技术条件下都很不容易。如果这一假设成立,最先发现东方航线的就不是葡萄牙人达·伽马了。所以,更可能的路线是罗马商队从陆路翻过现在是苏伊士运河的地峡,入红海,过曼德海峡到亚丁湾,然后入印度洋。这样的航路就短多了。循着这一路线也可到中国。《后汉书·西域传》记载:桓帝延熹九年(166 年),大秦王安敦遣使日南徼外献象牙、犀角、瑇瑁,始乃一通焉![12] 赫施(F. Hirth)认为,他们是从埃及出发,起点是红海,经过印度洋,到达中国当时的属国安南(今天的越南),然后北上到达首都洛阳。[13]

罗马人的海其次为运客所用。乘客有办事的,如从罗马出发到以弗所履行债务,D. 45,1,137,2(魏努勒尤斯:《要式口约》第 1 卷)记载了这种情形。还有旅游的。富有的罗马人到意大利南方的滨海胜地休假,甚至到埃及或希腊的海滩去晒太阳。[14] 到埃及或希腊去度假的人肯定是走海路去的,因为没有旱路或虽有但过于遥远。事实上,上文介绍的从罗马到 Cassopo 和到 Durrës 的航线,乌尔比安是作为客运线路谈到的。但那时似乎没有单纯的客船,只有载货兼载人的船。尽管下文要提到的圣保罗(8—67 年)乘坐的船载了 276 人,[15] 但船上还载有小麦,在发生风暴时被抛弃。[16] 另外有传教的人、到罗马受审的人。圣保罗属于这类海上旅行者。他出生于现在属于叙利亚的 Tartus,先是基督教的镇

---

〔11〕 See Mommsen and Alan Watson, *The Digest of Justinian*, Vol. 3, Philadelphia, University of Pennsylvania Press, 1985, p. 407.

〔12〕 参见郭小红:《古罗马向东方的探索和丝绸之路》,载《首都师范大学学报》(社会科学版)2011 年第 S1 期。

〔13〕 Cfr. Li Jing, Brevi note circa le relazioni tra l' impero Romano d' Oriente e l' antica Cina, In Iura Orientalia, 2005, p. 95. 法国学者让—诺埃尔·罗伯特还原了这次访问的过程。参见[法] 让—诺埃尔·罗伯特:《从罗马到中国——恺撒大帝时代的丝绸之路》,广西师范大学出版社 2005 年版,第 1 ~ 2 页。

〔14〕 Vgl. Michael Has, Klemens Ludwig, Martin Neuer, Der neue Tourismus, Beck Verlag, 1998, p. 30.

〔15〕 See Tenny Frank, *An Economic History of Rome*, Kitchener, Batoche Books, 2004, p. 157.

〔16〕 参见《圣经·使徒行传》第 27 章,载《新旧约全书》,南京爱德印刷厂 1988 年版,第 188 ~ 189 页。

压者,后皈依之并广泛传教,写作了《圣经》中的诸多篇什,最后成为与圣彼得齐名的圣徒。

圣保罗有三次传教旅行,一次受审旅行。他的经历为我们留下了帝政时期罗马人的旅行(尤其是海上客运)最详细的资料。

第一次传教旅行开始于46年(时值卡里古拉皇帝在位),圣保罗从叙利亚的安条克出发,到Selucia、塞浦路斯、Salamis、Paphos、Attalia、Perga、Pisidian的安条克,再到Iconium、Lystra、Derbe,于49年返回叙利亚的安条克。其中,从Selucia—塞浦路斯—Salamis—Paphos—Attalia走的是海路。

第二次传教旅行发生在50年(时值克劳丢斯皇帝在位),圣保罗从叙利亚的安条克出发,次到Lystra、Phrygia、加拉太,然后到Troas。此前都是旱路。他在Troas登船,到了马其顿的城市Philippi,然后陆行到Thessalonica,在Berea这里上船到雅典,然后陆行到科林斯,在这里住了一年半后渡海到了亚细亚的城市以弗所,于52年经恺撒利亚回到叙利亚的安条克。是为希腊传教之旅。

第三次传教旅行开始于53年(时值克劳丢斯皇帝在位),还是从叙利亚的安条克出发,穿过加拉太和Phrygia地区,回到以弗所,在这个亚细亚行省的首府住了两年,然后到马其顿,后从Troas出发,走海路依次到了Assos、Mitylene、Chios、Samos、Miletus。再从Miletus出发,航往Tyre(途经Cos、罗得岛、Patara岛屿)。从Tyre出发,到Ptolema、恺撒利亚,最终于约58年到达耶路撒冷。[17] 这个城市后来成为他被捕的地方。

圣保罗的受审旅行开始于61年冬,他在耶路撒冷被捕,由于具有罗马公民身份,当地政府把他押往罗马受审。他以及押解人员从小亚细亚的Sidon(现在黎巴嫩的Saida)乘船出发往罗马,沿岸航行到了Myra(现在土耳其的同名城市),在那里换船,到Cnidus(处在现在的土耳其)、地中海中的凤凰港(属于克里特岛),然后到马耳他,再到西西里的叙拉古、意大利的雷焦姆,这样终于接近目的地了。再走海路到拿波里附近的港口波托里,最后走旱路于62年春或夏到达罗马。[18]

圣保罗生活在欧亚之间的地区,他的前三次海上旅行属于短途,到罗马的海上旅行则属于长途,从罗马帝国的顶东端走到了帝国的中心。他的四次旅行反

---

〔17〕 See Anonymous, "Journeys of St. Paul", http://www. tourmakerturkey. com/journeys - of - st - paul. html, April 13, 2016.

〔18〕 See Henry F. Burton, "Rome in Paul's Day", in the Biblical World, Vol. 3. No. 2, 1894, p. 87.

映当时的罗马人频繁利用海上交通,欧亚两地居民往来频繁。而且反映帝国虽大,西方属于拉丁语区,东方属于希腊语区,但两个部分的交通是存在的。正是凭借这样的交通,产生于亚细亚的基督教才传播到西方,进而在后来成为罗马帝国的国教。

从安全的角度看,短途航行比较安全,长途则比较凶险,正因为如此,船难(Naufragium)在罗马法中是一个重要话题,它与火灾、建筑物倒塌、盗贼和敌人的攻击并列,成为一种灾。在私法上,它构成影响继承人对受遗赠人的责任或合同责任的一种因素。[19] 在公法上,它构成盗窃、抢劫的一种场景,此等场景因为其趁火打劫的性质又构成盗窃、抢劫行为的加重情节。[20]

总体而言,海运比陆运的风险大,因为更受自然力支配,因为当时没有指南针。第一类风险是风暴。罗马人的主要海上舞台地中海有热带型旋风 medicane,其破坏力有如台风,不过,台风多发生在夏季,而地中海飓风多发生在冬季。自古以来它不知毁了多少生命财产!至今仍不时发威,带给地中海沿岸国灾难。第二类是海盗风险。地中海多海盗。他们有的是私人组织,有的是政府派遣。例如,本都国王米特拉达梯(公元前 132 年或公元前 131 年—公元前 63 年)就曾派出海盗骚扰罗马人,以图阻隔海运,造成罗马的饥荒。[21] 海盗一方面劫财夺走船货,另一方面劫人,掠取赎金,如恺撒本人就曾被海盗劫持,被要求支付 20 塔连特的赎金。[22] 海盗劫人如此之普遍,被劫者是否是合法的奴隶成为一个法律问题。[23] 海盗的威胁如此之大,罗马不得不用正规军队解决。公元前 67 年,保民官奥鲁斯·伽比钮斯(Aulus Gabinius)提议颁布了《关于设立一个统帅对抗海盗的伽比钮斯法》(Lex Gabinia de uno imperatore contra praedones constituendo),这个平民会决议指定庞培为统帅,授予他 3 年的谕令权,招募并指挥

---

〔19〕 I. 2,22,2; I. 3. 14. 2; I. 4,6,17. 参见[古罗马]优士丁尼:《法学阶梯》(第 2 版),徐国栋译,中国政法大学出版社 2005 年版,第 253 页、第 347 页、第 465 页。

〔20〕 参见[意]桑德罗·斯奇巴尼选编:《民法大全选译·债·私犯之债(Ⅱ)和犯罪》,徐国栋译,中国政法大学出版社 1998 年版,第 88 ~ 89 页。

〔21〕 参见[古罗马]阿庇安:《罗马史》(上卷),谢德风译,商务印书馆 1976 年版,第 488 页。

〔22〕 参见[日]盐野七生:《恺撒时代》(卢比孔之前),李曼榕、李壁年译,台北,三民书局 2004 年版,第 56 ~ 57 页。

〔23〕 保罗说,"被海盗或强盗捕获的人保持自由人身份"(D. 49,15,19,2.《萨宾评注》第 16 卷);乌尔比安也说,"被强盗捕获的人并不成为此等强盗的奴隶"(D. 49,15,24.《法学阶梯》第 1 卷)。

一支最多可由15个军团和200条船舰组成的军队剿灭地中海上的海盗。[24] 第三类是道德风险，如伪报船难，即船主谎称发生海上失事，把船货非法卖掉，把船藏起来或毁掉。[25] 遇上这种风险的货主（可能是罗马国家）就血本无归了。

二、罗马私法和公法应对海事风险的机制

既然有风险，必然有相应的法律应对机制。现代人常用的机制是海事保险，即投保人向保险人支付保费，在发生保险事故时保险人赔偿投保人的损失的机制。其本质是分散风险，让它被多数人的日常的小额支出消化掉，避免一个事故压垮一个投保人。罗马人以如下几个私法和公法制度分散风险。

（一）罗得弃货规则

罗得岛由于处在海运中心的地位，是海法的诞生地，罗马人接受其海法，《学说汇纂》第14卷第2题专门探讨《关于共同海损的罗得法》。该法的内容是：在发生风暴时，可以弃货减轻船的负载以逃出危险区域。灾难过去后，失去货物的货主可以根据运送合同起诉船舶经营人。而船舶经营人可以起诉那些货物被救的货主，以便让大家分摊损失。船舶经营人可留置被救的货物达到这一目的。[26] 这样，被弃货物的损失得到了分摊，货主承受的风险由此减少，构成某种保险。其中，货主们相互以自己货物的价值担保他人货物的安全。可以说，各货主彼此结成了一个保险合伙。但在这样的关系中，不存在预先支付的保费，也不存在独立于货运合同当事人的保险人。

在客货混装的情形下，乘客是否要分摊海损？这要看乘客是奴隶还是自由人，奴隶有价值，其主人要分摊损失。自由人不受估价，所以，应不分摊损失。但他们带的珠宝和衣服被拯救了的，这部分价值要参与分摊，而路上带的消费品，如食物，不参与分摊（D. 14,2,2,2. 保罗：《告示评注》第34卷）。[27]

---

〔24〕 See Anna Tarwacka, *Romans and Pirates: Legal Perspective*, Warzawa, Wydawnictwo Uniwersytetu Kardynala Stefana Wyszynskiego, 2009.

〔25〕 See Freda Utley, *Trade Guilds of the Later Roman Empire*(master's thesis, London School of Economics, 1925), http://www.fredautley.com/thesis6.htm, Oct. 24, 2012.

〔26〕 D. 14,2,2pr. 保罗：《告示评注》第34卷。译文参见王小波：《〈罗得海商法〉研究》，中国政法大学出版社2011年版，第221页。

〔27〕 See Mommsen and Alan Watson, *The Digest of Justinian*, Volume 1, Philadelphia, University of Pennsylvania Press, 1985, p. 419.

（二）海事借贷（Foenus nauticum）

这是一种特殊的借贷合同，特殊性之一在于借款人是航运企业，借款的目的在于维持航行或从海外进货。特殊性之二在于借款人的还款义务取决于航运顺利，如果船或商品未达目的地，则还款义务解销，这样，海事活动的风险落在了出借人头上。当然，利益与风险成正比。如果航运成功，则借款会以高息返还。[28] 高息可以高到什么程度？可以是法律允许最高息12%的两倍、三倍甚至四倍。[29] 这样的合同把保险和借贷捏在了一起。借款人航运成功后付出的高额利息算是保费。借款人在航运失败情况下损失的贷款算是保险赔偿金。

（三）人身险

以上讲到了海难财产保险，未讲海难人身保险。没有资料提到罗马法中有专门的海难人身险，但有一般的人身险。乌尔比安在其《萨宾评注》第50卷中说：如果某人订立这样的要式口约“你允诺在我死后对我女儿为给付吗”或“你允诺在我女儿死后对我为给付吗”，有效。[30] 这两个口约至少可以被解释为人身意外险。按第一个合同，如果投保人“我”发生包括海难在内的保险事故，保险人“你”要偿付受益人“我女儿”赔偿金。按第二个合同，如果被保险人“我女儿”发生保险事故，保险人“你”要向投保人兼受益人“我”偿付赔偿金。

（四）穷人团

罗马还有葬礼合作社（collegium funeraticium）和穷人团（collegium tenuiorum）起到类似的保险作用。罗马共和时期存在的各种行会都有为成员提供葬礼的功能，所以都可以把它们叫作葬礼合作社，但到了帝政时期的奥古斯都时代才出现穷人团。顾名思义，这是穷人的组合，“穷人”包括门客、解放自由人、奴隶等，他们组团有双重目的：其一，祭拜共同的保护神；其二，为死去的成员提供体面的葬礼。如此运作：成员按月缴纳会费，形成一笔共有基金。“团”在其成

---

〔28〕 Cfr. G. Pugliese, Istituzioni di diritto romano3, con la collaborazione di F. Sitzia e L. Vacca, Torino, 1991, p. 536.

〔29〕 See Geranrd Noodt, *The Three Books on Interests - Bearing Loans and Interests*（*Foenus and Usurae*）, Third Edition, Leiden, 1724, p. 132. 关于罗马法上的法律允许最高利息为何，有不同的学说。里卡尔多·卡尔迪里教授认为是8.33%。Cfr. Ricardo Cardilli, “Plebiscita et Leges Antiusura. Leges Fenebres”, Ius Civile ed ‘Indebitamento’ della Plebe: a proposito di Tac. Ann. Vi, 16, 1 - 2, http://www.dirittoestoria.it/7/Memorie/Cardilli - Plebiscita - leges - antiusura.htm#_A._Faenus_unciarium_e_Legge_delle_X, April 5, 2010.

〔30〕 See Mommsen and Alan Watson, *The Digest of Justinian*, Vol. 4, Philadelphia, University of Pennsylvania Press, 1985, p. 657.

员之一去世时，提供其遗嘱继承人葬礼费用或自行安排葬礼。如果成员死在离其城市20罗马里以外的地方，"团"会派出3名委员到场安排葬礼或报销已支出的葬礼费用。但自杀者不享有上述权利。[31] 匈牙利学者A. Váradi把葬礼合作社和穷人团解释成罗马的人寿保险和健康保险。[32] 按这一制度，海难中的死者如果参加了穷人团，尽管不能获得全额的人身赔偿，但至少可以获得葬礼费用的赔偿，这也可称为死亡保险了。

（五）国家承担损失

罗马公法对海上风险的应对是国家承担损失。对此有两个文献证据。容分述之。

根据李维在其《罗马史》第23卷第49章第二节中的记载，有19个成员的3个公司与元老院订立军运合同，条件有两个：其一，豁免他们的兵役，因为他们已在为国服务；其二，他们承运的货物如果因为敌人的攻击或风暴灭失，损失由国家承担。元老院按他们的条件订立了运送合同。[33]

苏维托尼乌斯在其《罗马十二帝王传》中记载：由于数年的收成不好，罗马缺粮，饥民们把克劳丢斯皇帝堵在集议场责骂他，用面包块扔他，他好不容易才逃脱。从此，他采取一切可能的措施增加对罗马城的供应，哪怕在冬季，其中包括赔偿运输商由于海上风暴承受的损失。[34]

显然，在关系到国家重大利益的海运上，国家才承担海运风险，但这不是保险，而是承保。这样的安排与射幸性的保险相关，故一并论述。

三、罗马法中的海上保险合同

以上所言者都为化解海上风险的机制，它们都不具有投保人支付小额保费，在发生保险事故时获得赔偿的现代保险特征，那么，罗马法是否有符合现代保险特征的合同呢？答案是肯定的。

---

〔31〕 Cfr. Maurizio Borda, "I collegium funeraticium", http://letterepaoline. net/2010/11/02/i - << collegia - funeraticia >> /, March 5, 2016.

〔32〕 See A. Váradi, "Preliminary data of life and health insurance in the Roman Law (The collegium funeraticium and the collegium tenuiorum)", *Orv Hetil.*, 2007, 148(52): 2477 - 81.

〔33〕 See Titus Livius, "The History of Rome", Book 23, edited by Frank Gardener Moor, http://www.perseus. tufts. edu/hopper/text? doc = Perseus% 3Atext% 3A1999. 02. 0157% 3Abook% 3D23% 3Achapter% 3D49, March 5, 2016.

〔34〕 参见[古罗马]苏维托尼乌斯：《罗马十二帝王传》，张竹明译，商务印书馆1995年版，第204页。

第一个论据是乌尔比安在其《告示评注》第2卷中的一个法言："你允诺保全1万吗"这样的要式口约，有效（D. 45，1，67pr.）。这里的口约提出人担心自己的一笔财产处在风险中，故请求一个第三人承担此等风险。如果第三人允诺承担，就构成一个地道的保险合同，[35]尽管乌尔比安的文本并未告诉我们这个第三人可得到多少保费。

第二个论据是《学说汇纂》中记载的两个具有保险合同意味的要式口约。其一是D. 12，6，60pr.（保罗：《问题集》第3卷）把"如果船从亚细亚到达或不到达"作为债务人履行的条件的规定；其二是D. 44，7，44，2（保罗：《裁判官告示评注》第74卷）把"如果船不从亚细亚到达"作为给付100个币的条件的规定。[36]第一个合同中的条件有船到与船不到两种可能，不到的情形就是发生保险事故了，此时的保险人作为债务人承担赔偿义务。在到的情形，保险人也要偿付保费。所以，全面来看，第一个合同是两全保险合同。在第二个合同中，投保人与保险人就船是否从亚细亚到达进行射幸，结果船未到，投保人射幸成功，保险人乖乖交100个币的赔偿金。

这个条件中的"亚细亚"指博斯普鲁斯海峡以东的地方，包括现在的土耳其、叙利亚、黎巴嫩、利比亚、以色列濒临地中海的领土，假定这个条件意指的船到达地是罗马，那么，从亚细亚到罗马的距离几何？为方便计算，我选处在亚细亚的耶路撒冷为起算点，从它到罗马的空中直线距离是2302. 78公里，1242. 98海里。[37] 在海上走，由于不可能走直线，路程要长得多，风险要大得多。幸好圣保罗走过一次并留下了详细记载，我们得以了解"如果船从亚细亚到达"之条件的含义。在这次受审旅行中，圣保罗乘坐的船多次遭遇风暴，不得不两次弃货，一次抛弃船具，一次搁浅，一次船尾被冲坏。情境之危难，以至于水手要弃船逃走，乘客畏惧得吃不下饭，需要圣保罗劝他们吃。乘员在马耳他是游水上岸的。可谓千难万险，船才从亚细亚到达。可以说，"如果船从亚细亚到达"的条件非常难以实现。这样的艰难就落在了第二个和第三个合同的保险人身上，船没有从亚细亚到达，他要赔偿，赔第一个投保人的金额不明，赔第二个投保人的金额是100个币。

---

〔35〕 Cfr. Guido Tedeschi，Il Diritto marittimo dei Romani，Montefiascone，1899，p. 170s.

〔36〕 Cfr. Guido Tedeschi，Il Diritto marittimo dei Romani，Montefiascone，1899，p. 169.

〔37〕 参见 http://www. guwentravel. com/travel/zh/israel/jerusalem/distance_rome. html，2016年3月6日最后访问。

或问，罗马与海外行省的航线众多，如盖尤斯在其《论口头之债》第2卷（D. 45,1,141,7）中也谈到了“如果船从阿非利加到达，你允诺给我蒂丘斯否？”这样的条件，[38]但在50卷的《学说汇纂》中仅此一次而已，而“如果船从亚细亚（或不）到达”这样的条件在《学说汇纂》中出现了18次，[39]数字的对比反映出亚细亚航线比阿非利加航线给罗马法学家留下了更深的印象。为何亚细亚航线成为他们老生常谈的话题？此乃因为这条航线的贸易更频繁。亚细亚出产纺织品和奢侈品，且气候适宜，交通方便，由此成为罗马的重要贸易对象。[40] 罗马与亚细亚的贸易如此之多，以至于罗马于62年颁布《亚细亚关税法》（Lex Portus Asiae）规定亚细亚行省的税项和征收。对紫螺的税率是5%。[41] 紫螺是紫色染料的来源，每只紫螺只能提供一滴紫色料的液体，当紫螺死去时必须马上割开提

---

〔38〕 See Mommsen and Alan Watson, *The Digest of Justinian*, Volume 4, Philadelphia, University of Pennsylvania Press, 1985, p. 677.

〔39〕 它们分别是：D. 4,8,11,4；D. 12,6,60pr.；D. 18,6,8,1；D. 21,2,46,2（两次出现“如果船从亚细亚到达”的条件）；D. 23,4,23；D. 28,5,33；D. 28,5,60,6；D. 33,2,21；D. 35,1,2；D. 35,1,10,1；D. 35,1,21；D. 37,11,2,1；D. 37,11,8pr.；D. 44,7,44,2；D. 45,1,63；D. 46,1,72；D. 46,7,13pr.。D. 4,8,11,4（乌尔比安：《告示评注》第13卷）把“如果船从亚细亚到达”作为进行仲裁的条件；D. 12,6,60pr.（保罗：《问题集》第3卷）把“如果船从亚细亚到达或不到达”作为债务人履行的条件；D. 18,6,8,1（保罗：《萨宾评注》第33卷）把“不论船从亚细亚到达或不到达”作为购买奴隶的条件；D. 21,2,46,2（阿富里坎：《问题集》第6卷）把“如果船从亚细亚到达”作为解放奴隶斯提古的条件；D. 23,4,23（阿富里坎：《问题集》第7卷）把“如果船从亚细亚到达”作为给付遗赠的条件；D. 28,5,33（盖尤斯：《内事裁判官告示评注·遗嘱》第2卷）把“如果船从亚细亚到达”作为指定某人为继承人的条件；D. 28,5,60,6（杰尔苏：《学说汇纂》第16卷）把“如果船在一定的期日从亚细亚到达”作为蒂丘斯取得剩余的遗产份额的条件；D. 33,2,21（保罗：《〈优流斯以及帕皮尤斯和波培乌斯法〉评注》第7卷）把“如果船从亚细亚到达”作为授予蒂丘斯用益权的条件；D. 35,1,2（乌尔比安：《萨宾评注》第5卷）作为遗嘱处分的条件；D. 35,1,10,1（乌尔比安：《萨宾评注》第23卷）把“如果船从亚细亚到达”作为遗赠的条件；D. 35,1,21（尤里安：《学说汇纂》第31卷）把“如果船从亚细亚到达”作为继承人接受遗产的条件；D. 37,11,2,1（乌尔比安：《告41评注》第5卷）把“如果船从亚细亚到达”作为指定继承人的条件；D. 37,11,8pr.（尤里安：《学说汇纂》第24卷）把“如果船从亚细亚到达”作为指定蒂丘斯为三分之一遗产的继承人的条件；D. 44,7,44,2（保罗：《裁判官告示评注》第74卷）把“如果船不从亚细亚到达”作为给付100个币的条件；D. 45,1,63（阿富里坎：《问题集》第6卷）把“如果船从亚细亚到达”作为要式口约生效的条件；D. 46,1,72（盖尤斯：《论口头之债》第3卷）把“如果船从亚细亚到达”作为保证生效的条件；D. 46,7,13pr.（乌尔比安：《论断集》第7卷）把“如果船从亚细亚到达”作为履行判决的条件。

〔40〕 See Barbara Levick, "The Roman Economy: Trade in Minor Asia and the Niche Market", *Greece & Rome*, Vol. 51, No. 2, 2004, p. 198.

〔41〕 参见齐云、徐国栋：《罗马的法律和元老院决议大全》，载徐国栋主编：《罗马法与现代民法》（第8卷），厦门大学出版社2015年版，第223页。

取，因为这些紫色料储藏在一条细小的血管中，紫螺死后不久这个紫色液体就会变干。[42] 由于其取得如此难，故其价格昂贵。而罗马人对这种染料的需求较大，高级长官的袍服都以这种染料染。紫螺染成的紫绒，在优士丁尼时代仅可由皇帝使用。[43] 非独此也，亚细亚行省的首府以弗所在罗马法学家手里也成为遥远的旅行地的代名词。“你答应在以弗所给付否”这样的要式口约订立后，如果债权人要求在罗马履行，构成在地点上的夸大债权（I. 4，6，33c）。[44]

但也有人质疑上述理论。例如，对于“你允诺保全1万吗”这个要式口约，当代意大利法学家 Marco Rossetti 就援引中世纪法学家阿库修斯（约1182—1263年）对这一法言的评注，认为该法言说的是委任第三人照管1万，[45] 与保险无关。古雅斯（Jaques Cujas，1522—1590年）则认为这个口约是保佐人做出的，他应官厅的要求担保他的被保佐人的1万财产将完整无损。[46] 波捷（Robert Joseph Pothier，1699—1772年）持同样的见解，不过还提出了监护人作为这种口约的主体的可能。[47]

所以，罗马法中有海事保险合同还不是全体接受的观点，通说仍然是海事保险合同起源于14世纪的意大利海上共和国，如热那亚。[48]

四、结论

综上所述，罗马作为后来居上的海事国家，有一整套应对海上货运和客运风险的法律机制。这一机制分为公法和私法两个方面：前者是国家承保为国运货的私人承担的海上风险。后者是私人通过支付保费让保险人承担海上风险，它分为财产保险和人身保险两个方面：财产保险的手段有罗得弃货规则、海事借贷、海上保险合同三者，前二者是保险关系与运送关系、借贷关系的混合，海上保

〔42〕 参见苏三：《向东向东再向东：〈圣经〉与夏、商、周文明起源》，青海人民出版社2007年版，第221页。

〔43〕 See Stephanie Lysyk，“Purple Prose：Writing，Rhetoric and Property in the Justinian Corpus”，10 Cardozo Stud. L. & Lit. 33.

〔44〕 参见［古罗马］优士丁尼：《法学阶梯》（第2版），徐国栋译，中国政法大学出版社2005年版，第477页。

〔45〕 Cfr. Marco Rossetti，Il diritto di assicurazionI，Vol. 1. CEDAM，2011，p. 15.

〔46〕 Cfr. Iacobi Cujacii Opera Omnia，Tomus Quintus，Typographis，Neapoli，1658，p. 1240.

〔47〕 Cfr. Pandectae，Justinianae in novom ordinem digenstae，Berlin，1821，p. 206.

〔48〕 参见王永宏：《海上保险的起源》，载《海洋世界》2004年第11期；也参见黄蓉：《保险法发展史略》，载《江苏保险》1994年第3期。

险合同则是单纯的保险关系;人身保险无专门针对海事风险的,穷人团作为普遍的葬礼费用的保险机制可运用于海难中的人身损失。

上述论证证明,罗马法原始文献对海上保险保持沉默[49]的说法是说不过去的,尽管罗马人的海事保险与其现代的对应物还有这样那样的差别,但说罗马人已有了风险意识以及通过一定的法律机制分散此等风险的意识,则是安全的。

对罗马的海上保险的存在的确认会促进对罗马的一般的保险制度的存在的确认,[50]进而促进对罗马法中有商法的确认,因为保险法是商法的重要内容,这有利于打破商法中世纪商人法起源说。[51]由于保险属于第三产业,对罗马法中的保险制度的确认,又将促进对罗马法中的第三产业法的存在的确认。

2016年3月9日完稿于胡里山炮台之侧,时值三八节后次日

---

〔49〕 See John Duer, *The Law and Practice of Marine Insurance*, Vol. 1, New York, John's Voorhies, 1845, p. 19.

〔50〕 罗马讽刺诗人 Marcus Valerius Martialis 的《碑铭诗》第3卷第52首这样写道:"你花2000个币把房子买到手常发的火灾夺它走10倍的赔款到你手我问你,佟济利亚努斯,火灾是否出你手?"从这首诗似乎可以得出古罗马有房屋火险以及有相应的骗保行为的结论。对此,南非学者 PJ. Thomas 在其"Insurance in Roman Law"(In The South African Law Journal, 2009·2, p. 264ss)一文中做了分析。另外,Marco Rossetti 认为 D. 16,1,19;D. 16,3,1,35;D. 17,1,39;D. 18,6,1;D. 19,2,13,5;D. 20,4,6,1;D. 45,1,45,2;D. 45,1,63;D. 45,1,129;D. 45,1,67pr.;D. 46,1,72 涉及保险(承担风险)的因素。Cfr. Marco Rossetti, Il diritto di assicurazionI, Vol. 1. CEDAM, 2011, p. 12ss.

〔51〕 持此论的作者很多,参见王璟:《析商法的起源:兼谈加入 WTO 与我国商法的振兴》,载《政法论丛》2003年第1期。

罗马民事诉讼法对滥诉和滥用程序的预防和制裁*

——兼论拉丁法族主要国家(地区)的这些方面

一、序言

如同有货币就有假币,有诉讼就有滥诉。自从有了公力救济的诉讼后,人们就发现它可以成为一个打击相对方的手段而滥用之,从此也就有了人类制服滥诉的历史。在这方面,罗马人卓有经验,可为作为处理滥诉“新手”的我国之借鉴。故作本文,介绍罗马法预防滥诉和滥用程序的经验以及此等经验在拉丁法族主要国家中的呈现。本文只探讨拉丁法族主要国家打击滥诉和滥用程序的经验,并不意味着大陆法系中的日耳曼法族国家和英美法系国家没有这方面的经验或虽有但无价值,只是为集中笔墨,另外因为拉丁法族国家是罗马法的第一顺位继承人。

在本文中,滥诉是原告方希望利用法官错误取胜或为折磨对手发动的诉讼。它在刑事诉讼和民事诉讼中都有可能发生,本文只探讨民事诉讼中的滥诉。在民事诉讼中,原被两造都有可能滥用诉权,但本文为缩小研究对象,只探讨罗马诉讼程序中原告方的此等行为,只有在顺便的情况下才探讨被告方的此等行为。在本文中,“原告方”(“被告方”)的表达不仅涵盖原告(被告)本人,而且涵盖其律师或其他诉讼代理人。律师知晓法律,而且诉讼的输赢与其收入正相关,是更多时候的滥诉主体,但他们在这样做时,往往借助的是原告的名义。

---

* 本文原载《中外法学》2016 年第 4 期。

滥用程序是原告或被告利用自己对诉讼手段的了解,不当运用它们损害自己的诉讼相对人并为自己牟取利益的行为。为了缩小研究对象,本文原则上只研究罗马诉讼程序中原告方面的滥用程序行为。

前文已述,我国法律在处理滥诉和滥用程序问题方面是个“新手”,因为在改革开放前,没有严格意义上的诉讼,所以也没有这种意义上的诉讼的副产品。改革开放后,诉讼走上正轨,滥诉和滥用程序相伴而生,刺激学界作出反应,因此,积累的文献不少,但论述理路独特,不大与罗马法传统国家处理和研究这一问题的同行的理路搭界,所以,借鉴罗马人的经验,对于完善我们限制滥诉和滥用程序的制度,当有意义。由于《十二表法》是罗马的成文法的源头,我的论述从它开始。

二、《十二表法》时期关于滥诉和滥用程序的规定

《十二表法》时期与法律诉讼时期重合,所以,本节讲的实际上是法律诉讼时期的滥诉和滥用程序问题。

(一)《十二表法》时期对滥诉的制裁

首先,第二表第 1a 条规定了对滥诉者的誓金制裁。其辞曰:诉讼标的在 1000 阿斯以上的,交誓金 500 阿斯;标的不满 1000 阿斯的,交誓金 50 阿斯。关于自由身份之诉,一律交 50 阿斯的誓金。[1] 显然,本条规定的誓金是根据案件性质的不同征收的。财产性的案件按两个基数征收,两种征收都是固定费率,不似现代法按百分比征收。人身案件按固定费率低额征收,以减轻当事人的负担。

但誓金并非在原告起诉时征收,而是在庭审中当事人双方发生了争议时才征收。换言之,如果开庭后被告完全接受原告的请求,则不发生征收誓金问题。在被告否认原告的主张时,原告要求与被告赌誓,被告接受挑战,则发生誓金的虚拟的征收,即不实收誓金,只要求“两造”为支付它提供保证人(Gai. 4,16)。[2] 这是根据《关于誓金的帕皮流斯法》(Lex Papiria de sacramento)作出的改变。该法颁布年代不详,由保民官帕皮流斯(L. Papirius)提起,规定:在誓金法律诉讼中,誓金并不需要实际提存,但必须对它进行担保。从此不实收誓金,以

---

〔1〕 本文援引《十二表法》条文,全部出自《十二表法新译本》,徐国栋、[意]阿尔多·贝特鲁奇、纪慰民译,载《河北法学》2005 年第 11 期。后文中不再说明。

〔2〕 参见[古罗马]盖尤斯:《法学阶梯》,黄风译,中国政法大学出版社 1996 年版,第 294 页。

方便穷人打官司。[3] 败诉后,败诉方的保证人把誓金交给裁判官,后者将之纳入国库(Gai. 4,13)。[4]这时的誓金就成了滥诉罚金。

以上说的是誓金之诉中的誓金,另外在要求给付之诉中也有誓金。这是债权之诉,由公元前200年的《西流斯法》创立。在这种诉讼中,双方当事人达成协议,拿出1/3的争议金额作为败诉罚金。原告没有告倒被告的,要丧失占诉讼请求额1/3的金钱。相反,被告允诺:如果败诉,除了承担判定的责任额外,还另外丧失占责任额1/3的金钱。[5] 在此等情形,原告的赌誓称为Restipulatio,被告的赌誓称为Sponsio。Restipulatio的意思是"再订一个要式口约",Sponsio的意思是"郑重承诺"。[6] 从这些意思出发,可以看出Restipulatio - Sponsio是一个在主约之外订立的附约。原告要求履行遭到拒绝的,诉至法院,并提出再订一个"谁说谎谁失财"的要式口约。被告也气壮如牛,摆出一个谁怕谁的姿态,说"这样可以"。双方都硬,但必有一方是假硬。该方可能是原告,也可能是被告,他要丧失占诉讼标的额1/3的誓金。盖尤斯告诉我们,此等誓金入公库(Gai. 4,13)。[7]公库即圣库,指祭神的基金。换言之,其并不入胜诉人的腰包。这种安排富有意味,它强调滥诉的受害人主要是国家的宗教秩序(古人把在法庭上撒谎看成也冒犯了神),相对人遭到的损害是次要的。更可道者,Restipulatio - Sponsio附约在固定誓金额的旁边开创了一个比例誓金额的模式,即按标的额的33.3%征收誓金的模式,可以说它是对前一种模式的改良。此等模式对后世有更大的影响。

其次,第六表第2条规定了被告无理否认原告的诉讼请求的责任。其辞曰:要按宣告的言辞履行,否认者,处按标的加倍的罚金。例如,原告追索保管在被告处的物品,被告根本否认保管关系的存在。此等行为当然违背了合同诚信,也违反了诉讼诚信,一旦查实确实存在保管关系,则判处被告承担相当于保管物价额两倍的罚金,同时还要返还保管物本身。

再次,第十二表第3条规定了滥诉损害赔偿,其辞曰:如果某人提起了没有

---

〔3〕 参见齐云、徐国栋:《罗马的法律和元老院决议大全》,载徐国栋主编:《罗马法与现代民法》(第8卷),厦门大学出版社2014年版,第217页。

〔4〕 参见[古罗马]盖尤斯:《法学阶梯》,黄风译,中国政法大学出版社1996年版,第292页。

〔5〕 Véase Alfonso Agudo Ruiz, Las Sanciones al Litigante Temerario en las Instituciones de Gayo, En Rivista Juridica de Navarra, No. 20, 1995, p. 158.

〔6〕 参见谢大任主编:《拉丁语汉语词典》,商务印书馆1988年版,第515页。

〔7〕 参见[古罗马]盖尤斯:《法学阶梯》,黄风译,中国政法大学出版社1996年版,第292页。

依据的物权诉求,如果愿意,长官应指定三个仲裁人,根据他们的裁量,按损害的双倍赔偿损失,外加孳息。[8] 本条中的"物权诉求",拉丁原文是 Vindiciae,费斯都斯说它是系争物。[9] Cincius 说它是从土地取出带到法庭上的土块。[10] 我们从盖尤斯处知道,在对物誓金之诉中,必须把标的物带到法庭。如果物不能被方便地带到法庭,则带其一部分。例如,如果系争物是土地,则从中拿一个土块。[11] 所以,本条的适用对象是以土地为标的的誓金之诉。原告滥诉的,当然要丧失提交的誓金。在此基础上,长官可根据自己的裁量确定是否进一步追究滥诉人。如果他作出肯定的决定,则指定三个仲裁人确定被告的损失,然后以此为基数加倍赔偿被告,外加孳息。由于诉讼标的是土地,在它被原告占有的期间当然会发生孳息。既然原告对土地的占有非法,他从此等土地取得的孳息当然构成不当得利,应返还于被告。

要指出的是,第十二表的规定是对前 5 表的增补。也就是说,在第一十人委员会完成第二表第 1a 条关于以丧失誓金打击滥诉的立法后,第二十人委员会发现其前任留下了立法漏洞:尽管以罚没誓金于国库的方式打击了滥诉,但誓金并未到滥诉者相对人的手中,如此,他的损失未被填补,于是补设此条解决这一问题。由此补齐了滥诉行为双重侵害客体的设定。但滥诉者的相对人并不必然有损失,所以立法者把是否发动本条规定的程序的权力交给执法者。但此时的立法者仅考虑了滥用物权之诉造成的相对人损失问题,未考虑滥用债权之诉可能造成的同样问题,由此又留下了一个新的立法漏洞。今人克劳福德试图以解释性的翻译填补这一漏洞,故把本条的第一句译为"如果某人提出了无根据的请

---

〔8〕 请注意,该条过去一直被误译为"凡以不正当名义取得物件占有的,长官……如愿意……指定仲裁员 3 人处理之;通过他们的判决……双倍地赔偿损害并应返还所得的孳息。"我根据费斯都斯《论字义》174 改正旧译法,费斯都斯这样记载:如果某人提起了没有依据的物权诉求……如果愿意,长官应指定三个仲裁员,根据他们的裁量,按照损害的双倍赔偿损失,外加孳息。Cfr. Sexti Pompei Festi, De Verborum Significatu Qu. E Supersunt cum Pauli Epitome, Pars I, Budapestini, 1889, p. 574. 在该条的现代语言译本中,似乎只有克罗福德的英译本正确翻译了本条的意思。See M. H. Crawford, *Roman Statutes*, Volume Ⅱ, Insititute of Classical Studies, School of Advanced Study, University of London, 1996, p. 719.

〔9〕 Cfr. Sexti Pompei Festi, De Verborum Significatu Qu. E Supersunt cum Pauli Epitome, Pars I, Budapestini, 1889, p. 516.

〔10〕 Cfr. Sexti Pompei Festi, De Verborum Significatu Qu. E Supersunt cum Pauli Epitome, Pars I, Budapestini, 1889, p. 516.

〔11〕 参见[古罗马]盖尤斯:《法学阶梯》,黄风译,中国政法大学出版社 1996 年版,第 290 页。

求……"[12]这一文句就可把滥用物权之诉和债权之诉都包罗进来了，但可能并非罗马人的本意。

通过此条，我们看到《十二表法》对滥诉者的打击力度不小：一是让他们丧失誓金；二是让他们双倍赔偿被告的损失；三是让他们返还占有标的物生成的孳息。通常情况下只对滥诉者进行第一层次的打击。是否进入第二和第三层次的打击，取决于法官的决定。如果他们作出了这样的决定，他们就是依职权对滥诉行为进行打击者。基本的理路是"一案两审"，在审完当事人间的争议后再审如果有的滥诉案。这一理路为后世的许多立法继承。

最后，是管辖预防滥诉，即确立"原就被"（actor sequitur forum rei）的管辖规则。这一规则不见诸《十二表法》，而是见诸公元前287年的《关于平民会决议的沃尔滕修斯法》（Lex Hortensia de plebiscitis），该法规定，法官管辖权取决于被告的住所，原被告不在一地的，原告应向被告住所的法官起诉，即使有关物权的诉讼也不例外。[13] 这一规则让原告到被告的住所地起诉，让他们在踏进法院之门前就感受到诉讼的成本和麻烦，以此挫磨其滥诉冲动。

（二）《十二表法》关于滥用程序的规定

第一表第2条规定了对拒绝到庭（comtumacia）者的制裁。该条规定：如果或躲或逃而不去，就把他抓住。说的是原告传唤被告出庭时，被告以逃逸的方式拒绝出庭的，原告可以自力救济的方式解决。拒绝出庭就是在刑民诉讼中有义务出庭而不出庭。被告出庭为完成证讼所必要。所谓证讼，为当事人在长官的支持下当着证人的面确定诉讼标的，并同意将他们间的争议交给私法官审理的法庭程序。[14] 法律诉讼分为法律审和事实审，证讼是法律审末期的当事人与长官协作行为，不完成这一程序，就无法进入下一程序。所以，我认为拒绝出庭属于滥诉行为，因为不出庭会导致诉讼难以顺利进行，扰乱诉讼秩序，折腾对方当事人，至少让他白跑一趟。

总之，《十二表法》无论对于滥诉还是滥用程序，都有规定，开启了后世罗马法这两方面规定的基础。

---

〔12〕 M. H. Crawford, *Roman Statutes*, Volume Ⅱ, Insititute of Classical Studies, School of Advanced Study, University of London, 1996, p. 719.

〔13〕 参见齐云、徐国栋：《罗马的法律和元老院决议大全》，载徐国栋主编：《罗马法与现代民法》（第8卷），厦门大学出版社2014年版，第199页。

〔14〕 参见黄风：《罗马法词典》，法律出版社2002年版，第169页。

三、盖尤斯《法学阶梯》关于滥诉和滥用程序的规定

盖尤斯于161年出版的《法学阶梯》属于古典时期和程式诉讼时期,其中对滥诉作了系统的规定,由于时代背景不同,其关于滥诉的规定有所调整。

(一)各种滥诉行为

1. 原告诬告。诬告的拉丁文为Calumnia。盖尤斯对它的定义如下:一方借助诉讼来折腾对手,并且希望主要利用法官的错误或不正义而不是依据事实获胜时,构成诬告,诬告者承担1/10的罚金(Gai. 4,178)。[15] 显然,这里的Calumnia的含义比诬告要宽,等于一般的滥诉。黄风根据该词所处的不同环境翻译其意思。把原告方面的Calumnia翻译为“中伤”,把被告方面的Calumnia翻译为“恶意否认”,这样的处理反映了Calumnia一词的复杂性。[16] 但要指出的是,被告方面的恶意否认还有另外的拉丁词infiteri表示,如前文提到的《十二表法》第六表第2条中的“否认”就是用的此词。所以,Calumnia主要还是用来描述原告方的行为。

2. 夸大权利(Gai. 4,53)。[17] 即超出自己请求权的范围对相对人提出过度主张的行为。其方式有:(1)标的夸大。有如某人只欠他10个金币的债务人主张20个金币;或者,某人只享有物的一部分,而他却诉求该物的全部或大于其份额的部分。(2)期限夸大。债权人在期限或条件完成之前提出要求属是,他由此剥夺了债务人的期限利益,因此被认为要求了更多的,多的数额是从提出要求日到债权到期日期间的贷款市场平均利息。(3)地点夸大。合同约定在某一地点给付,债权人却要求在另一地点为给付。这样增加了债务人的履行成本。(4)原因夸大。即以剥夺相对人的选择权的方式行使债权。例如,某人根据要式口约只可主张一个一般的奴隶,但他特定地要求斯提古;或对一般的酒享有债权,但他特定地要求康盘尼亚的酒;或对一般的紫绒享有债权,但他特定地要求迪鲁斯的紫绒。在这些例子中,斯提古属于有特殊技能的奴隶,康盘尼亚的酒和迪鲁斯的紫绒在同类产品中品质更优。

---

〔15〕 参见[古罗马]盖尤斯:《法学阶梯》,黄风译,中国政法大学出版社1996年版,第370页。译文有改动。

〔16〕 参见[古罗马]盖尤斯:《法学阶梯》,黄风译,中国政法大学出版社1996年版,第370页。第13页。

〔17〕 夸大权利部分的法言,全部参见[古罗马]盖尤斯:《法学阶梯》,黄风译,中国政法大学出版社1996年版,第314页及以次。

（二）盖尤斯《法学阶梯》对滥诉的制裁

1. 对诬告者的制裁。（1）被告恶意否认之诉。被告恶意否认原告的请求的，依据不同的案型对此等被告课以罚金制裁。对于已决案、已清偿物、非法损害或嘱令遗赠案型，适用双倍之诉。“已决案”，指被告否认曾有过课加他责任的判决；“已清偿物”，指被告否认原告已对他清偿过，要求再次清偿；“非法损害”，指被告否认对原告有过致害行为；“嘱令遗赠”，指有义务向受遗赠人交付死者命令他给付的遗赠物的继承人否认有遗赠之存在。在这“双倍”中，一半是被告本来应为的给付额，另一半是罚金。在确定的金钱债务之诉（Actio certa pecuniae creditae）、约定还债之诉（Actio de pecunia constituta）的案型（前者是要求给付之诉的救济手段，后者针对的是约定自己还债或代他人还债的裁判官简约）中，允许被告反赌誓（Sponsio）。如果原告胜诉，在确定的金钱债务之诉的案型中，被告丧失标的额的1/3作为罚金。在约定还债之诉的案型中，罚金为标的额的1/2（Gai. 4,171）。[18]（2）诬告之诉，判处诬告者承担诉讼标的额1/10的罚金，适用于一方借助诉讼来折腾对手，并且希望主要利用法官的错误或不正义而不是依据事实获胜的情形（Gai. 4,178）。[19]（3）诬告宣誓，只能由原告在裁判官授权的情况下提出这个要求。裁判官作出授权的情形有：被告未作出反赌誓；不承担对抗恶意否认责任者的双倍罚金之诉；不承担其他多于简单价值的诉权，如现行盗窃之诉（四倍诉权）和非现行盗窃之诉（双倍诉权）。宣誓的内容是：不恶意地予以否认。另外需要宣誓的是充当被告的继承人或处在继承人地位的人，他们的原告可能是受遗赠人或寄托人。最后需要宣誓的是妇女和被监护人，他们不能作出反赌誓，所以要以宣誓来确保自己的诉讼诚实（Gai. 4,172）。[20]作伪誓者承担宗教性的责任。有人说他也承担世俗性的责任：监察官对伪誓者可在其考评中作出不利于他的记录。[21]但这种制裁要以监察官制度的存在为基础，但该职官在公元前22年已被废除，[22]所以，到盖尤斯的时代，对

〔18〕参见［古罗马］盖尤斯：《法学阶梯》，黄风译，中国政法大学出版社1996年版，第368页、第370页。

〔19〕参见［古罗马］盖尤斯：《法学阶梯》，黄风译，中国政法大学出版社1996年版，第368页、第370页。

〔20〕参见［古罗马］盖尤斯：《法学阶梯》，黄风译，中国政法大学出版社1996年版，第368页。

〔21〕Véase Alfonso Agudo Ruiz, Las Sanciones al Litigante Temerario en las Instituciones de Gayo, En Rivista Juridica de Navarra, No. 20, 1995, p. 162.

〔22〕参见贺五一：《略论古罗马共和国的监察官制》，载《广西社会科学》2006年第4期。

伪誓者的惩罚只剩下宗教性的类型了。(4)反诉。是被开释的被告针对无理起诉的原告提起的诉讼,其目的是让反诉被告承担1/10或1/5的罚金。盖尤斯时代的反诉只能针对几种案型进行:其一,侵辱之诉,其中,一人控告他人侮辱自己,该他人反诉原告侮辱了自己;其二,一人控告妇女为胎儿占有先夫的财产,又故意将此等财产转给他人占有,该妇女反诉控告人;其三,一人起诉他人,不承认他经裁判官允许占有某财产,后者反诉该人。第一种案型的罚金是1/10,后两种案型的罚金是1/5。超出这些案型不得反诉。反诉是比对诬告的惩罚更重的惩罚。诬告的构成要求故意。反诉不要求,只要本诉的原告未赢,他就要受罚。〔23〕 (5)原告赌誓(Restipulatio)。即原告允诺,如果自己败诉,丧失1/3的诉讼标的额。原告起诉只要未赢就要兑现此等罚金。〔24〕 与《十二表法》时代的原告赌誓不同,盖尤斯时代的原告赌誓金不再入公库,而是归胜诉者(Gai. 4,13)。〔25〕这意味着立法者对滥诉行为主要受害人认识的变化。过去认为此等受害人是国家,现在认为是相对人。

2. 对夸大权利者的处理。原告在诉状中提出了多于公正估价的金额的,将败诉(Gai. 4,53),也就是丧失其物。〔26〕 换言之,法官不会给他的请求打折,满足他在其债权额内的诉求,而是在置他的超过部分的请求于不理的同时,剥夺其在合理范围内的请求。此等剥夺当然构成一种重罚,理路是,让想占便宜的人连应得的份额都得不到。

3. 诉讼税。这是一项不包含在盖尤斯《法学阶梯》中,但属于靠近盖尤斯时代的一项客观上有预防滥诉作用的措施,即卡里古拉皇帝(12—41年)开征的1/40的诉讼税(Quadragesima litium)。尽管法国学者R. Cagnt认为很早以来罗马法就规定民事诉讼的原告在其案件的审判地向国库支付诉讼标的1/40的金额,但如果后来当事人达成了和解协议,就不收此税,然而卡里古拉为了揽钱,修改了这种体制,规定无论审判的结果如何,都要交此税。苏维托尼乌斯的《罗马十二帝王传》确认这是一项前所未有的新税。〔27〕 卡里古拉创立此税是为了敛财,故以口头而非书面法律宣布此税,以图人们犯法交税,吃了亏的人民遂要求

〔23〕 参见[古罗马]盖尤斯:《法学阶梯》,黄风译,中国政法大学出版社1996年版,第370页。
〔24〕 参见[古罗马]盖尤斯:《法学阶梯》,黄风译,中国政法大学出版社1996年版,第372页。
〔25〕 参见[古罗马]盖尤斯:《法学阶梯》,黄风译,中国政法大学出版社1996年版,第292页。
〔26〕 参见[古罗马]盖尤斯:《法学阶梯》,黄风译,中国政法大学出版社1996年版,第314页。
〔27〕 参见[古罗马]苏维托尼乌斯:《罗马十二帝王传》,张竹明译,商务印书馆1995年版,第278页。

把这项征税措施成文化，卡里古拉屈服于压力如此行，但把颁布此税的文告的字写得很小，挂在拥挤的地方，让人们无法抄下来。[28] 而且，对于为了逃税而中断已开始的诉讼、在庭外和解的做法也规定了罚金（数目不详）。尽管如此，此税还是具有打击滥诉者的作用。[29] 因为自从授予意大利人罗马市民权以来，罗马的法院就遭遇到了诉讼狂潮，故需要采取措施过滤一些不必要的诉讼。[30] 对于滥用程序者，此税也有一定的遏制作用，因为在已发动诉讼的情况下在庭外和解并放弃诉讼，有滥用程序的意味。这一税种为伽尔巴（公元前3—公元69年）皇帝所废。[31]

（三）盖尤斯《法学阶梯》中关于滥用程序的规定

在罗马法中，滥诉与滥用程序有所区别。滥诉（Temeritas，相当于英文词Temerity）的本质是草率、无考虑。滥用程序的本质相反，是精于计算。滥诉者通常是无理起诉，而滥用程序者可能并非无理。[32] 滥用程序有以下表现：

1. 拒绝到庭。程式诉讼中也有证讼程序，不完成证讼，诉讼无法进入事实审阶段，法律对此的处理是判处不履行出庭保证者当然败诉，丧失担保金。对于不出庭方直接进入执行程序。执行的方式是拍卖其财产，对此有两个案例。

第一个案例是西塞罗于公元前81年[33]发表的法庭演说《为昆克求斯辩护》提供的：普布流斯·昆克求斯的兄弟盖尤斯·昆克求斯（Publius Quinctius）曾与塞克斯求斯·内维尤斯（Sextius Naevius）在以纳尔波为首府的高卢合伙经营，盖尤斯·昆克求斯去世时指定其兄弟为继承人。普布流斯赶来继承遗产，与内维尤斯就合伙财产的划分产生了争议。盖尤斯·昆克求斯留下了一些债务，普布流斯提出出卖其兄弟的一些土地偿债，但内维尤斯提出他有种种困难不能这么做。最后双方在罗马涉讼，都提出了出庭担保，但普布流斯在开庭时间没有到庭，这就构成了“提供了出庭担保但后来未出庭的”的拍卖财产制度适用理

---

〔28〕 参见［古罗马］苏维托尼乌斯：《罗马十二帝王传》，张竹明译，商务印书馆1995年版，第278页。

〔29〕 See Janne Polonen, “Quadragesima litium, Caligula's Tax on Lawsuite”, In Cashier Glotz, XIX, 2008, p. 85.

〔30〕 See Janne Polonen, “Quadragesima litium, Caligula's Tax on Lawsuite”, In Cashier Glotz, XIX, 2008, p. 85.

〔31〕 Voir R. Cagnt, Le Portorium chez les Romain, E. Thorin Editeur, Paris, 1880, p. 235.

〔32〕 Cfr. Chiara Buzzachi, L' Abuso del processo nel diritto romano, Milano, Giuffré, 2002, p. 10.

〔33〕 这一时间定位，根据S. Rex Stem, *The Political Biographies of Cornelius Nepos*, Michigan, University of Michigan Press, 2012, p. 71。

由。公元前69年的裁判官多拉贝拉(Publius Cornelius Dolabela)应内维尤斯的请求,判定他占有昆克求斯在纳尔波为首府的高卢的涉案财产30天,此后将拍卖此等财产,内维尤斯已为此张贴了拍卖公告。普布流斯被从争议财产中逐出。[34] 这个案子证明了拒绝出庭的法律后果。

第二个案例是戴克里先(250—312年)和马克西米利安皇帝(约250—310年)于294年给特伦求斯(Terentius)发布的一个敕答(C.7,53,9)提供的:某人因为管理特伦求斯的事务对其负债,特伦求斯讨要之,官司打到行省总督那里,但债务人藏匿。戴克里先和马克西米利安皇帝告诫特伦求斯可根据裁判官告示占有其债务人的财产,经过法律规定的期间后将之出卖。[35]

2. 以分诉折腾对手。即债权人不一次性地主张其全部权利,而是分次主张,以便骚扰债务人的做法。此时,他会遭遇分诉的抗辩(Litis dividuae)的抵制。按这一抗辩,他在为缩小债权之诉求后,不得在同一裁判官的任期内诉求差额(Gai.4,56)。[36] 这样就强行在债权人不同次数的起诉之间设立了时间间隔。

3. 故意遗漏案件。适用于原告与另一人间存在数个争议,他起诉其中的一些,拖延起诉另一些,想把它们交给另外的法官审理的情形,此时他可遭遗漏案件的抗辩驳回(Gai.4,122)。[37] 这样安排也是为了让法官综合考虑两人争议的全面情况以及它们彼此可能有的牵连,作出合理的判处。

四、优士丁尼《法学阶梯》时代关于滥诉和滥用程序的规定

533年的优士丁尼《法学阶梯》属于后古典时期,在民事诉讼法上属于非常诉讼时期。这一时期罗马帝国的行政体制已改变,建立了审级制度、上诉制度,[38] 所以,打击滥诉的体制条件已不同。优士丁尼《法学阶梯》继承了大部分盖尤斯《法学阶梯》关于打击滥诉和滥用程序的规定,但取消了反诉的制裁手段,把原告赌誓金改造为对滥诉人的金钱制裁,这些改变可能与优士丁尼时代已采用非常诉讼有关。

---

〔34〕 See Shane Butler, *The Hand of Cicero*, London and New York, Routledge, 2002, p. 9.

〔35〕 See *The Civil Law including The Twelve Tables*, *The Institutes of Gaius*, *The Rules of Ulpian*, *The Opinions of Paulus*, *The Enactments of Justinian*, *and The Constitution of Leo*, Vol. XIV, trans. and edited by S. P. Scott, Cincinnati, The General Trust Company, 1932, p. 231.

〔36〕 参见[古罗马]盖尤斯:《法学阶梯》,黄风译,中国政法大学出版社1996年版,第316页。

〔37〕 参见[古罗马]盖尤斯:《法学阶梯》,黄风译,中国政法大学出版社1996年版,第346页。

〔38〕 参见徐国栋:《罗马公法要论》,北京大学出版社2014年版,第174页。

（一）对滥诉的预防

1. 管辖预防。如前所述，"原就被"原则由来已久，公元前 287 年的《关于平民会决议的沃尔滕修斯法》即已确立之。公元前 17 年的《关于私诉的优流斯法》（Lex Iulia iudiciorum privatorum）软化了这一原则，把它设定为任意性规定，允许当事人以契约"约定管辖"。[39] 到了非常诉讼时期，戴克里先（250—312 年）重新硬化了这一原则。他把全帝国分为 4 个大区、12 个行政区和 101 个省。每个行政区划本身构成一个审判区。在案件的当事人跨区的情况下，实行"原就被"的管辖原则。[40] 在帝国囊括整个地中海沿岸、横跨欧亚非三洲的地理条件下，这大大地增加了原告滥诉的成本，客观上抑制了滥诉。

2. 宣誓。宣誓对信神的罗马人来说是有效的抑制做坏事冲动的手段，被用于预防滥诉行为。到了优士丁尼时代，基督教成为国教，福音书和圣经成为审判的必要工具。从 529 年开始，优士丁尼发布系列敕答建立和完善审判中的宣誓制度取代过去的诬告之诉制度。是年给大区长官 Demosthenes 的敕答中规定，原告不进行诬告宣誓的，不得提交起诉书和证据（C. 2,54 pr.）。[41] 534 年，在给大区长官约阿内斯的一个长篇敕答中对宣誓制度作出了详细规定。首先，要求原告要就未为诬告起诉作出宣誓。誓词为：我没有以诬告的意图发动诉讼，而是基于良好的理由起诉。其次，被告要作如下宣誓：我认为自己是运用了良好的论据才进行反驳的。最后，"两造"的律师也要在法官面前手按圣经宣誓。[42] 原告拒绝宣誓的，不仅不能进行诉讼，而且要作为不诚实的诉讼当事人输掉这一诉讼。被告不愿宣誓的，他被视为已承认原告的全部诉讼请求（C. 2,54, 2—7）。[43]

那么，如果当事人踊跃发誓，但发的是假誓，怎么办？那就要靠神法处理了。

---

〔39〕 参见齐云、徐国栋：《罗马的法律和元老院决议大全》，载徐国栋主编：《罗马法与现代民法》（第 8 卷），厦门大学出版社 2014 年版，第 207 页。

〔40〕 Cfr. Giovanni Ronga, Elementi di diritto romano, Vol. Ⅲ, Editrice Torinesi, 1871, p. 256.

〔41〕 See *The Civil Law including The Twelve Tables, The Institutes of Gaius, The Rules of Ulpian, The Opinions of Paulus, The Enactments of Justinian, and The Constitution of Leo*, Vol. Ⅻ, trans. and edited by S. P. Scott, Cincinnati, The General Trust Company, 1932, p. 254.

〔42〕 Cfr. Gottifried Strau, Gottlob Benjiamin Frizsche, Exercitatio juridical ad tit. Inst de poena temere litigantium, Gerdes, 1703, p. 4.

〔43〕 See *The Civil Law including The Twelve Tables, The Institutes of Gaius, The Rules of Ulpian, The Opinions of Paulus, The Enactments of Justinian, and The Constitution of Leo*, Vol. Ⅻ, trans. and edited by S. P. Scott, Cincinnati, The General Trust Company, 1932, p. 255ss.

根据但丁的《神曲》,伪誓者和诬告者要下地狱的第八圈,在那里被火烤到冒烟。[44]

3. 诉讼担保。

(1)当事人提供诉讼担保。这是一种保证允诺而非物保,可以由被告本人作出,也可由作为保证人的第三人作出,其内容是担保被告履行判决。对物诉讼中的标的物占有人要提供偿付判决额的担保。对人诉讼中的原告不用提出担保。

优士丁尼时代对诉讼担保制度进行改革:不再要求提供讼额估价担保,只要求宣誓担保在诉讼系属中随传随到或兑现自己的誓言,这种誓言是不动产的占有人所为,他做此宣誓后就不必提供保证人了,不做这样誓言的人要根据自己的品级提出保证人。[45] 应该是品级越高的人保证量越大。这样的改革改善了债务人的地位,把全部他保改成了部分自保。当然,这样会使债权人的风险增加。这种对比,体现了立法者有利于债务人的安排。

(2)代理人提供诉讼担保。

A. 原告方。如果诉讼文件中未记载委任,或争讼的被代理人未到法院确认其代理人,将迫使代理人就被代理人将批准其所为之事提出担保。即使通过他人,如监护人、保佐人或其他这样接受他人事务之管理者发动某种诉讼,须遵循同样的规则(I.4,11,3)。[46] 由此可知,不论是意定代理人和法定代理人,都需要提供诉讼担保。这样安排,是避免有人管他人闲事,搞砸了一走了之的事情出现,避免诉讼资源之浪费。

B. 被告方。a. 在可以找到被告的情形,被告有两个选择:其一,亲自来到法院,并以例行的担保偿付判决额的要式口约确认其代理人;其二,在法院之外提出偿付判决额的担保,根据这一担保,他自己就偿付判决额之担保的全部条款成为其代理人的保证人。在这两种情形,他都要出押其财产,而且其继承人也要受债之约束。此外,他必须就他本人在判决作出之时将出现在法院;或如果他将来不来法院,保证人将给付所有判决中规定的金额提出担保,他提出了上诉的除外

---

〔44〕 Cfr. La voce di Inferno (Divina Commedia), http://it. wikipedia. org/wiki/Inferno_ (Divina_Commedia), April 10, 2015.

〔45〕 Véase Pedro Gómez de la Serna, D. Justiniani Institutionum Libri Ⅳ, Tomo Ⅱ, Libreria de Sanchez, Madrid, 1856, p. 637.

〔46〕 本文援引优士丁尼《法学阶梯》的法言,全部来自[古罗马]优士丁尼:《法学阶梯》(第2版),徐国栋译,中国政法大学出版社2005年版。以下不再逐一注明。

(I.4,11,4)。b.找不到被告本人的情形。如果被告由于任何原因未露面,他人愿意承担辩护,无论是在对物诉讼或对人诉讼中,他都要就讼额之估价提供了偿付判决额的担保(I.4,11,5)。这是为了防止有人一时冲动卷入他人事务,搞砸了就抽身而退的现象发生。这样的安排兼顾了见义勇为的必要和司法判决的严肃性,并保证宝贵的司法资源不被滥用。原则是:非提供诉讼担保,任何人都不得适当地为他人辩护。

4.抗辩的对抗。抗辩是被告抵制原告的不合理请求、保护自己的诉讼手段。被告的抗辩在法律审阶段行使,导致诉讼不能进入事实审阶段。被滥诉的被告享有如下抗辩:(1)既判力的抗辩(I.4,13,5)。对于一事两诉的原告,被告可以既判力的抗辩拒斥之。但既判力规则有再审原因(Retracta re causa)的例外,皇库在再审原因上享有特权,只要它提出了新证据即可再审,不过只有在从初审判决做出起3年内可以如此。[47] (2)已达成简约的抗辩,即达成协议不在某一期限内(如在5年内)起诉的情况。违反简约起诉的原告受到这一抗辩的阻碍,他们应延缓诉权并在期限过后起诉。(3)分诉的抗辩。芝诺(Flavius Zeno,425—491年)皇帝的敕令允许曾过少请求者在同一审判中就余额对相对人提出请求。[48] 这样就合并了两诉,造成了诉讼的经济。同时放弃了原告的请求额必须精确的要求,把确定原告的权利额之多少的任务交给了法官。(4)遗漏案件抗辩(Exceptio rei residue)。前面已讲此种抗辩,此处不赘述。(5)一般的诈欺抗辩。这是一个综合性的抗辩,后备抗辩。不能使用简约抗辩的人可使用诈欺抗辩。

这里不妨介绍两个运用诈欺抗辩的案例。第一个案例见于D.13,1,14,2(尤里安:《学说汇纂》第22卷)。一头公牛被偷走并杀害,所有权人可对公牛、对皮革、对牛角、对牛肉提起原物返还之诉。但是,如果他通过原物返还之诉获得了公牛的价金,随后起诉主张以上所列物之一,将被抗辩挫败,因为他谋求双份赔偿,这对被告不公平。[49] 在此等情形,原告实际上是在夸大债权。

第二个案例见于D.44,4,2,4(乌尔比安:《告示评注》第76卷)。某人订立

---

〔47〕 See Adolf Berger, *Encyclopedic Dictionary of Roman Law*, Philadelphia, The American Philosophical Society, 1991, p. 683.

〔48〕 Véase Pedro Gómez de la Serna, D. Justiniani Institutionum Libri Ⅳ, Tomo Ⅱ, Libreria de Sanchez, Madrid, 1856, p. 604.

〔49〕 See Mommsen and Alan Watson, *The Digest of Justinian*, Vol. 1, Philadelphia, University of Pennsylvania Press, 1985, p. 392.

要式口约无条件无期限地借给他人一笔确定金额的钱，但他在要式口约中插入一个简约，约定在特定的一天到来前不得主张这笔钱。如果借贷人在该天到来前主张这笔钱，出借人既可提起简约的抗辩，也可提起诈欺抗辩，因为借贷人违背已作的约定是在以诈欺行事。[50] 这个案例表明一般的诈欺抗辩与达成了简约的抗辩对象重复。

5. 设定原告资格要求。这种设定发生在民众诉讼中。在罗马的此等诉讼中，只有下层阶级的成员才可当原告，但并非他们全部都可如此。首先，排除他们中的女性和未成年人。秉持其一贯的排斥女性的立场，罗马法不允许女性充当民众诉讼的原告（D. 47,23,6）；其次，不允许受社会唾弃（Ignominia）[51] 者提起这种诉讼。[52] 这样的措施，一定程度上避免了滥诉。

（二）对滥诉者的制裁

1. 金钱制裁。（1）对原告的滥诉的金钱制裁。如果原告确实就数量或以其他方式作了过多的要求，被收录于 C. 3,10,1,1 的优士丁尼（约 483—565 年）皇帝于 530 年 11 月 15 日致大区长官约阿内斯的敕答记载了对此的处理。其辞曰："为了对付合同当事人讨厌的狡诈，朕命令：如果任何享有一定数额债权的人诈欺地和恶意地要求大于债额的担保，并将债务人传唤到庭，然后，在其案子被听审前，后悔自己的流氓行为，承认真实的债权额，不会要求他承担增加的费用。但如果诉讼已开始，在庭审中证明他夸大了债额，原告将不仅被剥夺此等增加的部分，而且要丧失整个债权。"这个敕答告诉我们，夸大债权额对债务人的损害是增大了他应允诺的诉讼担保额，这是债权人有权要求他允诺的，但债权人开庭前"犯罪中止"的，免其责任。但开庭后还坚持夸大的债额的，则以剥夺整个债权制裁夸大债权者。他这时处在"偷鸡不成蚀把米"的境地。（2）对无理上诉者的金钱制裁。上诉败诉的，罚诉讼标的的 1/3 为罚金。[53] 这里的理路显然是：不成功的上诉等于滥诉。（3）对被告的恶意否认的金钱制裁。如果原告的主张确实有据但遭到被告的恶意否认，被告要承受双倍或 3 倍的诉权。双倍诉权，适用于不法损害之诉；3 倍的诉权，适用于遗赠财产给教会的诉讼（I. 4,16,

---

〔50〕 See Mommsen and Alan Watson, *The Digest of Justinian*, Vol. 4, Philadelphia, University of Pennsylvania Press, 1985, p. 631.

〔51〕 关于社会唾弃的含义，参见徐国栋：《罗马私法要论——文本与分析》，科学出版社 2007 年版，第 53 页及以次。

〔52〕 参见黄风：《罗马法词典》，法律出版社 2002 年版，第 124 页。

〔53〕 参见周枏：《罗马法原论》（下册），商务印书馆 1994 年版，第 923 页。

1)，即被告宣布遗赠一笔财产给教会，后来又否认这样做过，教会起诉他并胜诉，这时他不仅要兑现允诺的遗赠，而且要多付2倍，此等2倍就是他滥诉的罚金。

2. 强制不诚实的诉讼者对其相对人偿付损害和诉讼费用。486年，芝诺皇帝的一个敕令（C. 7,51,5）规定败诉的一方承担胜诉一方的费用，包括律师费用。[54] 优士丁尼《法学阶梯》沿袭这一规定（I. 4,16,1）。

3. 破廉耻。对滥诉者课处破廉耻。适用于控告他人盗窃、抢劫、侵辱、诈欺但败诉的人，因为这些罪行如果坐实，被告要受破廉耻，既然没有坐实，那就让原告破廉耻，完全采用诬告反坐的理路。同理，也适用于以监护之诉、委任之诉、寄托之诉起诉他人但败诉的人。但在上述诉讼中反诉原告的被告不受破廉耻，因为他无意有伤他人名誉（I. 4,16,2）。从程序法的角度而言，破廉耻意味着丧失诉讼能力，即被禁止为人提出诉讼请求、禁止指定诉讼代理人、禁止获得代理人、禁止以诉讼代表或代理人的名义参与诉讼（Gai. 4,182）。

4. 迟滞滥诉方诉权。在古代，如果期限未到提起诉讼，由于抗辩，原告既不获得任何审判，也不能在期限后起诉，因为他们已因鲁莽地把事情送交审判而消耗了诉权，因此丧失了权利。如果期限未到提起诉讼，芝诺皇帝课加提前起诉者双倍延长期限的处罚。这一经延长的期限结束后，原告必须赔偿被告第一次起诉造成的损失，后者才有义务出庭[I. 4,13,10(9)]。[55]

五、部分滥诉者责任的免除

（一）夸大债权者因为在保护年龄范围内免责

如前所述，罗马法中滥诉的基点被设定为轻率，而轻率的原因可能是未成年或不知情，基于这些原因的夸大权利型滥诉可免责。换言之，其他类型的滥诉不可免责。

罗马法中的起诉年龄是17岁（I. 1,6,7），这是在塞尔维尤斯·图流斯王的时期，男子可以参加百人团大会的年龄，[56] 起诉是在百人团大会中实施的，所以，能参加这个会的人才能起诉。17岁相当于现代法中的诉讼行为能力年龄。但17岁的人仍然不怎么成熟，在25岁之前仍处在保佐下。起诉是必须要保佐

---

[54] See Werner Pfennigstorf, "The European Experience with Attorney Fee Shifting", 1984, *Law and Contemporary Problems*, Vol. 47, No. 1, p. 42.

[55] 参见徐国栋：《优士丁尼〈法学阶梯〉评注》，北京大学出版社2011年版，第554页。

[56] Cfr. Sebastiano Tafaro, La pubertà in Roma. Profili giuridici, Caccuci, Bari 1991 e 1993, p. 56.

人授权的行为，属于强制保佐（I. 1,23,2），所以，如果 25 岁以下的人滥诉，实际上是其保佐人在这样做，追究代理人的滥诉责任即可解决滥诉受害人的损害赔偿问题。但在程式诉讼时期，原告必须精确地提出自己的诉讼请求，这个要求太难，因为可能出于错误提出了过多的诉讼请求。精确地提出请求基于对案件情况的全面了解，而有时候达不到这样的了解。例如，某人要求全部的遗赠物，后来接着公开了小遗嘱，其中或取消了部分遗赠，或把一些遗赠物给予了某些其他人，由此，原告做了过多的要求（I. 4,6,33）。这时，他虽有夸大权利的事实，但无滥诉的故意，而且他在 25 岁的保护年龄的范围内，所以他被免除滥诉责任。非独此也，他还要被完全恢复原状，也就是让双方当事人回到原告起诉前的状态，原告的起诉视为未发生，原告可在新的资讯条件下重新起诉。不难看出，在有诉讼保佐人的情况下仍原谅 25 岁以下者的夸大权利行为，属于法外施恩了。

（二）因为错误滥诉者免责

错误通常被认为是导致法律行为无效的因素，但在此处，它也可导致免责。芝诺皇帝对此举过一个例子：某人把物寄托给他人后死去，该人的继承人尽管知道寄托的事实，但不知道寄托物的具体数量，他就很容易在要求遗产之诉中提出过多的要求。但对这种人进行制裁，不合情理。[57] 所以免除他们的滥诉责任。此例中的错误属于对事实的错误。对法律的错误——如不知不得分诉的法律规定而分诉之——是否导致免责？不得而知，不过，可根据“不得以不知法资为抗辩”的一般原则作出否定的回答。只有在特殊的情况下，如在缔结乱伦婚姻并生有子女的情况下，对法的不知才导致免责。[58]

实际上，前文讲到的不满 25 岁的人夸大债权也是基于错误，不过不是从错误出发寻找免除其责任的理由，而是找年龄的理由。对于 25 岁以上者的夸大债权，就可以从错误本身找免责理由了。年龄不足也好，对事实的错误也好，两种情形都可作为没有滥诉的故意的证据。所以，从正面解释上述免责规定，它们无非建立了滥诉侵权的故意要件。这个要件为后世拉丁法族国家的反滥诉立法继承，不过还加了一个“重过失”的要件。

---

〔57〕 Cfr. Giuseppe Provera, Lezioni sul processo civile giustinianeo, Parte I, Estratto, Giappichelli Editore, Torino, 2010, p. 223.

〔58〕 参见徐国栋：《民法基本原则解释：诚信原则的历史、实务、法理研究》，北京大学出版社 2013 年版，第 123 页。

六、现代拉丁法族主要国家和地区对罗马法打击滥诉和滥用程序制度的继承和发展

（一）欧洲拉丁法族主要国家和地区法律中的规定

1. 意大利法。2013 年 11 月版的 1940 年《意大利民事诉讼法典》第 88 条规定：(1) 当事人及其辩护人承担在审判中以忠诚与正直方式行事的义务；(2) 辩护人不履行此等义务的，法官应向有权对律师行使纪律权的当局报告此等不履行。第 96 条规定：(1) 如果败诉的当事人看来在审判中以恶信或重过失起诉或应诉，法官应他方当事人的请求，除了判处该方承担诉讼费用外，还要判处他承担一笔损害赔偿，此等赔偿应在判决中载明；(2) 法官查明已为之采取诉讼强制措施、登记诉讼请求、登记司法抵押、开始或完成强制执行程序的权利不存在的，应受害当事人的请求，判处原告或无起码的谨慎而起诉的债权人承担损害赔偿，此等赔偿的清结按前款的规定行之；(3) 在任何情形，如果已根据第 91 条宣布了诉讼费用，法官可以依职权判处败诉的一方向相对人偿付一笔与此等费用等额的确定金额。第 91 条第 1 款规定，法官在他审结的案子的判决中要判处败诉的一方报销他方当事人的费用，同时要清结他方当事人的律师费。如果收到了在合理的调解方案范围内的请求，判处无正当理由拒绝此等方案的当事人偿付至提出方案之时发生的诉讼费用，第 92 条第 1 款规定的情形除外。[59]

显然，第 88 条第 1 款规定了诉讼诚信原则，这是一条遏制滥诉和滥用程序行为的总绳索。第 2 款规定了律师的滥诉责任以及制裁方式：向律师协会（Consiglio dell’ordine degli avvocati）告状。此等协会显然会对涉案律师作出纪律制裁。这一规定暗示律师是比当事人更频繁的滥诉主体。接下来，第 96 条第 1 款规定了对恶信或以重过失提出实体诉讼请求的败诉当事人的处置：单独判处他们承担诉讼费用外加一笔损害赔偿金。他们的败诉是他们有恶信或重过失的表面证据。第 2 款规定了对无根据地提出了诉讼强制措施的当事人的处罚：在相对方提出请求的情况下判处损害赔偿。第 3 款判处任何败诉方向其相对人赔偿一笔与诉讼费用相当的金额，不管他们是否恶信或有重过失。按照此款，败诉就可证明滥诉。第 91 条第 1 款不仅要求败诉方承担胜诉方的诉讼费用，而且要承担其律师费，而且，把拒绝合理的调解方案视为滥诉，判处拒绝方承担诉讼费用。

---

[59] Cfr. Codice Procesuale Civile, http://www. altalex. com/index. php? idnot = 33726, April 4, 2015.

2. 法国法。1976年的《法国民事诉讼法典》第32.1条规定，以拖延诉讼方式或以滥诉方式进行诉讼者，可课处3000欧元以下的民事罚金，且不影响可能对其要求的损害赔偿。[60] 显然，本条旨在打击第一审程序中的滥诉和滥用程序。

第559条第1款规定，主要以拖延诉讼方式或以滥诉方式上诉者，可课处3000欧元以下的民事罚金，且不影响可能对其要求的损害赔偿。[61] 显然，本条旨在打击第二审程序中的滥诉和滥用程序。

第581条规定，以拖延诉讼方式或以滥诉方式寻求救济(Recourse)者，可课处3000欧元以下的民事罚金，且不影响可能对其要求的损害赔偿。[62] 此条中的"救济"指非常途径的救济(Le recours par une voie extraordinaire)，方式有三：其一，第三人撤销之诉；其二，宣称发现了新事实要求再审已决案；其三，最高法院的复核审(Pourvoi en cassation)。此审不审事实，只审下级法院是否遵守了程序规则以及适用法律是否正确。[63] 换言之，当事人利用他人发动第三人撤销之诉或自己启动再审或复核审失败的，要遭到本条的罚款打击，并赔偿由此对相对人造成的损害。

第628条规定，在最高法院上诉失败者或其上诉未被接受者，如果此等上诉出于滥诉目的，将判处上诉者3000欧元以下的民事罚金，同时应赔偿被告的损失。[64] 显然，本条旨在打击第二审程序中的滥诉和滥用程序，但并不把上诉失败当作滥诉的表明证据，只处罚具有滥诉目的的上诉失败者。

3. 西班牙法。2000年的《西班牙民事诉讼法》(La Ley de enjuiciamiento Civil)第247条在诉讼诚信的标题下以"尊重诉讼诚信规则。对违反此等规则课处的罚金"的条名规定：(1)所有类型的诉讼的参与人都应在其活动中按诚信规

---

〔60〕 Voir Code de procédure civile, http://www. legifrance. gouv. fr/telecharger_pdf. do? cidTexte = LEGITEXT00 0006070716. May 25, 2014.

〔61〕 Voir Code de procédure civile, http://www. legifrance. gouv. fr/telecharger_pdf. do? cidTexte = LEGITEXT00 0006070716. May 25, 2014.

〔62〕 Voir Code de procédure civile, http://www. legifrance. gouv. fr/telecharger_pdf. do? cidTexte = LEGITEXT00 0006070716. May 25, 2014.

〔63〕 Voir la voix de Voies de recours dites extraordinaires (définition), http://droit - finances. commentcamarche. net/faq/4368 - voies - de - recours - dites - extraordinaires - definition, March 29, 2015.

〔64〕 Voir Code de procédure civile, http://www. legifrance. gouv. fr/telecharger_pdf. do? cidTexte = LEGITEXT00 0006070716. May 25, 2014.

则行事。(2)法院完全拒斥明显基于滥用权利提出的或为了诈欺法律或程序提出的请求和诉求。(3)如果法院认为某方当事人违反诉讼诚信规则行事，可以指出原因的方式予以训诫，并重申比例原则，课处从180到6000欧元的罚金，但在任何情形，此等罚金都不得超过诉讼标的额的1/3。为了确定罚金的数额，法院应考虑有关行为所处的环境，以及可能对诉讼和他方当事人引起的损害。(4)如果法院认为违反诚信规则的行为可以归之于某些参与诉讼的专业人士，在不妨碍实施前款规定的情况下，要将此等情况告知有关的专业人士团体，以便对其实施某种形式的纪律处分。[65]

该条把滥诉理解成对诉讼诚信规则的违反，采取法院职权主义处置之。处置的主要方式是罚金。此等罚金占诉讼标的1/3以下数额的规定明显来自罗马法中的赌誓制度(Restipulatio - sponsio)。本条还把滥诉视为诈欺法律，从而揭示了滥诉的第二受害人。最后不忘让滥诉的律师承受纪律制裁。

4. 葡萄牙法。1961年的《葡萄牙民事诉讼法典》经1996年9月26日法律的修改，增加了第266条、第266A条、第266B条，全部关乎滥诉和滥用程序的预防和打击。

第266条规定了合作原则，其辞曰：(1)在主导或参与诉讼程序方面，执法官、诉讼代理人及当事人应相互合作，以便迅速、有效及合理解决争议；(2)在诉讼程序中之任何时刻，法官都可听取当事人、其代理人或诉讼代理人之陈述，并请其就事实上或法律上之事宜作出有关解释，以及将上述措施所得之结果知会他方当事人；(3)上款所指之人经通知后必须到场，并就被要求解释之事宜作出解释……(4)如任一方当事人提出合理理由，说明有重大困难获得某些文件或资料，以致影响其有效行使权能或履行诉讼上之责任或义务，法官应尽可能采取措施排除有关障碍。

第266A条规定了诉讼诚信义务，其辞曰：当事人应诚信行事，并遵守前条规定的合作义务。

第266B条规定了相互合作的义务，其辞曰：(1)所有诉讼参与人都负有相互间行为恰当之义务，而律师与执法官之间有以礼相待之特别义务；(2)当事人于文书及口头陈述中，不应在不必要或不合理的情况下使用侵犯他人名誉或名声之言辞，或使用不予有关机关应受之尊重之言辞；(3)如果发生了合理的障碍

---

〔65〕 Véase La Ley de enjuiciamiento Civil, http://www.boe.es/boe/dias/2000/01/08/pdfs/A00575-00728.pdf, May 25, 2014.

让诉讼不能准时开始,法官应在规定的开庭时间后的30分钟内知会当事人的律师以及秘书,然后知会诉讼参与人;(4)未作前款规定的通知的,意味着自动免除这些诉讼参与人出庭作证的义务,并必须把此等事件记载在案卷中。[66]

以上为《葡萄牙民事诉讼法典》中关于滥诉和滥用程序的正面规定,特点在于除了规定诚信原则外,还规定了合作原则,并具体胪陈了合作的内容,颇有新意。我们知道,自古以来,大多数国家都是以反面的方式处理滥诉和滥用程序问题的。但按照诉讼合作原则,打官司并非"两造"毅力、资源的对决,而是一场愉快的合作,这样的前景违背了诉讼经济人假设,似乎过于理想化。

但单纯的"扬善"肯定不够,必须配以"惩恶"。于是,第456条规定了恶信诉讼中的"恶信"的概念,其辞曰:(1)当事人出于恶信进行诉讼者,应被判处罚金。(2)以故意或重过失实施如下行为者,为恶信诉讼人:a. 提出无依据之主张或反对,而此等人不应不知此等主张或反对并无依据;b. 歪曲对案件裁判属重要事实之真相,或隐瞒对案件裁判重要之事实;c. 严重不履行合作义务;d. 为达到非法目的以明显可受非议之方式采用诉讼程序或诉讼手段,或妨碍发现事实真相、阻碍法院工作,或无充分理由拖延裁判之确定。(3)不论案件利益值及因所作之裁判丧失之利益值为何,对恶信诉讼人所作之判处,均可提起上诉,但仅可上诉至上一级法院。

第457条规定了恶信诉讼人的赔偿内容,其辞曰:(1)赔偿费由以下项目构成:a. 偿还因诉讼人之恶信导致他方当事人所作之开支,包括诉讼代理人或技术员之服务费;b. 偿还上述费用及因诉讼人之恶信而对他方当事人造成的直接或间接损失。(2)法官根据恶信诉讼人之行为选择认为最适当之赔偿方式,且必须订定一定金额。(3)如未具备立即在判决中订定损害赔偿金额所需之资料,则在听取双方当事人之意见后,作出谨慎裁断,订定认为合理之金额,并可将当事人提出之开支及服务费之款项缩减至合理范围。(4)律师费须直接向诉讼代理人支付,但当事人指明已向其代理人支付的除外。

第458条规定了诉讼代理人的滥诉责任:如当事人为无行为能力人、社团(Pessoa coletiva)或公司,则诉讼费用、罚金及损害赔偿之责任由进行恶信诉讼

---

[66] Ver Codigo de processo civil, Texto consolidado pela Direção – geral da Politica de justice, http://www.dgpj.mj.pt/sections/leis – da – justica/livro – iii – leis – civis – e/consolidacao – processo/codigo – processo – civil/downloadFile/file/CODIGO_PROCESSO_CIVIL_VF.pdf? nocache = 1286970369.12, March 31, 2015.

之代理人承担。

第459条规定了滥诉律师的纪律责任和赔偿责任。其辞曰:如证实当事人之诉讼代理人对其在案件中的恶信行为负有个人责任,则知会此等事实于律师协会或初级律师协会(Câmara dos Solicitadores),以对其适用有关的制裁,并判处该诉讼代理人就诉讼费用、罚金及损害赔偿负担被视为合理之份额。

可以说,上述葡萄牙打击滥诉和滥用程序的规定是迄今为止考察过的国家中规定得最详细的,撇开那些一望而知的规定不谈,我只列举几项明显不见于其他立法例的规定。它们有:(1)允许被判处恶信诉讼者上诉,但只允许上诉一次(第456条),这样就在防止出错与限制可能的滥诉者的权利之间维持了一种均衡。(2)滥诉赔偿内容包括技工的费用。这里的"技工",可能指的是鉴定人员,如滥诉人否定文件的真实性可能导致额外的鉴定费用(第457条)。(3)滥诉人要赔偿的损失不仅包括直接的,而且包括间接的,后者的纳入加大了打击滥诉的力度,并增加了法官的自由裁量空间,因为间接损失的把握是很有主观性的(第457条)。(4)被确定的滥诉方直接支付相对人的律师费,如果相对人已付律师费的,则付给相对人。前种情况应该是通例,后种情况是例外。这意味着当事人可以与律师约定在本案滥诉情事得到确定后才支付律师费(第457条)。(5)考虑了法人的滥诉问题,规定由此等法人的法定代表人承担滥诉责任(第458条)。

顺便指出,上述规定大多为作为《葡萄牙民事诉讼法典》衍生物的1999年中国《澳门民事诉讼法典》承袭。就关于滥诉和滥用程序的正面规定而言,《葡萄牙民事诉讼法典》的第266条相当于中国《澳门民事诉讼法典》的第8条,第266A条相当于第9条,第266B条相当于第10条,但《澳门民事诉讼法典》并非完全照搬母本,而是有所变通和调整。例如,把处在第266条以下位置的上述规定移到了第一编"基本规定"的位置,[67]以昭重视。另外,对母本的规定,在基本照搬的前提下也有所删减,如母本的第266B条有4款,《澳门民事诉讼法典》只保留了前两款。就关于滥诉和滥用程序的反面规定而言,《葡萄牙民事诉讼法典》第456条相当于《澳门民事诉讼法典》的第385条;第457条相当于第386条;第458条相当于第387条;第459条相当于第388条。当然,中国澳门法在继受葡萄牙的上述规定时略有增删,如第458条中的"社团或公司"被澳门改成了"法人"。第459条中的"律师协会或初级律师协会"被澳门改成了"代表律师之

---

〔67〕 参见印务局:《民事诉讼法典》(第1—100条),载http://bo.io.gov.mo/bo/i/99/40/codprocivcn/codprociv0001.asp,2015年3月31日最后访问。

机构”。[68] 在我国，懂葡萄牙语的人毕竟少，所以，在中国《澳门民事诉讼法典》中，中文化的《葡萄牙民事诉讼法典》关于滥诉和滥用程序的精致规定，可比较容易地成为我国立法者和学者的借鉴对象。

（二）拉美代表性国家的规定

如下国家各自为世界贡献了一部“模范民法典”，因此把它们确定为拉美的代表性国家。[69]

1. 阿根廷法。1981 年版的《阿根廷民商诉讼法典》第 45 条第 1 款规定：当任一方当事人被宣告其在诉讼中的行为为滥诉或恶意诉讼时，法官可课加此等当事人或其律师或两者共同承担的罚金，其金额相当于诉讼标的的 10%—50%。在诉讼标的不能承受金钱估价的情形，此等罚金额不得超过 5 万比索。罚金额应归他方当事人。如果罚金的请求是一方当事人提出的，应将此等请求转告他方当事人后方为决定。[70] 本条的第一个特点是法官依职权追究滥诉并追究责任。此等责任由罚金构成，罚金额与诉讼标的额挂钩，相当于诉讼标的的 10%—50%，这显然是罗马法中的原被告赌誓制度的痕迹。第二个特点是区分财产型案件和人身型案件定滥诉罚金额，对于前种案型，按诉讼标的的比例定罚金，对于后种案型，脱离标的额定罚金，但规定了上限。这一规定具有《十二表法》第二表第 1a 条的精神。第三个特点是把律师看作滥诉的主体，在构成滥诉时罚及律师。

2. 巴西法。2015 年 3 月 16 日的新《巴西民事诉讼法典》按较早的《葡萄牙民事诉讼法典》的路径分正反两个方面规定滥诉和滥用程序问题。让我们先看其正面规定。首先是原则性的规定，有如第 5 条，以任何形式参与诉讼的人都必须以诚信方式行事。这是对诉讼诚信原则的确立。又有如第 6 条，所有的诉讼主体都应彼此合作，以求在一个合理的期间内取得公正和有效的判决。从这两条中我们不难看出 1999 年葡萄牙立法的痕迹，似乎一些好的法律原则和制度可以在葡萄牙语世界中方便地流通。其次是具体性的规定。第三编（诉讼主体）第一题（当事人与律师）第二章的标题是“当事人及其律师的义务”。该章第一节规定“义

---

〔68〕 参见印务局：《民事诉讼法典》，载 http://bo.io.gov.mo/bo/i/99/40/codprocivcn/codprociv0301.asp#t5a376，2015 年 4 月 5 日最后访问。

〔69〕 关于拉美三大模范民法典的说法，参见徐国栋：《比较法视野中的民法典编纂（一）》，北京大学出版社 2007 年版，第 2、229 页。

〔70〕 Véase Codigo Procesal Civil Y Comercial De La Nacion, http://www.infoleg.gov.ar/infolegInternet/anexos/15000－19999/16547/texact.htm#3, March 30, 2015.

务”，其中第77条展开诉讼诚信原则，规定了当事人及其律师的义务为：（1）按照真相在庭审中陈述事实；（2）不在明知其无理的情况下提出请求或抗辩；（3）不提交为宣示或保卫权利在实践中无用的或不必要的证据和文件；（4）不折不扣地执行法院的临时的或终局的决定，不为其实施制造麻烦；（5）在开始涉讼的第一时间提供可以接受传票的家庭或营业所地址，并在有任何临时的或永久的改变的情况下更新此等信息；（6）不对争议的事实或权利状态进行非法的更动。违反第4款和第6款的，构成故意侵犯司法尊严，根据行为的严重程度，处占案件标的额的20%以下的罚金，并且不排除行为人的刑事责任。如果案件价值低微或不可估价，罚金按最低工资的10倍确定。对违反第6款的当事人，法官还可禁止他在庭审中发言，直到他消除侵犯司法尊严的意图。[71]

接下来让我们看其反面规定。第三编第一题第二章第二节的标题是“当事人的诉讼损害责任”，这一名称明确把诉讼损害作为侵权行为的一种类型打击之。该节包括3条。第79条规定，原告、被告、诉讼参与人恶信诉讼的，应就其造成的损失和损害承担责任。第80条规定，有下列行为者视为恶信诉讼人：（1）不顾法律的明示文句或无可争议的事实提出请求或抗辩；（2）改变事实的真相；（3）利用诉讼达到非法目的；（4）提出不正当的反对阻碍程序的进行；（5）以鲁莽的方式提出任何附带诉讼或实施任何诉讼行为；（6）提起明显无根据的附带诉讼；（7）出于明显的拖延目的提起上诉。第81条规定：（1）法官依职权或依请求判处恶信诉讼人支付罚金，此等罚金应高于诉讼标的价值的1%，低于此等价值的10%，此等罚金用来赔偿他方当事人遭受的损害、律师费和所有发生的费用；（2）如果恶信诉讼人有两个或更多，法官应按他们中每人在有关案件中利益的比例判处他们各自承担的罚金额，或判处他们连带对相对人的损害承担责任；（3）如果案件的标的微不足道或不可估价，此等罚金可减少到最低工资额的10倍；（4）赔偿金额由法官确定，如不能确定此等金额，通过仲裁确定，或通过本诉中的共同诉讼确定。[72]

严格说来，巴西法反滥诉和滥用程序的正反规定是“插花”设置的，在正面规定性的第77条就规定了罚则，然后又在反面规定性的第81条再规定罚则，这

[71] Ver LEI 13.105/2015 (LEI ORDINÁRIA) 2015-03-16, http://www.migalhas.com.br/arquivos/2015/3/art20150317-03.pdf, March 30, 2015.

[72] Ver LEI 13.105/2015 (LEI ORDINÁRIA) 2015-03-16, http://www.migalhas.com.br/arquivos/2015/3/art20150317-03.pdf, March 30, 2015.

样的处置不甚协调。尽管如此，巴西法对于滥诉和滥用程序还是作出了一些与人不同的规定，如：(1)把不及时给法院提供精确的送达地址作为一种滥诉行为看待(第77条)；(2)规定了滥诉者承担刑事责任的可能(第77条)。第一种课加刑事责任的情形是拒不履行法院判决裁定，各国多如此规定，无甚新意。第二种课加刑事责任的情形是篡改事实使审判机关陷入错误，这就有点新意了。按现行《巴西刑法典》第347条的规定，此等情形的责任人承担的刑事责任如下：(1)在民事诉讼或行政诉讼系属期间，人为地改变地方、事物或人的状况，以图引导法官或鉴定人陷入错误的，处3个月到2年的徒刑，并处罚金；(2)如果此等改变旨在于刑事诉讼中产生效果，即使此等诉讼尚未启动，上述惩罚加倍执行；[73] (3)区分经济性的案件和非经济性的案件(如追索扶养费的案件)定滥诉罚金，前者按诉讼标的的20%以下定，后者按最低工资的10倍定，这样安排比较人道；(4)明确把司法尊严列为滥诉的犯罪客体；(5)创立禁止发言的制裁滥诉方式。

3. 智利法。智利现行的民事诉讼法典生效于1903年。从2006年起，智利开始制定新的民诉法典，目前有2012年草案。按照通例，1903年的民诉法典通常对滥诉和滥用程序规定甚少，新近的立法则加强这一方面，所以，我只拟介绍《智利民事诉讼法典草案》中关于滥诉和滥用程序的规定。第5条规定：(1)当事人、其代理人以及所有的诉讼参与人都应诚信行事；(2)法院应依职权或依请求根据具体情况阻止、矫正、惩罚所有的包含诈欺、滥用程序、通谋、朝三暮四的行为和不行为，任何其他的违法或拖延行为，以及任何以其他方式违反诚信的行为。[74] 第50条规定：(1)终审判决执行完毕6个月、或审判已终止、或继续此等审判已不可能，胜诉的当事人可以向审理一审或具有专属管辖权的同一法院要求其相对人赔偿他发动的恶信诉讼或鲁莽诉讼给他造成的损失和损害；(2)此等审判按简易程序进行，亲自通知被请求人到庭后才可作出决定。[75] 上述规定

---

[73] Ver Codigo Penal Brasil, http://www.oas.org/juridico/mla/pt/bra/pt_bra - int - text - cp.pdf, April 5, 2015.

[74] Véase Mensaje De S. E. EL Presidente De La Republica Con El Que Inicia Un Proyecto De Ley Que Establece El Nuevo Código Procesal Civil, Santiago, 12 de Marzo 2012, http://www.reforma-procesalcivil.cl/wp - content/uploads/2012/07/PCPC - 2012 - 8597 - 07.pdf, April 1, 2015.

[75] Véase Mensaje De S. E. El Presidente De La Republica Con El Que Inicia Un Proyecto De Ley Que Establece El Nuevo Cóeigo Procesal Civil, Santiago, 12 de Marzo 2012, http://www.reformaprocesalcivil.cl/wp - content/uploads/2012/07/PCPC - 2012 - 8597 - 07.pdf, April 1, 2015.

在时间上属于最新,但在内容上新意不多。还是采取《十二表法》创立的“一案两审”路径。法院在审结一案后应当事人的请求审理滥诉问题,此等审理采用简易程序似乎是对滥诉人的一个惩罚。

七、中国法中的滥诉问题

长期以来,中国是滥诉者的天堂。王斐宏认为,在中国,滥诉有以下形态:(1)原告主体资格不适格,即原告主张了不属于自己的权利;(2)错列被告;(3)随意追加第三人;(4)滥用反诉权;(5)以拖延一审判决进入执行程序为目的上诉;6)利用再审程序无理缠讼;(7)时效超过仍起诉;(8)明知自己无理,为拖累对方起诉;(9)为抢当原告起诉。[76] 显然,上述行为都属于原告,既有滥诉的成分,也有滥用程序的成分。例如,第(3)(4)(5)种行为就明显属于滥用程序。其中的一些滥诉行为不见于国外的立法例,如为抢当原告起诉、随意追加第三人,它们构成中国式滥诉行为。

在中国,滥诉的渠道多元(除了法院的渠道还有信访的渠道,后者的利用者的行为可称之为“滥访”),对滥诉的预防只有“原就被”的管辖原则。对滥诉者的制裁只有诉讼费承担等,滥诉者甚至不用承担受害人的律师费。而且法律不打击滥诉律师,事实上,律师是主要的滥诉引擎。种种对滥诉者的宽容行为,催生出“法闹”[77]阶级。

这里举两个“法闹”的例子。例一是在离婚过程中以诉讼折腾小康的小罗。小罗与小康曾为夫妻。在婚姻存续期间,小罗出轨被小康发现,小康遂到处宣扬此事。两人闹离婚,小康愿意撤诉,此时小罗不同意,以诉讼折腾小康,依次以民间借贷、借款、所有权纠纷等名义起诉小康27次。审结21场,法院最终判决两人离婚。[78]

---

〔76〕 参见王斐宏:《诉权的维护及其限制——兼论建立我国滥诉赔偿制度的必要性》,载《人大研究》2003年第6期。

〔77〕 这是我在自己切身的被滥诉经历中于2010年7月16日比照“医闹”一词打造出来的新词(载http://www.54zz.com/view-photo/5114899.html,2015年4月10日最后访问)。次年用于我的著作中,参见徐国栋:《优士丁尼〈法学阶梯〉评注》,北京大学出版社2011年版,第566页。但该词不止我一个人使用,另外的使用例,参见杰克鸿飞2015年1月21日的博文:《让“医闹”汗颜的“法闹”》,载http://blog.sina.com.cn/s/blog_4b4c3ed40102vj1x.html,2015年4月10日最后访问。

〔78〕 参见卢燕:《男子闹离婚仗着不差钱恶意诉讼,打27场官司》,载http://sh.sina.com.cn/news/s/2013-08-23/085558970.html,2014年4月1日最后访问。

例二是打官司上瘾的诉讼狂人成都铁路分局职工杨立荣。他在 1997 年打第一起官司，到 2011 年，已打了 50 余起，凡能告的就告。能打 10 次，绝不打 9 次半。生活中只有三件事：吃饭、睡觉、打官司。〔79〕 这个例子告诉我们，法院没有任何措施过滤杨立荣的不当诉讼请求，有招必接，无论正邪。

法学界痛感滥诉之恶。2013 年 9 月 1 日，中国政法大学、西北政法大学、《市场观察》杂志社在京联合举办了"恶意诉讼的治理与防范法律研讨会"探讨对恶意诉讼的惩治。〔80〕 不到一年，2014 年 2 月 16 日，这三家单位又在京联合举办了"第二届恶意诉讼的治理与防范法律研讨会"。会议的结论是：审判机关要严格立案审查、审慎采取保全措施、认真按照审判流程操作、力争避免超审限审理，把公开、公正的司法理念贯彻始终。对于确认的恶意诉讼案件当事人，不能让其以败诉或者撤诉了事，必须依法追究其法律责任，所以，应增加立法内容，将惩罚性赔偿规范其中。〔81〕

经学界的呼吁，新版的《民事诉讼法》（2013 年 1 月 1 日起实施）开始对滥诉有进行极为贫弱的规定。新闻界欢呼滥诉者要担刑事责任了，但中国新近的反滥诉规定的涵盖面很小，只有 3 项举措。

第一，在第 13 条第 1 款规定："民事诉讼应当遵循诚实信用原则。"这个原则很好，它要求当事人和律师具有诉讼诚信，即在确信自己有理的情况下才发动诉讼或应诉。但这个原则需要许多的具体规定落实。

第二，第 112 条打击诉讼过程中当事人与第三人通谋转移财产损害相对人利益的行为，其辞曰：当事人之间恶意串通，企图通过诉讼、调解等方式逃避债务、侵占他人财产的，人民法院应当驳回其请求，并根据情节轻重予以罚款、拘留；构成犯罪的，依法追究刑事责任。本条打击的对象有如，在离婚案件中，一方当事人为了多分共同财产，在离婚诉讼前与他人恶意串通、虚构债务，并以判决或者调解书的形式确认。或在继承纠纷中，继承人与案外人串通，虚构被继承人的债务，假借判决、调解书转移遗产。或者，当事人为逃避自身债务，与他人串通虚构债务，通过法院判决或者调解书转移财产。又或者，当事人为逃避债务，与他人串通订立虚假抵押合同，侵害普通债权人的债权。再或者，有的公司法定代

---

〔79〕 参见潘牧天：《民事诉权滥用的侵权责任》，黑龙江大学 2011 年博士学位论文，第 7 页。

〔80〕 参见林平：《恶意诉讼治理与防范研讨会在京召开》，载 http://news. jcrb. com/jxsw/201309/t20130 901_1193288. html，2015 年 3 月 29 日最后访问。

〔81〕 参见陆中秋：《第二届恶意诉讼的治理与防范研讨会在京举办》，载 http://www. chinadaily. com. cn/dfpd/2014 – 02/17/content_ 17287307. htm，2015 年 3 月 29 日最后访问。

表人与他人串通，通过诉讼转移公司财产等。[82] 这个条文的有意思之处是规定了法院可以依职权打击滥诉，而且可以采取程序性的处罚措施（罚款、拘留）。最后，严重的可以导致刑事责任。

第三，第 113 条打击执行过程中的当事人与第三人通谋转移财产损害相对人利益的行为，其辞曰："被执行人与他人恶意串通，通过诉讼、仲裁等方式逃避履行法律文书确定的义务的，人民法院应当根据情节轻重予以罚款、拘留；构成犯罪的，依法追究刑事责任。"本条的适用案例有：甲酒店须向乙公司支付欠款 300 万元。在对甲酒店员工薪资欠款执行完毕后，法院决定将甲酒店保全财产中所剩余的 200 万元发放给乙公司。然而，此时，14 名甲酒店的员工拿着劳动仲裁调解书申请执行，执行标的也是 200 万元。经查明，这 14 名员工是甲酒店的"讼托"。甲酒店欠他们的薪资是虚构的，他们虚构劳动仲裁案件就是为了干扰乙公司的执行请求。[83]

不难看出，以上两个条文都是保全诉讼标的的，不过涉及不同的司法阶段而已。我对它们的评价是：只打击滥用程序，未打击滥诉。只围绕诉讼标的和执行标的考虑打击滥诉问题，忽略了滥诉可能给被害人造成的财产和精神损害，以及其本身具有的藐视司法的性质并进行相关打击。在我看来，滥诉有两个受害者：一是滥诉者的相对人；二是司法制度的尊严和正常运转。我国立法者似乎尚未认识到滥诉第二个受害者。

八、结论和建议

观察从三个时期的罗马法处理滥诉和滥用程序的经验到现代拉丁法族国家处理同样的问题的经验的发展，可以发现有这样一些进化：宣誓的预防手段消失了，这体现的是一个从运用宗教性力量到单纯利用世俗力量的过程。抗辩作为对抗滥诉和滥用程序的手段消失了，抗辩的本质是自力救济在公力救济框架内的存在，当对抗制诉讼完全被纠问制诉讼取代时，它的阳寿也就尽了。诬告反坐式的打击滥诉措施消失了，尽管仍保留在刑法中，这跟有关不法行为在现代法中被移归刑法调整有关。滥诉免责制度消失了，或许应该说是转型了，因为现代诉

---

〔82〕 参见《中华人民共和国民事诉讼法（2012 修正）释义》（第 2 版），第 112 条释义，载 http://vip.chinalawinfo.com/newlaw2002/SLC/SLC_SiyItem.asp? Db = SyItem&Gid = 838871489，2015 年 4 月 10 日最后访问。

〔83〕 参见彭菲、杨长平：《自导自演打"官司"，竟是为"合法"躲债务》，载《厦门晚报》2014 年 11 月 24 日，第 A8 版。

讼法中有诉讼行为能力制度承担罗马人的对应制度的功能。

但罗马法的一些有价值的东西保留下来了。首先是《十二表法》开创的“一案两审”体制，按照此制，败诉的一方被推定为滥诉，法院可依职权或依请求另案审理之，其中作出对滥诉受害人的损害赔偿。不同在于，有的国家把败诉等同于滥诉，有的国家只惩罚有滥诉故意的败诉者。其次是赌誓制度，现代法把它转型为按赔偿滥诉受害人标的一定百分比罚金的制度。再次是区分案件是否具有经济性确定对滥诉人的不同金钱制裁标准的制度。最后是惩罚滥诉律师的制度，这差不多为所有本文考察过的拉丁法族国家的立法例所继承。

在罗马法经验的基础上，现代法有不少发展。其一，把滥诉和滥用程序侵权行为化。巴西法在这方面做得比较典型，明确建立了“当事人的诉讼损害责任”制度。罗马法尽管采取“一案两审”体制，第二个“审”就是审滥诉人要赔多少，但毕竟没有把滥诉定为一种侵权行为类型。巴西法还把滥诉行为犯罪化了，定拒不执行法院判决裁定和改变案件事实的行为为犯罪。前种案型还属老生常谈，后种案型则有相当的原创性。其二，把行业公会的纪律制裁增加在制裁滥诉律师的手段中。现代法把对滥诉和滥用程序的遏制正反规定化了，这是相对于罗马法只在这方面作反面规定而言的，现代法除了保留这方面的规定外，还设立了正面规定，规定了诉讼诚信原则作为判断诉讼行为正当性的标准。葡萄牙法以及追随它的中国澳门法在这一方向上走得最远：除诚信原则外还确立了合作原则，并罗列了一系列当事人和其他诉讼参与人的义务。我理解，立法者的意图是“左旋右抽”，通过正面引导和强力打击两手共同遏制滥诉和滥用程序行为。

仔细观察2013年的《民事诉讼法》关于打击滥诉的规定，我们发现，只有确立诉讼诚信原则符合罗马法传统，其他两项规定颇有中国特色，基本不为罗马法传统中的立法例所关注。说“基本”，乃因为《智利民事诉讼法典草案》第5条提到的“通谋”可能与我国《民事诉讼法》第112条的规定相切。不能说第112条没有价值，但它和第113条一样，都旨在保全诉讼标的，前者在诉讼的阶段谋求此等保全，后者在执行阶段做同样的事。可以说，前者是间接保障执行，后者是直接保障执行。对执行的保障，是强制执行法的问题，我国没有独立于《民事诉讼法》的强制执行法，所以，把应该在强制执行法中作出的规定放在《民事诉讼法》中了，由此造成了我国打击滥诉的规定与罗马法传统中的相应规定的不一致。

既然如此，如何强化通常意义上的《民事诉讼法》中打击滥诉和滥用程序的规定,成为一个紧迫的问题。对此,我根据罗马法传统国家的经验,提出如下原则性的建议:(1)不但要打击滥诉,而且要打击滥用程序。(2)不但打击当事人的滥诉和滥用程序,而且打击律师的同样作为。(3)确立“一案两审”的原则,由此,败诉被推定为滥诉,败诉人承担证明自己无滥诉故意或重过失的责任;同样,上诉和申诉失败被推定为滥诉,上诉人和申诉人承担前述败诉人承担的举证责任。(4)明确滥诉和滥用程序的侵害客体有司法尊严和相对人两个,滥诉人对前者承担罚金,对后者承担损害赔偿,由此达成“一行两罚”的体制。(5)把滥访作为滥诉的一种类型进行打击,信访启动了复查程序而未达成信访人寻求的结果的,按滥诉处理。(6)建立预防滥诉和滥用程序的正面规则体系,在诉讼诚信原则之后规定具体的诉讼参与人义务规则体系。(7)尝试征收诉讼担保,可以占标的金额的1/3。(8)对于滥诉和滥用程序的罚金区分经济案件和人身案件征收,前高后低。(9)明确滥诉和滥用程序是一种独立的侵权行为,在修订《侵权责任法》时补充这一类型并确定合理的损害赔偿制度设计。(10)对于严重的滥诉和滥用程序行为犯罪化,与刑法配合打击。(11)打击第三人滥诉。(12)考虑法人滥诉的责任承担问题。

上述建议十分粗线条,不妨把它们理解为向未来的滥诉和滥用程序问题的立法者、司法者和研究者建议的问题域。换言之,考虑并回应了这些问题,对滥诉和滥用程序问题的处理方案才可谓周全,不然,就处在“世人皆醒我独痴”的境地了。

2014年5月25日完稿于胡里山炮台之侧

2015年4月11日改定

从《神圣约法》到《大宪章》*

——以“肚子寓言”的流播为线索

一、序言

《神圣约法》是一个团体的成员集体宣誓保证遵行的法，以消除将来有人放弃此等法律的可能。〔1〕许多学者甚至把《神圣约法》与宣誓看作一回事。〔2〕为了保障宣誓的集体性，拒绝宣誓者将被立即处死。〔3〕发誓者还要彼此保证遵守誓言。背誓者将激起神怒。对违反《神圣约法》者的惩罚，不仅及于他个人，而且及于其家庭（包括子女和财产）或他所属的整个人民。〔4〕

尽管罗马的《神圣约法》很有名，但它并不起源于罗马，而是起

---

* 本文原载《现代法治研究》2016 年第 1 期。本文曾提交 2015 年 9 月 5—6 日在中国人民大学法学院举行的“法治的过去、现在和将来”国际会议（《大宪章》800 周年纪念会），在会上宣读后得到了高全喜教授、李红海教授等与会者的建议与批评。本文在后来的修改中吸收之。在此向这些建议者和批评者表示感谢。

〔1〕 Cfr. Ferdinando Zucotti, Giuramento colletivo e leges sacratae, In Studi per Giovanni Nicosia, Vol. I, Giuffrè, Milano, 2007, p. 538.

〔2〕 Cfr. Pasquale Marottoli, Leges Sacratae, L. Morara, Roma, 1979, p. 35.

〔3〕 See Kurt von Fritz, Leges Sacratae and Plebei scita, In Schriften zur griechischen und römischen Verfassungsges – chichte und Verfassugstheorie, De Gruyter, 1976, p. 377.

〔4〕 Cfr. Ferdinando Zucotti, Giuramento colletivo e leges sacratae, In Studi per Giovanni Nicosia, Vol. I, Giuffrè, Milano, 2007, p. 514.

源于奥斯基人。[5] 罗马的《神圣约法》大多是骚乱的产物。[6] 换言之,是在两个阶级对立的情况下一个阶级为了集中力量达成的内部规章。具体而言,《神圣约法》是平民单方面的决定,从理论可能性来看,贵族可以不遵守,但由于担心平民的报复——包括大敌当前战场罢工——他们必须遵守。不妨说,《神圣约法》涉及三方:对立的两个阶级以及反叛阶级的神,后者起誓言履行的监督者的作用,同时起被反叛阶级的《神圣约法》的违反者的惩罚者的作用,如接受被惩罚者的人身和财产作为祭品。神的隐性存在使约法有"神圣"之名,这一名称昭示了《神圣约法》的浓烈宗教性。

《大宪章》是 1215 年英格兰约翰王与反叛的男爵们达成的一部限制王权,保障民权的宪法性文件。

"肚子寓言"出自古希腊的奴隶作家伊索之手,被运用于公元前 494 年的祭祀山,运用者是平民演说家梅内纽斯·阿格里帕(Menenius Agrippa),讲的是被身体诸器官看来无所事事的肚子的营养中枢作用,以此张扬社会合作论。这个寓言化解了罗马平民的第一次撤离,促成了第一次《神圣约法》。它留给史家强烈的印象,故在李维的《罗马史》和普鲁塔克的《希腊罗马名人传》中都得到记述。在 1200 多年后,又被莎士比亚在其悲剧《科里奥兰努斯》中记述。"肚子寓言"在英国的存在,让人有理由怀疑它促成了作为约翰王与男爵们和解协议的《大宪章》的诞生,它由此成为连接罗马的《神圣约法》和英国的《大宪章》的一条线索。

二、《神圣约法》论

(一)第一《神圣约法》论

公元前 493 年是罗马共和国立国的第 16 年。该年的执政官是波斯杜穆斯·科米纽斯·奥农库斯(Postumus Cominius Auruncus)和斯普流斯·卡修斯·维谢利努斯(Spurius Cassius Viscellinus)。他们面临国家分裂的难题:公元前 494 年 12 月 16 日,作为军队主体的平民武装撤离到了离罗马城 5 公里之遥的一座山,在那里用堑壕和垒墙扎了营,威胁要在那里建立新城。其领导人为盖尤斯·

[5] Cfr. Ferdinando Zucotti, Giuramento colletivo e leges sacratae, In Studi per Giovanni Nicosia, Vol. I, Giuffrè, Milano, 2007, p. 545.

[6] See Kurt von Fritz, Leges Sacratae and Plebei scita, In Schriften zur griechischen und römischen Verfassungsges - chichte und Verfassugstheorie, De Gruyter, 1976, p. 377.

西奇纽斯·贝鲁图斯(Gaius Sicinius Belutus),他后来成为第一批保民官之一。[7] 罗马城里的人惊慌起来:罗马失去了大部分军队。罗马城由于没有了平民提供的服务,每个活动都停止了,而且成为一个平民与贵族彼此畏惧的国家:平民害怕贵族把他们的愤怒发泄到城内的平民身上,贵族则担心留在城市的平民也到那座山上加入他们同伴的队伍,并建立起一个独立的国家。[8] 这就是罗马平民的第一次撤离。

为何会发生此等撤离?这要从两年前发生的事情说起:公元前495年,罗马面临与沃尔喜人的战争。但作为主要兵源的平民却不愿入伍,原因在于他们认为自己在外为自由和罗马奋勇作战,在内却受到自己同胞的奴役,[9] 所以没有当兵打仗的积极性。正当此时,发生了一起群体性事件:一位前百夫长由于负债被债权人拘禁,他在集议场上向人们展示自己的战功与战伤,以及其债权人带给他的新伤,诉说罗马社会的不公。其他负债人也跑到集议场向人民求助,激起动乱。人们包围了元老院议事厅。元老们恐惧,多数人不敢来开会。是年的执政官普布流斯·塞尔维流斯(Publius Servilius)和阿庇尤斯·克劳丢斯(Appius Claudius)赶来发布政令保护出征军人:任何人不得捆缚罗马市民,从而让他不能登记参加执政官招募的军队;任何人不得占有或出售正在服兵役者的财产,不得拘留其儿孙。于是负债人立即宣布应征,他们从城市各处跑出来,摆脱债主的拘禁权,来到集议场进行应征宣誓。他们组成的军队战胜了沃尔喜人。[10] 但执政官的措施旨在于大敌当前的情况下解除债权之保护与国家之保卫间的紧张关系,具有临时的性质。一旦解决了卫国问题,债权保护问题又重居核心。所以,平民们自战场归来以后,执政官阿庇尤斯·克劳丢斯又严峻无情地执行债务监禁,把他们带回牢狱和枷锁。[11]

公元前494年的执政官是奥鲁斯·维尔吉纽斯(Aulus Virginius)和提图斯·维都修斯(Titus Vetusius)。他们面对正在备战的萨宾人,需要做相应的备战。

---

〔7〕 Cfr. Catalano y Lobrano, 2500 Aniversario de la Secesion de la Plebe en el Monte Sacro, Apuntes, Morelia, Agosto de 2006, p. 2.

〔8〕 参见[古罗马]李维著,[意]斯奇巴尼选编:《自建城以来》(第一至十卷选段),王焕生译,中国政法大学出版社2009年版,第85页。

〔9〕 参见[古罗马]李维著,[意]斯奇巴尼选编:《自建城以来》(第一至十卷选段),王焕生译,中国政法大学出版社2009年版,第79页。

〔10〕 参见[古罗马]李维著,[意]斯奇巴尼选编:《自建城以来》(第一至十卷选段),王焕生译,中国政法大学出版社2009年版,第79页。

〔11〕 参见[德]特奥多尔·蒙森:《罗马史》(第2卷),李稼年译,商务印书馆2005年版,第25页。

于是他们发布告示征兵,作出了塞尔维流斯同样的承诺,但平民拒绝应征,谁也不去登记。而且,部分平民在埃斯奎流斯山上,部分平民还在阿文丁山上开黑会,谋划武装对抗执政官的计划。[12] 当时有杀死执政官之议。[13] 为了应对这样的紧急情势,曼纽斯·瓦雷流斯(Manius Valerius)被选举为独裁官。在此情境下,平民一因为敬畏独裁官,二因为相信瓦雷流斯有同情心,遂同意入伍,参战获胜。军人们归来后,曼纽斯·瓦雷流斯为债务人辩护,提出了改善债务人地位的措施,但遭到元老院的拒绝。无奈的瓦雷流斯交卸了独裁官的权力。[14]

平民感到自己在大敌当前时被当作工具用,敌人一退,自己仍回到破产债务人的原位,于是愤恨。在西奇纽斯的建议下,他们撤离到离罗马5公里远的那座山。既未攻击他人,也未受人攻击。只是发出一些怨诉:是那些富人把他们赶离了自己的家,意大利的任何地方都会为他们提供空气和水,外加葬身之地,而如果他们待在罗马,不会为他们提供任何特权,他们只能为那些压迫他们的富人流血并战斗到死。[15] 平民的此语说的是意大利对他们好,罗马对他们坏,暗含弃罗马而就意大利的分裂国家的意味。面对这样的压力,元老院派出平民出身的演说家梅内纽斯·阿格里帕到平民的营地沟通。他到后什么都未做,只发表了其著名的"肚子寓言":手、嘴和牙曾嫉妒肚子的闲逸,于是手不再往嘴里送食物,嘴不再接受送来的食物,牙不再咀嚼食物,这样诚然制服了肚子,但身体各部分和整个的身体也陷入了极度的消瘦,因为它们没有得到肚子提供的营养。后来,手、嘴和牙醒悟过来,各甘其位,由此实现了人体的协和一致。这个关于共同体的成员应彼此合作的故事打动了平民,于是开始和解谈判,达成了这样的谅解:允许平民有自己的官员,承认他们的人身不可侵犯。其职责为在执政官面前为平民提供帮助,任何贵族都不得担任此职。当时就选出了5个保民官。骚乱

---

〔12〕 Cfr. Livio, Storia di Roma, Vol. Ⅰ－Ⅲ, A cura di Guido Vitali, Oscar Mondadori, Bologna, 1988, p. 263.

〔13〕 参见[古罗马]李维著,[意]斯奇巴尼选编:《自建城以来》(第一至十卷选段),王焕生译,中国政法大学出版社2009年版,第85页。

〔14〕 参见[古罗马]李维著,[意]斯奇巴尼选编:《自建城以来》(第一至十卷选段),王焕生译,中国政法大学出版社2009年版,第83页。

〔15〕 See *Plutrch's Lives*, Vol. Ⅱ, trans. by John Willim Langhorne, Boston, 1804, p. 81.

的发起者西奇纽斯为其中之一。[16]

以上谅解被李维说成是《神圣约法》(*Leges Sacratae*),因为它由平民们的此等誓言构成:尽一切可能履行自己保卫保民官的神圣不可侵犯性的义务,具体来说,就是有义务杀死任何攻击保民官的人。[17] 关于这一法律的名称中"神圣"两字的含义,古罗马作家费斯都斯(Sextus Pompeius Festus)记载了两种观点:第一种观点认为,违反该法者的头要连同其家人和财产献祭给朱庇特神;[18]第二种观点认为,该法之所以称"神圣",因为它是在祭祀山(Mons Sacer)上颁布的。[19]从后来的罗马史来看,第一种观点更有道理,因为发生过侵犯保民官人身者被连同其财产献祭给平民的神(土地神和子女促生神)的事例。[20] 这样,《神圣约法》的名称隐含着一个保障其规范执行的制裁:侵犯保民官的人身者将受死刑[21]并被没收财产,其家人承担连带责任。第二种观点比较薄弱,因为如同下文所示,祭祀山的名称是在平民结束撤离时才得的,《神圣约法》发生在此举之前。

达成《神圣约法》后,平民在自己占据过的山上祭祀了朱庇特神,此山由此

---

〔16〕 参见[古罗马]李维著,[意]斯奇巴尼选编:《自建城以来》(第一至十卷选段),王焕生译,中国政法大学出版社 2009 年版,第 86 页及以次。把原译文中的"胃"改成了"肚子"以符合原文 ventrem。普鲁塔克在其《希腊罗马名人传 · Gaius Marcius Coriolanus 传》中也报道了梅内纽斯 · 阿格里帕讲的这个肚子被人的其他器官嫉妒的故事,讲述的地方也是平民第一次撤离的营地。See *Plutrch's Lives*, Vol. Ⅱ, trans. by John Willim Langhorne, Boston, 1804, p. 81s.

〔17〕 See Kurt von Fritz, Leges Sacratae and Plebei scita, In Schriften zur griechischen und römischen Verfassungsges – chichte und Verfassugstheorie, De Gruyter, 1976, p. 374s.

〔18〕 Cfr. Sexti Pompei Festi, De Verborum Significatu Qu. E Supersunt cum Pauli Epitome, Lipsiae, Weidmannina, 1839, p. 319.

〔19〕 Cfr. Sexti Pompei Festi, De Verborum Significatu Qu. E Supersunt cum Pauli Epitome, Pars Ⅰ, Budapestini, 1889, p. 467.

〔20〕 例如,公元前 196 年的保民官 G. Atinius Labeo 曾强迫监察官 Quintus Metellus(公元前 210 年—公元前 116 年)跳崖,被其同事阻止。梅特鲁斯担任监察官时把结婚当作市民的义务,禁止放荡行为,拉贝奥可能有这方面的行为被梅特鲁斯逐出元老院,他为了报复要将梅特鲁斯置于死地。由于保民官神圣不可侵犯,梅特鲁斯不能抵抗拉贝奥的攻击。尽管他被另外的保民官救下,但他的财产被献给神。Cfr. Enrico Cocchia di Enrico, Tribunato della Plebe e la sua autorità Giudiziaria sopratutto nel rapport colla procedura civile, Napoli, 1917, p. 190. See Pliny, *The Natural History of Pliny*, Vol. Ⅱ, trans. by John Bostock, London, H. T. Riley. Perseus Books, 1856, p. 193s.

〔21〕 Attilio Mastrocinque 新近的研究认为,被献祭的不是生命而是违法者的陶制的头。Cfr. Attilio Mastrocinque, Lex sacrata e teste votive, In A. Comella and S. Mele (eds), Depositi votivi e culti dell'Italia antica dall'età arcaica a quella repubblicana. Atti del Convegno di Studi (Perugia, 1 – 4 giugno 2000), Bari, Edipuglia, p. 25ss.

得名为祭祀山。[22] 然后结束了撤离,返回了罗马。第一次撤离的和平解决导致了协和神殿之建立于集议场,“协和”的名称意指阶级关系的和谐。这一神殿后来成为罗马重要的公共建筑,元老院经常在此庙中开会。[23]

《神圣约法》一颁布,就得到了遵守,并转化为百人团大会于公元前 449 年制定的《关于保民官权力的瓦雷流斯和奥拉求斯法》(Lex Valeria Horatia de tribunicia potestate),该法规定平民保民官、平民营造官不可侵犯,侵犯他们者将被献祭,其家产将被拍卖。[24] 显然,该法内容主要是对第一《神圣约法》的重述,不过与时俱进,增加了平民营造官和十人法官[25]的神圣不可侵犯地位。

《神圣约法》在 45 年后才转化为《关于保民官权力的瓦雷流斯和奥拉求斯法》,为何要进行此等转化？对此有种种解释。其一,《神圣约法》并非贵族与平民的协议,而是平民单方面的誓约。贵族们经过 45 年的考虑,才把单方面的誓约转化为双方的协议。[26] 其二,《神圣约法》是受到贵族默认的平民革命成果,但未得到贵族的形式上的批准,这样的批准在 45 年后才完成。[27] 两种说法的共同点在于认为《神圣约法》并非民决法(Lex Rogata),在共和时期,民决法必须由执政官等高官提议,在百人团大会上通过。李维描述的平民们与贵族的代表在祭祀山上达成的那个协议未通过这个立法程序,所以,严格说来不能称为“Lex”,只有在公元前 449 年完成转化后才可以如此,不过,完成转化后,它就不称为《神圣约法》了,而称为《关于保民官权力的瓦雷流斯和奥拉求斯法》。

那么,为何从“草约”到“正约”的时间长达 45 年？

首先要说的是,在这一期间内,“草约”基本得到了遵守。保民官设立起来并行使其权力。例如,公元前 491 年,也就是平民第一次撤离后的第三年,罗马的著名将领,曾率领罗马军征服沃尔喜人的城市科里奥利(Corioli),得到科里奥

---

〔22〕 此山之名通常被错误地翻译为“圣山”,费斯都斯正确地告诉我们,它是平民结束撤离时祭祀朱庇特的地方,所以应译为“祭祀山”。Cfr. Sexti Pompei Festi, De Verborum Significatu Qu. E Supersunt cum Pauli Epitome, Pars I, Budapestini, 1889, p. 467.

〔23〕 如公元前 63 年 12 月 5 日早上讨论对卡提林纳的处理方案的那次。See H. J. Haskell, *This was Cicero*, New York, Alfred A. Knopf, 1942, p. 183, 189.

〔24〕 参见齐云、徐国栋:《罗马的法律和元老院决议大全》,载徐国栋主编:《罗马法与现代民法》(第 8 卷),厦门大学出版社 2015 年版,第 233 页及以次。

〔25〕 关于十人法官的说明,Cfr. Lorenzo Gagliardi, Decemviri e Centumviri, Giuffrè, Milano, 2002, p. 27s.

〔26〕 Cfr. La voce di Lex Sacrata, https://it.wikipedia.org/wiki/Lex_Sacrata, August 30, 2015.

〔27〕 参见[意]德·马尔蒂诺:《罗马政制史》,薛军译,北京大学出版社 2009 年版,第 255 页。

兰努斯(Coriolanus,意为“Corioli 的征服者”)荣誉称号的马喜阿斯(Gaius Marcius Coriolanus)在罗马发生饥荒的情况下主张把从西西里运来的粮食只分给贵族,不分给平民,除非他们把赢得的权力交回。此论引起平民的愤怒,保民官 Gneo Marcius 控告马喜阿斯,让他在部落大会受审,马喜阿斯拒绝出席,遂遭缺席定罪,于是亡命于沃尔喜人,率其军队攻打罗马,被其母亲和妻子劝退,因此被沃尔喜人处决。[28] 又如,公元前 462 年,保民官盖尤斯·阿尔萨(Gaius Terentilius Harsa)利用执政官正在外与沃尔喜人作战的时机,向元老院提出制定成文法限制执政官的权力。他要求成立起草法律的五人委员会。这个建议被推迟审议,后被重复提出,成为贵族—平民、保民官—执政官冲突的核心。公元前 453 年,当年的保民官让步,提出由贵族和平民共同组成立法委员会,颁布对双方都有利的法律。贵族接受了这一建议。于是派一个由元老斯普流斯·波斯度缪斯·阿尔布斯(Spurius Posthumius Albus)、奥鲁斯·曼流斯(Aulus Manlius)、塞尔维尤斯·苏尔毕丘斯·卡麦里努斯(Servius Sulpicius Camerinus)组成的三人团去希腊考察取经。[29] 最终于公元前 450 年制定了《十二表法》。

其次要说的是,“草约”转化为“正约”是平民通过第二次撤离运动施加压力的结果。公元前 451 年,为了起草《十二表法》组成了十人委员会,罗马进入非常状态,取消了保民官。尔后,发生了十人委员会的首领阿庇尤斯·克劳丢斯霸占平民姑娘维吉尼娅事件,引起了平民的第二次撤离。平民先是撤离到离元老院议事厅很近的阿文丁山,要求恢复保民官职权,在得知平民的要求后,元老院委托路求斯·瓦雷流斯(Lucius Valerius) 和马尔库斯·奥拉求斯(Marcus Horatius)作出答复。[30] 但十人委员会仍拒绝在完成立法任务前辞职。得到这一消息的平民遂从阿文丁山移到祭祀山,因为祭祀山离罗马城较远,撤离到祭祀山,是为了表明平民抛弃罗马城的决心。于是元老院妥协,决定让十人委员会尽快解职,由大祭司昆图斯·福流斯(Quintus Furius)选任保民官。平民赢得了胜利。路求斯·瓦雷流斯和马尔库斯·奥拉求斯被选为执政官,颁布了《关于保民官权力的瓦雷流斯与奥拉求斯法》(Lex Valeria Horatia de tribunicia potestate),该法确认了保民官的权力,把“草约”转化成了“正约”。如果说此前贵族不完成此

---

〔28〕 Cfr. Livio, Storia di Roma, Vol. Ⅰ – Ⅲ, A cura di Guido Vitali, Oscar Mondadori, Bologna, 1988, p. 283.

〔29〕 Cfr. Eugenio Lelievre, Commentatio Antiquaria de legge Ⅻ Tabularum Patria, 1826, Lovanii, p. 17.

〔30〕 Cfr. Livio, Storia di Roma, Vol. Ⅰ – Ⅲ, A cura di Guido Vitali, Oscar Mondadori, Bologna, 1988, p. 489.

等转化乃因为抱着一点侥幸之心，现在则正视平民的力量与决心了。

（二）第二《神圣约法》论

公元前492年的《关于保民官权力的西奇纽斯法》（Lex Sicinia de Tribunicia Potestate）被西塞罗也说成《神圣约法》。[31] 他在《为绥克斯求斯辩护》第79节中说，有赖于其保民官职位的神圣性，他（徐国栋按：西塞罗为之辩护的保民官普布流斯·绥克斯求斯）认为自己受到《神圣约法》的保护，此等法律不仅对抗暴力和武器，而且也对抗言辞和打断发言。[32] 此语中的对抗暴力和武器的《神圣约法》，显然就是公元前493年的那一个。至于对抗言辞和打断发言的《神圣约法》，则是指公元前492年的这一个。这一法律的颁布过程颇具对抗性。

是年，罗马的宿敌沃尔喜人遭遇了瘟疫，大量死亡。以沃尔喜人的城市维利特雷（Velitrae）为例，瘟疫杀死了1/10的人口，并威胁剩余的人口。瘟疫的幸存者向罗马派出使节，告知罗马人自己的困境，并交出自己的城市。沃尔喜人在瘟疫发生前接受过一个罗马的殖民地，现在他们请求罗马第二次向他们派出殖民者。[33] 罗马人决定接受维利特雷这个有战略意义的城市并向该城派出殖民者。平民先是愿意充当殖民者以分得土地，但后来担心瘟疫不愿去。这时贵族只得采取强迫的方式征募殖民者，具体而言就是抽签。平民因此不满，聚集到集议场上，呼唤保民官出来为他们做主。保民官西奇纽斯［但德国学者 Friedrich

---

〔31〕 意大利学者非利奇亚诺·塞劳教授和阿尔多·贝特鲁奇教授也有此等观点。Cfr. Feliciano Serrao, Seccessione e giuramento della plebe al monte sacro, In Diritto@ storia, N. 7 – 2008, http://www.dirittoestoria.it/7/Memorie/Serrao – Secessione giuramento – plebe – Monte – Sacro.htm# 4. – _La_, Oct. 8, 2015。Aldo Petrucci, Corso di diritto pubblico Romano, Giappichelli, Torino, 2012, p. 30.

〔32〕 Cfr. Cicero, Pro Sextio, 79, http://www.perseus.tufts.edu/hopper/text? doc = Cic. + Sest. + 79, August 30, 2015. 也参见《西塞罗全集·演说词卷》（下册），王晓朝译，人民出版社2008年版，第241页。不幸的是，王晓朝把“神圣约法”译成了“祀神法”；把“打断”（Interruption）错看成了“腐败”（Corruption）。不过，王晓朝的译文为我们提供了理解这个片段的易读的上下文：保民官绥克斯求斯凭借自己职位的特权敢于出席一个暴民多多的场合，结果被打得人事不省。这是讽刺性的。

〔33〕 See *Roman Antiquties of Dionysius of Halicarnssus*, Vol. Ⅳ, trans. by Earnest Cary, William Heinemann Ltd., London, Cambridge, Harvard University Press, 1943, p. 184ss.

Sylburg(1536—1596年)认为应是伊其流斯[34]]应声而出,痛骂元老院并挑动人们对它的仇恨。另一个保民官布鲁图斯(Iunius Brutus)也发言,强调穷人遭受的饥荒是富人有意造成的,并指责派移民到瘴疠之地等于流放。最后他威胁,如果不听从他的忠告,他要强制那些点火的人灭掉燃起来的火焰。民众的聚会随后解散。

面临威胁的元老院开会商议对策。绥靖派主张让平民领袖参与粮食分配等方面的决策以化解矛盾。强硬派则主张决不能示弱于平民。这种主张占据上风。于是第二天,执政官到集议场召集人们开会,试图把元老院的决定告知人民,但遭到了保民官的反对。执政官与保民官争执起来,没有按礼貌轮流发言,而是一方不让另一方说下去,听众由此也搞不清谁到底想说什么。执政官认为自己是罗马城的最高权威,所以有权命令一切,而保民官坚持公民大会是他们的专属领域,元老院才是执政官的舞台。平民支持保民官,贵族则聚集起来支持执政官。随后发生了骚动。此时临近日落,还有大量的民众从家里赶往集议场。如果在夜间发生冲突,那将是一场投石运动,后果更为严重。

此时,保民官布鲁图斯请求执政官让他讲话,他保证其言语将平息冲突。执政官让他讲时,他并未发表演说,而是向执政官提出问题,问他们是否记得授予权力给平民才结束第一次撤离的事?这一权力的内容是保民官有权召集人民考虑任何事项,在此等情形,执政官不得在场或予以干扰。执政官提图斯·格干纽斯·马切里努斯(Titus Geganius Macerinus)答曰记得。布鲁图斯补充道:"你的问题在于反对我们并不允许保民官言其所欲言。"格干纽斯回答:"不是保民官召集公民大会,而是我们执政官。如果公民大会是保民官召集的,我们不会阻碍他们或予以干扰。因为公民大会是我们召集的,我们并不阻碍保民官发言,但我们感到我们的发言受到保民官的阻碍是不正当的。"布鲁图斯说:"平民们呀!我们已宣誓,我们的对手已按我们的愿望把一切都交给我们。那么现在,你们停止骚乱,我答应你们,明天我将向你们展示你们拥有的力量有多大!"于是,对立的双方都离开集议场。

第二天,集议场聚满了人,西奇纽斯发表了长篇演说攻击贵族,提醒平民他

---

〔34〕 See *Roman Antiqutuies of Dionysius of Halicarnssus*, Vol. Ⅳ, trans. by Earnest Cary, William Heinemann Ltd., London, Cambridge, Harvard University Press, 1943, p. 187, note 1. 但美国学者 T. R. S. Broughton 认为这个法律的提议者就是斯普流斯·西奇纽斯,并主张把这个法律称为《关于保民官权力的西奇纽斯法》。See T. R. S. Broughton, *The Magistrates of the Roman Republic*, Vol. Ⅰ, New York, American Philological Association, 1951, p. 17ss.

们遭受过的苦难。最后提出了一个法案，其辞曰：在保民官对人民表达其意见时，让任何人都不说任何反对他的话或打断他吧！任何违反这一规定行事的人，在有请求的情况下，让他向保民官提出保证人担保他偿付罚金吧！如果他拒绝提出任何保证人，就让他受死刑并被没收财产吧！对于抗议罚金者的审判，让它在人民面前举行吧！通过这一法律后，民众高兴地解散，大家感激布鲁图斯，把他看作这一法律的作者。

狄奥尼修斯关于这一过程的记叙的法律意义何在？通常人们——如西塞罗——认定它的法律意义是确立了保民官的发言不受反对和打断的权力。意大利学者菲利奇亚诺·塞劳还认为它有以下意义：(1)重申了平民取得的立法权，此等权力独立于元老院行使；(2)确立了镇压侵害平民行为的权力，甚至科处死刑权；(3)确立了平民大会对于一定的政治犯罪的审判权；(4)确立了保民官的罚款权。这些意义构成保民官革命的内容。[35] 但我认为，它的更重要的意义还在其他方面。首先它记载了罗马公民大会的二元化过程。显然可见，关于派出移民的那个公民大会是一个贵族与平民的混合大会，与会者的混合性决定了主持者的混合性，执政官和保民官都认为自己有权主持会议，互不相让，造成了各说各话的混乱局面。布鲁图斯的解决方案是平民单独开会，这一想法得到了实现。这可能是第一次正常情况下的平民大会。不错！此前开过平民大会，如在第一次撤离前两组平民分别在埃斯奎流斯山和阿文丁山召开的会议，以及撤离的平民在祭祀山召开的选举保民官的会议，但它们都是在非常情况下召开的，平民处在与贵族隔离的状态。但这次会议尽管在骚动的背景下举行，仍然属于在正常情况下召开，因为平民并未与贵族隔离，故我认为它是第一次真正的平民大会。胡玉娟认为，平民大会是在公元前 471 年产生的，[36] 实际上，她说的是当年颁布的《关于平民保民官的普布里流斯·沃勒罗法》(Lex Publilia Voleronis de Tribunis Plebis)确认了部落大会为平民大会。该法恰恰证明在它之前就有平民大会，它不过进行了把部落大会当作平民大会的改革而已。在我看来，公元前 492 年布鲁图斯主持的那次平民大会是这种类型的平民大会的先驱。经过这些

---

〔35〕 Cfr. Feliciano Serrao, Seccessione e giuramento della plebe al monte sacro, In Diritto@ storia, N. 7 – 2008, http://www. dirittoestoria. it/7/Memorie/Serrao – Secessione – giuramento – plebe – Monte – Sacro. htm#_4. _ – _La_, Oct. 8, 2015.

〔36〕 参见胡玉娟：《罗马法中“平民会决议等同于法律”的由来考辨》，载《西学研究》(第 2 辑)，商务印书馆 2006 年版，第 189 页。

过程,罗马形成了贵族把持的百人团大会与平民主导的平民会的议会二元制。[37] 其次,它记载了一个平民会决议的产生及其内容:保障保民官在平民大会上的发言特权,由此打造了法律与平民会决议的二元制。

但平民会决议在其产生之初只对平民有效,这时的平民会决议只表达平民的愿望,是他们向贵族施压的工具。只是公元前 287 年的《关于平民会决议的沃尔腾修斯法》(Lex Hortensia de plebiscitis)承认平民会决议也约束贵族后,它才取得普遍的效力。例外的情形是:决议草案在提交平民大会讨论前得到了元老院同意。[38] 这样,作为"草约"的《关于平民保民官的西奇纽斯法》转化为"正约"需要的时间更长,达 205 年。这个"草约"改变了共和罗马的议会结构和法源结构,是一个重要的革命性文件。贵族经过了 205 年的默认最终正式接受之。

三、《大宪章》论

1215 年,是安茹王朝的约翰王(1166—1216 年)执政的第 16 个年头。这一年,他治下的男爵们叛乱。叛乱的原因纷纭。

其一,聚敛无度。1202 年,他领导的英国与法国开战,为筹措军费,他大肆敛财。16 年间,他征了 11 次盾牌钱(免服兵役税),前两次每骑士征 2 马克或 1 磅,其余次提高为每骑士征 2.5 马克或 3 马克或 2 磅,平均每次征到 4318 磅,占国王年收入的 10%。他还征收动产税,最重的一次发生在 1207 年,按动产或收入的 1/13 征收,得巨款 60000 马克,相当于当时王室年收入的 3 倍。他还对进出口货物按 1/15 的比率征税,得 15000 镑。[39] 这些大数后面隐藏的是军人阶级和老百姓的痛苦。

其二,为人残暴。对于拒绝其征收的贵族,约翰王通常流放他们并没收其家产,甚至将他们饿死于狱中。[40] 此外,人们相信他阉割并弄瞎了其侄子亚塞(Arthur)并最终饿毙之(1203 年)。亚塞曾被前任国王狮心理查考虑为王位继

---

〔37〕 部落会议相当于下院或平民院,百人团会议相当于上院或贵族院。参见徐国栋:《罗马法与现代意识形态》,北京大学出版社 2008 年版,第 300 页。

〔38〕 See Kurt von Fritz, Leges Sacratae and Plebei scita, In Schriften zur griechischen und römischen Verfassungsges - chichte und Verfassugstheorie, De Gruyter, 1976, p. 384. 公元前 449 年《关于平民会决议的瓦雷流斯和奥拉求斯法》(Lex Valeria Horatia de plebiscitis)也被认为赋予了平民会决议约束全体罗马公民的效力,但学界认为它缺乏可信性。

〔39〕 参见杨青:《试析大宪章生成的宗教基础》,华东政法大学 2007 年硕士学位论文。

〔40〕 参见杨青:《试析大宪章生成的宗教基础》,华东政法大学 2007 年硕士学位论文。

承人，但虑其年幼改变主意让约翰即位，但亚塞有自己的支持者队伍，这其中有法国国王菲利普二世，他对亚塞的支持是他发动对英国的战争的原因之一。约翰王对这个王位威胁者的处置是肉体消灭之，过程又极尽残忍，让贵族们不再相信他。[41]

其三，丢失了诺曼底（1204 年）。这是败绩于菲利普二世治下的法国的后果，从此英国成为一个海岛国家，在欧洲大陆了无领土。而诺曼底是英国骑士和多数男爵们的故乡，丢失此地对他们的心理打击很大，让他们看不起约翰王。非独此也，诺曼底还是当时欧洲经济上最先进的地区之一，丢掉这个地方，让英国的骑士、市民丧失了长达几百年的商业利益。[42]

其四，与教皇搞僵后又屈服。英国曾是一个天主教国家，接受梵蒂冈教廷指派的主教。但 1207 年坎特伯雷大主教 H. 瓦尔特去世后，约翰王希望安排以诺里季主教约翰·格雷继任，但教皇英诺森三世拒绝之，任命兰顿继任，遭到约翰王的拒绝，导致兰顿 6 年不能就职。教皇于 1207 年实施制裁，命令英国教会停止举行礼拜、洗礼、葬礼等各类宗教仪式，造成英国一些主教逃亡大陆或苏格兰，并影响普通人民的宗教生活。此外，教廷还革除了约翰王本人的教籍。迫于压力，约翰王妥协，接受了教皇对兰顿的任命。[43] 这样的折腾损害了国王的形象，等等。

这几个原因导致了男爵阶层的叛乱，又称男爵战争。男爵，是英国公侯伯子男爵位体系的最下一环。公爵是一个公国的领导人；侯爵是边区的方面大员；伯爵是镇守一方的诸侯；子爵本是副伯爵的意思，后来也取得了相当于郡守的地位；男爵在《大宪章》产生的时代是有地贵族的意思。起初的男爵是从国王处得到土地的大佃主。他们的后裔根据庄园的大小向国王缴纳土地继承税。到 12 世纪初，国王的大部分高级世俗贵族都被封为男爵。男爵有权参加王国咨议会（Council of Realm），[44] 并享有出席国王的封建法院的特权，但他们也有义务为

---

〔41〕 See Michael Evans, *The Death of King: Royal Deaths in Medieval England*, London, A&C Black, 2007, p. 89.

〔42〕 参见郑如霖：《论英国大宪章产生的社会背景及其性质》，载《华南师院学报》（哲学社会科学版）1981 年第 1 期。

〔43〕 参见杨青：《试析大宪章生成的宗教基础》，华东政法大学 2007 年硕士学位论文。

〔44〕 参见周景洪：《英国爵位制度一窥》，载《武汉冶金管理干部学院学报》2008 年第 2 期；也参见顾嘉祖：《漫谈英国的爵位》，载《江苏师院学报》1979 年第 3 期。

国王的封建军队提供战士。[45]《大宪章》产生时的英国有132个有证可查的男爵领地，另有72个可能存在的男爵领地。[46] 凭此数字可估计参加造反的男爵的数目。此等领地构成一个庄园，中间有城堡。不难看出，英国的男爵实际上是佃户长，所以，他们的利益跟土地有关，这点对于理解《大宪章》的内容十分重要。由于他们的利益以土地为基础，可以把他们与约翰王之间的斗争理解为主要是经济斗争，兼及其他。

从阶级关系来看，男爵是国王与佃户之间的中介阶层，承上启下，国王的予取予求都要通过他们满足，所以吃力最重。尽管如此，他们仍属于统治阶级，被统治阶级应该是佃户，但他们是统治阶级的下层，然而，对于广大佃户，他们又高高在上。据此我们可以给男爵战争定性：统治阶级高层与其下层的冲突，两者的矛盾属于阶级内部矛盾。

叛乱的过程是这样的：面临约翰王的需要大量金钱支撑的收复诺曼底的计划，1215年5月3日，反叛者宣布反对国王。领头的男爵是罗伯特·菲兹瓦尔特（Robert Fitzwalter）。他们自称为"上帝与神圣教会军"（Army of God and Holy Church），有骑士2000人，[47]其他不同形式的武装人员的数目不详。他们围攻北安普顿城堡遭遇失败，这证明还有忠于国王的男爵存在。反叛者向伦敦进军，首都为他们打开了大门。约翰王当时兵力寡少，据说给《大宪章》盖玺时身边只有7个随从。他为了获得喘息机会提议谈判，男爵们并不想承受弑君的恶名，遂接受了这个建议。主教们充当了对立双方的调停人，他们是坎特伯雷总主教、英格兰首席主教、圣罗马教会的Stephen、都柏林总主教Henry、伦敦主教William、温彻斯特主教Peter、巴斯和格拉斯坦堡主教Jocelyn、林肯主教Hugh、伍斯特主教Walter、考文垂主教William、罗切斯特主教Benedict。男爵们先是提出了一个草案，经一个星期的讨价还价，形成定案。1215年6月，国王与男爵们在兰尼麦德（Runnymede）草地签订了《大宪章》作为国王与男爵之间的和约。

《大宪章》共计63条。分为8个部分。第一部分，关于教会和自由人的自由；第二部分，关于伦敦自治和其他市镇自治；第三部分，关于征税；第四部分，关

---

[45] See "The Entry of English Feudal Barony", https://en.wikipedia.org/wiki/English_feudal_barony, August 23, 2015.

[46] See Ivor John Sanders, *English Baronies, A Study of their Origin and Descent* 1086 – 1327, Oxford, Clarendon Press, 1960, p. 103ss.

[47] 参见郑如霖：《论英国大宪章产生的社会背景及其性质》，载《华南师院学报》（哲学社会科学版）1981年第1期。

于司法制度;第五部分,关于森林法院;第六部分,关于继承、监护和债务处理;第七部分,关于解除约翰王武装以及对英格兰和苏格兰人质的处理;第八部分,关于男爵委员会权力。[48] 这最后一部分并非最不重要,它是《大宪章》的"牙齿",规定男爵们互选 25 人作为《大宪章》的监护人,发现国王不遵守《大宪章》者,立即通知 25 男爵中的 4 人,他们可要求立即矫正。如果 40 天内未矫正,应知会其他 21 个男爵,尔后采取夺取国王城堡、土地、产业等方式进行制裁,一直到矫正实现。[49] 这样的 25 人委员会实际上是英国的保民官,他们扮演了消极的权力的行使者的角色,以自己的活动制约国王的积极权力。

约翰王盖玺于《大宪章》本来就是权宜之计,根本未打算执行,所以,危机过去后,他动员教皇英诺森三世于 1215 年 8 月宣布《大宪章》无效。[50] 于是内战又起,战乱中,约翰王在次年因患痢疾死去,其子亨利三世继位,约翰王与男爵们的斗法告一段落。

《大宪章》甫一颁布即告夭折,但由于它包含内在的价值,就不断以新版本的形式复活。1217 年,约翰王的儿子亨利三世修改《大宪章》后重新确认之。1227 年,亨利三世再次局部修改《大宪章》,把条文减少到 37 条后确认之。1237 年,《大宪章》被永久确认。1297 年,爱德华一世重新确认了《大宪章》,要求法庭严守之,任何违背的判决皆无效。尔后的英国史就是它不断被确认的历史,有人认为它被确认过 32 次,也有人认为它被确认过 45 次。最后一次确认发生在 1423 年,确认者是亨利六世。[51]

《大宪章》的内在价值如何?综合起来,学界有以下认知:(1)确立了法比王大的原则;(2)为英国议会制度奠定了基础;(3)确定了普遍人权;(4)奠定了法治原则;[52](5)确立了正当程序原则。[53]

我认为,以上所言者仅仅是《大宪章》的规范价值,除此之外它还有行为价值:处于优势的男爵们与处于劣势的约翰王达成妥协之举的价值。此等价值少

〔48〕 参见卜英音:《〈自由大宪章〉的文本分析》,载《黑龙江政法干部管理学院学报》2015 年第 2 期。

〔49〕 参见雷敦苏:《英国大宪章今注今译》,载 http://peace.ls.fju.edu.tw/paper/026.pdf,2015 年 8 月 29 日最后访问。

〔50〕 参见卜英音:《〈自由大宪章〉的文本分析》,载《黑龙江政法干部管理学院学报》2015 年第 2 期。

〔51〕 参见卜英音:《〈自由大宪章〉的文本分析》,载《黑龙江政法干部管理学院学报》2015 年第 2 期。

〔52〕 参见程汉大:《〈大宪章〉与英国宪法的起源》,载《南京大学法律评论》2002 年第 2 期。

〔53〕 参见杨青:《试析大宪章生成的宗教基础》,华东政法大学 2007 年硕士学位论文。

有人言说,[54]故本文第三部分将重点阐发《大宪章》的此等价值,因为它对疗救“你死我活”性的中国政治斗争传统有重要意义。

四、《神圣约法》与《大宪章》合论

《神圣约法》和《大宪章》都是在统治者与屈从者产生根本矛盾时,以和平的商议手段解决此等矛盾的宪法性文件,故两者都表现了共同体内部对立集团的妥协精神。这方面的反面例子是美国南北战争,北方州和南方州在奴隶制问题上的意见冲突最终以战争解决,大量生灵涂炭,这是一种政治上的失败。罗马人和英国人都避免了这样的失败。就罗马人而言,平民阶级的斗争采用了公民不服从的方式,以和平撤离的方式和另行召集公民大会的方式迫使贵族阶级屈服;英国人的方式粗暴一些,以内战开始,以和平协议告终,尽管旋即又生内战,但两次内战间毕竟有作为和约的《大宪章》的句号区隔。

《神圣约法》也好,《大宪章》也好,都以它们为界根本改变了此前的政治体制。在《神圣约法》之前,贵族官僚的权力没有制约,之后,保民官开始以自己的否决权制约执政官的权力,平民大会开始制约百人团大会的权力,达成了制衡。《大宪章》之前的王比法大,之后,法比王大,由此开启了英国的法治之路。不过,《神圣约法》条文少,是对执政官—贵族权力的抽象控制,而保民官就是一个活的大宪章,他们可以在平民大会上通过与平民商议不断与时俱进地确立这个大宪章的具体内容,可以说,这样的肉身大宪章更有弹性。而《大宪章》条文多,规定绵密,构成对王权的具体控制。

《神圣约法》也好,《大宪章》也好,都具有宗教性。《神圣约法》(至少第一个)达成后,平民在达成地祭祀了朱庇特神,此举具有吁求朱庇特神的见证和监督履行的意味。对于约法的践踏者,规定的也是神罚:把他们向平民的神献祭。而《大宪章》是在9个高级僧侣的见证下达成的,从神学的角度看,它是约翰王在上帝的见证下与男爵们订立的一个约,上帝及其僧侣起履约保证人的作用。确实,讨伐约翰王的男爵军队采用了“上帝与神圣教会军”的名义,占据军事优势的男爵军不杀掉约翰王而与之签约,不排除有基督徒之间的兄弟之情的原因。可以说,宗教因素促进和解,加强人们对协议得到履行的信心,具有减少社会变革成本的功用。

---

[54] 在“‘法治的过去、现在和将来’国际会议”的34个中外发言者中,只有李红海教授的发言《他山之石,何以攻玉?》肯认了这一价值。

《神圣约法》也好,《大宪章》也好,都是用拉丁语写成的,这种共同性必不得被忽视,因为语言是文化的载体,使用一种语言同时就受到了这种语言包含的文化信息的影响。拉丁语中包含了保民官制度的信息,英国作为罗马的不列颠行省受过罗马人3个多世纪(43—410年)的统治,罗马文化留下的影响是可以想象的。有人把《大宪章》第63条设立的25男爵委员会比喻成限制王的权力的罗马元老院。[55] 此等比喻来自罗马文化影响英国的想象。但事实上,王政时期的元老院只是王的咨询机构,说它制约王权有些夸大。在我看来,不如把这个委员会说成英国的保民官,他们行使消极的权力对抗国王的积极权力,这样更贴切。

正因为英国人继承了《神圣约法》的妥协精神,英国革命才一直表现出妥协性。除了一次(1649年)把查理一世送上断头台的暴力革命,其他都是不流血的所谓"光荣革命"。[56] 如果说,《大宪章》时代英国人的妥协精神与《神圣约法》的关联由于缺乏具体的文献证据只能从当时英国人的古典学修养得到解释,那么,在莎士比亚于1608年写成《科里奥兰努斯》(通译为"科利奥兰纳斯")后(7年后的1623年正式出版),《神圣约法》与尔后的英国革命的妥协性的关联就有具体的文献支撑了。

在这个悲剧中,莎士比亚重申了梅内纽斯·阿格里帕的"肚子寓言"(在我接触的文献中,这是这个寓言第三次出现)。不过把发表的场合从平民第一次撤离的营地搬到了科里奥兰努斯反叛罗马前。在罗马的街道上,梅内纽斯对情绪激动的市民甲说:"我告诉你们,朋友们,贵族们对于你们是非常关切的。你们要是把你们的穷困和饥荒归罪政府,还不如举起你们的棍棒来打天;因为这次饥荒是天神的意旨,不是贵族们造成的。……"在得不到共鸣的情况下梅内纽斯说出了他的"肚子寓言"的莎士比亚版:"从前有一个时候,身体上的各部器官联合向肚子反抗;它们申斥它像一个无底洞似的占据在身体的中央,无所事事,其余的器官有的管看,有的管听,有的管思想,有的管教训,有的管步行,有的管感觉,分工合作,共同应付着全身的需要,只有它只知容纳食物,不知分担劳苦。肚子回答说:'不错,你们全体赖以生活的食物,是由我最先收纳下来的;这是理所当然的事,因为我是整个身体的仓库和工场;可是你们应该记得,那些食物就是我把它们从你们血液的河流里一路运输过去,一直传达到心的宫廷和脑的宝

〔55〕 参见卜英音:《〈自由大宪章〉的文本分析》,载《黑龙江政法干部管理学院学报》2015年第2期。

〔56〕 参见陆谷孙:《莎剧〈科利奥兰纳斯〉及其现代意义》,载 http://m.newsmth.net/article/CANON/1201,2015年10月7日最后访问。

座;经过人身的五官百窍,最强韧的神经和最微细的血管都从我得到保持他们活力的资粮。你们在一时之间不能看见我怎样把食物分送到各部分去,可是我可以清算我的收支,大家都从我领回食物的精华,剩下给我自己的只是一些糟粕。'"〔57〕梅内纽斯又把这个寓言的影射对象明指:"罗马的元老们就是这一个好肚子,你们就是那一群作乱的器官;因为你们要是把他们所讨论、所关切的问题仔细检讨一下,把有关大众幸福的事情彻底想一想,你们就会知道你们所享受的一切公共的利益,都是从他们手里得到,完全不是靠着你们自己的力量。"〔58〕所有这些话,都有为统治者辩护的意味,〔59〕但同时展示了共同体的各社会阶层休戚与共的道理,这个道理被共和罗马的对立阶级共同接受,也为1688年光荣革命的发动者所接受。他们推翻了国王的统治,但保留了其存在,在不流血的情况下把绝对君主制改造成了君主立宪制。

然而,《神圣约法》还是不同于《大宪章》。其一,罗马的执政官接受《神圣约法》并无欺骗平民之意,所以,诚信原则产生在罗马就可以理解了;〔60〕约翰王盖玺《大宪章》之时并未打算践行它。其二,两个《神圣约法》都只是"草约",要经过45年或287年才转化为"正约",尽管在完成此等转化前它们一直是有效的。而《大宪章》一经盖玺马上生效,尽管它第一次生效的时间很短,但它仍是一个"正约"。

2015年8月29日完稿于胡里山炮台之侧
2015年9月27日第二稿
2015年10月10日重写

〔57〕《莎士比亚全集》(第4卷),朱生豪译,人民文学出版社1994年版,第381页及以次。

〔58〕《莎士比亚全集》(第4卷),朱生豪译,人民文学出版社1994年版,第381页及以次。

〔59〕正因为这样,这个寓言遭到了王坚的批评:它体现了上智下愚的统治观。参见王坚:《莎士比亚罗马剧中的群众哲学》,载《政治思想史》2011年第3期。也遭到了Unhae Langis的批评:它扭曲了民众在罗马混合宪法中的人民所占的地位——与元老院和执政官构成统治三角。参见陈雷:《对罗马共和国的柏拉图式批评:谈〈科利奥兰纳斯〉并兼及"荣誉至上政体"》,载《外国文学评论》2012年第4期。但这些批评者批评的是莎士比亚戏剧中的"肚子寓言"。历史中的"肚子寓言"是讲平民与贵族两个阶级的共生关系的。

〔60〕诚信原则要求言者行其所言,英国法本不具有这一原则,只是到20世纪60年代才引进之。参见徐国栋:《民法基本原则解释:诚信原则的历史、实务、法理研究》,北京大学出版社2013年版,第210页、第216页。

图书在版编目(CIP)数据

中国民法典与罗马法 / 徐国栋著. -- 北京 : 法律出版社, 2021
ISBN 978 - 7 - 5197 - 5335 - 1

Ⅰ. ①中… Ⅱ. ①徐… Ⅲ. ①民法－法典－中国－文集②罗马法－文集 Ⅳ. ①D923.04 - 53②D904.1 - 53

中国版本图书馆 CIP 数据核字(2021)第 022253 号

中国民法典与罗马法
ZHONGGUO MINFADIAN YU LUOMAFA

徐国栋 著

责任编辑 丁小宣 宋丽娜
装帧设计 凌点工作室

出版 法律出版社
总发行 中国法律图书有限公司
经销 新华书店
印刷 三河市龙大印装有限公司
责任校对 晁明慧
责任印制 胡晓雅

编辑统筹 法律教育出版分社
开本 710 毫米×1000 毫米 1/16
印张 21.5
字数 346 千
版本 2021 年 5 月第 1 版
印次 2021 年 5 月第 1 次印刷

法律出版社/北京市丰台区莲花池西里 7 号(100073)
网址/www. lawpress. com. cn
投稿邮箱/info@ lawpress. com. cn
举报维权邮箱/jbwq@ lawpress. com. cn
销售热线/400 - 660 - 8393
咨询电话/010 - 63939796

中国法律图书有限公司/北京市丰台区莲花池西里 7 号(100073)
全国各地中法图分、子公司销售电话:
统一销售客服/400 - 660 - 8393/6393
第一法律书店/010 - 83938432/8433　西安分公司/029 - 85330678　重庆分公司/023 - 67453036
上海分公司/021 - 62071639/1636　深圳分公司/0755 - 83072995

书号:ISBN 978 - 7 - 5197 - 5335 - 1　**定价**:58.00 元
(如有缺页或倒装,中国法律图书有限公司负责退换)